GIOVANNI PAPINI

VIAȚA LUI ISUS

Descrierea CIP a Bibliotecii Naţionale a României
PAPINI, GIOVANNI
Viaţa lui Isus / Giovanni Papini ; trad.: Alexandru Marcu. - Ed. a 2-a, reviz.. - Bucureşti : Orizonturi, 2019

ISBN 978-973-736-397-8

I. Marcu, Alexandru (trad.)

821.133.1

Corector: *Emilia Leancă*
Rodica Cârstea
Tehnoredactor: *Puiu Enache*
Coperta: *Puiu Enache*

Editura ORIZONTURI – Bucureşti
Bdul Libertății nr. 4, bl. 117, et. 7, ap. 20
telefon: 021.3177679, 0744531333
e-mail: orizonturi@editura-orizonturi.ro

GIOVANNI PAPINI

VIAȚA LUI ISUS

Ediţia a 2-a revizuită

Traducere de **Alexandru Marcu**

Editura ORIZONTURI

AUTORUL CĂTRE CITITOR

De cinci sute de ani, cei care se dau drept „spirite libere“, deoarece au părăsit rândurile Miliției creștine pentru Ocne, se dau în vânt să-l răpună pe Isus a doua oară. Să-l omoare în sufletul oamenilor.

Abia ce s-a părut că a doua agonie a lui Cristos se stingea în răsuflările-i de pe urmă, necroforii s-au și arătat. Bivoli încrezuți, luând bibliotecile drept staule; creiere aerostatice, crezând că ating torțele cerului urcându-se în balonul zburător al filozofiei; profesori îmbătați ca niște satiri de fatala filologie și de metafizică se înarmară – Omul voit-a! – ca tot atâți cruciați, împotriva Crucii. Anumiți panglicari încercară a dovedi în ruptul capului, cu o fantezie de care i-ar fi fost rușine faimoasei Radcliffe, că povestirea Evangheliilor ar fi o legendă cu ajutorul căreia cel mult de s-ar putea înjgheba o viață obișnuită a lui Isus, care-a fost de-o treime prooroc, de-o treime negromant și de cealaltă treime răzvrătitor de noroade; că n-a săvârșit minuni, afară de vindecarea hipnotică a câtorva obsedați; că n-a murit pe cruce, ci s-a trezit în înghețul mormântului și se arătă iarăși oamenilor, cu aere misterioase, spre a-i face să creadă că ar fi înviat. Alții dovedeau, ca două și cu două patru, că Isus ar fi un mit născocit pe vremea lui Augustus și a lui Tiberius; că toate Evangheliile n-ar fi decât o peticire nedibace de texte profetice. Alții îl înfățișară pe Isus ca pe-un eclectic vântură-lume, care învățase carte pe la greci, pe la budiști și eseni, înnădindu-și cum putuse mai bine plagiatele, spre a se da drept Messia

Israelului. Alții făcură din el un umanitarist maniac, premergător al lui Rousseau și al divinei democrații: om admirabil, pentru timpul său, dar care astăzi și-ar căuta de sănătate ca un alienat. Alții, în sfârșit, ca s-o isprăvească odată și bine reluară ideea mitului și, bătând câmpii cu tot felul de comparații, traseră concluzia că Isus nu se născuse niciodată, în nicio parte a lumii.

Dar cine avea să ia locul marelui Surghiunit? Zi de zi, tot mai adâncă se săpa groapa; și totuși nu izbuteau să-l îngroape pe de-a-ntregul.

Iată atunci că o ceată de zugravi ai gândului se apucară de înjghebat religii pentru folosința necredincioșilor. De-a lungul celui de-al XIX-lea veac le scoaseră de la cuptor, perechi-perechi, cu jumătatea de duzină. Religia Adevărului, a Spiritului, a Proletariatului, a Eroului, a Umanității, a Patriei, a Imperiului, a Rațiunii, a Frumosului, a Naturii, a Solidarității, a Energiei, a Păcii, a Durerii, a Milei, a Eului, a Viitorului și așa mai departe. Unele nu erau decât ajustări de Creștinism ateu; cele mai multe, doctrine politice ori filozofii, care încercau să se schimbe în mistice. Şi credincioșii erau puțini și firavă le era evlavia. Acele reci abstracții, deși susținute uneori de interese sociale ori de patimi literare, nu umpleau sufletele din care voiseră să-l izgonească pe Isus.

Se încercă atunci de a se îmbina facsimile de religii care să aibă, mai mult decât celelalte, ceea ce caută muritorii în religie. Francmasonii, spiritiștii, teosofii, ocultiștii, ştiințiștii bănuiră a fi descoperit surogatul cel mai sigur al Creștinismului. Dar aste ghiveciuri de superstiții mucegăite și de cabalistică găunoasă, de simbolistică maimuțărească și de umanitarism oțețit, aceste peticiri stângace de Budism exportat și de Creștinism trădat, mulțumiră câteva mii de femei scoase la pensie, de hipedes ascllos, de condensatori ai vidului; atât.

Până una alta, între o casă de preot german și o catedrală elvețiană, se pregătea cel din urmă Anticrist. Isus, zise acesta coborând din Alpi la soare, i-a nenorocit pe oameni; păcatul e frumos, silnicia e frumoasă;

frumos e tot ce spune „da" vieții. Și Zarathustra, după ce aruncă în Mediterană textele grecești de Lipcea și operele lui Machiavelli, prinse a zburătăci, cu acea grație de care poate fi în stare un german născut dintr-un păstor luteran și coborât chiar atunci de pe o catedrală elvețiană, la picioarele statuii lui Dionisos. Dar cu toate că plăcută-i era cântarea, n-a izbutit niciodată să lămurească bine ce era acea adorabilă viață căreia ar trebui să i se jertfească o parte atât de vie a omului, precum e nevoia de-a înfrânge în el bestia; nici n-a fost în stare să spună în ce chip se împotrivește vieții Isus cel adevărat din Evanghelie, el, care vrea să înalțe viața și s-o facă mai fericită. Iar sărmanul Anticrist, damblagiu, pe punctul de-a înnebuni, iscăli cea din urmă scrisoare: „Răstignitul".

2

Și totuși, după atâta delapidare de timp și deșteptăciune, Cristos n-a fost încă izgonit de pe lume.

Pomenirea lui e vie, pretutindeni. Pe zidurile bisericilor și ale școlilor, pe culmea clopotnițelor și a munților, pe troițele drumurilor, la căpătâiul paturilor și pe morminte, milioane de cruci pomenesc moartea Răstignitului. Râcâiți zugrăvelile din biserici, luați icoanele de la altare și de prin case: viața lui Cristos umple muzeele și pinacotecile. Puneți pe foc liturghierele, ceasloavele și cărțile de rugăciune: îi veți descoperi numele și cuvintele în toate cărțile literaturilor. Până și înjurăturile sunt o nevoită pomenire a dăinuirii sale.

Orice s-ar face, Cristos rămâne un sfârșit și un început, o genună de taine dumnezeiești la răspântia a două crâmpeie de istorie omenească.

Antichitatea și Creștinismul nu se mai pot contopi. Înainte și după Cristos. Era, civilizația, viața noastră începe odată cu nașterea lui Cristos. Ce-a fost înainte de el putem cerceta și afla: dar nu mai este bun al nostru, e însemnat cu alte numere, înjghebat în alte sisteme, nu ne mai ațâță patima: o fi frumos, dar e lucru mort. Cezar, pe vremea sa, a făcut mai multă vâlvă decât Isus; iar Platon propovăduia mai multe științe decât el. Până azi se vorbește de cel dintâi și de cel de-al doilea: dar cine se mai înflăcărează pentru, ori împotriva lui Cezar? Au unde-s astăzi platonicienii și antiplatonicienii?

Pe câtă vreme Cristos e mereu viu în noi. Sunt oameni care-l iubesc; sunt oameni care-l urăsc. Dăinuiește o patimă pentru patimile lui Cristos și alta pentru nimicirea lui. Iar îndârjirea atâtor oameni împotrivă-i ne dovedește că Isus n-a murit încă. Până și cei care-și vând sufletul diavolului, ca să-i nege doctrina și ființarea, își trec viața pomenindu-i numele. Trăim în era creștină. Nici s-a isprăvit. Ca să ne pricepem lumea, viața, pe noi înșine, va să purcedem de la el. Orice epocă trebuie să-și scrie Evanghelia sa.

Și epoca noastră s-a îndeletnicit cu așa ceva, mai mult decât oricare alta. Astfel că autorul acestei cărți ar trebui, ajuns aici, să dea seama de ce-a scris-o. Ci temeiul, de-ar fi nevoie de el, se va lămuri în mintea celor care vor binevoi să-l citească până la cea din urmă filă.

Nicio altă vreme n-a fost, ca a noastră, mai înstrăinată de Cristos și de Cristos mai nevoită. Iar pentru a-l aduce în mijlocul nostru n-ajung vechile cărți.

Nicio viață a lui Isus, chiar de-ar făuri-o un scriitor de geniu cum nu s-a mai aflat, n-ar putea fi mai frumoasă și desăvârșită ca Evangheliile. Candida sobrietate a celor patru istorii dintâi nu va putea fi biruită cât lumea de toate minunile stilului și ale poeziei. Prea puțin putem adăuga la ceea ce-au spus aceia.

Dar cine-i mai citește, astăzi, pe evangheliști? Cine-ar ști să-i citească cu adevărat, de-ar fi să-i citească? Glossele filologilor, comentariile exegeților, variantele și savantlâcul postilatorilor, nu-s de mare ajutor: potriviri de iotă, jucării de minți răbdătoare. Altceva cere sufletul.

Oricare generație își are grijile, gândirile și smintelile sale. Străvechea Evanghelie va să fie răstălmăcită, cu ajutorul celor pierdute. Pentru ca Isus să rămână mereu viu în viața oamenilor, veșnic de față, trebuie să fie reînviat din când în când, nu – firește – pentru a-l zugrăvi din nou cu culorile zilei, ci pentru a-i înfățișa, prin cuvinte noi, prin asemănare cu cele ce se petrec sub ochii noștri, veșnicul său adevăr, statornica-i poveste.

Lumea e plină de astfel de reînvieri livrești, savante ori literare; însă autorului celei de față i se pare că multe din ele au fost date uitării, iar că celelalte nu-s potrivite cu nevoile noastre. Mai cu seamă în Italia, după cele din urmă încercări.

Pentru a face istoricul vieților lui Cristos, ar fi nevoie de-o altă carte, mai groasă chiar decât aceasta. Însă cele mai citite și mai cunoscute se pot împărți, din ochi, în două mari categorii. Cele scrise de fețe bisericești, pentru drept-credincioși, apoi cele scrise de oameni de știință, pentru folosința mirenilor. Nici unele, nici altele nu pot mulțumi însă pe cel care caută într-o viață viața.

3

Aproape nu-i viață a lui Cristos de pus la îndemâna cuvioșilor, care să n-aibă iz de mucegai; așa că-l depărtează, de la cele dintâi pagini, pe cititorul deprins cu bucate mai bine gătite, mai hrănitoare. Te apropii și te îneacă mirosul de feștilă stinsă, duhoarea de tămâie răsuflată, de untdelemn prost. Nu-ți poți trage răsuflarea. De stăruie cumva vreun cutezător și își mai aduce aminte de viețile marilor oameni scrise cu simțul măreției, ba de mai are și ceva idee despre arta scrisului și a poeziei, mai-mai să leșine de-ndată ce se adâncește, cât de cât, în acea proză bleagă, tulbure, destrămată, numai cârpituri și însăilări de locuri, vai, prea comune, ce-or fi fost vii acum o mie de ani, dar astăzi sunt neînsuflețite, încremenite, cețoase ca lespezile unui lapidariu, ca invocațiile unui formular. Întoarce pagina: e și mai rău, de îndată ce acești sirepi deșelați vor să se avânte, pe negândite, în galopul liricii ori în buiestrul elocvenței. Acele grații învechite ale lor, acea înzorzonare, mirosind a Arcadie puristă și a tipare de stil, bune pentru academiile de provincie, acea prefăcută căldură astâmpărată de un mieros simț al demnității, îi descurajează chiar și pe cititorii mai cu răbdare și mai cutezători. Iar când nu li-i dat să se cufunde în misterele spinoase ale Scolasticii, cad în oratoria brumărie a Omileticei duminicale. Cu un cuvânt, sunt cărți făcute pentru cei care cred în Isus – adică pentru cei care ar putea, într-un fel, să se lipsească de ele. Printre acestea se găsesc și unele foarte bune, dar mirenii, nepăsătorii, profanii, artiștii, cei deprinși cu măreția anticilor și cu noutatea modernilor nu umblă după ele; ori, de îndată ce le iau în mână, le lasă. Și totuși, tocmai aceștia sunt cititorii care ar trebui să fie câștigați, deoarece sunt cei pe care Isus i-a pierdut, cei care sunt azi formează părerile și se bucură de mai multă trecere.

Ceilalți, învățații care scriu pentru neutri, izbutesc și mai puțin să îndrepte iarăși către Isus sufletele care nu știu a fi creștine. Întâi, pentru că mai totdeauna nu acesta e scopul pe care-l urmăresc; ei înșiși, mai toți, fac parte din cei care-ar trebui să fie întorși pe calea lui Cristos cel adevărat și viu; pe urmă, pentru că metoda lor, care vrea să fie – spun ei – istorică, critică, științifică, îi îndeamnă să stăruie mai mult asupra textelor și faptelor de suprafață, ca să le lămurească ori să le nimicească, decât asupra valorii și a luminii pe care, cu voie, le-ar putea descoperi în acele texte și în acele fapte. Cei mai mulți dintre ei tind să descopere omul în Dumnezeu, firescul în minune, legenda în tradiții, dar mai ales caută să dibuiască interpolările, falsificările și apocrifele în literatura celor dintâi creștini. Cei care nu se-ncumetă să nege că Isus ar fi existat știrbesc cât pot mai mult din mărturiile pe care le avem despre el și, dând de zor cu „dacă“ și „însă“, cu tot felul de „considerente“, cu îndoielile și părerile lor, nu izbutesc să scrie istorie adevărată; dar nici, din fericire, s-o destrame pe cea din Evanghelie, atât de nesăbuite le sunt contradicțiile; astfel că fiecare sistem în parte are cel puțin meritul de a le desființa pe celelalte, născocite mai înainte. Într-un cuvânt, acești istorici, cu tot calabalâcul lor de zorzoane și de zdrențe, cu toate resursele criticii textelor, ale mitologiei, paleografiei, arheologiei, filologiei semitice și elinești, nu sunt în stare decât să macine, să irosească prin știrbirile și vicleșugurile lor viața cea atât de lămurită a lui Cristos. Încheierea cea mai logică a tuturor acestor băsneli și frământări fără rost, că Isus n-a coborât niciodată pe pământ, sau, chiar dacă cumva o fi coborât cu adevărat, nu ni-i dat să jurăm cu mâna pe cruce așa ceva. De pe urma lui a rămas, greu de înlăturat, Creștinismul; dar nu-i duce mintea la ceva mai bun pe acești dușmani ai lui Cristos, decât să caute de zor, la Răsărit și la Apus, „izvoarele", cum spun ei, ale cugetării creștine, cu gândul, mărturisit în gura mare, de a o descoperi aidoma în lumea ebraică, elenică, fie chiar indiană și chineză, voind parcă a spune: vedeți? Acest Isus al vostru, la urma urmelor, nu numai că era om, dar un biet om ca vai de el, căci, iată, n-a spus nimic nou din toate câte le știa pe dinafară omenirea, mai înainte de el.

I-am putea întreba atunci pe acești negători ai minunilor, cum tălmăcesc ei miracolul unui sincretism de adevăruri știute și răsștiute, care-a iscat totuși în jurul pomenirii unui biet plagiator o mișcare uriașă de oameni, de gânduri, de orânduiri, atât de puternică încât a putut să prefacă fața lumii pentru atâtea veacuri. Dar asta și multe alte întrebări nu le vom pune, cel puțin deocamdată.

Pe scurt, de treci de la cârdășia de prost gust a compilatorilor habotnici, în căutarea iluminaților, la monopolizatorii „adevărului istoric", cazi din plictiseală pietistă într-o zăpăceală stearpă. Cei dintâi nu-s în stare să-i întoarcă la Cristos pe rătăciți; aceștia din urma îi pierd în mărăcinișul controverselor. Nici unii, nici alții nu-l ademenesc pe cititor: nu știu să scrie. De-i desparte cuvioșia, îi apropie cacografia. Iar dacă îngâmfarea unsuroasă a țârcovnicilor îi scârbește pe oamenii culți care cunosc într-o doară poezia Evangheliei, idilă și tragedie divină, silă le e de uscăciunea universitarilor. Atâta e de adevărat, încât singura viață a lui Isus, până azi, după trecere de mulți ani, după atâtea prefaceri ale gustului și părerilor, singura viață a lui Isus citită de foarte mulți laici, rămâne aceea a clericului apostat Renan, deși cartea lui îl îndepărtează pe creștinul adevărat, prin diletantismul jignitor chiar când laudă, precum îl îndepărtează pe istoricul adevărat, prin compromisurile și insuficiența-i critică. Dar cartea lui Renan, cu toate că-ți pare opera unui romancier sceptic care s-a dat în vorbă cu filologia, ori a unui semitist ce pătimește de dorul literaturii, are meritul de a fi „scrisă“ – adică meritul de a se face citită și de cei care nu-s nici habotnici, nici specialiști.

A se face citită cu plăcere nu este nici singurul, nici cel mai mare merit pe care-l poate avea o carte: iar cel care s-ar mulțumi numai cu aceasta și n-ar da greutate restului, ar dovedi că-i mai degrabă ușuratic decât binevoitor. Dar să ne învoim că este un merit, nici mărunt din cale-afară – pentru o carte, pentru o operă care-și propune tocmai de a se face citită. Mai ales atunci când nu vrea să fie simplă unealtă de studiu, ci ar râvni să ajungă la ceea ce odinioară se zicea „punerea-n mișcare a afectelor“, sau ca să ne-nțelegem, care-ar vrea „să îndrepte omenirea“.

Autorului cărții de față i s-a părut – iar de greșește va fi nespus de mulțumitor să fie lămurit de alții mai pricepuți – că dintre atâtea mii de cărți ce povestesc viața lui Isus, lipsește una care să-l mulțumească pe cel care caută nu dovezi dogmatice ori dezgropări savante, ci hrană care să priască sufletului său, nevoilor veacului de față, tuturor, nouă.

O carte vie, vrea să spună, care să-l înfățișeze mai viu pe Cristos cel veșnic viu, cu îndrăgostită vioiciune, în ochii celor vii. Care să-l facă a fi simțit de față, veșnic de față, în mijlocul celor de față. Care să-l întruchipeze, în toată măreția lui vie și prezentă – veșnică și prin aceasta actuală – în mintea celor care l-au batjocorit și s-au lepădat de El, în mintea celor care nu-l iubesc pentru că nu l-au văzut niciodată la față. Care să arate tot ce este suprapământesc și simbolic în omeneștile-i învățături, în învățăturile sale cele atât de umile, de firești și pe înțelesul tuturor: să arate tot omenescul părintesc, tot firescul ce strălucește până și în menirea-i de Mântuitor ceresc, în moartea lui de canonit și dumnezeiesc înviat. Care, cu un cuvânt, să arate în acest epos tragic, la care a pus într-adevăr mâna și cerul și pământul, câte învățături făcute parcă anume pentru noi, potrivite cu vremea noastră, cu viața noastră, se pot scoate nu numai din slova parabolelor, ci din însăși perindarea de întâmplări ale vieții acesteia, începând cu staulul din Betleem, spre a isprăvi cu norul din Betania.

O carte scrisă de un mirean, pentru mirenii care nu sunt, ori sunt mai mult de ochii lumii, creștini. O carte lipsită de leșinurile și înduioșările dulcege ale pietismului de sacrestie, lipsită de strepeziciunea literaturii ce se zice „științifică", numai pentru că îi e veșnic groază de afirmații. Cu un cuvânt, o carte scrisă de un om din zilele noastre, care să nu fie prea lipsit de respect și de pricepere în ale artei, care să știe opri luarea aminte chiar și a celor potrivnici.

4

O astfel de carte, autorul celei de față nu stăruie c-ar fi scris-o el, deși mărturisește că la așa ceva s-a gândit adesea; cel puțin a încercat, atât pe cât l-au ajutat puterile, să se apropie de gândul său.

Ci se grăbește să se spovedească, cu nemințită smerenie, că n-a făcut operă de „istoric științific". N-a făcut-o, deoarece n-ar fi fost în stare; dar n-ar fi râvnit s-o facă, chiar de i-ar fi stat la îndemână toată știința trebuitoare. Să nu se uite, printre altele, că această carte a fost scrisă aproape în întregime la țară, într-un colț de țară depărtat și sălbatic, cu foarte puține cărți pe masă, fără sfaturi de prieteni și îndreptări de maeștri. Nu va fi deci citată de portarii înaltei critici, precum nici de cercetătorii cu ochelari la pătrat printre „autoritățile în materie"; nu-i nimic, de s-o dovedi în stare să facă puțin bine unui suflet oarecare – unuia singur. Deoarece cartea de față, precum am spus, râvnește a fi o regăsire a lui Cristos – a lui Cristos cel îmbălsămat în mirodenie răsuflată, ori jupuit de bisturie universitare – iar nu o nouă îngropăciune.

Cel care scrie s-a întemeiat pe Evanghelii, atât, se-nțelege, pe Sinoptice, cât și pe cea de-a patra.

Puzderia de disertații și controverse asupra autorității celor patru istorici ca și asupra datelor, interpolărilor, atârnărilor dintre ei, asemănărilor și derivațiilor, l-au lăsat – mărturisește – rece. Nu avem hrisoave mai vechi ca acelea, nici altele, din aceeași vreme, iudaice ori păgâne, care să ne îngăduie de-a le îndrepta ori dezminți. Cel care se apucă de o astfel de operă de discernământ și control, poate nădăjdui multă doctrină, dar nu face să propășească cu un pas cunoștința noastră adevărată despre Cristos. Cristos e în Evanghelii, în tradiția apostolică și în Biserică. Dincolo de ele, negură și tăcere. Cine primește cele patru Evanghelii, va să le primească în întregime, iotă cu iotă, sau să le dea la o parte pe tuspatru și să spună: nu putem ști nimic. A căuta să deosebești în aceste scripturi fapta de născocire, istoria de legendă, temeiul de adăugiri, primitivul de dogmatic, e îndeletnicire nesăbuită ce se isprăvește mai totdeauna cu scoaterea din sărite a cititorilor, care – copleșiți sub acea vălmășire de sisteme ce se bat cap în cap și se prăfuiesc din zece în zece ani – nu se mai pot dumiri, ci le lasă pe toate în plata Domnului. Cei mai iscusiți histologi neotestamentari asupra unui singur lucru au căzut la învoială: că Biserica a știut să aleagă din pripasul vălmășit al literaturii primitive Evangheliile cele mai vechi, socotite încă de pe atunci drept cele mai aproape de adevăr. Mai mult nici nu cerem.

Pe lângă Evanghelii, autorul acestei cărți a ținut seamă de acele „logia" și „agrapha" ce erau mai aproape de duhul evanghelic, precum și de unele texte apocrife, folosite „con juicio". În sfârșit, de vreo zece cărți moderne, dintre cele pe care le avea la îndemână.

Și i se pare, atât cât a putut el vedea, că s-a depărtat uneori de părerile obișnuite, înfățișând aici un Cristos ce n-arată cunoscutul chip de pe icoanele de rând; cu tot dinadinsul nu s-ar încumeta să spună una ca asta, nici nu ține din cale-afară la acel dram de noutate ce s-ar putea descoperi în cartea sa, scrisă cu nădejdea că se va face mai bun, nu mai frumos. Cu atât mai mult, cu cât, în schimb, i se va fi întâmplat să mai spună o dată lucruri spuse de alții, pe care neștiința lui l-a împiedicat să le știe. În această știință, temeiul, care este adevărul, rămâne neschimbat și nou nu poate fi decât felul de a înfățișa în forme mai potrivite, întru a fi priceput mai ușor.

După cum a ținut să se ferească de mărăcinișul prea înaltei critici erudite, n-a râvnit să zăbovească prea mult nici în tainele teologiei. S-a apropiat de Isus cu smerenia dorinței și a iubirii, așa cum se apropiau de Isus care le grăia, pescarii din Capernaum, mai săraci cu duhul, întru fericirea lor, decât cel care scrie.

Rămânând credincios slovelor Revelației și dogmelor Bisericii Catolice, s-a străduit totuși, pe alocuri, să înfățișeze acele dogme și acele slove în chip deosebit, altfel decât se obișnuiește, printr-un stil violent, plin de apoziții și de întreruperi, înviorat de cuvinte crude și mâniate, spre a vedea dacă sufletele de astăzi, deprinse cu excitantele greșeli, s-ar putea trezi sub biciuirea adevărului.

Față de cel care, pe alocuri, s-ar dovedi nemulțumit, autorul se încumetă să-și însușească cuvintele Sfântului Pavel: „Cu cei care lege nu cunosc, m-am făcut că aș fi fără lege, ca să-i câștig pe cei care n-au lege. Slab m-am făcut cu cei slabi, ca să-i câștig pe cei slabi; orice mă fac față de oricine, ca să-i scap cu orice preț pe câțiva dintre ei. Orice fac, din dragostea pentru Evanghelie..."

Autorul a ținut seama nu numai de lumea iudaică, dar și de cea antică, nădăjduind să dovedească noutatea și măreția lui Cristos, față cu toți cei care au trăit înaintea lui. Nu totdeauna a urmat perindarea vremurilor și a întâmplărilor, pentru că astfel s-a putut ajuta mai bine la atingerea scopului pe care-l urmărea – care nu este, precum a mai spus-o, propriu-zis istoric: – să strângă laolaltă un mănunchi de gânduri și de fapte, ca să le lumineze mai din plin, în loc de a le lăsa risipite ici și colo în decursul povestirii.

Ca să nu dea cărții înfățișare greoaie, a înlăturat toate trimiterile la citate și s-a lipsit de note. Nu vrea să treacă drept ceea ce nu este, doctor în bibliografie, după cum nu ține ca opera sa să miroasă nici pe departe a rapiță de savantlâc. Cei care se pricep în astfel de lucruri vor dibui autorii necitați și dezlegările pe care le-a ales, în fața unor probleme de concordanță; pe ceilalți, pe cei care caută doar să afle cum i s-a înfățișat Cristos unuia dintre ai lor, i-ar plictisi balastul notelor și discuția migăloasă din josul paginilor. Un singur cuvânt ține să spună aci, cu privire la femeia netrebnică care plânge la picoarele lui Isus: cu toate că cei mai mulți văd în Evanghelii două episoade și două femei deosebite, autorul și-a îngăduit, din motive de artă, să se contopească într-una singură, lucru pentru care-și cere iertare, iertare ce, nădăjduiește, va coborî asupră-i, deoarece nu-i vorba de dogme.

Pe lângă aceasta, se mai vede nevoit a da de știre că n-a putut dezvolta, cum ar fi vrut el, episoadele în care apare Fecioara Mamă, pentru a nu lungi prea mult cartea, și așa prea mare, dar mai ales, din pricina greutății de-a înfățișa în treacăt bogatul, întregul fond de religioasă frumusețe ce ni-i dat a-l descoperi în întruchiparea Mariei. Ar trebui scrisă o altă carte, pe care autorul este ispitit s-o încerce, dacă Dumnezeu îi va da zile și ochi, pentru „a spune despre ea, ceea ce despre nici o alta nu s-a mai spus vreodată".

Măcar cei deprinși să citească Evangheliile vor băga de seamă că alte episoade, de însemnătate mai măruntă, sunt trecute cu vederea, iar altele, în schimb, lungite în chip neobișnuit. Pentru că unele i s-au părut scriitorului mai potrivite decât celelalte cu scopul său – care este, spre a-l mărturisi cu o vorbă calpă și supărătoare urechii celor prea rafinați, edificarea morală.

5

Aceasta vrea să fie o carte – râsul e bănuit – de edificare. Nu în înțelesul bigotismului mecanic, ci în înțelesul omenesc și bărbătesc de primenire a sufletelor.

A dura o casă e o faptă mare și sfântă, adăpost de iarnă și de noapte, urcare. Dar a dura un suflet, a zidi cu pietrele adevărului! Când e vorba de „a zidi, a edifica", nu vedeți decât un verb abstract, tocit prin deprindere. A edifica, în înțelesul obișnuit, înseamnă a zidi. Care dintre voi s-a gândit vreodată la tot ce-i trebuie spre a zidi, spre a zidi bine, spre a face o casă adevărată, o casă care să țină, care să stea temeinic înfiptă în pământ, acoperită și făcută cumsecade, cu zidurile drepte pe dinafară, cu acoperiș prin care să nu bată ploaia. Tot ce trebuie, pentru a zidi: pietre cioplite, cărămizi bine coapte, grinzi neputrezite, var de cuptor bine încins, nisip mărunt, nu de cel pământiu, ciment proaspăt. Pe urmă, să le orânduiești toate după startul lor, cu ochi și răbdare; să potrivești, să închegi pietrele una câte una, să nu pui prea multă apă ori prea mult nisip în tencuială; să ții jilave zidurile; să știi cum să îmbuci încheieturile; să șlefuiești cum se cuvine pereții. Iar casa urcă, zi de zi, la ceruri: casa omului, casa în care-și va duce femeia, unde i se vor naște copiii, în care-și va putea ospăta prietenii.

Cei mai mulți cred că pentru a scrie o carte ajunge să ai o idee și, pe urmă, să iei o seamă de cuvinte, să le aduni grămadă ca să placă. Nu-i adevărat. Un cuptor de olane, o groapă de scos piatră nu-i o casă. A dura o casă, o carte, un suflet, este o treabă care-l leagă pe om pe de-a-ntregul, cu toate răspunderile lui. Cartea de față ar voi să dureze sufletele creștine, deoarece aceasta i se pare scriitorului a fi, în aceste timpuri, în această țară, o nevoie ce nu îngăduie zăboviri. De va izbuti ori ba, n-o poate spune, azi, cel care-a scris-o.

Dar se va recunoaște, trage nădejde, că-i o carte, o carte adevărată, nu catalog de mostre, însăilare de peteciri. O carte care poate fi mediocră și greșită, dar e de durată: o operă zidită, în stare să-i edifice pe alții. O carte cu planul și arhitectura sa proprie, o adevărată casă cu cerdac și căpriori, cu despărțiturile și bolțile ei – cu câteva ochiuri de fereastră spre înaltul cerului, în largul zării de șesuri.

Autorul acestei cărți este, sau cel puțin ar vrea să fie, un artist; și n-ar fi putut să uite această calitate a sa, tocmai în împrejurarea de față. Mărturisește însă că n-a ținut să facă o operă, cum se spunea pe vremuri, de „literatură frumoasă"; sau cum se spune azi, de „poezie pură"; deoarece, măcar de data aceasta, i-a fost mai drag adevărul ca frumosul. Iar dacă acele calități ale sale, oricât de mărunte, de scriitor îndrăgostit de arta lui, vor putea întări un singur suflet, fi-va mai voios ca în trecut de darurile pe care le-a primit. Înclinarea lui către poezie i-a slujit, poate, să o facă mai „actuală" și, în oarecare măsură, să împrospăteze amintirea unor fapte străvechi, ce par încremenite în hieratismul imaginilor consfințite.

Pentru omul cu închipuire, orice lucru e nou și prezent. Orice stea mai mare ce se rotește noaptea poate fi aceea ce-ți arată casa în care se naște un fiu al lui Dumnezeu; orice staul are o iesle ce se poate schimba în leagăn, când o umpli cu fân uscat și paie curate; orice culme de munte pleșuv, dogorită de lumină în diminețile daurite peste valea încă neguroasă, poate fi muntele Sinai ori Tabor; în focurile miriștilor și cărbunarilor ce sclipesc seara pe dealuri poți vedea flacăra aprinsă de Dumnezeu, ca să-ți călăuzească pașii prin pustiu; stâlpul de fum ce urcă din coșul săracului, îi arată de departe calea muncitorului care se-ntoarce acasă. Măgărușul care-l poartă în spate pe ciobanul care coboară de la muls e tot acela pe care mergea proorocul către corturile Israelului, același pe care cobori spre Ierusalim, de Paști. Porumbelul care gângure pe marginea acoperișului de olane e tot cel care a vestit patriarhului sfârșitul osândei și se lăsă pe apa Iordanului. Totul e la fel, atotputernic, pentru poet; orice poveste e istorie sfântă.

Autorul cere totuși iertare de la aprigii săi contemporani, dacă, mai adesea decât s-ar fi cuvenit, s-a lăsat în voia celei căreia astăzi i se zice, aproape în silă, elocvență – vară primară cu retorica și mamă adulterină a emfazei și altor hidropisii ale distinsei elocvențe. Dar, poate, se vor învoi că nu se putea scrie viața lui Cristos în același stil ușor și potolit, care se potrivește cu viața lui Don Abbondio, povestită de Manzoni. Chiar și acesta, cântând

Crăciunul și Învierea, nu se folosi de vorbirea de toată ziua a Florentinilor, ci de cele mai solemne imagini din Vechiul și Noul Testament.

Știe prea bine că elocvența le e nesuferită modernilor, ca stofa roșie doamnelor de la oraș, ca orga de prin biserici dansatorilor de menuete; dar n-a izbutit, întotdeauna, să se lipsească de ea. Elocvența, când nu e declamație de împrumut, e prisos de evlavie; așa că, într-o epocă de necredință, elocvența nu-și găsește loc. Și totuși, viața lui Isus este o astfel de dramă, o astfel de poemă, că ar cere totdeauna, în loc de cuvintele prea tocite pe care le avem la îndemână, acele „vocabule abrupte și pline de neastâmpăr", de care pomenește Passavanti. Bossuet, care în ale elocvenței se pricepea, desigur, scria odată următoarele: „Mai degrabă un zeu de unde ne putem desprinde cuvântul nostru de tot ce măguleşte urechea, de tot ce gustă mintea, tot ce surprinde imaginaţia, lăsând doar adevărul simplu, singura forţă şi eficienţă, totul pur pentru spiritul sfânt, niciun gând pentru convertire". Foarte adevărat; dar să poți!

Autorul acestei opere ar fi voit în anumite clipe să se dovedească în stare de-o elocvență însuflețită și sfâșietoare, spre a cutremura inimile; de-o imaginație înflăcărată, spre a răpi sufletele printr-o nebănuită vrajă, într-o lume de lumină, de aur, de foc. În alte clipe, în schimb, aproape îi părea rău că este prea artist, prea literal, prea cizelator și mozaicist; că nu-i în stare să lase faptele în vânjoasa lor goliciune. Nu înveți să scrii o carte cum se cade, decât isprăvind-o de scris. Ajungând la cel din urmă cuvânt, cu experiența dobândită prin strădanie, ar trebui s-o iei de la capăt, s-o schimbi pe de-a-ntregul. Dar cine are, nu spun puterea, dar măcar ideea de-a face așa ceva?

Dacă această carte, în unele pagini, aduce a predică, nu-i păcat prea mare. În vremea noastră, când la predicile de prin biserici, unde prea adesea se spun în chip mediocru lucruri mediocre, dar unde de cele mai multe ori se repetă adevăruri ce n-ar trebui uitate, nu se duc decât cel mult femeile și câte-un moșneag; va să ne gândim și la ceilalți. La cei pricepuți, la „intelectuali", la rafinați, la cei care nu intră niciodată în biserică, dar intră, câteodată, într-o librărie. Care n-ar voi pentru nimic în lume să asculte predica unui călugăr, dar binevoiesc s-o citească tipărită într-o carte. Iar această carte, repet, e scrisă mai cu seamă pentru cei care stau în afara Casei lui Cristos; ceilalți, cei care-au rămas înlăuntru, înfrățiți cu urmașii Apostolilor, n-au nevoie de vorbele mele.

Autorul își mai cere iertare și pentru că a scris o operă cu multe pagini, despre un singur subiect. Astăzi, când cea mai mare parte din cărți – chiar unele de-ale mele – nu-s decât buchete ori mănunchiuri de pagini culese de prin ziare, sau de povestiri scrise pe apucate, de însemnări din carnet, fără a trece obișnuit de două, până la trei sute de pagini, faptul de a fi scris mai bine de șase sute asupra unei singure teme va fi luat drept îngâmfare și încă de cea respectabilă. Cartea, desigur, le va părea lungă cititorilor moderni, mai deprinși cu pișcoții afânați decât cu pâinea gospodărească de o oca; dar cărțile, ca și zilele, sunt lungi ori scurte, după cum știe să le umple omul. Iar autorul nu s-a vindecat până-ntr-atâta de mândrie, încât să creadă că această carte, din pricina lungimii, nu va fi citită de nimeni; merge chiar până la a-și închipui că va putea fi citită cu mai puțină plictiseală decât alte opere mai scurte. Atâta îi e de greu omului să se mântuiască de trufie; până chiar și aceluia care-ar vrea să-i tămăduiască pe semenii săi de această meteahnă!

6

Autorul acestei cărți a mai scris una, demult, ca să povestească melancolica viață a unui ins care-a voit o clipă să devină Dumnezeu. Acum, în deplina maturitate a anilor și a conștiinței, a încercat să scrie viața unui Dumnezeu care s-a făcut om. Același scriitor, pe vremea când își lăsa zburdălnicia smintită și nestatornică să hoinărească pe toate căile absurdului, socotind că din negarea oricărei transcendențe ieșea nevoia – pentru el – de-a se despuia de orice bigotism, fie chiar profan și lumesc, ca să ajungă la ateismul integral, desăvârșit – și era logic ca „negrul hieruvim“ al lui Dante, deoarece singura alegere îngăduită omului e între Dumnezeu și Nimic, iar când fugi de Dumnezeu nu vezi prilej temeinic să te supui idolilor tribului și tuturor celorlalți fetiși ai rațiunii ori ai patimii; în acele timpuri de înfrigurare și trufie, cel care scrie l-a jignit pe Cristos cum puțini alții înaintea lui o făcuseră. Și totuși, nu mai mult de șase ani de la aceea – dar șase ani de cumplită frământare și pustiire în afara și înlăuntrul sufletului – după îndelungate luni de ațâțate răzgândiri, deodată, lăsând la jumătate alt lucru, chemat parcă și împins de-o putere mai puternică decât el, prinse a scrie această carte asupra lui Cristos, ce i se pare acum neîndestulătoare ispășire a acelei vinovății. Adesea i s-a întâmplat lui Isus să fie mai stăruitor iubit tocmai de cei care la început îl urau. Ura, câteodată, nu e decât iubire stângace, în neștire; în orice caz, e mai bună ucenicie pentru iubire ca nepăsarea.

Cum a ajuns scriitorul să-l regăsească pe Cristos, singur, străbătând multe drumuri care la urmă dădură toate la poalele Muntelui Evangheliei, ar fi prea lung și greu de povestit. Dar pilda sa – aceea a unui om care de mic copil n-a putut suferi credințele recunoscute, bisericile, formele de vasalitate a minții, iar pe urmă trecu, copleșit de dezamăgiri cu atât mai adânci cu cât fusese mai puternic avântul, prin multe încercări, cele mai felurite și noi din câte putea întâlni – pilda acestui om care și-a ros în suflet ambițiile unei epoci nestatornice și nepotolite cum puține au mai fost; pilda unui om care după atâtea zbenguiri, sminteli și deșertăciuni, se întoarce la Cristos, nu are poate numai un tâlc personal.

Nu s-a întors la Cristos de oboseală; căci, dimpotrivă, se deschide pentru el o viață mai grea, o îndatorire mai istovitoare; nici de teama bătrâneții, căci își mai poate zice încă tânăr, nici de dragul „scandalului monden“, căci în clima acestor ani, i-ar prii mai bine să fie lingușitor decât judecător. Dar acest om, întors, și-a dat seama că Isus

Cristos e vândut și mai grea ca orice altă ocară, dat uitării. Așa a simțit imboldul de a-l pomeni și de a-l apăra.

Căci nu numai dușmanii l-au părăsit, l-au pângărit. Ci chiar cei care i-au fost ucenici în viață și-l pricepură pe jumătate, iar la urmă îl părăsiră; mulți dintre cei care s-au născut în Biserica lui, îi calcă porunca și se desfată mai mult la icoanele-i zugrăvite, decât în fața pildei sale vii, iar când și-au ros buzele și genunchii în evlavia lor trupească, li se pare că și-au făcut datoria față de el, că au săvârșit tot ce cerea, tot ce cere Isus Cristos cu deznădejde, mai totdeauna zadarnic, laolaltă cu sfinții săi, de o mie și nouă sute de ani.

O viață a lui Isus, scrisă azi, e un răspuns, o replică necesară, o concluzie de neînlăturat; greutatea ce se aruncă în talerul gol al cântarului, pentru ca din veșnica războire dintre ură și iubire să se arate, fie și numai atât, cumpăna dreptății. Iar de-i va spune careva celui care-a scris-o că-i un înapoiat, nu-l va jigni. Rămas în urmă, adesea, pare cel care se naște prea curând. Soarele ce asfințește e același care în clipa aceea poleiește noua dimineață a unei țări depărtate. Creștinismul nu-i o vechitură asimilată, în ceea ce avea bun, de uimitoarea și imperfectibila conștiință modernă, ci pentru foarte mulți e atât de nou, că nici n-a început încă lumea, astăzi, umblă după pace mai mult decât după libertate: nu e pace neîndoielnică decât sub jugul lui Cristos.

Se spune că Isus Cristos ar fi proorocul celor slabi, pe câtă vreme a venit pe lume să-i întărească pe cei lâncezitori, să-i înalțe mai presus de regi pe cei călcați în picioare. Se spune că religia sa ar fi bună pentru betegi și muribunzi; dar cu toate acestea, el îi vindecă pe slăbănogi și-i învie pe adormiți. Se spune că ar fi împotriva vieții; ci învinge moartea. Că ar fi Dumnezeul tristeții; pe câtă vreme-i îndeamnă pe-ai săi să se veselească și le făgăduiește un veșnic ospăț de veselie prietenilor săi. Se spune că ar fi răspândit jalea și chinul pe lume; pe câtă vreme, când era viu, mânca, bea, lăsa să i se stropească picioarele și părul cu apă îmbălsămată, nu putea să sufere posturile fățarnice și fățarnicele schimnicii. Mulți l-au părăsit pentru că nu l-au cunoscut niciodată. Acestora, mai cu deosebire, aș ține să le folosească această carte.

Scrisă, iertată fie-mi luarea-aminte, de un florentin; răsărită deci din mijlocul acelei nații care, singură dintre toate, l-a ales pe Cristos drept rege al său. Cel dintâi s-a gândit la aceasta Girolamo Savonarola, în 1495; dar n-a putut să-și înfăptuiască gândul. În vălmășagul amenințării unei năvăliri străine, în 1527, le-a trecut iarăși prin minte florentinilor, iar gândul fost-a preamărit de data aceasta până la cel din urmă glas. Deasupra porții mari a Palatului Vechi, cea care se deschide între David al lui Buonarroti și Hercule al lui Bandinelli, s-a zidit o lespede de marmură cu aceste cuvinte;

JESVS CVRISTVS REX FLORENTINI
POPVLI P. DECRETO ELECTVS.

Această pisanie, deși schimbată de Cosimo, se poate vedea până azi acolo; hrisovul n-a fost rupt niciodată de atunci ca netrebnic, nici n-a fost vreodată dezmințit; iar cel care scris-a de față e mândru că se știe, astăzi, după veacuri de încălcări și silnicii, supus și soldat al lui Cristos Rege.

VIAŢA LUI ISUS

STAULUL

Isus s-a născut într-un staul.

Un staul, staulul adevărat, nu-i porticul sprinten, ușor, pe care i l-au zidit pictorii creștini Fiului lui David, parcă rușinați că Dumnezeul lor stătuse culcat în sărăcie și murdărie. Precum nu este nici ieslea de ipsos pe care închipuirea cofetărească a iconarilor a născocit-o în vremurile noastre; ieslea curată și drăgălașă, trandafirie, cu jgheabul lustruit și înzorzonat, cu măgărușul în extaz și boul solemn, cu îngerii de pe acoperiș ținând ghirlande fluturate, cu păpușile regilor în mantii și ciobani cu glugă, îngenuncheați de cele două părți ale șopronului. Acesta poate fi visul candidaților la călugărie, luxul parohilor, jucăria copiilor, „proorocitul lăcaș“ al lui Manzoni; dar nu e, nu e Staulul în care s-a născut Isus.

Un staul, un staul aidoma, e casa vitelor, închisoarea vitelor care muncesc pentru om. Străvechiul, sărmanul staul din ținuturile străvechi, din ținuturile sărace, din țara lui Isus, nu e balconul cu stâlpi și capiteluri, nici grajdul științific al bogaților de azi, ori coliba elegantă ce se arată prin bisericile catolice de ajunul Crăciunului. Staulul nu-s decât patru ziduri netencuite, cu bolovani murdari pe jos, un acoperiș de bârne și de lespezi. Adevăratul staul e întunecos, murdar, cu miros greu; curat nu-i în el decât jgheabul, în care pătureşte gospodarul fân și nutreț.

Livezile primăverii, jilave în dimineţile senine, unduind la vânt, bătute de soare, ude, mirositoare, au fost cosite; tăiată cu fierul iarba verde, frunzele înalte, străvezii; cosite, de-a valma, florile învoalte: albe, roșii, galbene, albastre. Toate-s veștede, uscate, schimbate-n culoarea palidă și unică a fânului. Juncanii duseră acasă rămășița moartă a începutului de vară.

De-acuma iarba, florile, iarba aceea țepoasă, acele flori încă mirositoare zac colo, în jghiab, pentru foamea robilor omului. Vitele le adulmecă domol, cu buze late, negre; iar de la o vreme, livada înflorită vede iar lumina zilei pe așternutul de paie, schimbată-n balegă udă.

Acesta e adevăratul staul în care-a fost născut Isus. Locul cel mai murdar de pe lume fost-a cea dintâi încăpere a singurului Neîntinat dintre cei născuți de femeie. Fiul Omului, ce-avea să fie sfâșiat de vitele cărora le zice oameni, avut-a drept cel dintâi leagăn jghiabul în care ronțăie dobitoacele florile minunate ale primăverii.

Nu din întâmplare s-a născut Isus într-un staul. Lumea nu-i oare un staul nespus de încăpător, în care oamenii rumegă și se baligă? Cele mai frumoase lucruri, cele mai curate, cele mai dumnezeiești, oare nu le preschimbă ei, prin satanică alchimie, în excremente? Apoi, se tolănesc pe grămezile de murdării, părându-li-se că aceasta înseamnă „a se bucura de viață".

Pe pământ, vremelnic coteț de porci, în care toate podoabele și miresmele nu-s în stare să ascundă dâra de murdărie, s-a arătat într-o noapte Isus, născut de-o fecioară neprihănită, având drept singură armă nevinovăția.

Cele dintâi viețuitoare care-l proslăviră pe Isus au fost vitele, nu oamenii.

Printre oameni îi căuta pe cei săraci cu duhul; printre cei săraci cu duhul, pe copii; mai sărace cu duhul decât copiii, mai blânde, îl întâmpinară vitele de la casa omului. Deși umiliți, deși robii unor făpturi mai slabe și mai crude ca ei, măgarul și boul văzură astfel îngenunchind în fața-le mulțimile de oameni. Neamul lui Isus, norodul cel sfânt pe care Iehova îl mântuise de sclavia Egiptului, poporul pe care Păstorul îl lăsase singur în deșert ca să stea de taină cu Cel fără Moarte, îl silise pe Aron să-i facă un Bou de Aur, căruia să i se-nchine.

Măgarul era închinat în Grecia lui Ares, lui Dionisos, lui Apollon Hiperboreul. Măgărița lui Balaam îl mântuise cu vorbele ei pe prooroc, mai înțeleaptă ca înțeleptul; Ochos, rege al Perșilor, puse un măgar în templul lui Fia, să i se-nchine lumea.

Cu câțiva ani mai înainte de-a se fi născut Cristos, vitoru-i stăpân, Octavian, coborând spre corăbiile sale în preziua bătăliei de la Actium, întâlni un cărăuș cu măgarul. Vitei îi zicea Nicon, învingătorul; iar după bătălie, împăratul puse să se ridice un măgar de bronz în templul care pomeni izbânda.

Regi și noroade se închinaseră până atunci boilor și măgarilor. Erau regii pământului, noroadele cărora le plăcea tina. Dar Isus nu se năștea ca să domnească pe pământ, nici să îndrăgească cele trupești. Cu el se va pune capăt închinării la vite, slăbiciunii lui Aron, superstiției lui Augustus. Dobitoacele din Ierusalim îl vor omorî; dar până atunci, cele din Betleem îl încălzesc cu răsuflarea lor. Atunci când Isus se va duce pentru cel din urmă Paști în Cetatea Morții, va călări pe un măgar. Ci el e prooroc mai mare ca Balaam, venit să-i mântuiască pe toți oamenii, nu numai pe evrei; și din cale-i nu se va înturna, chiar de vor rage împotrivă-i toți măgarii Ierusalimului.

CIOBANII

După vite, pândarii vitelor. Chiar dacă îngerul n-ar fi dat de veste măreața naștere, ei ar fi dat fuga la staul să-l vadă pe pruncul străinei.

Ciobanii trăiesc mai tot timpul singuratici, răzleți. Habar n-au de lume și de Sărbătorile Pământului. Orice s-ar întâmpla în preajma lor, o faptă cât de măruntă îi înduioșează. Păzeau turmele în noaptea lungă a solstițiului, când se cutremurară de lumina și de vorbele îngerului.

De îndată ce zăriră în negura staulului o femeie tânără, frumoasă, care se uita prelung, tăcută, la copil; de îndată ce văzură pruncul cu ochii abia deschiși, carnea-i roșie, plăpândă, gură care nu mâncase încă, inima li se înduioșă. O naștere, nașterea unui om, un suflet care de câteva clipe s-a întruchipat și vine să pătimească alături de celelalte suflete, e totdeauna o minune atât de dureroasă, încât îi înduioșează chiar și pe cei săraci cu duhul, care n-o pricep. Iar acel prunc nu era pentru cei înștiințați un necunoscut, un copil ca toți copiii; ci acela pe care neamul lor obidit îl aștepta de-o mie de ani.

Ciobanii aduseră-n dar puținul pe care-l aveau, puținul care-i atât de mult, dat din inimă; aduseră darurile albe ale păstoriei: lapte, brânză, lână, miel. Până azi, în munții noștri, unde stau să piară urmele tot mai rare ale ospeției și înfrățirii, de îndată ce-a născut o femeie, dau fuga suratele, nevestele, fetele ciobanilor. Niciuna cu mâna goală: care cu patru ouă călduțe din cuibar, care cu o sticlă de lapte proaspăt muls atunci, care cu o turtă de caș abia-abia cojită, care cu o găină numai bună de fiert pentru lehuză. O nouă făptură s-a arătat pe lume, și-a început plânsul; vecinii, voind parcă s-o mângâie, îi aduc daruri mamei.

Ciobanii, din moși strămoși, erau oameni săraci și nu căutau cu ochi răi la cei săraci; erau săraci cu duhul precum copiii și se desfătau la vederea pruncilor. Se născuseră în mijlocul unui neam ieșit din păstorul din Ur, mântuit de Păstorul lui Madian. Păstori fuseseră cei dintâi regi ai săi: Saul și David – ciobani cu turme, mai înainte de-a ajunge păstori de triburi. Dar ciobanii din Betleem, „nebăgați în seamă de lumea cea rea“, nu erau trufași.

Se născuse în preajma lor un calic, iar ei îl priveau cu drag și cu dragă inimă îi aduceau acele sărmane avuții. Știau că pruncul, născut din oameni săraci în sărăcie, născut sărac cu duhul în sărăcia duhului, născut din oameni de rând în mijlocul celor de rând, avea să fie dezrobitorul celor de rând – al acelor oameni „buni la suflet“, asupra cărora îngerul chemase pacea.

Până și regele cel necunoscut, hoinarul Odiseu, de nimeni n-a fost primit cu atâta bucurie ca de ciobanul Eumeu, în staul. Şi Ulisse se îndrepta spre Itaca cu gândul răzbunării, se întorcea la casa lui ca să-și omoare dușmanii. Pe câtă vreme Isus se năștea ca să osândească răzbunarea, ca să poruncească iertarea dușmanilor. Iar dragostea ciobanilor din Betleem făcut-a să se uite mila primitoare a porcarului din Itaca.

CEI TREI MAGI

După câteva zile, se arătau trei magi din Caldeea și îngenuncheau în fața lui Isus.

Poate că veneau din Ecbatana, ori poate de pe malurile Mării Caspice. Călări pe cămilele lor, cu desagii doldora spânzurați de șei, trecuseră Tigrul și Eufratul prin apă, străbătuseră marele deșert al nomazilor, umblaseră de-a lungul coastelor Mării Moarte. O stea nouă – asemenea stelei cu coadă ce se mai ivește în răstimpuri pe cer, ca să vestească nașterea vreunui prooroc ori moartea cutărui Cezar – îi călăuzise până-n Iudeea. Veniseră să se-nchine unui rege și au dat peste un prunc înfășat ca vai de lume, ascuns într-un staul.

Cam cu vreo mie de ani înaintea lor, o regină a Răsăritului venise cu gând de-nchinăciune în Iudeea, aducându-și asemeni darurile: aur, mirodenii și nestemate de mare preț. Dar găsise un rege strălucit pe tron, pe cel mai mare rege din câți au domnit vreodată în Ierusalim, iar de la el învățase ceea ce nimeni altul nu știuse s-o învețe.

Magii în schimb, ei care se socoteau mai înțelepți ca regii, găsiseră un prunc născut de câteva zile, un copilaș care nu știa încă nici să întrebe, nici să răspundă, un copil care, cu anii, era sortit să disprețuiască comorile lumești și lumeasca lor înțelepciune.

Magii nu erau regi, dar în Media și în Persia, erau stăpânii regilor. Regii porunceau noroadelor, dar magii îi călăuzeau pe regi. Aducători de jertfe, tălmăcitori de vise, prooroci și dregători, singuri ei puteau sta de vorbă cu Ahura Mazda, Zeul cel Bun; nimeni altul afară de el nu știa viitorul și ursita. Omorau cu mâna lor fiarele vătămătoare, păsările cobitoare. Curățau sufletele și câmpurile; nici o jertfă nu mergea la zeu, de nu era adusă cu mâna lor; nici un rege n-ar fi pornit la război, fără a le da lor ascultare. Cunoșteau tainele pământului și ale cerului; stăteau mai presus de toți ai lor, în numele înțelepciunii și al evlaviei. În mijlocul unui neam ce trăia pentru carne, înfățișau partea duhului.

Se cuvenea deci să vină, să i se-nchine lui Isus. După vitele care-nfățișau firea; după ciobanii care înfățișau norodul, această de-a treia putere – înțelepciunea – îngenunchea în fața ieslei din Betleem. Străvechiul cin preoțesc al Răsăritului pleacă fruntea în fața noului domn, care-și va trimite vestitorii către Apus; învățații îngenunche în fața celui care va robi învățătura vorbelor și a numerelor noii învățături a Iubirii.

Magii la Betleem înseamnă vechile teologii care recunosc desăvârșita revelație; Știința ce se umilește în faţa nevinovăției; bogăția care se culcă la picioarele sărăciei.

Îi aduc lui Isus acel aur, pe care Isus îl va călca în picioare; nu i-l aduc pentru că Maria, sărmană, ar putea să aibă nevoie de aur pe drum; ci numai ca să asculte, mai înainte de-mplinirea vremii, de îndemnul Evangheliei: vinde tot ce ai și dă-l săracilor. Nu-i aduc tămâie ca să risipească miasmele din grajd; vor mai avea nevoie de fum și mirodenii pentru altarele lor. Îi aduc smirna ce slujește la îmbălsămat morții, pentru că bine știu că acest copil va muri în floarea vârstei; iar mama care acum zâmbește, avea-va nevoie de smirnă ca să-i îmbălsămeze trupul.

Îngenucheați în bogatele lor mantii de regi și preoți prin paiele grajdului, ei, atotputernicii, atotștiutorii, ghicitorii se dăruiesc până și pe ei înșiși, drept zălog al supunerii întregii omeniri.

Isus fost-a uns acum cu mirul tuturor închinărilor ce i se cuveneau, De îndată ce se pornesc magii, încep silniciile celor care-l vor urî până la moarte.

OCTAVIAN

Când se arătă Isus printre oameni, pe pământ împărățeau, fără împotrivire, ucigașii. Se năștea supus a doi stăpâni – unul mai tare și mai departe, la Roma; celălalt, mai păcătos și mai aproape, în Iudeea. O canalie din toată lumea, dar plină de noroc, șterpelise prin cruzimi Imperiul

Roman; o altă canalie din toată lumea și plină de noroc șterpelise prin cruzimi tronul lui David și al lui Solomon.

Amândoi se ridicaseră pe căi netrebnice și furișe; prin războaie civile, prin trădări, cruzimi și măceluri; erau născuți să se-nțeleagă; nu degeaba erau prieteni și tovarăși de nelegiuiri, atâta cât îngăduia atârnarea descreieratei slugi de descreieratu-i stăpân.

Fiul Cămătarului din Velletri, Octavian, se dovedise fricos la luptă, răzbunător la izbândă, vânzător în prietenie, crunt la pedeapsă. Unui osândit care-i cerea să-l îngroape măcar, era în stare să-i răspundă: Asta-i treaba uliilor. celor din Perugia, măcelăriți și cerând iertare, le striga; moriendum esse! Pretorului Q. Gallius, numai pentru că-l bănuise într-o doară, voi să-i scoată ochii cu mâna lui, mai înainte de a-l da să-i taie gâtul. După ce pusese stăpânire pe imperiu, după ce potopise și risipise dușmanii, după ce căpătase toate magistraturile și puterile, își lipise pe ochi masca blândeții și nu-i rămăsese, din năravurile tinerești, decât stricăciunea. Se spunea că-n tinerețe își vânduse fecioria în două rânduri; cea dintâia oară lui Cezar, a doua oară în Spania, lui Irtius, pe trei sute de mii de sexterți. Acum își petrecea vremea schimbând nevestele de pe-o zi pe alta, trăind cu femeile pe care le ademenea de pe la prieteni, fălindu-se cu adultere știute de toată lumea, jucând comedia omului ce vrea să îndrepte proastele năravuri.

Acest ins murdar și bicisnic era stăpânul Apusului când se născu Isus, fără ca acela să fi aflat vreodată că venise pe lume cel care, la urma urmelor, avea să-i năruie întemeierea. Îi ajungea ușuratica filozofie a mărunțelului și grăsuliului plagiator Horațiu; să ne bucurăm de ziua de azi, vin și iubire; moartea, fără nădejde, ne adastă; să nu pierdem vremea. În zadar celticul Virgiliu, omul țarinei, prietenul umbrelor, al tacticoșilor juncani ai albinelor daurite, cel care coborâse cu Enea să vadă chinurile din Avern, mângâindu-și uneori aleanul inimii cu armonia cuvintelor; în zadar Virgiliu, drăgăstosul, evlaviosul Virgiliu, prevestește o viață nouă, o nouă orânduire, o nouă seminție, o împărăție a Cerurilor mai pământească și mai neluminoasă decât cea pe care o va vesti Isus, dar nespus mai nobilă și mai curată decât împărăția Iadului ce tocmai se punea la cale. În zadar, deoarece Augustus văzuse în acele cuvinte o născocire de cântăreț, crezând cel mult că el, stricatul stăpân al stricaților, va fi Mântuitorul proorocit, reînălțătorul împărăției lui Saturn.

Ci o presimțire a nașterii lui Isus, a adevăratului rege care venea să-i înlăture pe regii răului, va fi avut-o poate mai înainte să închidă ochii, marele client răsăritean al lui Augustus, vasalul său din Iudeea, Irod cel Mare.

IROD CEL MARE

Irod era o stârpitură de om: una dintre cele mai păcătoase dihănii plămădite în arsura deșerturilor din Răsărit, care totuși dăduse la iveală o sumedenie, înspăimântătoare la vedere.

Nu era evreu, nu era grec, nici roman. Era idumeu: barbar ce se târa în fața Romei și-i maimuțărea pe greci, ca să fie mai încredințat de stăpânirea asupra evreilor. Copil al unui vânzător, furase domnia stăpânilor săi, a celor din urmă nenorociți Asmonei. Ca să-și spele vânzarea, se însură cu o nepoată a lor, Mariam; dar pe care la urmă, din bănuieli nedrepte, o omorî. Nu era la cea dintâi vărsare de sânge. Mai de cu vreme își înecase, tot prin trădare, cumnatul Aristobul; îl osândise la moarte pe celălalt cumnat, pe Iosif, și pe Ircan al Doilea, cel din urmă domnitor al învinsei dinastii. Nemulțumit c-o ucisese numai pe Mariam, puse s-o ucidă și pe mama ei, Alexandra, ba chiar și pe copiii lui Baba, numai pentru că se înrudeau de departe cu Asmoneii. Într-acestea, se desfăta punând să-i ardă de vii pe Iuda din Sarifeu și pe Matei din Margaloth, laolaltă cu alte căpetenii de-ale Fariseilor. Mai târziu, de teamă ca nu cumva copiilor pe care-i avusese cu Mariam să le treacă prin minte s-o răzbune, puse să-i strângă de gât; iar pe patul de moarte, porunci să fie omorât cel de-al treilea copil, Archelau. Desfrânat, bănuitor, nemilos, lacom de aur și de glorie, nu-și mai găsea loc nici în casă, nici în ludeea, nici în sufletul său. Ca să i se uite omorurile, făcu poporului Romei un dar de trei sute de talanți, care să se cheltuiască numai pe serbări; se umili în fata lui Augustus, ca să-i ierte nelegiuirile; iar când muri, lăsă zece milioane de drahme, pe lângă o corabie de aur și alta de argint, pentru Livia.

Acest soldat de rând ajuns om mare, acest arab cioplit în pripă, râvnise să-i împace pe elini cu evreii, ca să-i câștige de partea sa; izbuti să-i cumpere pe decăzuții urmași ai lui Socrate, care ajunseră să-i ridice statuie în Atena; dar evreii îl urâră până la moarte. Zadarnic orândui Samaria și rezidi Templul din Ierusalim, pentru ei n-a fost decât un păgân și un uzurpator.

Fricos ca toți făcătorii de rele, îmbătrâniți, ca toți stăpânii proaspeți, cel mai mic foșnet de frunză, cel mai mic pâlpâit de umbră îl făcea să tresară. Superstițios ca toți răsăritenii, încrezător în proorociri și ghicitori, le dădu crezare fără multă vorbă și celor trei care veneau din fundul Caldeei, duși de-o stea către țara furată de el prin înșelăciune. Orice râvnitor la tronu-i, fie și numai închipuit, îl putea face să tremure. Iar când află din gura magilor că se născuse un rege al ludeei, inima-i de barbar neastâmpărat zvâcni. Văzând că nu se mai întorc astrologii, ca să-i spună unde se ivise noul nepot al lui David, porunci să fie omorâți toți pruncii din Betleem. Iosif Flavius nu pomenește de această din urmă ispravă a regelui, dar cel care pusese să fie omorâți copiii săi nu era oare în stare să-i potopească pe-ai altora?

Nimeni n-a știut vreodată câți vor fi fost pruncii jertfiți atunci spaimei lui Irod. În ludeea nu atunci întâia oară erau trecuți prin tăișul sabiei până și copiii prinși la sânul mamelor: poporul evreiesc pedepsise, în vechime, cetățile dușmane prin măcelărirea moșnegilor, a nevestelor, a tinerilor și a copiilor; nu le cruța decât pe fecioare, ca să le facă roabe și ibovnice. Acum Idumeul îl judeca cu legea talionului pe poporul care-o îngăduise.

Nu știm câți vor fi fost nevinovați, dar știm – dacă Macrobiu poate avea crezământ – că printre ei a fost și un copil mic al lui Irod, ținut la o doică din Betleem. Pentru bătrânul monarh, ucigător de soție și de alți copii, cine știe dacă aceasta a fost măcar o răzbunare, cine știe dacă pătimi când îi dădură vestea greșelii săvârșite? Puțin timp de la acea întâmplare, Irod trebui să-și dea sfârșitul, încolțit de boli scârnave. Trupul, de viu, îi putrezea; viermii îi rodeau boașele; picioarele îi ardeau, răsuflarea îi era greoaie și-i mirosea cale de-o poștă. Fiindu-i silă de el însuși, încercă să se omoare la masă cu un cuțit, iar în cele din urmă muri, după ce-i poruncise Salomeei să omoare mulți tineri care zăceau prin închisori.

Măcelărirea nevinovaților a fost cea din urmă ispravă a acelui bătrân puturos și însângerat. Această jertfire a nevinovaților în preajma leagănului unui nevinovat; această jertfă de sânge pentru un prunc care își va da sângele întru iertarea vinovaților; această jertfă omenească pentru cel care la rându-i fi-va jertfit are un tâlc profetic. Mii și mii de nevinovați vor trebui să moară, după moartea lui, pentru singura nelegiuire de-a fi crezut în învierea lui Cristos; se naște ca să moară pentru ceilalți și, iată, mii de prunci mor acuma pentru el, ca să-i ispășească nașterea.

Se ascunde o groaznică taină în această jertfire sângeroasă a neprihăniților, în această măcelărire a pruncilor de seama lui. De-ar fi trăit, aveau să fie printre cei care trebuiau să-l vândă și să-l răstignească. Dar cei spintecați de soldații lui Irod nu apucară ziua aceea, nu ajunseră să-l vadă pe Domnul lor ucis. Îl mântuiră prin moartea lor – și se mântuiră pe ei în vecii veacului. Erau nevinovați și nevinovați rămas-au pe vecie. Părinții și frații lor neomorâți, într-o bună zi îi vor răzbuna – dar vor fi iertați „pentru că nu știu ce fac“.

Seara, de îndată ce casele Betleemului se cufundă-n întuneric și se aprind cele dintâi opaițe, Mama pleacă de-acolo pe furiș, ca o hoață, ca o urmărită. Îi fură regelui o viață; scapă o nădejde a neamului; strânge la piept copilașul, comoara, pătimirea ei.

O ia către Soare-Apune; străbate străvechiul pământ al Canaanului și ajunge în scurte popasuri – zilele-s mici – în zarea Nilului, în acea țară a lui Mizraim care-i costase atâtea lacrimi pe strămoșii săi, paisprezece veacuri în urmă.

Egiptul, nisipar al tuturor nelegiuirilor și mărețiilor din cele dintâi răstimpuri; India Africană la care veneau să se spargă-n moarte valurile istoriei – Pompeius și Antoniu ispråviseră numai de câțiva ani pe acele maluri visul împărăției și al vieții; astă țară de basm născută din apă, dogorită de soare, scăldată de-atâta sânge de seminții felurite, bântuită de-atâtea zeități cu chip de fiare; astă țară absurdă și supranaturală avea să fie adăpostul mai dinainte pregătit al fugarului.

Bogăția Nilului stătea în mocirlă, în mâlul gras pe care-l lepăda Nilul, an de an, asupra pustiului, de-a valma cu șerpii; gândul statornic al Egiptului era moartea; pântecosul norod al Egiptului nu voia să moară, ocolea moartea; gândea să-nvingă moartea prin înșelăciunea cărnii, prin îmbălsămări, prin icoanele de piatră aidoma trupurilor, pe care le ciopleau meșterii săi. Bogatul, grasul egiptean, copil al noroiului, adorator al boului și al cinocefalului, nu voia să moară. Făurea pentru cea de-a doua viață uriașe necropole triste de mumii înfășate în mirodenii de icoane de lemn și de marmură; înălța piramide peste leșuri, pentru ca măgura aceea de bolovani să le mântuiască de putrezire.

Isus, atunci când va putea să vorbească, va rosti osânda împotriva Egiptului; împotriva Egiptului care nu-i doar, pe malurile Nilului, a Egiptului care nu s-a șters încă de pe fața pământului, cu regii lui cu tot, cu uliii și cu șerpii lui. Isus va da hotărâtorul și veșnicul răspuns groazei egiptenilor. Va osândi bogăția ce din mocirlă vine și în mocirlă se-ntoarce, dimpreună cu toți idolii pântecoșilor locuitori ai Nilului; va învinge moartea fără sicrie cioplite-n piatră, fără palate ale morții, fără statui de granit și de bazalt. Va înfrânge moartea, propovăduind că păcatul e mai lacom decât viermii și că nepângărirea sufletului e singura mirodenie care-l ferește pe om de putrezire. Cei care i se-nchină noroiului și vitei, slugile bogăției și ale bestiei, nu se vor putea mântui. Mormintele lor, de-ar fi ele înalte cât munții, gătite ca iatacuri de regină, nu vor adăposti decât scrum; mocirlă ce se schimbă din loc în loc, ca stârvul de vită. Nu înfrângi moartea săpând icoana vieții în piatră ori în lemn; piatra se macină și pulberea s-alege de ea, lemnul putrezește și-n pulbere se macină și amândouă-s noroi, în vecii veacurilor noroi.

CEL PIERDUT ȘI AFLAT

Surghiunul în Egipt nu ținu mult. Isus fu adus înapoi, pe brațele Mamei, legănat de-a lungul nesfârșitei mergeri de pasul răbdător al măgarului, la casa părintească din Nazaret, sărmană casă și dugheană, răsunând până la scăpătatul soarelui de ciocănituri și râcâituri de pilă.

Evangheliștii canonici nu pomenesc nimic despre anii aceștia; apocrifii spun prea multe, dar spusele lor sunt nedemne de Isus.

Luca, vraci priceput, se mulțumește să scrie că băiețașul „creștea și se înfiripa" – că nu era deci slăbănog și ticăit. Băiat sănătos și voinicel, așa cum se cuvenea să fie cel care-avea să-i însănătoșească pe oameni, atingându-i cu mâna.

În fiecare an, povestește Luca, părinții lui Isus se duceau la Ierusalim de Sărbătoarea Azimei, prăznuire a scăpării din robia Egiptului. Se porneau mulți, vecini, prieteni, rubedenii, să facă drumul împreună, să înșele mai lesne depărtarea și urâtul mersului. Se porneau voioși, de parcă s-ar fi dus la o petrecere, iar nu la prăznuirea unei pătimiri; căci Paștele la Ierusalim se schimbase pe-atunci într-un hram cu puzderie de oameni, la care-și dădeau întâlnire toți iudeii risipiți prin împărăție.

De douăsprezece ori mâncaseră Paștele de când se născuse Isus. În anul acela, după ce cumetria din Nazaret plecase spre casă din cetatea sfântă, Maria băgă de seamă că băiatul nu era cu ei. Îl căută toată ziua, întrebându-i pe toți cunoscuții pe care-i întâlnea dacă nu-l văzuseră. Toți ridicau din umeri. A doua zi de dimineață mama se întoarse îndărăt, mai făcu drumul o dată, dădu târcoale prin ulițele și răspântiile Ierusalimului, ațintindu-și ochii ei cei ageri asupra tuturor băieților ce-i ieșeau în cale, întrebând mamele de prin pragul caselor, rugându-se de vecinii ce nu plecaseră s-o ajute să dea de urma celui răzlețit. O mamă care și-a pierdut copilul n-are astâmpăr până ce nu-l vede, nu se mai gândește la ea, nu simte oboseală, nădușeală, foame, nu-și scutură pulberea de pe straie, nu-și netezește părul, nu-i pasă de iscodirea trecătorilor. Ochii ei buimăciți nu văd decât chipul celui pe care nu și-l mai simte alături.

În cele din urmă, a treia zi, urcă la Templu, iscodi pe furiș prin ganguri și văzu în umbra unor stâlpi de piatră un cârd de moșnegi stând de vorbă. Se apropie sfioasă că aceia, cu anteriele și barba lungă, păreau oameni cu rosturi mari pe-acolo, care n-ar fi băgat-o în seamă pe-o biată femeie din Galileea și zări în mijlocul lor părul cârlionțat, ochii lucioși, fața oacheșă, gura rumenă a lui Isus al ei. Moșnegii stăteau de vorba cu copilul despre lege și prooroci; îl întrebau, iar el răspundea și după ce răspundea, întreba la rându-i; iar bătrânii îi dădeau îndrumări, uimiți că un băiețaș ca acela pătrunsese cu atâta înțelepciune cuvântul lui Dumnezeu.

Maria stătu câteva clipe să se uite la el și mai-mai nu-și credea ochilor: inima-i care mai adineaori se zbuciuma de îngrijorare, îi zvâcnea acuma de uimire. Ci nu se mai putu stăpâni și deodată îl strigă pe nume în gura mare; moșnegii se dădură la o parte, iar femeia apucă băiatul și-l strânse tare la piept, fără să scoată o vorbă, udându-i fața cu lacrimile-i stăvilite până atunci de groază.

Îl trase, îl luă de-acolo și, încredințată că-i lângă ea, că nu i-l luase nimeni, că nu-l pierduse, mama fericită își aduce aminte de mama în deznădejde.

— De ce-ai făcut una ca asta? Iată, și tata, și eu, îndurerați, am umblat după tine.

— De ce mă căutai? Oare n-ai știut că eu trebuie să mă-ndeletnicesc cu cele ale Tatălui meu?

Adânci cuvinte, rostite mai ales de un copil de doisprezece ani, unei mame care-a pătimit trei zile pentru dânsul. „Iară aceia – povestește mai departe Evanghelistul – n-au priceput ce le spunea." Dar noi, după atâtea veacuri de îndrumare creștinească, putem înțelege acele cuvinte, ce pot părea la prima vedere răstite și pline de-ngâmfare.

De ce mă căutați? Nu știți oare că nu mă pot pierde, că nimeni nu mă va pierde niciodată, nici chiar cei care mă vor băga în pământ? Fi-voi oriunde crede în mine cineva, chiar de nu mă va vedea cu ochii; nu pot fi pierdut de niciun om, câtă vreme mă are în suflet. Nici nu mă voi rătăci aflându-mă părăsit în livada măslinilor, singur trezindu-mă în mormânt. De mă ascund, mă întorc; de mor, înviez; cel care mă pierde trebuie să mă afle iară.

Au cine-i acel tată de care-mi vorbești? Îmi e tată după lege, după orânduirea oamenilor. Dar Tatăl meu cel adevărat e în ceruri; Tatăl care-a grăit față-n față cu patriarhii, cel care-a pus vorbele pe buzele proorocilor. Va să aflu ce le-a spus despre mine, voința-i veșnică, poruncile pe care le-a dat norodului său, legământul pe care l-a făcut cu toți. Ca să împlinesc ce-a poruncit el, va trebui să mă-ngrijesc de ceea ce cu adevărat al său este. În fața legământului mistic, în fața legământului veșnic, ce rost mai poate avea legământul vremelnic, lumesc, statornicit de legiuirile omenești?

LEMNARUL

Dar nu sunase încă pentru Isus ceasul adevăratei sale descătușări. Glasul lui Ioan nu se auzise, așa că porni iar pe căile Nazaretului cu tatăl și cu mama sa, spre a se întoarce în dugheana lui Iosif, să-i ajute la treabă.

Isus n-a umblat la școala scribilor ori a grecilor. Dar dascălii nu i-au lipsit; știe de învățul a trei mai luminați ca învățații: Munca, Lumea și Cartea.

Să nu uităm cumva că Isus a fost meșteșugar, copilul de suflet al unui meșteșugar; nici s-ascundem că s-a născut sărac, printre oameni ce munceau cu mâinile lor, care-și câștigau pâinea cu truda mâinilor, că Isus și-a câștigat pâinea cea de toate zilele mai înainte de-a le împărtăși oamenilor Marea Veste, cu truda mâinilor sale. Acele mâini care i-au blagoslovit pe cei săraci cu duhul, care i-au vindecat pe leproși, care-au dat lumină orbilor, care-au înviat morții, acele mâini străpunse la urmă de piroane pe cruce, erau mâini scăldate în sudoarea muncii. Mâini care-au simțit amorțeala muncii, mâini bătătorite de muncă. Mâini care bătuseră cuie în lemn, mâini de meșteșugar.

Isus a fost meșteșugar întru cele pământene, mai înainte de-a fi făuritor de suflete; a fost sărac, mai înainte să-i cheme pe calici la ospățul împărăției sale. Nu s-a născut printre avuți, într-o casă bogată, într-un pat așternut cu puf și purpură. Coborâtor dintr-un rege, trăiește în dugheana unui lemnar; fiu al lui Dumnezeu, s-a născut într-un staul. Nu face parte din tagma celor mari, din aristocrația războinicilor și a bogătașilor, din sinedriul preoților. Se naște pe treapta cea de jos a poporului de rând sub care stau numai pripășiții, orbeții, fugarii, robii, ucigașii și prostituatele. Când nu va mai fi muncitor cu brațul ci duhovnicesc, va coborî și mai jos în ochii celor sus-puși; își va căuta prietenii în acea plebe nemernică, mai prejos decât plebea. În așteptarea zilei în care Isus, mai înainte să coboare în Iadul Morților, va coborî în Iadul celor Vii, în alcătuirea tagmelor în care sunt împărțiți muritorii de când lumea, Isus nu-i decât un biet meșteșugar.

Meseria lui Isus e una din cele patru meserii mai vechi și mai sfinte. Dintre îndeletnicirile de rând, aceea a ţăranului, a zidarului, a fierarului și a lemnarului sunt cele mai adânc legate de viața omului, cele mai nevinovate și mai cucernice. Războinicul se schimbă în prădător, corăbierul în pirat, negutătorul în vântură-lume. Pe câtă vreme ţăranul, zidarul, fierarul și lemnarul nu trădează, nu pot trăda, nu se păcătoșesc. Mânuiesc lucrurile cele mai de rând, pe care sunt ținuți să le preschimbe, în văzul lumii, întru obștească folosință, în alte lucruri neascunse, trainice, adevărate, nemăsluite. Țăranul sparge brazda și scoate din ea pâinea, pe care-o mănâncă sfântul în scorbura lui ca și ucigașul în ocnă. Zidarul ciopleşte piatra și înalță casa, casa săracului, casa regelui, casa lui Dumnezeu; fierarul înroșește și îndoaie fierul ca să-i dea ostașului paloș, țăranului plug, dulgherului maiul; lemnarul taie și prinde-n cuie scândura, ca să facă ușa ce apără casa de tâlhari și patul în care vor muri hoții ca și cei cu suflet curat.

Aceste lucruri de rând, la îndemâna oricui, atât de la îndemână și proaste că nu le mai vedem, ci trec nebăgate-n seamă pe sub ochii noștri deprinși cu minuni mai nevăzute, sunt cele mai umile născociri ale omului, dar mai minunate și mai de folos ca toate celelalte născocite pe urmă.

Isus lemnarul își petrecu tinerețea în mijlocul lor, le făuri cu mâna lui; iar prin mijlocirea celor făurite cu mâna lui, se-mprieteni dintru-ntâi cu viața cea mai tăinuită și mai sfântă a oamenilor: cu viața casei. Făcu masa, la care nespusă-i desfătarea să stai cu prietenii, chiar de se află printre ei vreun trădător; patul în care tresare omul pentru cea dintâi și cea de pe urmă oară; lada, în care-și închide țăranca sărmanele-i zdrențe, pestelca și broboada de zile mari și zestrea cămășilor albe, cu grijă călcate; căpisterea în care sporește făina și-o crește plămada până ce-i gata de dat la cuptor; scaunul, pe care moșnegii, seara, stau în jurul focului, să vorbească de tinerețea ce nu se mai poate întoarce.

Deseori Isus, în vreme ce șuvițele străvezii și ușoare se încrețeau sub buza rindelii, iar rumegătura ploua pe jos în cadența mușcătoare a pilei, se va fi gândit la făgăduielile Tatălui său, la proorocirile proorocilor, la truda ce-l aștepta și la care n-avea să mai aibă nevoie de scânduri și leaturi, ci de suflete și adevăr.

Meseria-i învăță că a trăi înseamnă a preschimba tot ce-i mort și netrebuitor în fapte vii și folositoare; că lucrul cel mai josnic, mai disprețuit și mai călcat în picioare, se poate schimba în lucru de preț, apropiat, cu care să se ajute oamenii; că, în sfârșit, pentru a putea mântui, trebuie să prefaci; că precum poți scoate din trunchiul răsucit și cioturos de măslin patul copilului și al miresei, poți făuri din argintarul cel mai păcătos și din cea mai nemernică desfrânată, doi locuitori ai împărăției din Ceruri.

PATERNITATE

În Lumea Firii, unde soarele îi luminează pe buni ca și pe răi, unde coace spicul grâului, ca să-i dea pâine mesei evreului și păgânului; unde scânteiază stelele peste coliba ciobanului, ca și asupra ocnei ucigătorilor de frați; unde boaba de strugure se pârguiește și se umflă, ca să dea vin ospățului de nuntă și beției ucigașului; unde păsările văzduhului, cântând slobode, găsesc ce să ciugulească fără multă trudă; unde-și află bârlog și vulpile cele hoațe, iar crinii câmpului au haine mai frumoase ca regii, descoperit-a Isus dovada pământească a nedezmințitei sale încredințări că Dumnezeu nu poate fi stăpânul ce ține de rău o mie de ani, pentru binefacerile unei zile; precum nu poate fi aprigul Judecător ce poruncește stârpirea dușmanilor, un fel de sultan care-ar ține morțiș să-l slugărească numai satrapi de neam mare, stând mereu cu ochii în patru, nu care cumva să-i calce robii, cu o iotă, orânduirea rituală a acelei Curți împărătești, căreia-i zice Templu.

Cristos știa, ca Fiu, că Dumnezeu este Tată – tatăl tuturor oamenilor, nu numai al neamului lui Avraam. Dragostea soțului e puternică, dar trupească și geloasă; aceea a fratelui e adesea înveninată de pizmă; a fiului, pângărită de răzvrătire; a prietenului, pătată de înșelăciune; a stăpânului, doldora de îngâmfare. Doar iubirea tatălui pentru copii e iubire desăvârșită, iubire curată, neprecupețită. Tatăl face pentru copilul său ce n-ar face pentru nimeni altul. Copilul e făptura lui, carne din carnea lui, os din osul lui; e o fărâmă din el, înfiripată alături, zi de zi; e o prelungire, o desăvârșire, o întregire a ființei sale; bătrânul mai trăiește o dată în cel nevârstnic; trecutul se oglindește în viitor; cel care-a trăit se jertfește pentru cel care trebuie să trăiască; părintele trăiește pentru copil, se bucură de el, se descoperă, e în culmea fericirii prin copil. Când spune că-i făptura sa, se gândește că făptașul el este; acel copil i s-a născut într-o clipă de iubire pătimașă, în brațele femeii alese dintre toate femeile, i s-a născut din suferința sfântă a acelei femei; l-a costat, pe urmă, lacrimi și sudori; l-a văzut crescând la picioarele sale, la șoldul său, i-a încălzit mânuțele reci între-ale sale, i-a auzit cea dintâi vorbă – veșnică și mereu nouă minune; i-a văzut cei dintâi pași șovăielnici pe podele; a văzut încet-încet, în acel trup făcut de el, înflorit sub ochii lui, născându-se, înmugurind, lămurindu-se un suflet – un nou suflet omenesc; comoară unică, pe care cu nimic n-o poți cumpăra; a deslușit pe chipul copilului întipărindu-se treptat-treptat înfățișarea sa și a femeii sale, a femeii cu care numai în acel rod se contopește fără despărțire de trupuri, perechea ce-ar voi să facă un singur trup în iubire și nu izbutește să se împreune decât în copil; în fața acelei noi ființe, fapta lui, se simte creator, bun, puternic, fericit. Deoarece copilul așteaptă totul de la părinte și câtă vreme e mic n-are încredere decât în tatăl său, numai lâingă el nu-i e frică. Părintele știe că trebuie să trăiască pentru el, să sufere pentru el, să muncească pentru el. Părintele e un Dumnezeu pământesc pentru copil, iar copilul e Dumnezeu pentru tată.

În dragostea părintelui nu mijește urma îndatoririi și a deprinderii fratelui, urma socotinței și a râvnei de întrecere a prietenului, urma poftei trupești a îndrăgostitului pătimaș, urma prefăcutei smerenii de slugă. Iubirea părintelui e-o iubire curată, singura iubire cu adevărat iubire, singura ce se poate numi iubire; desprinsă de amestecul oricăror gânduri străine de curățenia sa: fericirea de-a te jertfi pe tine fericirii altei făpturi.

Acest gând că Dumnezeu e Tată – una din marile noutăți ale învățăturii lui Cristos – acest adânc și alinător gând că Dumnezeu e Părinte, că ne iubește cum își iubește un tată copiii, iar nu cum își iubește regele robii, că le dă tuturor fiilor săi pâinea cea de toate zilele, că-i primește cu drag și pe cei care păcătuiră, când se întorc să-și sprijine fruntea la pieptul său, acest gând care pecetluiește răstimpul Vechiului Legământ și deschide altul Nou, gândul acesta a fost descoperit de Isus în fire. Ca Fiu al lui Dumnezeu, una cu Tatăl său, își dăduse totdeauna seama de această paternitate, abia întrezărită de cei mai luminați prooroci; dar acuma, trăind viața pământească din plin, o vede oglindită, aproape revelată în univers și va folosi cele mai frumoase icoane ale lumii înconjurătoare, ca să le împărtășească oamenilor cea dintâi bunavestire.

Isus, ca orice suflet mare, iubea viața câmpului. Păcătosul care vrea să se pocăiască, sfântul care vrea să se închine, poetul care vrea să creeze fug de lume în munți, în umbra pădurii, la șopotul izvoarelor, în tihna livezilor ce îmbălsămează văzduhul, ori pe culmile pustii, blestemate de soare. Isus și-a desprins cuvintele din armonia câmpului. Nu folosește mai niciodată cuvinte cărturărești, gânduri reci, cuvinte șterse și nelămurite. Cuvântările-i vor fi totdeauna smălțate de culori, pătrunse de miresmele lanurilor și a livezilor, însuflețite de tihna vitelor de pe lângă casa gospodarului. În Galileea lui văzut-a smochina ce se umflă și se coace sub frunzele cele late și negre; văzut-a butucii uscați ai viței înverzind de curpeni și spânzurând ciorchinele galbene și sângerii, întru desfătarea culegătorilor; văzut-a înfiripindu-se muștarul, bogat în mreje firave, din grăuntele cel nevăzut; auzit-a noaptea foșnetul tânguitor al trestiei forfotite de vânt, de-a lungul malurilor; văzut-a cum se îngroapă în pământ bobul de grâu, care va învia apoi în spicul însutit; văzut-a, la cea dintâi încropire a cerului, crinii roșii, galbeni și viorii în mijlocul verdelui sfios al grâului; văzut-a desișul fraged al buruienilor care azi se răsfață la soare, iar mâine, uscate, vor arde în cuptor. A văzut vitele cele pașnice și fiarele vrăjmașe, porumbelul gângurind a dragoste pe acoperiș, cam fălos de gâtu-i lucitor; vulturii ce se năpustesc cu aripile larg deschise asupra leșului; păsările văzduhului care nu pot cădea ca împărații, fără voia lui Dumnezeu; corbii care ciugulesc hoitul plescăind din cioc; găina drăgăstoasă care-și cheamă puii sub aripă, de îndată ce se-ntunecă și tună cerul; vulpea trădătoare care, după ce-a omorât, se vâră-n negura bârlogului; câinii care adulmecă pe sub masa stăpânului, să îmbuce fărâmele și oasele ce cad jos. Văzut-a târându-se prin iarbă șarpele și ascunzându-se între pietrele desprinse ale mormintelor, vipera cea negricioasă.

Născut printre ciobani ca să ajungă păstorul oamenilor, a cătat îndelung la oi și le-a îndrăgit: oile care-și caută mielul rătăcit, mieii care plâng behăind în urma oilor, mieii care sug mioarele ascunși în lâna pântecului; mioarele care pășteau pe Culme, pășunile firave și dogorite ale dealurilor sale. I-a fost drag, deopotrivă, grăuntele pe care abia îl vezi în palma mâinii, ca și smochinul bătrân ce ține în umbra lui toată casa săracului; păsările cerului care nici nu seamănă, nici nu cosesc; peștii care argintează ochiurile năvodului și vor potoli foamea drept-credincioșilor săi. Ridicându-și ochii, în serile înnăbușitoare ce clocotesc a furtună, văzut-a fulgerul năpustit pe poarta Răsăritului, biciuind negura cerului până-n torțele Apusului.

Însă Isus n-a citit doar în lămurita și încondeiata scriptură a lumii. Știe că Dumnezeu le-a vorbit oamenilor prin mijlocirea îngerilor, a patriarhilor și proorocilor. Vorbele-i, poruncile, izbânzile sale stau scrise în Carte. Isus cunoaște semnele prin care cei morți le împărtășeau celor nenăscuți gândurile și pomenirea vremilor apuse. N-a citit decât cărțile în care înaintașii săi scris-au povestea neamului, dar le cunoaște, în slovă și duh, mai bine ca învățații și scribii; ele-i vor da dreptul să se schimbe din spudeu, în învățător.

VECHIUL LEGĂMÂNT

Dintre toate noroadele, cel evreu a fost cel mai fericit și cel mai nefericit. Istoria lui e o taină care începe cu idila din Grădina Desfătărilor și se isprăvește cu tragedia de pe măgura Țestei.

Cei dintâi părinți ai săi au fost zămisliți de luminoasele mâini ale lui Dumnezeu și puși apoi să stăpânească Raiul, țară cu vara veșnic roditoare în mijlocul apelor, în care poamele îmbelșugatului Răsărit, grele de miez, atârnau în umbra frunzelor fragede, la îndemână. Văzduhul, proaspăt și el de înjghebarea-i timpurie, de puține zile luminat, neîntinat încă de nori, nerănit încă de fulgere și netocit de amurguri, îi priveghea cu toate stelele sale.

Cei doi oameni trebuiau să-l iubească pe Dumnezeu și să se iubească între dânșii; acesta fost-a Cel Dintâi Legământ. Nici trudă, nici durere, necunoscută moartea și teama de ea.

Cea dintâi neascultare aduse cea dintâi pedeapsă: surghiunul. Bărbatul fu osândit să muncească, femeia să nască. Munca e istovitoare, dar aduce răsplata culesului; nașterea e dureroasă, dar aduce mângâierea copiilor. Și totuși, până și aceste fericiri mărunte, neîndestulătoare, trecură repede, ca frunza mâncată de omidă.

Fratele îl ucise, pentru cea dintâia oară, pe fratele său; sângele omenesc prelins pe pământ se mucegăi și se înfiripă din el miasmele păcatului. Fiicele oamenilor se împreunară cu fiii lui Dumnezeu, iar din ei se născură uriașii, vânătorii cei crunți, fiare ucigătoare de oameni, ce prefăcură lumea într-un iad de sânge.

Atunci Dumnezeu trimise cea de-a doua pedeapsă: ca să curețe pământul printr-un uriaș botez, îi înecă în apele Potopului pe toți oamenii, cu nelegiuirile lor cu tot. Unul singur, bun la Dumnezeu, fost-a cruțat și cu acesta făcut-a Dumnezeu cel de-al doilea Legământ.

Cu Noe începură străvechile vremuri fericite ale patriarhilor; păstori hoinari, bătrâni de câte o sută de ani, care colindau între Caldeea și Egipt, căutând pășune, apă și tihnă. N-aveau țară statornică, nici case, nici cetăți. Duceau după ei, în caravane lungi cât oștirile, miresele cele rodnice, copiii drăgăstoși, nurorile cele ascultătoare, nepoții puzderie, copiii nepoților, robii și roabele cele supuse, taurii care se izbeau de ei cu coarnele și răgeau, vacile cu ugere spânzurate, viței tărcați cu roșu, berbecii și țapii grei la miros, oile cu botul în pământ, cămilele cele deșirate și pământii, juncanii cu grumazul zdravăn, caprele cu fruntea sus, dând nerăbdătoare din copită; iar, ascunse în desagi, vasele de aur și de argint, idolii casnici făcuți din piatră și din fier.

Ajunși unde-i mâna norocul, ridicau corturile în preajma unei fântâni și patriarhul stătea afară, la umbra stejarilor și a sicomorilor, rotindu-și ochii îndelung peste întinderea corturilor pierdute în zare, din care se ridică fumul focurilor, forfota femeilor și a ciobanilor, de-a valma cu mugetele și behăitul dobitoacelor. Iar patriarhul era mulțumit în inima sa, văzându-i pe toți acei bărbați și copii ieșiți din sămânța lui și toate acele turme care erau ale sale și prăsila omenească și prăsila dobitoacelor care se înmulțeau an de an.

Pe înserate ridica ochii să proslăvească cea dintâi stea mai pripită ce pâlpâia ca un foc alb pe coama dealului, iar uneori, candida-i barbă cârlionțată strălucea la lumina albă a lunii, deprins s-o vadă pe cerul nopților de-o sută de ani și mai bine.

Din când în când, un înger al Stăpânului venea să-l cerceteze și se ospăta la masa lui mai înainte de a-i spune ce-avea de spus; ori Stăpânul însuși, în ceasurile de vară, se arăta sub chip de drumeț și stătea cu moșneagul în umbra cortului, vorbind amândoi, gură-n gură, ca doi prieteni din copilărie care s-au înălțat și mai pun țara la cale. Căpetenia tribului, stăpân al sclavilor, se schimba la rându-i în sclav, ca să asculte poruncile, sfaturile, făgăduielile și veștile dumnezeiescului său Stăpân. Iar între Jahve și Avram, pecetluitu-s-a cel de-al Treilea Legământ, mai sfânt ca celelalte două.

Fiu al unui patriarh, vândut de frați drept sclav, ajunge puternic în Egipt și-i cheamă acolo pe toți ai săi. Evreii cred c-au găsit o țară și sporesc la număr și la avuții. Dar se lasă înduplecați de Zeii Egiptului, iar Jahve pregătește a Treia Pedeapsă. Egiptenii, pizmoși, îi robesc ca pe niște nemernici. Stăpânul, pentru ca osânda să țină mai mult, întărește inima faraonului, dar îl trezește în cele din urmă pe cel de-al Doilea Mântuitor, care-i scapă de schingiuiri și-i scoate din noroi.

Încercarea totuși nu e împlinită. Timp de patruzeci de ani rătăcesc prin pustiu; un nor de fum îi călăuzește ziua, un stâlp de foc noaptea. Dumnezeu le-a făgăduit o țară minunată, bogată-n pășune și izvoare, umbrită de vii și de măslini; dar deocamdată n-au apă de băut, nici pâine de mâncat, astfel că plâng după ceapa și după zeii Egiptului. Dumnezeu face să țâșnească apa din stâncă, să cadă mană și prepelițe din cer; dar evreii, osteniți și nerăbdători, își trădează Dumnezeul, își făuresc un vițel de aur și i se închină. Moise, jalnic ca toți proorocii, neînțeles de-ai săi ca toți mântuitorii, urmat cu de-a sila ca toți descoperitorii de pământuri noi abia-abia mai târăște după sine turma încăpățânată și se roagă de Dumnezeu să-l adoarmă pe veci. Dar Jahve ține cu orice preț să încheie al Patrulea Legământ cu norodul său. Moise coboară de pe muntele fumuriu și tunător cu cele două lespezi de piatră, pe care însuși degetul lui Dumnezeu scris-a cele zece porunci.

Moise nu va vedea pământul făgăduinței, noul Rai ce trebuia redobândit. În locul celui pierdut. Dar legământul dumnezeiesc e ținut: Iosua și ceilalți eroi trec apa Iordanului, intră în țara Canaanului și înfrâng noroadele; cetățile se surpă la suflarea trâmbițelor: Debora poate să-și cânte imnul izbânzii. Poporul îl poartă pe Zeul Bătăliilor, ascuns în spatele corturilor, pe un car tras de boi. Însă dușmanii sunt mulți și nu vor să dea pas noilor veniți. Evreii rătăcesc încoace și încolo, ciobani și tâlhari, învingători când nu calcă legământul Legii, bătuți când își uită de el.

Un uriaș cu părul neciuntit de foarfecă omoară, el singur, mii de filisteni și de amaleciți, dar o femeie îi vinde: dușmanii îi smulg ochii și-l pun să învârtească piatra unei mori. Eroii singuri nu-s de-ajuns, e nevoie și de regi. Un băietan din tribul lui Veniamin, înalt și bine făcut, pe cînd umblă după măgărițele tatălui său care scăpaseră, dă peste un prooroc care-l pomăzuiește și-l pune rege peste tot norodul. Saul, ajuns războinic temut, îi înfrânge pe ammoniți și pe amaleciți, întemeiază o împărăție ostășească temută de vecini. Dar același prooroc care l-a uns rege, certându-se cu el, îi aruncă în cale un potrivnic.

David, copilul cioban, îl omoară pe uriașul dușman al regelui, îndulcește cu harpa ciudoasele supărări ale regelui, este iubit de fiul cel mare al regelui, se însoară cu fata regelui, ajunge printre căpitanii regelui. Dar Saul, bănuitor și apucat, vrea să-l răpună. David se ascunde în peșterile muncitorilor, ajunge cap de bandiți, se bagă la filisteni cu simbrie, iar când aceștia îl înfrâng și-l omoară pe Saul pe dealurile dinspre Ghilboc, ajunge la rândul său rege peste tot Israelul. Cutezătorul cioban, mare poet și rege, dar crud la inimă și desfrânat, își sălășluiește casa în Ierusalim și cu ajutorul ghibborimilor săi viteji, îi înfrânge și-i robește pe regii din vecinătate. Evreul, pentru cea dintâia oară, este temut. Veacuri de-a rândul va ofta după întoarcerea lui David și-și va pune nădejdea într-un coborâtor al său, care să-l mântuiască de ocară.

David e regele sabiei și al cântecului; Solomon e regele aurului și al înțelepciunii. Birnicii îi aduc aurul acasă; împodobește cu aur cea dintâi casă mai încăpătoare a lui Jahve; mână corăbii înspre depărtatul Ophir, ca să caute aur; Regina din Saaba îi pune la picioare saci cu aur. Dar toată strălucirea aurului și a înțelepciunii lui Solomon n-ajunge să-l mântuiască pe rege de păcat și tronu-i de prăbușire. Se însoară cu femei venetice și râvnește la zei venetici. Stăpânul îi cruță bătrânețea în amintirea tinereții, dar de îndată ce moare, împărăția-i se împarte și încep timpurile mohorâte și rușinoase ale păcătoșirii obștești. Uneltiri tăinuite, omoruri de regi, răzvrătiri de căpetenii, războaie între cei de același sânge, nenorociri, vremuri de neobrăzată idolatrie, urmate de trecătoare reculegeri, umplu veacurile despărțirii. Se ridică proorocii să dojenească, dar regii nu le dau ascultare, ori îi fugăresc. Dușmanii Israelului se întăresc iarăși; fenicienii, egiptenii, asirienii, babilonienii, rând pe rând, năvălesc în cele două împărății, le pun la biruri și în cele din urmă, cam cu vreo șase sute de ani înainte de nașterea lui Isus, Ierusalimul e nimicit, templul lui Jahve dărâmat, iar evreii luați ca robi pe râurile Babiloniei. Măsura necredințelor și a păcatelor era plină și același Dumnezeu care i-a scăpat de robia egiptenilor îi robește babilonienilor. E cea de-a Patra Osândă și cea mai grozavă din toate, căci nu se va mai ispăși.

Din clipa aceea, evreii vor rămâne în vecii veacului răzlețiți printre străini, subjugați de străini. Unii dintre ai lor se vor întoarce să rezidească Ierusalimul și Templul, dar țara va fi năvălită de sciți, supusă perșilor, cucerită de greci, iar în cele din urmă, după cea mai de seamă ispravă a maccabeilor, dată pe mâna unei dinastii de arabi barbari, supusă romanilor.

Acest neam care atâtea veacuri trăise liber și bogat în pustiu, iar într-o bună zi se văzuse stăpân al altor țări, ba sub oblăduirea Dumnezeului său se socotise a fi cel dintâi neam de pe fața pământului, acuma, încălcat și asuprit de străini, ajuns-a încet-încet de ocara lumii, Jov-ul noroadelor. După moartea lui Isus soarta-i fi-va și mai amară: Ierusalimul va fi nimicit a doua oară; în ținutul acela pustiit nu vor porunci decât grecii și romanii, iar în cele din urmă rămășițe ale Israelului vor fi vânturate prin lume, ca praful drumurilor mânat de vârtejuri.

Nici un alt neam n-a fost vreodată mai iubit de Dumnezeul său și mai crunt pedepsit de el. Fost-a ales a fi cel dintâi, ca să ajungă sclavul celor de pe urmă; a râvnit să aibă o țară mare și temută, ca să se vadă surghiunit și rob în țări străine.

Deși neam mai mult de ciobani decât de războinici, n-a avut parte de pace nici cu sine, nici cu cei din afară. S-a războit cu vecinii, cu oaspeții, cu regii, s-a războit cu proorocii, cu însuși Dumnezeul său. Putred de nelegiuiri, ocârmuit de ucigași, de vânzători, de adulteri, de incestuoși, de tâlhari, de simoniaci și de închinători la idoli, văzu totuși născându-se din pântecul femeilor sale, în casele sale, cei mai desăvârșiți sfinți ai Răsăritului: drepți, dojenitori, singuratici, prooroci. Până ce se născu din ei tatăl noilor sfinți, cel așteptat de toți proorocii.

Acest neam lipsit de metafizică, de știință, de muzică, de sculptură, de pictură, de arhitectură, a sa proprie, a creat cea mai măreață poezie a timpurilor vechi, strălucind de sublim în psalmi și prooroci, neîntrecut de duioasă în povestea lui Iosif și a lui Ruth, arzând de patima înnoptată în Cântarea Cântărilor.

Crescut în mijlocul culturilor sălbaticilor din preajmă-i, ajunge să descopere iubirea pentru Dumnezeu, tată al tuturor văzutelor și nevăzutelor; lacom de pământ și de aur, se poate făli cu proorocii săi, cei dintâi apărători ai săracilor și cunoaște disprețuirea bogățiilor; același neam care-a adus jertfe omenești pe altarele sale și a măcelărit cetăți întregi de nevinovați, i-a dat ucenici ce va propovădui iubirea de dușmani; acest neam, gelos pe gelosu-i Dumnezeu, l-a trădat mereu ca să umble după alți zei; din Templul său, de trei ori zidit și de trei ori surpat, n-a mai rămas azi decât un zid stingher, numai bine cât să cuprindă un șirag de bocitori ce-și reazimă fruntea acolo, să-și ascundă plânsul.

Dar acest neam absurd și problematic, supraomenesc și păcătoșit, cel dintâi și cel de pe urmă, cel mai fericit și cel mai nefericit din toate, deși sclav al națiilor, stăpânește până azi națiile cu banul și cu vorba; deși n-are de veacuri o patrie a sa, dăinuiește printre stăpânii tuturor patriilor; deși l-a omorât pe cel mai răsărit dintre fiii săi, a despicat în două, prin acea vărsare de sânge, istoria lumii; iar prăsila acestor ucigători de Dumnezei a ajuns a fi cea mai netrebnică, dar și cea mai sfântă dintre toate semințiile pământului.

PROOROCII

Niciunui alt neam nu i s-a atras luarea-aminte ca celui evreu. Niciunul n-a avut atâția sfetnici și dojenitori. De la obârșia împărăției sale pământene, până la risipire, în măreţele zile ale regilor învingători, în dureroasele zile ale surghiunului, în pătimitele zile ale robiei, în cumplita zi a irosirii.

India i-a avut pe asceții care se ascundeau prin codri ca să biruie trupul și să-și cufunde sufletul în nemărginire; China i-a avut pe înțelepții săi cei gospodăroși, domoli străbuni ce le propovăduiau obșteasca-le morală țăranilor și împăraților; Grecia, pe filozofii care, în umbra colonadelor, făureau sisteme armonioase ori curse dialectice; Roma, pe legiuitorii ce săpau în bronz, pentru noroade și veacuri, măsura celei mai înalte dreptăți la care poate ajunge cel care poruncește și are; Evul Mediu, pe propovăduitorii care se străduiră să trezească creștinătatea adormită, cu pomenirea patimilor și cu grozăvia Iadului, neamul evreiesc i-a avut pe prooroci.

Proorocul nu face pe ghicitorul prin peșteri, nu scoate spume pe gură, nici nu bolborosește vorbe neînțelese de vrăjitoare. Vorbește despre viitor, dar nu numai despre viitor. Își aduce aminte de cele ce încă nu s-au întâmplat, să le descopere și pe cele trecute. Timpul e al său, în cele trei clipe: lămurește trecutul, luminează prezentul, amenință viitorul.

Proorocul evreu e glas ce vorbește, mână ce scrie. Glas ce vorbește în palatul regilor și în hăul munților, pe treptele Templului și pe la răspântiile cetății. Glas ce se roagă, rugăciune plină de amenințare, amenințare ce se revarsă în dumnezeieștile nădejdi. Inima i se sfâșie de durere, gura îi e plină de păreri de rău, mâna i se ridică a pedeapsă; suferă pentru neamul său, îl umple de ocări pentru că-i e drag, îi vestește osânda ca să-l îndrepte, iar mai presus de măceluri și foc, îi arată învierea și viața, izbânda și fericirea, împărăția noului David și cu ea legământul ce nu va mai fi călcat.

Proorocul îi întoarce pe închinătorii de idoli la Dumnezeul cel adevărat, le amintește trădătorilor jurămintele, celor răi mila, celor desfrânați curățenia, celor cruzi îndurarea, regilor dreptatea, răzvrătiților ascultarea, păcătuitorilor osânda, trufașilor umilința. Merge în fața regelui și-i ține de rău, coboară-n ticăloșia celor de rând și-i biciuiește, s-apropie de preoți și-i blesteamă, se înfățișează bogaților și-i ține de rău. Celor săraci le vestește alinarea, celor îndureraţi răsplata, celor betegi sănătatea, plebei robite eliberarea, norodului umilit venirea învingătorului.

Nu e rege, nu e căpetenie, nu e preot, nu e scrib; e un om singur, un om neînarmat şi fără bogăţii, fără ranguri şi fără urmaşi; un glas singuratic ce vorbeşte, glas necăjit ce se tânguie, glas puternic ce strigă şi ocărăşte; glas ce cheamă la pocăinţă şi făgăduieşte veşnicia.

Proorocul nu e filozof; puţin îi pasă dacă lumea-i făcută din apă ori din foc, câtă vreme apa şi focul nu-s în stare să îndrepte sufletul oamenilor; e poet, dar fără să vrea şi să ştie, atunci când plinătatea amarului ori strălucirea viselor îi strecoară pe buze imagini tari, pe care retorii nu vor fi niciodată-n stare să le născocească; nu e preot, deoarece n-a fost miruit în Templu de paznicii simbriaşi ai Cărţilor Sfinte; nu e rege, căci nu-i mai mare peste oştiri, iar drept spadă n-are decât cuvântu-i ce vine de sus; nu e ostaş, dar e gata să moară pentru Dumnezeu şi pentru neamul său.

Proorocul e glas ce vorbeşte în numele lui Dumnezeu, mână ce scrie tot ce-i insuflă Dumnezeu; sol mânat de Dumnezeu să-i dea de ştire celui care s-a abătut din drum, celui care şi-a uitat de învoială, celui care nu stă de veghe. E secretarul, tălmaciul, trimisul lui Dumnezeu; stă deci mai presus de regele care n-ascultă de Dumnezeu, de preotul care nu-l înţelege pe Dumnezeu, de filozoful care-l neagă pe Dumnezeu, de neamul care l-a părăsit pe Dumnezeu ca să alerge după idolii de lemn şi de piatră.

Prooroc e cel care vede cu inima în mânie, dar cu ochiul limpede, răul ce domneşte astăzi, osânda ce va veni mâine. Împărăţia fericită ce-i va urma osândei şi pocăinţei. Este glasul celui care nu poate vorbi, mâna celui ce nu ştie carte, apărătorul norodului obidit şi spulberat, apărătorul săracilor, răzbunătorul smeritului care plânge sub călcâiul celui puternic. Nu stă de partea celui care împilează, ci a celui călcat în picioare; nu umblă cu sătuii şi cu zgârciţii, ci cu înfometaţii şi neavuţii.

Glas supărător, glas nesuferit, glas vijelios; urât de cei mari, rău văzut de cei de jos, neînţeles, niciodată, fie chiar şi de ucenici. Asemeni hienei ce simte de departe duhoarea leșului, asemeni corbului ce croncăne mereu, aceeași cobe, asemeni lupului ce urlă de foame prin munți, Proorocul străbate căile Israelului urmărit de bănuială și de afurisenie. Doar calicii și asupriții îl binecuvântează; dar calicii sunt slabi și asupriții nu-s în stare decât să-l asculte tăcuți.

Ca toți cei care tulbură tihna adormirilor și josnica pace a stăpânilor, e ocolit ca leprosul, hulit ca dușmanul. Regii abia îl îndură, preoții îl pizmuiesc, bogații îl urăsc de moarte.

Ilie trebuie să fugă de mânia lui Izebel, care-i osândește la moarte pe prooroci; Amos e gonit de Amasia, preotul din Betel, dincolo de granițele Israelului; Uria e ucis din porunca regelui Ioachim; Isaia e ucis din porunca lui Manase; Zaharia e gâtuit între templu și altar; Iona e aruncat în mare; pregătită-i sabia care va tăia capul lui Ioan, crucea pe care va fi spânzurat Isus. Proorocul e un învinuitor, iar oamenii nu se mărturisesc vinovați; e un mijlocitor, iar orbii nu vor să-ntindă mâna celui luminat; e un vestitor, iar surzii nu-i aud făgăduințele; e un Mântuitor, iar cei care trag să moară putreziți în rele stau bine-n mucegaiul lor și nu vor să fie mântuiți. Totuși, cuvântul proorocilor fi-va acel care va da în vecii veacurilor mărturie întru apărarea acestui neam care-i ucide, dar e-n stare să-i și nască; iar moartea Proorocului mai mare decât toți proorocii, fi-va de-ajuns ca să ispășească nelegiuirile tuturor celorlalte noroade, ce scormonesc cu râtul în mocirla pământului.

CEL CE VA VENI

În casa din Nazaret, Isus se gândește adânc la poruncile Legii; dar numai în cărțile proorocilor, în cuvintele de lacrimi și de foc ale proorocilor își recunoaște ursita. Făgăduielile sunt stăruitoare ca bătăile în ușile ce nu răspund; rostite de mai multe ori, înmulțite, întețite, niciodată nețiute, mereu întărite. De-o precizie înspăimântătoare, de-o minuțiozitate groaznică, părând istorie anticipată, mărturie de netăgăduit.

Atunci când Isus, împlinind treizeci de ani, li se va înfățișa oamenilor ca Fiu al Omului, știe ce-l așteaptă, cu de-amănuntul; viața ce se apropie pentru el e scrisă, zi cu zi, în pagini ticluite mai înainte de nașterea-i pământească.

Știe că Dumnezeu i-a făgăduit lui Moise un nou prooroc: „Voi face să li se nască un prooroc în mijlocul fraților lor, la fel ție; iar în gura aceluia voi pune vorbele mele și le va împărtăși lor tot ce-i voi porunci eu". Deoarece Dumnezeu va încheia cu neamul său Noua învoială, „învoială nu la fel celei pe care-am făcut-o cu părinții lor..., ci întipări-voi legea mea în măruntaiele lor și o voi scrie în ale lor inimi,... ierta-voiu nelegiuirile lor și le voi uita păcatele", învoială săpată-n suflete, nu în piatră; învoială de iertare, nu de osândă, iar Messia avea-va un Premergător care-l va prooroci: „Iată că-mi trimit îngerul care va netezi calea înainte-mi". „Un copil ni s-a născut – strigă Isaia – și-i va zice Desăvârșitul, Sfetnicul, Tarele, Tatăl Veacului Viitor, Craiul Păcii".

Ci neamurile oarbe sta-vor în față-i și nu-i vor da ascultare, „îngroașă inima acestui neam, astupă-i urechile și orbește-i ochii, să nu vadă cu ochii săi, să n-audă cu urechile sale, să nu-l priceapă cu inima, să nu se îndrepte pe calea bună". „Iară el fi-va... piatra de poticnire și de pierzanie pentru cele două case ale Israelului, laț și ruină pentru locuitorii Ierusalimului". Nu va căuta să ajungă mare, nici să se fălească; nu va veni nici ca un învingător și ca un trufaș. „Tresari, fiică a Sionului, veselește-te fiică a Ierusalimului! Iată că se îndreaptă către tine regele tău, rege drept și mântuitor; e sărac și vine călare pe-o catârcă și pe-un măgăruș".

Va aduce dreptate, iar pe cei nenorociți îi va ridica: „Domnul unsu-m-a ca să le vestesc celor blajini Buna Vestire, m-a trimis să văd de cei cu inima frântă, să propovăduiesc dezrobirea robilor și celor întemnițați slobozenia... să-i mângâi pe toți cei care plâng. Cei blajini bucura-se-vor zi de zi tot mai mult... iar cei săraci vor tresări de inimă bună, căci împilătorul e nimicit, batjocoritorul e doborât și nimiciți sunt toți cei care vegheau ca să facă rău".„Atunci ochii orbilor se vor lumina și se vor deschide urechile surzilor... atunci ologul va sălta ca puiul de cerb și dezlegată fi-va limba muților". „Eu, Stăpânul, te-am chemat de dragul dreptății... să deschizi ochii orbilor și să-i scoți pe cei prinși din temniță, din cătușele temniței pe cei care zăceau în negură". Dar el va fi batjocorit și chinuit, chiar de cei pe care vine să-i mântuiască. „Nu-i frumos, nici strălucitor, iar noi văzutu-l-am și nu era frumos la înfățișare și nu-l îndrăgirăm. Disprețul pentru cel mai de rând dintre oameni, Om al îndurărilor, care știe ce-i pătimirea. Fața îi era aproape ascunsă și ocărât era, astfel că nu-l băgarăm în seamă. Cu adevărat luat-a asupră și metehnele noastre și purtatu-ne-a durerile, iar noi l-am ținut de lepros, de bătut de Dumnezeu și de umilit, dar el a fost rănit din pricina nelegiuirilor noastre, sfâșiat a fost pentru nemerniciile noastre. Pedeapsa, obroc al păcii noastre, căzut-a asupră-i și prin vânătăile lui suntem vindecați. Cu toții fost-am oi pribege, oricare dintre noi se abătu din cale-i; iară Stăpânul pus-a în spatele lui nelegiuirile noastre, ale tuturor. Fost-a jertfit pentru că așa voit-a, iar gura n-a deschis-o, ca oaia fi-va dus la moarte și mut ca mielul stă în fața celui ce-l tunde: nici gura nu o va deschide. De-acum, fost-a secerat de pe pământul celor vii: pentru fărădelegile neamului ales, lovitu-l-am. Iar Stăpânul voit-a să-l istovească în pătimiri; de-și va da sufletul, drept grijanie a păcatului, vedea-va o prăsilă îndelung dăinuitoare și voința Domnului prin mijlocirea sa se va-mplini. Pentru că sufletu-i s-a chinuit... cu învățătura lui pe mulți îi va îndreptăți și lua-va asupră și nelegiuirile lor". Nu se va da îndărăt din fața celor mai crude ocări: „Datu-mi-am trupul pe mâna celor care mă loveau și obrajii mei pe mâna celor care-mi smulgeau barba; nici nu mi-am ascuns fața de cei ce mă batjocoreau și mă scuipau". Toți îi vor fi potrivnici în ceasul de pe urmă. „Grăit-au împotrivă-mi cu limba mincinoasă și prin vorbe grele de răutate împresuratu-m-au şi răpus, fără să le fi făcut nici un rău. În loc să mă iubească, dușmani fostu-mi-au. Răsplătitu-mi-au binele prin rău, dragostea cu ură". „Tu știi prea bine – strigă Fiul către

Părinte – ocările pe care le îndur, năpăstuirea și nemernicia mea... Am așteptat pe careva să-mi împărtășească jalea, dar nimeni nu s-a arătat; pe careva să-mi aducă alinare și nu l-am aflat. Ci fiere-mi dădură să mănânc, iar când mi-a fost sete cu oțet mi-o ostoiră".

În cele din urmă îl vor pironi și-și vor împărți straiele lui. „O haită de câini împresuratu-m-a: o droaie de nelegiuiți m-a încolțit. Găuritu-mi-au mâinile și picioarele... Iar aceia se uitau la mine. Își împărțiră straiele mele și straiul mi-l traseră la sorți". Prea târziu își vor da seama de ceea ce au săvârșit „și căta-vor spre cel care l-au străpuns și-l vor plânge cum se plânge singurul copil și purta-vor pentru el haine cernite, cum se poartă la moartea celui mai mare copil din casă".

„I se vor închina toți regii pământului, iar noroadele toate roabele lui fi-vor. Că-l va mântui pe sărac de cel puternic și le va mântui lor, celor săraci, sufletele". „Ci veni-vor la tine cu capul plecat fiii celor care te umiliră și săruta-vor urmele picioarelor tale cei care le batjocoreau". „în negură va să fie învăluit pământul și în negură neamurile, dar din tine, Israele, se va naște Stăpânul și slava lui în tine vedea-se-va. Sub lumina ta vor merge noroadele, regii fi-vor călăuziți de strălucirea ce din tine purcede. Ridică-ți în jur privirea și cată: toți aceștia adunatu-s-au să vină la tine; de departe veni-vor fiii tăi și pretutindeni ți se vor naște fiice". „Datu-l-am pe El drept chezaș noroadelor, călăuză și îndrumător al neamurilor... iar neamurile ce nu te cunoșteau vor alerga la tine, Israele, din dragostea pentru Domnul Dumnezeul tău".

De aceste și alte vorbe își aduce aminte Isus în ajunul plecării. Știe totul și nu se dă îndărăt; își cunoaște de pe acum soarta, nerecunoștința inimilor, surzenia prietenilor, ura puternicilor, bătăile, scuipăturile, ocările, batjocurile, disprețul și înjurăturile, răstignirea mâinilor și picioarelor, chinurile și moartea, cunoaște cumplitele încercări ale Omului Durerilor; dar nu se dă îndărăt.

Știe că evreii cei trupeși, cu gândul la cele lumești, sătui de umiliri, mocnind de răzbunări și de gânduri rele, nu așteaptă un Messia sărac, neiubit și blajin. Toți visează, afară de prooroci și de vestitori, un Messia pământesc, un rege înarmat, un al doilea David, un războinic care îi va potopi pe dușmani, care va vărsa sânge cu adevărat, sângele roșu al dușmanilor, și va înălța mai strălucit palatul lui Solomon, templul lui Solomon; un Messia căruia toți regii i se vor închina cu biruri, nu biruri de dragoste și de închinăciune, ci de aur greu și de argint numărat; iar acest rege pământean al pământului de sub picioare îi va răzbuna pe toți dușmanii Israelului, pe cei care făcură să pătimească Israelul, pe cei care ținură în sclavie neamul lui Israel; iar robii vor fi stăpâni și stăpânii robi și toate împărățiile lumii avea-vor cetatea lor în Ierusalim, iar regii încoronați vor îngenunchea în fața tronului noului rege al Israelului; lanurile Israelului vor fi mai rodnice decât toate, pășunile mai grase și turmele sale înmulți-se-vor puzderie; grâul și orzul îl vor cosi de două ori pe an, iar spicele vor fi mai îndesate de boabe ca odinioară, în vreme ce doi oameni se vor trudi sub greutatea unui singur strugure și nu vor ajunge burdufurile să cuprindă mustul, nici urcioarele să păstreze tot.

Undelemnul; mierea se va afla în scorbura copacilor, ori prin mărăcinii drumului, iar crengile pomilor se vor frânge sub greutatea poamelor, a poamelor mai miezoase și dulci ca niciodată.

Toate acestea le așteaptă evreii cei trupeși, cu gândul la cele pământești, care trăiesc în preajma lui Isus. Iar el știe că nu le va putea da ce caută ei; că nu va putea fi războinicul învingător și regele mândru, care să troneze printre regii supuși. Știe că împărăția lui nu e pe acest pământ; că nu va putea dărui decât o fărâmă de pâine, tot sângele și toată dragostea lui. Iar aceia nu vor crede în el, îl vor chinui și-l vor ucide ca pe un înșelător, ca pe-un șarlatan. Știe bine toate acestea, ca și cum le-ar fi văzut cu ochii săi, ca și cum le-ar fi pătimit cu trupul și cu sufletul său. Dar mai știe că sămânța cuvântului său, aruncată în pământ printre scaieți și spini, zdrumicată de picioarele ucigașilor, va răsări în cea dintâi primăvară, va încolți domol, va crește, la început ca un copăcel în izbeliștea vântului; dar că la urma urmelor va fi copacul ce va acoperi cu crengile sale pământul; că toți oamenii vor încăpea roată în jurul lui, să prăznuiască moartea celui care răsădise copacul.

PROOROCUL FOCULUI

În vreme ce Isus mânuia tesla și colțarul în dugheana lui din Nazaret, un glas răsunase din Pustiu, dinspre părțile Iordanului și ale Mării Moarte.

Cel din urmă dintre Prooroci, Ioan Botezătorul, îi chema pe Iudei la pocăință, vestea apropierea Împărăției Cerurilor, propovăduia neîntârziata venire a Messiei, îi dojenea pe păcătoșii ce alergau la el și-i cufunda în apa râului, pentru ca acea spălare a trupului să însemne începutul curățirii sufletești.

Pe acele vremuri tulburi ale lui Irod, străvechea Iudee, pângărită de încălcătorii Idumeei, mârșăvită de înrâuririle grecești, hărțuită de grosolănia oștirilor romane; fără rege, dezbinată, văduvită de glorie, mai bine de jumătate risipită prin lume, vândută de chiar preoții săi, cu inima mereu la stingerea împărăției sale pământene, apusă cu o mie de ani în urmă; nădăjduind cu încăpățânare să o poată răzbuna cumplit; nădăjduind că va mai avea odată parte de izbândă, de izbânda Dumnezeului său; nădăjduind în venirea unui liberator ce-avea să domnească într-un nou Ierusalim mai tare și mai frumos ca cel al lui Solomon, iar din Ierusalim să împărățească asupra tuturor noroadelor, să se războiască cu toți împărații, revărsând valuri de fericire asupra neamului său și a tuturor muritorilor, străvechea Iudee, nemulțumită cu stăpânii ei, stoarsă de oamenii fiscului, scârbită de scribii puși pe câștiguri, ca și de fariseii cei prea habotnici, străvechea Iudee, împărțită, umilită, prădată și totuși, în ciuda tuturor ocărilor, statornic încrezătoare în ziua de mâine, asculta bucuroasă glasul din pustiu, dădea fuga pe malurile Iordanului.

Chipul lui Ioan era făcut să cucerească închipuirile. Copil al bătrâneții și al minunii, fu hărăzit de la naștere să fie Nazir, adică fără pată; nu-și tăiase niciodată părul, nu băuse în viața lui nici vin, nici siceră, nu se apropiase de nicio femeie, nu cunoscuse decât dragostea de Dumnezeu.

De timpuriu părăsise casa bătrânilor și se ascunsese în pustiu. Acolo trăia de mulți ani, stingher, fără casă, fără cort, fără slugi, fără nimic al său, decât cu ce era pe el. Înfășurat într-o piele de cămilă, încins la mijloc cu un chimir, înalt, pârlit de soare, osos, cu păr pe piept, cu plete lungi pe spate, cu barba încâlcită de mai-mai să-i ascundă fața, rotea pe sub sprâncenele-i împădurite doi ochi scăpărători și sfredelitori, când de pe buzele-i ascunse țâșneau măreţele-i cuvinte de afurisenie.

Acest sălbatic, fugind de lume ca un yogi, disprețuind plăcerile ca un stoic, se vedea în ochii celor botezați drept cea de pe urmă nădejde a unui neam în deznădejde.

Ioan, cu trupul ars de soarele deșertului, cu sufletul ars de dorința împărăției, este proorocul focului. Vede în Messia care nu va zăbovi prea mult pe stăpânul Flăcării. Noul rege va fi un țăran nemilos; pomul care nu dă roade bune fi-va tăiat și pus pe foc; vântura-va grâul pe arie și va arde paiele și pleava în focul cel nestins. Va fi un botezător care va boteza cu foc.

Gâlcevos, gata la ocară și nerăbdător, Ioan nu-i mângâie pe cei care se-apropie de el, chiar de s-ar putea făli că-i adusese până acolo. Iar când vin la botez farisei și sadducei, oameni cu greutate, învățați în ale Scripturii, cu mare trecere în fața prostimii, ascultați în templu, îi batjocorește mai vârtos decât pe ceilalți.

„Vipere spurcate, cine v-a învățat să fugiți de urgia ce vă stă deasupra capului? Purtați-vă astfel, ca să fiți în stare de-a vă pocăi: nici nu spuneți în sinea voastră: Avraam ne e tată; ci eu vă spun că Dumnezeu îi poate naște copii lui Avraam chiar și din aceste pietre."

Voi, cei care vă înghesuiți prin casele de piatră, cum se ascund viperele pe sub bolovani; voi, farisei și sadducei, mai tari sunteți ca piatra; împietrită vă e mintea în litera legii și în orânduirea slujbei; împietrită vă e inima nedarnică; flămândului care vă ceru pâine pusu-i-ați în mână o piatră; ați dat cu piatra în cel care nu păcătuiește ca voi; voi, farisei și sadducei, sunteți statui făloase de piatră, pe care doar focul le va nărui, că apa se prelinge pe voi și repede se usucă. Dar acel Dumnezeu care din țărână, cu mâna lui, îl zămisli pe Adam, va putea face din prundișul apelor, din bolovănișul drumului, din stâncile prăpastiei, alți oameni, alte viețuitoare, alți fii ai săi – va preface stânca în carne și suflet, pe câtă vreme voi v-ați schimbat trupul și carnea în piatră. N-ajunge deci să vă scăldați în Iordan. Curățirea e întremătoare, dar nu-i decât un început; purtați-vă altfel, cu totul altfel de cum v-ați purtat până acuma; de nu, în scrum vă va schimba cel care va boteza cu foc.

Oamenii prindeau atunci a-l întreba:

— Au cum va trebui să ne purtăm și ce avem a face?

Iar el le răspundea:

— Care dintre voi are două haine, să dea una celui ce n-are niciuna; care dintre voi are merinde, facă tot așa.

Se duseră să-i boteze și câțiva oameni ai fiscului și-i spuseră:

— Ce se cade să facem?

Iar lor le spuse:

— Nu cereți mai mult decât aveți să dați seama.

Toți astfel îl întrebară soldații:

— Da' noi ce-avem de făcut?

Și le spuse:

— Nu luați bani cu silnicie, nu bârfiți, ci mulțumiți-vă cu simbria ce vi se dă.

Ioan, aproape supraomenesc atunci când vestea înfricoșata alegere între buni și răi, numai ce încearcă să-și lămurească gândul, se dovedește om ca toți oamenii și cade, s-ar zice, în plină tradiție farisee. Nu știe să propovăduiască decât pomana; dăruirea prisosului de care te poți lipsi. Oamenilor fiscului nu le cere decât să-și facă datoria fără strâmbătate: să ia numai cât a fost cerut.

Soldaților, oameni crunți și puși pe hoții, le cere să se poarte bine, mulțumiți-vă cu leafa și nu furați. Suntem în plin mozaism: Amos și Isaia, cu mult înaintea lui, merseseră mai departe.

A venit vremea ca învinuitorul de la Marea Moartă să facă loc Mântuitorului de pe Marea Tiberiadei.

Jalnică soartă cea a premergătorilor, care știu, dar nu vor vedea, care vor ajunge până pe malurile Iordanului, dar nu se vor bucura de Pământul Făgăduinței, care vor netezi calea celui care vine în urma lor, dar le-o va lua înainte, care vor pregăti tronul și nu vor sta pe el, robi ai unui stăpân pe care de cele mai multe ori nu-l văd la față. Poate că şi cruzimea lui Ioan este mai îndreptățită prin această știință a sa de-a fi un biet vestitor și nimic mai mult; știință care n-ajungea până la pizmă, dar abătea o umbră de-ntristare asupra umilinței sale.

Veniră trimiși din Ierusalim să-l cerceteze cine era:

— Au ești Ilie?

— Nu.

— Au ești Proorocul?

— Nu.

— Cristos ești?

— Nu. Sunt glas strigător în pustiu. După mine va să se arăte un altul, căruia nu-s în stare să-i dezleg nojițele încălțărilor, nici să-i țin opincile.

În Nazaret, într-acestea, un meșteșugar necunoscut își lega singur opincile spre a merge în pustiu, unde răsuna glasul ce în trei rânduri spusese „nu“.

Isus împlinise treizeci de ani. Vârsta cea bună și hărăzită. Mai nevârstnic, omul nu-i decât o nădejde; îl stăpânesc simțămintele și iubirile tuturor; nu-i cunoaște bine pe oameni, nu poate deci să-i iubească cu acea iubire înduioșată și miloasă cu care trebuie să fie iubiți oamenii, iar dacă nu-i cunoaște și nu-i în stare să-i iubească, n-are căderea să vorbească cu greutate, nici putința de-a se face ascultat, nici harul să-i poată mântui.

AJUNUL

Ioan îi cheamă pe păcătoşi să se spele în râu mai înainte de-a se pocăi. Isus vine la Ioan să-l boteze şi pe el: se spovedeşte prin aceasta că a păcătuit?

Scripturile vorbesc lămurit. Proorocul „propovăduia botezul pocăinţei, întru iertarea păcatelor". Cel care se ducea la el recunoştea că păcătuise; cine se duce să se spele, simte că-i murdar.

Neştiindu-se nimic din viaţa lui Isus între doisprezece şi treizeci de ani – tocmai anii când sufletul se poate strica, anii tinereţii zvăpăiate şi prăpăstioase – s-a crezut că în acel răstimp Isus păcătuise sau măcar că aşa se socotea el, la fel cu ceilalţi oameni.

Ceea ce ştim despre cei trei ani pe care-i mai are de trăit – anii mai bine luminaţi de scriptura celor Patru Martori, căci zilele şi vorbele din urmă ale celor morţi se pomenesc totdeauna – nu ne lămureşte întru nimic asupra acestei bănuite strecurări a păcatului între nevinovăţia începutului şi slava sfârşitului.

În sufletul lui Cristos nu se pot desluşi urmele, cât de slabe, ale unei convertiri. Cele dintâi cuvinte ale sale au aceeaşi intonare, ca şi cuvintele-i de pe urmă; izvorul din care curg e limpede din cea dintâi zi; nu zăreşti în el zăcământ de gunoaie, suprapuneri de straturi necurate. Purcede sigur, deschis, absolut; cu autoritatea uşor de recunoscut a neîntinării; se simte că n-a lăsat nimic întunecos în urmă-i: glasul îi e vajnic, neîncătuşat, deplin, cântec melodios nestricat de vinul prost al plăcerilor, de răguşeala părerilor de rău. Limpezimea ochilor, a zâmbetului şi a cugetării sale nu e înseninarea ce se întoarce pe aripa norilor furtunii, nici dâra ceţoasă a zorilor ce înving pe nesimţite negura plină de strigoi a nopţii. E limpezimea celui care s-a născut o singură dată şi a rămas copil până târziu; limpezimea, străvezimea, tihna, liniştea unei zile care se va isprăvi în noapte, dar nu s-a întunecat înainte de amurg; zi pururea senină, copilărie neştirbită, neîntinată de ceaţă până în clipa morţii.

Umblă printre cei necurați, cu nevinovăția firească a celui curat, se amestecă printre păcătoși cu tăria firească a nevinovatului, printre bolnavi, cu voioșia firească a sănătosului.

Pe câtă vreme convertitul, totdeauna rămâne cât de cât tulbure în adâncul sufletului. O singură picătură de amărăciune rămasă, o umbră ușoară de necurățenie, o ispitire a părerii de rău, o străfulgerare de ispită ajunge să se simtă iarăși copleșit de zbuciumul îndoielii. Nu poate scăpa niciodată de bănuiala că n-a lepădat de pe el cea mai ascunsă pojghiță a omului vechi, că n-a omorât, ci doar a amorțit. Eul celălalt ce trăia în carnea lui a cheltuit, a îndurat, a pătimit atâta ca să-și recapete sănătatea, comoara neprețuită, dar atât de gingașă, încât nu mai poate de frică să nu și-o pună în primejdie, să n-o piardă. Nu fuge de cei rămași în păcat, dar se apropie de ei cu nevoită silă; cu sfiala, uneori nemărturisită, a unei noi molipsiri; cu bănuiala că văzând iar mocirla în care s-a complăcut și el, îi va trezi prea chinuitoare amintirea cu neputință de îndurat acum a rușinii, strecurând în el deznădejdea mântuirii de pe urmă. Cel care-a fost slugă, ajungând stăpân, nu-i îndatoritor cu slugile; cel care-a fost sărac, îmbogățindu-se, nu-i darnic cu săracii; cel care-a făcut păcate, pocăindu-se, nu-i totdeauna prieten cu păcătuitorii. Acea rămășiță de mândrie care se furișează până și-n inima sfinților strecoară în evlavia lui o fărâmă de dispreț dojenitor: de ce nu fac și aceia ce-a știut să facă el? Urcușul e larg deschis tuturor, chiar și celor mai pătați și mai nărăviți; mare-i răsplata: de ce stau acolo jos, cufundați în Iadul cel orb?

Iar când convertitul le vorbește fraților săi, ca să-i îndrepte pe calea bună, nu se poate opri de a-și aminti propria-i încercare, căderea, mântuirea. Ține, mai mult poate din dorința de-a converti decât din trufie, ca să se dea pe sine drept exemplu viu al harului dumnezeiesc, drept chezășie neîndoielnică a desfătărilor mântuirii.

De trecut te poți lepăda, dar nu-l poți nimici, mijește, chiar fără știința și fără voia lor, până și în cei care-și retrăiesc viața prin cea de-a doua naștere a pocăirii.

Acest bănuit trecut de convertit nu înflorește în sufletul lui Isus niciodată, în niciun fel; nu-l descoperi nici măcar prin subînțelesuri, nu-l poți recunoaște în cea mai măruntă din faptele sale, în cea mai neînsemnată din spusele sale. Dragostea lui pentru cei care-au păcătuit nu seamănă cu încăpățânata ardoare a pocăitului care ține morțiș să facă prozeliți. Dragoste înnăscută, iar nu făcută. Duioșie de frate, fără presupus de dojană. Frăție neprefăcută de drept prieten care nu-și stăpânește sila. Aplecare către cel necurat a celui curat, căruia nu-i e frică să se murdărească, ci știe că poate curăța. Iubire fără gânduri de câștig. Iubirea sfinților în clipe de sublimă sfințenie. Iubire care face să pară josnicie toate celelalte iubiri. Iubire cum nu se mai văzuse alta. Iubire cum s-a mai aflat de-atunci numai arareori, prin aducere aminte, prin imitarea acelei iubiri. Iubire ce se va chema creștină, iar cu alt cuvânt, niciodată. Iubire dumnezeiască. Iubirea lui Isus. Iubire.

Isus venea în mijlocul celor care păcătuiseră, dar păcat nu săvârșise. Venea să se scalde-n apa curgătoare sub ochii lui Ioan, dar înlăuntru-i pată n-avea. Sufletul lui Isus era sufletul unui copil, atât de copil încât îi întrecea pe învățați în învățătură și pe sfinți în sfințenie. Nici urmă din asprimea puritanului, ori din înfiorarea înecatului. Drept păcate pot trece în fața subtilizatorilor scrupuloși până și întinările cele mai mărunte ale desăvârșirii absolute, nepăstrarea, fără voie, a vreuneia din cele șase sute de porunci ale legii. Dar Isus nu era nici fariseu, nici maniac. Știa ce-i păcatul și ce-i binele; dar nu-și rătăcea mintea în labirintul scripturii. Cunoștea viața, nu se ferea de viața care nu-i un bine, ci condiția tuturor bunurilor. Pentru el a mânca și a bea nu era păcat; nici a contempla lumea; precum nici a căta cu voie bună la hoțul ce se pierde-n întuneric, la femeia care și-a vopsit buzele ca să acopere balele sărutărilor necerute.

Și totuși, Isus vine în mijlocul vălmășagului de păcătoși, să se cufunde în Iordan. Taina aceasta nu e tainică pentru cel care nu vede în botezul reînnoit de Ioan doar înțelesul cel mai obișnuit.

Cazul lui Isus este unic. Botezul lui Isus e la fel cu oricare altul, la cea dintâi vedere, dar se tălmăcește într-alt chip. Botezul nu e doar curățirea cărnii ca simbol al voinței de-a curăți sufletul, rămășiță din primitiva analogie cu apa care spală petele trupești și le poate șterge pe cele sufletești. Această metaforă fizică, de folos în simbolistica de rând, ceremonie necesară în ochii trupești ai celor mulți, care au nevoie de-un sprijin material spre a crede în ceea ce nu-i material, nu se potrivea cu Isus.

Dar el s-a dus la Ioan cât să se-mplinească proorocirea Premergătorului: îngenuncherea sa în fața Proorocului Focului e recunoașterea menirii aceluia drept sol care și-a făcut datoria, care de-acuma poate spune că și-a împlinit chemarea. Isus, supunându-se acestei simbolice ungeri, îi dă lui Ioan întărirea legiuitei ungeri de Premergător.

Iar de-am voi să descoperim în botezul lui Isus și un al doilea tâlc, n-ar fi poate de prisos să ne aducem aminte că scufundarea în apă e dăinuirea unui sacrificiu omenesc. Popoarele Antichității obișnuiră multă vreme să-și ucidă dușmanii ori chiar pe câte unul dintre ai lor, ca să-i aducă jertfă zeilor mâniați, spre a ispăși astfel vreo nelegiuire prea mare a poporului ori spre a le face zeii vreun hatâr neobișnuit, o mântuire de la care-și luaseră nădejdea. Evreii îi hărăziseră lui Jahve viața celor dintâi copii ce se nășteau prin casele lor; pe vremea lui Avraam, obiceiul acesta fu oprit din porunca lui Dumnezeu, dar nu totdeauna fu ascultată porunca.

Victimele era omorâte în mai multe feluri: printre acestea era și înecul. La Curius din Cipru, la Terracina, la Marsilia, chiar în vremuri istorice, se azvârlea în fiecare an câte un om în mare, iar victima era socotită drept mântuitorul concetățenilor săi. Botezul e o rămășiță a înecării rituale; și cum această jertfă adusă apei era socotită drept binefăcătoare și pentru cei care-o făceau, iar pentru victimă aducătoare de glorie, nu era greu să fie socotită drept începutul unei vieți noi, a unei învieri. Cel cufundat în apă moare pentru mântuirea tuturor și merită să mai trăiască.

Botezul, chiar după ce i s-a uitat această crudă obârșie a rămas drept simbol al unei a doua nașteri.

Isus tocmai se pregătea să înceapă o nouă epocă a vieții sale, de fapt adevărata-i viață. Cufundându-se în apă, mărturisea voința de-a muri, dar totodată, credința statornică în înviere. Nu coboară în râu să se spele, ci spre a dovedi că-și începe viața cea de-a doua, că moartea lui va fi doar o părere, precum părere e curățirea lui Isus în apa Iordanului.

DEȘERTUL

Abia ieșit din apă, Isus se duce în deșert, din mulțime, spre singurătate.

Trăise până atunci printre pâraiele și lanurile Galileei, pe malurile cu iarbă îmbelșugată ale Iordanului – acum se duce în munții cei stâncoși, unde izvor nu izvorăște, grâu nu rodește, ci cresc doar șerpi și mărăcini.

Trăise până atunci printre salahorii Nazaretului, printre pocăiții lui Ioan – acum se duce în munții neumblați, unde chip de om nu se vede, nici nu se aud glasuri de om. Omul nou pune între el și lume deșertul.

Cine-a spus: vai de cel singur! nu și-a măsurat decât frica sa. Viața trăită în tovărășia oamenilor, o jertfă cu atât mai de laudă pe cât e de nesuferită. Singurătatea pentru cel cu sufletul bogat e răsplată, iar nu ispășire. E chezășia unei fericiri neîndoioase, creație a frumuseții lăuntrice, împăcare nesilită cu toți cei rămași departe. Numai în singurătate trăim cu cei de seama noastră; cu cei care-au găsit, singuri, mărinimoasele gânduri ce ne mângâie de orice alte bunuri părăsite.

Nu poate îndura singurătatea omul de rând, omul mic la suflet. Cel care n-are nimic de dat. Cui îi e frică de el și de goliciunea lui. Cel osândit la veșnica singurătate a sufletului, pustiit deșert lăuntric în care nu cresc decât buruienile otrăvite ale paraginei. Cel care nu-și află loc, cel plictisit, nenorocit când nu-și poate uita de sine în ceilalți, când nu se poate asurzi în cuvintele altora, când nu se poate crede viu în viața celor care se cred vii în viața lui; cel care nu poate trăi fără să se amestece, atom pasiv, în șiroaiele ce se revarsă în fiecare dimineață din canalele orașului.

Isus a trăit printre oameni și se va întoarce în mijlocul lor, pentru că-i iubește. Dar adeseori se va ascunde, ca să stea singur, departe de ucenici. Spre a-i fi dragi oamenii, trebuie să-i părăsească din când în când.

Departe de ei, suntem mai aproape. Cel mic la suflet își aduce aminte doar de răul pe care i l-au făcut; noaptea lui e frământată de ciudă, gura-i e înveninată de mânie. Un suflet mare nu pomenește decât binele, și pentru acea fărâmă de bunăvoie uită marele rău pe care i l-au făcut. Chiar de nu l-a iertat atunci cu totul, i se șterge cu vremea din suflet. Și se întoarce, la frații săi, cu dragostea de mai înainte.

Pentru Isus, cele patruzeci de zile petrecute în singurătate sunt cea din urmă pregătire. Timp de patruzeci de ani, poporul evreu – întruchipare profetică a lui Cristos – trebuie să rătăcească prin deșert, mai înainte de-a intra în împărăția făgăduită de Dumnezeu; patruzeci de zile trebuie să rămână Moise lângă Dumnezeu, ca să-i asculte legile; patruzeci de zile trebuie să umble Ilie prin deșert, ca să scape de răzbunarea nemiloasei regine.

Iar noul mântuitor va trebui să aștepte patruzeci de zile, mai înainte să vestească împărăția făgăduită și să stea cu Dumnezeu patruzeci de zile, ca să primească de la el înaltele-i îndrumări.

Nu va sta însă singur de tot. Fiarele și îngerii îi țin de urât. Ființele mai prejos decât omul și ființele mai presus de el. Cele ce trag în jos și cele ce duc în sus. Viețuitoarele numai tină și viețuitoarele numai duh.

Omul e o fiară ce trebuie să se schimbe în înger. Tină, gata să se prefacă în duh. De învinge fiara, omul coboară mai jos ca fiarele, căci pune moaștele minții sale în slujba bestialității; de învinge îngerul, omul se face de-o seamă cu el și în loc de-a fi glotaș de rând al oștirii lui Dumnezeu, are parte de dumnezeire. Dar îngerul căzut, osândit să ia chip și asemănare de fiară, e dușmanul pânditor și neîn-duplecat al oamenilor care se întruchipează îngeri și vor să urce la înălțimea de la care fost-a prăbușit acela.

Isus e dușmanul lumii, al vieții de dobitoace pe care-o duc cei mai mulți. A venit pentru ca vitele să se schimbe-n oameni și oamenii în îngeri. S-a născut ca să prefacă lumea și s-o învingă. Să lupte deci împotriva Regelui Lumii, a potrivnicului lui Dumnezeu și al oamenilor, a celui rău, a celui răzvrătitor, a celui ce duce-n ispită. S-a născut ca să-l izgonească pe Satana de pe pământ, precum izgonitu-l-a Tatăl din Ceruri.

Iar Satana, după ce aproape se-ncheiaseră cele patruzeci de zile, se furișă în deșert ca să-și ispitească dușmanul.

Nevoia omului de a-și umple trupul cu mâncare în fiece zi e cea dintâi dovadă a sclaviei lui față de cele pământești, pe care Isus căuta să le înfrângă. Când va trăi printre oameni, va mânca și va bea, spre a ține tovărășie prietenilor; dar și pentru că se cade a da cărnii ceea ce este al cărnii, totodată, spre a dovedi cât îl supărau fățarnicele posturi ale fariseilor. Cea din urmă faptă din viața lui Isus va fi un ospăț, dar cea dintâi, după Botez, va fi postul. Acum că e singur și nu-și umilește tovarășii, nici nu poate fi luat drept habotnic, uită să mănânce.

Dar după patruzeci de zile, i se făcu foame. Satana adăsta, tupilat și nevăzut, clipa aceea. De vreme ce tina tină cere, e îngăduită o nădejde. Iar potrivnicul îi spune:

— De ești tu fiul lui Dumnezeu, poruncește acestor pietre să se schimbe-n pâini.

Răspunsul e gata:

— Nu doar cu pâine se ține omul, ci cu orice vorbă a Lui Dumnezeu.

Satana nu se dă bătut și, de pe culmea unui munte, îi arată împărățiile pământului:

— Ți-oi da toată această putere și slava acelora, că mie mi-au fost lăsate și le dau cui îmi place mie. De mi te-nchini, toate ale tale fi-vor.

Iar Isus răspunde:

— Piei, Satană, că stă scris în Scriptură: închină-te Domnului Dumnezeului tău și slujește-l numai pe dânsul.

Atunci Satana îl duce în Ierusalim și-l urcă pe culmea Templului.

— De ești fiul lui Dumnezeu, dă-ți drumul.

Dar Isus, degrabă:

— Spusu-s-a: Nu-l ispiti pe domnul Dumnezeul tău.

„Isprăvindu-se așa încercările – urmează Luca – diavolul se depărtă de el o bucată de vreme." Îi vom afla mai apoi întoarcerea și cea de pe urmă încercare. La cea dintâi vedere, vorbele pe care le schimbă nu par decât o războire a slovelor din Scriptură. Satana și Isus nu vorbesc cu cuvintele lor, ci le împrumută fără sfială din Cărțile Sfinte. Parc-am fi de față la o ceartă de teologi: pe câtă vreme e cea dintâi parabolă, înfățișată iar nu grăită, din Evanghelie.

Nicio mirare că Satana a venit cu smintita nădejde de a-l face pe Isus să cadă. Nicio mirare că Isus e pus la încercare, întrucât e om. Satana nu-i ispitește decât pe cei mari și curați. Celorlalți n-are nevoie să le șoptească cuvânt de poftire. Ai lui sunt din clipa decăderii copilăriei în tinerețe. N-are a se osteni ca aceia să asculte de el. În brațe-i sunt, mai înainte să-i cheme. Cei mai mulți nici măcar nu bagă de seamă că Satana e lângă ei. Nu li s-a înfățișat niciodată, căci i-au dat ascultare de departe. Ba uneori, pentru că niciodată nu l-au văzut, înclină să nu creadă în el. Oamenii dracului nu cred în diavol. Cea mai nouă șiretenie a Diavolului, s-a scris, e să răspândească zvonul c-ar fi murit, la toate întruchipările: atât de frumoase uneori, că n-ai zice să fie el. Grecii, de-o pildă, monștri de eleganță și deșteptăciune, nu află loc pentru Satana în mitologie. Deoarece toți zeii lor, când dai să-i cercetezi mai de aproape, arată coarnele Satanei pe sub coroanele de laur și de viță. Satanic e Jupiter cel tiran și afemeiat, Venera adulteră, Apollo mâncătorul de șorici, Marte ucigașul, Dionisos bețivul. Zeii Greciei sunt atât de șireți, că dau norodului să bea fierturi aromate și vrăji de dragoste, ca să nu simtă mirosul cel greu al răului ce spurcă pământul.

Dar dacă cei mai mulți nu-l văd pe Satana, ci râd de el ca de un strigoi născocit în biserică pentru îndreptarea păcătoșilor, nu mai încape îndoială că Satana se-ndârjește tocmai împotriva celor care-l cunosc, dar nu-l urmează. Ispitește nevinovăția celor dintâi doi oameni; îl răzvrătește pe David cel Voinic; îl păcătoșește pe Solomon înțeleptul; îl învinuiește în fața lui Dumnezeu pe Iov cel Drept. Toți sfinții ce se ascund în pustiu, toți iubitorii de Dumnezeu vor fi ispitiți de Satana. Cu cât se feresc de el, cu atât el se dă mai aproape. Cu cât suntem mai sus, cu atât se îndârjește să ne târască iarăși în jos. Nu-l poate pângări decât pe cel curat; trece nepăsător pe lângă murdăria ce dospește singură în mustul păcatului, la răsuflarea caldă a voluptății. A fi ispitit de Satana e semn de curățenie, semn de mărire, dovadă de înălțare. Cel care l-a cunoscut pe Satana și l-a văzut la față poate să-și pună nădejdea în sine. Isus era mai îndreptățit ca nimeni altul să aibă parte de această consfințire. Satana îl încearcă cu două sfidări și cu o ispită, îi cere să schimbe tina cea neînsuflețită în tină dătătoare de viață și să se arunce de sus, pentru că Dumnezeu, scăpându-l, să-l recunoască drept copil adevărat. Îl ispitește cu stăpânirea și slava împărățiilor pământene, pentru ca Isus, în loc să-l slujească pe Dumnezeu, să tăgăduiască a-l sluji pe diavol, îi cere pâinea pământească, minunea pământească și-i făgăduiește împărății lumești. Isus nu primește sfidările și se leapădă de daruri.

El nu e Messia cel lumesc și vremelnic, nădăjduit de plebea iudee. Messia pământului pe care și-i închipuie în josnicia lui Ispititorul. N-a venit să dea hrană trupurilor, ci hrană sufletului, acea merindă, precum alta nu e, care-i adevărul. Atunci când frații săi, aflându-se departe de casă, nu vor avea pâine destulă să-și potolească foamea, Isus va frânge puținele pâini pe care le au cu ei și toți vor fi sătui, ba vor rămâne coșurile pline. Când nu e însă încolțit de nevoie, nu va fi împărțitor ai pâinii ce din pământ vine și în pământ se întoarce. Dac-ar schimba în pâine bolovanii din drum, toți l-ar urma de dragul trupului și s-ar preface a-l crede tot ce spune: până și câinii s-ar aduna la ospățul lui. Dar nu aceasta-i e dorința. Cel care crede în el trebuie să creadă în cuvântul său, în ciuda foamei, a durerii, a sărăciei. Mai mult, cei care se vor hotărî să-l urmeze vor trebui să părăsească lanurile cele îmbelșugate de grâu, banii cu care pot cumpăra pâinea. Sunt ținuți să-l urmeze fără traistă și simbrie, cu o singură haină pe ei, să trăiască la fel păsărilor cerului, dezghiocând spice pe câmp, ori cerând de pomană pe la case. De pâinea pământească oricine se poate lipsi: o smochină uitată între frunze, un pește pescuit în baltă, pot să-i țină loc de pâine. Dar de pâinea cerească nimeni nu se poate lipsi, de nu vrea să moară pe vecie, ca acei care n-au gustat niciodată dintr-însă. Omul nu trăiește numai cu pâine, ci cu iubire, cu mărinimie, cu adevăr. Isus e gata să schimbe împărăția Pământului în împărăție a Cerurilor, smintita bestialitate în fericită cuvioșie; ci nu-i vine să schimbe pietrele în pâine, tina în altă tină.

Împotrivindu-se firea însăși, Isus înlătură și cealaltă sfidare a Satanei. Oamenilor le place tot ce este minunat. Minunea scamatorească, neputința omenească schimbată-n putință, sub ochii lor. Le e foame, le e sete de minuni. Sunt gata să i se închine Taumaturgului, chiar de-i satanic ori șarlatan. Lui Isus toți îi vor cere un semn, id est, pentru ei un uriaș joc de scamatorie. Dar nu-l va da niciodată. Nu vrea să înduplece prin minuni. Va vindeca bolnavii – mai ales pe cei bolnavi cu duhul și pe păcătoși – dar adesea se va feri fie chiar și de prilejul acestor minuni; ba se va ruga de cei vindecați să-i treacă sub tăcere numele. Oamenii vor trebui să creadă, în pofida tuturor părerilor potrivnice, să creadă în măreția lui până-n ceasul cel mai sfâșietor al batjocoririi sale, să creadă în dumnezeirea lui chiar și în clipa părelnicei pângăriri a omenescului din el. Să se arunce de pe Templu, neîmboldit de nevoia de a veni într-ajutor cuiva, cu singurul gând de a robi mintea oamenilor cu vraja minunii și a spaimei; să-l pună pe

Dumnezeu la încercare; să-l silească parcă de-a săvârși o minune netrebuitoare și cutezătoare, numai ca să nu câștige Satana josnicul rămășag pus în neobrăzată bătaie de joc, așa ceva Isus nu poate face. Inimă, inimilor vrea să le vorbească; înălțător, vrea să înalțe; duh curat, vrea să curățe duhurile; iubire, vrea să-i înflăcăreze pe oameni cu iubire; suflet mare, vrea să le facă mai mari sufletele lor celor mărunte și date uitării. În loc de a se arunca, asemeni vrăjitorului de rând, în prăpastia ce stă sub Templu, de pe Templu se va urca pe munte să grăiască de pe înălțime despre fericirile Împărăției Cerurilor.

Ispitirea cu împărăția pământului îl va face să se cutremure; dar mai ales prețul pe care-l cere Satana. Satana e în drept să tăgăduiască ceea ce-i al său; împărățiile pământului sunt întemeiate pe tăria brațelor și se țin prin înșelătorii; acolo e lumea și Raiul regăsit al Satanei; Satana doarme noaptea la căpătâiul celor puternici; aceia i se închină cu fapta lor și-i plătesc bir, zi la zi, bir de gânduri și de fapte. Dar dacă Isus le-ar da tuturor pâine fără să muncească; dacă Isus, schimbat în scamator pe frânghie, ar deschide o panoramă pentru prostime, le-ar putea smulge regilor împărățiile fără a se mai ploconi înaintea potrivnicului. De-ar voi să treacă drept Messia pe care-l visează iudeii în nesomnul lor amărât de sclavi, calea o știe, i-ar putea cumpăra prin îndestulare și minuni, făcând din orice petic de pământ o țară îmbelșugată în rod și vrăjitorii; astfel, repede ar pune mâna pe tronurile mijlocitorilor Satanei.

Dar Isus nu vrea să fie reînalțătorul împărăției decăzute, cuceritorul împărățiilor dușmane. Nu râvnește să fie stăpân; puțin îi pasă de glorie. Împărăția pe care o proorocește pregătind-o, n-are nimic de împărțit cu împărățiile pământului, împărăția lui, dimpotrivă, e menită să nimicească împărățiile lumii. Împărăția Cerurilor stă în noi; zi de zi, cu fiecare suflet ce se pocăiește, tot mai mare-i împărăția, dobândind un supus mai mult, răpit domniilor pământene. Când toți oamenii fi-vor buni și drepți; când toți își vor iubi frații cum iubesc părinții copiii, când vor fi iubiți și dușmani, dacă vor mai fi dușmani, când nimeni nu se va gândi să strângă munți de comori și în loc să ia de la alții, fiecare va da pâine celui înfometat și haină celui înghețat, unde fi-vor în ziua aceea împărățiile de pe pământ? Ce nevoie va mai fi de ostași, când nimeni nu va râvni să-și sporească țara, încălcând-o pe a vecinului? Ce nevoie de judecători și de zbiri, când necunoscută va fi nelegiuirea oamenilor pocăiți? Ce nevoie de regi, când fiecare își va avea legea în suflet și nu vor fi oștiri de dus la luptă, nici judecători de ales? Ce nevoie de bani și de dări, când orice om fi-va stăpân pe pâinea cu care se va mulțumi, când nu va mai fi simbrie de plătit ostașilor și slugilor? Când sufletul tuturor se va preface, vremelniciile botezate patrie, justiție, pieri-vor ca vedeniile unei nopți nesfârșite. Cuvânlul lui Cristos n-are nevoie de bani, nici de ostași; iar de se va schimba în faptă în sufletul tuturor oamenilor, atunci tot ce-l leagă pe om – puterea cea nedreapă și nevoită, trufia ucigașă a războaielor – se va risipi ca ceata dimineții în bătaia soarelui și-n vârtejul vântului, Împărăția Cerurilor, care una este, va lua locul împărățiilor Pământului, nenumărate. Oamenii nu vor mai fi împărțiți în regi și supuși, în stăpâni și robi, în avuți și calici, în păcătoși fățarnici și păcătoși neobrăzați, în habotnici trufași și vinovați smeriți, în oameni slobozi și-n oameni legați. Soarele Domnului străluci-va asupra tuturor. Locuitorii împărăției vor face o singură familie de părinți și frați; porțile Raiului se vor deschide iarăși în fața copiilor lui Adam, asemenea acuma cu Dumnezeii.

Isus l-a înfrânt pe Satana în sufletul său; poate pleca din pustiu, să-l înfrunte și în mijlocul oamenilor.

ÎNTOARCEREA

De îndată ce coborî iarăși printre oameni, Isus află că Tetrarhul – cel de-al doilea bărbat al Irodiadei – îl închisese pe Ioan în cetățuia din Maheront.

Gura ce strigase în pustiu era acuma ferecată; iar cel ce s-ar fi dus pe malul Iordanului n-ar mai fi zărit pe apă umbra prelungă a sălbaticului Botezător.

Și-a încheiat rostul și-i nevoit să dea locul unui strigăt mai puternic. Ioan așteaptă în negura ocnei clipa în care țeasta-i gătită în sânge va fi dusă pe-o tipsie de aur la praznicul lui Irod, spre a se ospăta pentru cea din urmă oară din ea femeia cea nesăbuită, vânzătoarea de oameni.

Isus e înștiințat că-i începe ziua. Și străbătând Samaria, se întoarce în Galileea să vestească fără zăbovire apropierea împărăției.

Nu se duce în Ierusalim. Ierusalimul, cetatea Marelui Rege e Marea Cetate. Iar Isus vine să nimicească Ierusalimul, acel Ierusalim de piatră și trufie: trufaș pe dealuri, cu inima împietrită ca pietrele, Isus vine să-i înfrunte tocmai pe cei care se fălesc în marile lor cetăţi. În Ierusalimurile lumii.

La Ierusalim trăiesc mărimile pământului. Romanii, stăpâni ai lumii și ai Iudeei, cu soldații lor înarmați până-n dinți. La Ierusalim poruncește omul Cezarului, omul lui Tiberius cel bețivan, ucigaș și înșelător, urmașul fățarnicului pederast Augustus și al adulterului risipitor Iulius. În Ierusalim trăiesc marii preoți, bătrânii paznici ai Templului, fariseii, saduccii, scribii, leviții, cu zbirii lor cu tot, urmașii celor care-i izgoniră și-i uciseră pe prooroci; mumificatorii legii, habotnicii scripturii, încrezuții păstrători ai fățărniciei evlavioase.

În Ierusalim sunt paznicii comorilor lui Dumnezeu, ai comorilor Cezarului, paznicii comorilor obștei, iubitorii de comori, arendașii birurilor cu vameșii și trântorii lor, avuții cu slugile și cu ibovnicele lor, negustorii cu hambarele întesate, cu tarabele pe-afară, cu pungile sunând de arginți în zăpușeala sânului, peste inimă.

Isus vine împotriva tuturor acestora. Vine să-i răpună pe Stăpânii Pământului – care-i al tuturor –, să-i înmărmurească pe Stăpânii Cuvântului – care răsună oriunde vrea Dumnezeu, să-i osândească pe Stăpânii Aurului – lut aducător de pacoste și sortit pierzării.

Vine să răstoarne împărăția ostașilor Romei – care asupresc trupurile; împărăția preoților Templului – care asupresc sufletele; împărăția strângătorilor de bani – care asupresc sărăcimea. Vine să mântuiască trupurile, sufletele, săracii. Să propovăduiască libertatea împotriva Romei, dragostea împotriva Templului, sărăcia împotriva bogaților.

Nu vrea, așadar, să-și înceapă solia din Ierusalimul în care dușmanii săi stau adunați grămadă și-s mai tari. Vrea să-l ocolească, să-l cucerească pe dinafară, să ajungă acolo mai târziu, cu tot poporul după el, atunci când Împărăția Cerurilor va fi împresurat Ierusalimul pe nesimțite. Cucerirea Ierusalimului fi-va cea de pe urmă încercare; groaznica bătălie între unul mai mare decât proorocul și cetatea nimicitoare de prooroci. De s-ar duce acum în Ierusalim – unde va intra mai târziu ca un rege și va fi îngropat ca un tâlhar – ar fi pe dată prins și n-ar mai putea semăna cuvântul în pământ mai puțin neprielnic, mai puțin înțelenit ca acela.

Ierusalimul, ca toate marile cetăți – haznale uriașe spre care curg lepădăturile și putregaiurile națiilor – e înțesat de-o adunătură de oameni ușuratici, spilcuiți, trândavi, sceptici, nepăsători, de-o tagmă de popi căreia nu-i mai rămâne decât datina slujbei și ciuda stearpă a decăderii, de-o aristocrație de bogătași și negustori necinstiți, turmă a lui Mammon; de-o plebe pusă pe răscoală, tulbure și proastă, ducându-și zilele între superstiția Templului și frica de sabia străinului. Ierusalimul nu era ogor prielnic pentru sămânța lui Isus.

Om de la țară – adică sănătos și iubind singurătatea – se întoarce în părțile lui. Vrea să le ducă voioasa solie celor care trebuie s-o afle înaintea tuturor. Săracilor, celor mărunți, celor umili, căci buna vestire a lor este mai ales și o așteaptă de mai multă vreme; se vor bucura deci mai mult decât ceilalți.

Pentru săraci vine și purcede din cele mai sărace ținuturi sărace. De aceea, ocolind Ierusalimul, se arată în Galileea și intră în Sinagogă să propovăduiască.

Cele dintâi vorbe ale lui Isus sunt firești, puține. Seamănă cu ale lui Ioan.

Sorocul s-a împlinit; se apropie împărăția lui Dumnezeu; pocăiți-vă și credeți în Evanghelie.

Cuvinte goale, de neînțeles pentru cei moderni prin însăși scurtimea lor. Pentru a le pricepe și a pricepe deosebirea dintre solia lui Ioan și solia lui Isus trebuie să fie răstălmăcite pe limba noastră, umplute iarăși cu înțelesul lor veșnic viu.

S-a împlinit vremea. Vremea așteptată, proorocită, mai dinainte vestită, Ioan spunea că un rege avea să se ivească în curând, să întemeieze noua împărăție, Împărăția Cerurilor. Regele s-a arătat și dă de știre că porțile împărăției sunt deschise. El e călăuza, calea, mâna, mai înainte să fie rege în toată strălucirea slavei cerești.

Această vreme este chiar cel de-al cincisprezecelea an al ocârmuirii lui Tiberius. Vremea lui Isus e acum și totdeauna, e veșnicia, clipa arătării sale, clipa morții, clipa întoarcerii, clipa desăvârșitei izbânzi, vremea neîmplinită încă în clipa în care scriem. Vremea lui se împlinește clipă cu clipă; oricare ceas îi e împlinire, numai oamenii să fie gata; orice zi a sa este domnia lui Isus, e însemnată cu numere; veșnicia nu poate ști de începuturi și cronologii. Ori de câte ori se silește un om să intre în împărăție, să creadă în împărăție, s-o îmbogățească, s-o facă mai tare, s-o apere, să-i dovedească veșnica ei sfințenie și nemuritoarea-i întâietate față cu toate împărățiile subjugate ale lumii, atunci, oricând se împlinește vremea lui Isus. Vremea lui Isus, era creștină, noua învoire. Nici două mii de ani nu ne despart de acea vreme; nici două zile, căci pentru Dumnezeu și pentru cei care știu, o mie de ani sunt o zi. Vremea s-a împlinit, am rămas până astăzi în deplinătatea vremurilor. Isus ne cheamă și acum, a doua zi n-a trecut încă, întemeierea împărăției abia a început. Noi, care suntem încă vii, în acest an, în acest veac (ci nu vom fi mereu vii, nici nu vom vedea poate sfârșitul acestui an, nu vom vedea fără-ndoială, sfârșitul acestui veac), noi, spun, vii, de față, putem fi părăsiții acestei împărății, putem pătrunde în ea, putem trăi în ea, ne putem bucura de ea. Împărăția aceasta nu e născocirea demodată a unui biet iudeu de-acum douăzeci de veacuri, o vechitură, o amintire moartă, visul înfrigurat al unui om bolnav. Împărăția e de azi. De mâine. De totdeauna. O realitate a viitorului, grea de viitor, vie, actuală, a noastră. O faptă începută de curând. Orice om poate da o mână de ajutor, îndată; ţine de el să se-apuce iarăși de lucru, să nu-l mai lase. Vorba pare veche, solia pare de demult, rostită mereu de ecoul a două milenii, dar împărăția – ca fapt, ca adeverire, ca împlinire – e nouă, tânără, născută ieri, necrescută încă, neînflorită, reînfloritoare, nesporită încă. Isus aruncă sămânța în pământ; dar sămânța în două milenii de viață omenească trecute ca o iarnă de trândăvire în decursul a șaizeci de generații omenești, abia dacă a încolțit. Fi-va oare anul de față, după atâta potop de sânge, dumnezeiasca primăvară așteptată?

Ce este această împărăție, afla-vom pagină cu pagină din însăși spusele lui Isus. Dar nu trebuie să ne-o închipuim drept un nou Rai de desfătări, drept o plicticoasă Arcadie de fericiți, drept un cor de milioane de glasuri, cântând osanale cu picioarele în nori și fruntea între stele.

Împărăția lui Dumnezeu, așa cum se vădește ea din vorbele lui Cristos, e răsturnarea împărăției Satanei; Împărăția Cerurilor e răsturnarea Împărăției Pământului. Împărăția Satanei e împărăția răului, a vicleniei, a cruzimii, a trufiei; Împărăția Prăpastiei. Pe câtă vreme Împărăția lui Dumnezeu e împărăția binelui, a sincerității, a iubirii, a umilinței: Împărăția Culmii.

Împărăția Pământului e împărăția tinei și a cărnii, împărăția aurului și a pizmei, a zgârceniei și a desfrâului, împărăția a tot ceea ce râvnesc smintiții și putregăiții lumii.

Împărăția Cerurilor va fi, dimpotrivă, împărăția duhului și a sufletului, împărăția lepădării și a neîntinării, împărăția tuturor bunurilor după care umblă oamenii ce-și dau seama că toate celelalte avuții nu pot să aibă niciun preț.

Dumnezeu e Tată, Bunătate; Cerul stă deasupra Pământului, așadar Duhul. Cerul e lăcașul lui Dumnezeu: Duhul e împărăția Bunătății.

Cine se târăște pe pământ, cine scormonește grohăind pământul, cine nu vede decât mocirla pământului, e bestie; cel ce trăiește cu ochii la cer. Dorind cerul, nădăjduind să trăiască veșnic în cer, e sfânt.

Cei mai mulți dintre oameni sunt bestii: Isus vrea să schimbe bestiile în sfinți. Acesta este înțelesul firesc și mereu viu al împărăției lui Dumnezeu, al împărăției Cerurilor.

Împărăția lui Dumnezeu a oamenilor este, pentru oameni, „împărăția cerurilor în noi sălășluiește". Începe numaidecât: e fapta noastră, întru a noastră fericire, în viața aceasta, pe acest pământ. Atârnă de voința noastră, de răspunsul nostru: da ori ba. Păstrați-vă cu suflet curat și Împărăția Cerurilor se va întinde și asupra pământului, împărăția lui Dumnezeu se va întemeia printre oameni.

Adaugă, într-adevăr, Isus: Pocăiți-vă. Și de data aceasta străvechiul cuvânt a fost abătut de la înțelesu-i adevărat. Cuvântul lui Marcu nu se poate tălmăci prin „poenitemini" ori „pocăiți-vă", înseamnă propriu-zis „mutatio mentis", prefacerea minții, prefacerea sufletului. Metamorfoza e schimbarea formei; metanoia e schimbarea spiritului. S-ar putea tălmăci mai degrabă prin „convertire", care înseamnă reîmprospătarea întregului om; dar „pocăința" și „pocăirea" nu-s decât mijloace de înfăptuire ale propovăduirii sale.

Cerința lui Isus pentru venirea acestei împărății – cerință care era totodată însăși temelia noii orânduiri – era prefacerea sufletului din adâncuri, răsturnarea vieții și a tuturor valorilor de rând ale vieții, preschimbarea simțămintelor, a părerilor, a gândurilor: acea prefacere căreia, vorbind cu Nicodim, i-a zis „a doua naștere". Isus va lămuri treptat-treptat în ce fel va să se întâmple această preschimbare din adâncuri a sufletului omenesc: întreaga-i viață va fi hărăzită acestei îndrumări, acestei pilde. Deocamdată se mulțumește să adauge un singur sfat:

— Credeți în Evanghelie.

Prin Evanghelie, oamenii din zilele noastre înțeleg de obicei cartea în care e tipărită și legată împătrita poveste a vieții lui Isus. Dar Isus nu scria cărți, nici nu se gândea la tomuri. Prin Evanghelie înțelegea – în înțelesul cel atât de plăcut al cuvântului – ceea ce tradiția literară numește „Bună Vestire", dar s-ar putea tălmăci mai bine prin „Voioasa Solie". Isus e un sol (în grecește înger), aducător al unei vești fericite, o solie bună. Aduce voioasa solie că cei bolnavi vor fi lecuiți, că orbii vor vedea, că săracii se vor îmbogăți cu nepieritoare bogății, că cei necăjiți veseli-se-vor, că păcătoșii iertați vor fi, că necurații vor fi spălați, că cei nedesăvârșiți se pot desăvârși, că bestiile se pot schimba în sfinți, sfinții în îngeri asemenea lui Dumnezeu.

Pentru ca să vie Împărăția Cerurilor, pentru ca toți să se străduiască întru venirea ei, oamenii sunt ținuți să creadă în această solie, să creadă că împărăția e adevărată și se apropie. Fără credința în această făgăduială, nimeni nu va săvârși cele de trebuință pentru ca făgăduiala să poată fi ținută. Singură credința că împărăția aceasta nu-i minciuna unui om din toată lumea, nici nălucirea unei minți bolnave; singură credința în puterea soliei îi poate îndemna pe oameni să-i înceapă întemeierea.

Isus, prin acele câteva cuvinte – lipsite de înțeles pentru cei mai mulți – le-a împărtășit oamenilor temeiul învățăturii sale. Deplinătatea vremurilor: apucă-te de lucru acum, îndată. Venirea împărăției: izbânda sufletului asupra trupului, a binelui asupra răului, izbânda sfântului asupra bestiei. Metanoia: primenirea sufletelor din adâncuri. Evanghelia: voioasa înștiințare că toate acestea sunt adevărate și în vecii veacurilor cu putință de înfăptuit.

CAPERNAUM

Iată ce le propovăduia Isus galileenilor săi, în pragul căsuțelor albe pe la răspântiile umbrite ale târgurilor sau pe prundișul bălții, rezemat de-o barcă trasă la mal, cu picioarele adâncite în pietrele malului, pe înserate, când soarele asfințea în sângerarea amurgului îmbietor la odihnă.

Mulți îl ascultau și se luau după el; căci, ne spune Luca, „puternic îi era cuvântul". Cuvintele sale nu erau noi pentru toți, dar nou era omul, căldura glasului și binele pe care-l făcea izvorât dintr-o inimă, mergând de-a dreptul la inimă. Nouă era intonarea acelor cuvinte, înțelesul pe care-l căpătau pe acele buze, luminate de privirile lui. Nu mai era proorocul coborât din munți, strigând prin pustietăți, departe de oameni, răzleț, singur; Proorocul care-i silea pe oameni să vină la el, de voiau să-l audă. Acesta e un prooroc ce trăiește om printre oameni, tuturor prieten, care-i îndrăgește până și pe cei pe care nimeni nu-i iubește; tovarăș cumsecade la îndemâna oricui, ieșind întru întâmpinarea fraților, căutându-i el unde se află, unde muncesc, prin case, prin ulițe întesate, mâncând pâinea și bând vinul ospătării lor; la nevoie îi dă o mână de ajutor pescarului să tragă năvodul din apă și tuturor le spune o vorbă bună: celui amărât, bolnavului, calicului.

Oamenii de rând, ca dobitoacele și copiii, simt de departe cine-i iubește: îl cred pe cuvânt, se bucură când s-apropie – fața le e alta – și se-ntristează când îi părăsește. Uneori nu-i lasă inima să-l știe singur și se țin după el câte zile au.

Isus își petrecea zilele cu ei, cutreierând satele, stând de vorbă cu tovarășii săi de copilărie. Nespus de drag i-a fost totdeauna malul acela dogorât al bălții sale – de-a lungul scoicii de apă tihnită, limpede, senină, abia-abia încrețită de vântul pustiului, rar spintecată de luntrile ce ocolesc malul tăcute și par de departe fără stăpân. Coasta apuseană a bălții aceleia a fost adevărata-i țară, în care și-a aflat cei dintâi ascultători, cei dintâi credincioși, cei dintâi ucenici.

Prin Nazaret, chiar de se arătă în răstimpuri, nu poposi multă vreme. Se va întoarce acolo mai târziu, întovărășit de Cei Doisprezece, premers de zvonul minunilor sale: iar nazaritenii se vor purta cu El cum s-au purtat toate cetățile lumii – chiar și cele mai frumoase prin noblețea sufletului lor: Atena și Florența – cu aceia dintre cetățenii lor care le-au sporit măreția, mai presus de toate celelalte. Nazaritenii, după ce L-au ocărât – ÎL apucaseră copil: cum să ajungă tocmai El mare prooroc? – încearcă să-l arunce într-o prăpastie.

Isus nu poposește nicăieri cu gândul statornicirii. E veșnicul drumeț: drumețul căruia cel pântecos și nedeprins cu drumul îi strigă din pragul ușii sale că-i fără căpătâi. Viața lui e veșnică drumeție. Mai înainte de celălalt – de cel osândit la nemurire de-un osândit la moarte – e adevăratul Jidov Rătăcitor. Se naște în popasul unei călătorii, nu se naște într-un han numai din pricină că în hanul din Betleem nu era loc pentru lehuza drumeață. Pe când mai sugea încă, e purtat pe nesfârșitele căi dogorâte de soare ce duc în Egipt; din Egipt se întoarce pe înverzitele maluri ale Galileei. Din Nazaret se duce adesea de Paști la Ierusalim. Glasul lui Ioan ÎL cheamă la apa Iordanului, un glas lăuntric ÎL îndeamnă către Pustiu. Iar după cele patruzeci de zile de foame și ispită începe înfrigurata-i perindare din târg în târg, din sat în sat, din munte în munte, în lungul și latul fărâmițatei Palestine. De cele mai multe ori îl aflăm în Galileea Sa, în Capernaum, în Corazih, în Cana, în Magdala, în Tiberiada. Dar străbate Samaria în mai multe rânduri și poposește bucuros la fântâna din Sihar. Din când în când ÎL vom descoperi în Tetrarhia lui Filip, la Betsaida, la Gadara, la Cezarea ori la Gerasa, în Perea lui Irod Antipa. În Iudeea se oprește mai cu dragă inimă în Betania, cale de câteva poște de Ierusalim, ori la Ierihon. Nu șovăie totuși să treacă și granițele străvechii împărății, să coboare printre păgâni. Îl întâlnim într-adevăr în Fenicia, către părțile Tirului și ale Sidonului, chiar dacă Schimbarea la Față s-a întâmplat pe culmea muntelui Hormon, până în Siria. După Înviere se arătă în Emaus, pe malul bălții Sale din Tiberiada, ca și în Betania lângă casa înviatului, unde-și părăsește prietenii pentru totdeauna.

E drumețul fără popas, Rătăcitorul fără casă, Nepripășitul din dragostea ce le-o poartă oamenilor, Surghiunitul de buna lui voie, în însăși țara Lui. Mărturisește singur că n-are piatră de care să-și reazăme capul, nici culcuș în care să se odihnească noaptea, casă pe care să și-o știe a sa. Adevărata-i casă e drumul care-l poartă alături de cei dintâi prieteni, în căutarea altor prieteni, așternutul îi e brazda câmpului, scândura bărcii, umbra livezii de măslini. Uneori doarme prin casele celor care-L iubesc, dar e oaspete răzleț, nevolnic de popasuri.

La început Îl găsim mai adesea în Capernaum. Drumurile Sale de-acolo purcedeau, acolo se-ntorceau. Matei spune că „aceasta îi era cetatea". Capernaum a rămas în vorbirea zilelor noastre cu înțelesul de vălmășag gălăgios. Într-adevăr, la început târg de pescari și de plugari, cu vremea, Capernaumul se mărise, mai-mai să nu-și intre-n piele. Așezat pe drumul caravanelor ce coborau spre mare din Damasc prin Iturea, ajunsese treptat- treptat un târg de negustori, cu oarecare însemnătate. Se aciuaseră pe-acolo meșteșugari, samsari, negutători, prăvăliași. Vameșii – cum se strâng muștele pe para stricată – dăduseră și ei fuga, arendași de biruri și alții de teapa lor. Târgușorul acela de pescari și de plugari se schimbase într-un târg cotropit de vălmășagul străinilor, în care lumea marilor așezări ale vremii – nu lipseau nici soldați, nici femei de vânzare – era înfățișată în întregul ei. Dar Capernaumul, așezat pe malul bălții, adiat de vântul dealurilor din preajmă și de răcoarea apei, nu era pe de-a-ntregul putrezit ca cetățile siriene ori ca Ierusalimul. Se mai găseau pe-acolo țărani care se duceau în fiecare dimineață la câmp și pescari care se porneau cu luntrea, după cum apucaseră. Oameni de treabă, săraci, neînvățați, primitori, oameni cărora le puteai vorbi și de altceva, nu doar de câștiguri grase și de bani. În mijlocul lor îți mai puteai trage sufletul.

Sâmbăta, Isus se ducea la sinagogă. Oricine avea dreptul să intre, să citească, să le vorbească credincioșilor despre cele citite. Sinagoga era o casă ca oricare alta, o încăpere fără podoabe, în care se strângeau oamenii, prieteni și frați, să vorbească despre Dumnezeu și să-L viseze.

Isus se scula, apuca un sul al Scripturii – de cele mai multe ori Proorocii, nu Legea – și citea cu glas domol două, trei, patru, câteva versuri. Pe urmă prindea a vorbi cu o istețime nesovăită și biciuitoare, care-i uimea pe farisei, îi ustura pe cei cu păcate, îi ademenea pe săraci, le vrăjea pe femei.

Ca din senin, străvechea Scriptură căpăta altă înfățișare, părea mai străvezie, mai bine pricepută de toți; s-ar fi zis că era un adevăr nou, o descoperire pe care-o făcuseră singuri, o cuvântare atunci auzită întâia oară; cuvintele, scorojite de veacuri, uscate de mult ce fuseseră rostite, redobândeau viață și culoare; un soare nou le aurea rând pe rând, bob cu bob; cuvinte proaspete, făurite în clipa aceea, strălucitoare în văzul tuturor ca o neașteptată revelație.

Nimeni, în tot Capernaumul, nu-și aducea aminte să fi auzit un rabin vorbind astfel. În sâmbetele când cuvânta Isus, sinagoga era ticsită, lumea se-nghesuia până în drum. Cine putea să vină, venea.

Grădinarul care-n ziua aceea lăsase hârlețul din mână și n-avea nevoie să mai învârtească la roată, să ude verdețurile răsădite în straturi, fierarul, priceputul fierar al târgului, omul cel negru de funingine, negru de praf și de pilitură toată săptămâna, dar astăzi, zi de sabat, spălat, primenit, cu fața și mâinile cam negricioase dar curate, scoase la lumină, clătite-n multe ape, cu barba pieptănată și dată cu unsoare de cea ieftină (miroase mai frumos a bogaților?); fierarul ce sta toată ziua la foc, murdar și nădușit, afară de astăzi că-i sâmbătă și se duce la sinagogă să asculte îndătinatele cuvinte ale Dumnezeului strămoșilor, vine la sinagogă din evlavie, dar vine știind că rubedeniile, prietenii, megieșii se strâng și ei tot acolo și-i poate întâlni; sau – mai știi? – vine la sinagogă pentru că ziua-i lungă, acea zi de sărbătoare fără lucru, fără ciocan și clește-n mână, iar alt loc de petrecere în Capernaum nu-i afară de acesta; zidarul – același care-a lucrat la umila casă a sinagogii și a făcut-o mică, deoarece vechii stăpâni, oameni de treabă și cu frica lui Dumnezeu, dar cam zgârciți, nu voiau să cheltuiască prea mult – zidarul ce-și simte și-acum brațele înțepenite și frânte de truda celor șase zile, nici nu poate număra pietrele pe care le-a zidit, mistriile de var pe care le-a aruncat în zid să închege pietrele, toată săptămâna; zidarul care s-a îmbrăcat azi în haine noi și se simte mai în largul lui, că a stat tot în picioare trebăluind când ici când colo, cu ochii în patru să iasă lucrul bine cum îi place stăpânului, s-a abătut și bunul zidar pe la casa ce-i pare a fi și a lui.

Au venit pescarii, cel tânăr și cel bătrân, arși amândoi de soare, cu ochi deprinși să se tot strângă de arșița răsfrântă-n apă, dar cel bătrân e mai chipeș cu podoaba pletelor și a bărbii albe pe fața-i oacheșă, toată numai brăzdături; pescarii au răsturnat luntrile în nisip, le-au legat de un par, au întins năvoadele pe acoperiș și au venit la sinagogă, deși nu-s deprinși să stea între patru ziduri și li-i gândul tot la tălăzuirea valurilor în pieptul bărcii.

Și plugarii de prin țarinele lor din apropiere sunt de față, țăranii cei chiaburi, îmbrăcați la fel cu toată lumea, bucuroși de grâul dat în copt, ca mâine bun de seceră: nu vor să-și uite de Dumnezeu, de cel care face să dea spicul orzului și să înflorească vița. Au venit și ciobanii, coborâți în faptul zilei de la oile și caprele lor, mirosind a stână; păcurarii, care stau toată săptămâna prin suhaturile muntelui, fără să zărească țipenie de om. fără să schimbe o vorbă, singuri cu oile blajine, ce pasc în tihnă iarba de curând răsărită.

Chiaburii, negustorii mărunți, fruntașii Capernaumului venit-au și ei, cu toții. Sunt oameni cu greutate și evlavioși. Stau în față, gânditori, cu ochii în pământ, mulțumiți de câștigul săptămânii și de puterea lor, căci nu și-au pângărit sufletul cu nimic. Se vede șira spinării lor acoperite de haine scumpe, spinări aduse dar late și falnice, spinări de stăpâni, spinări de oameni care nu datorează nimic nici aproapelui, nici lui Dumnezeu, spinări temute, covârșite de evlavie. Au mai venit la sinagogă și câțiva străini pripășiți pe-acolo, neguțători care se duc în Siria ori se întorc în Tiberiada. Au venit de plăcere ori din deprindere, să întâlnească poate niscai mușterii, cătând în fața tuturor localnicilor cu neobrăzarea pe care o dă bogăția, când omul e păcătos.

În fundul încăperii – căci sinagoga nu-i decât o odaie lungă cu pereții văruiți, ceva mai încăpătoare ca o școală, ca o cârciumă sau ca o bucătărie – stau cuibăriți pe la ușă, cum pot să stea cei mereu cu frica-n sân să nu fie dați afară, calicii târgului, cei mai săraci dintre toți, cei care trăiesc din mila și pomana ciudoasă a altora, sau – cumplită sărăcie! – din câte un furtișag întâmplător; zdrențăroșii, cei plini de purici, robii, nenorociții; babele văduane cu feciorii plecați în lume: copiii rămași fără părinți, prea nevârstnici ca să-și câștige singuri o pâine; moșnegii cocoșați, pe care nimeni nu-i mai cunoaște; betegii sleiți de vlagă; cei care pătimesc de boli fără leac; cei care și-au sărit din minți și nu-s în stare să mai muncească. Cei slabi de minte, cei slabi la trup, învinșii, lepădații, părăsiții, cei care mănâncă din când în când – niciodată ca să-și potolească foamea –, cei care strâng ce-aruncă alții, cojile de pâine rece, capetele de pește, cocenii de varză și dorm pe unde apucă, pătimesc de frig iarna și așteaptă vara an de an. Raiul calicilor, să găsească niscai poame de-a lungul drumului. Cei care-și țin zilele cu pomana enoriașilor, dezmoșteniții, zdrențuiții, râioșii, damblagiii, când vine sâmbăta se duc și ei la sinagogă să asculte poveștile de prin scripturi. Nu-i pot izgoni, au drept la fel cu ceilalți, sunt fiii aceluiași Tată, robi ai aceluiași stăpân În acea zi se simt mângâiați cât de cât în nemernicia lor, căci pot asculta aceleași cuvinte pe care le ascultă și cei bogați, și cei sănătoși. Acolo nu li se dă altă mâncare, mai proastă, mai veche, cum li se-ntâmplă pe la casele în care stăpânii mănâncă ce-i mai bun, iar calicul, în prag, trebuie să se mulțumească cu te miri ce. Acolo tainul deopotrivă e pentru cel care are, ca și pentru cel neavut. Cuvintele lui Moise aceleași sunt, veșnic aceleași, pentru cel care are turma cea mai grasă și pentru cel care n-are ciosvârtă de miel în ziua de Paști. Dar spusele proorocilor le merg mai la inimă decât ale lui Moise. Mai rele pentru cei mari, dar mai bune pentru cei mici. Calicimea din fund așteaptă în toate sâmbetele să citească cineva un crâmpei din Amos ori din Isaia. Căci proorocii îi îndrăgiseră pe cei goi la trup și prevestiră, odată cu osânda, o lume nouă: „Iar cel ce fost-a în purpură gătit, obidit va fi să se târască-n spurcătură de om și de vită".

Și iată că tocmai în sâmbăta aceea se găsise un Om care să vină acolo pentru dânșii, un Om care vorbea pentru dânșii, care se pornise din pustiu să le aducă o Bună Vestire celor săraci și celor bolnavi. Nimeni altul nu mai vorbise despre ei ca Acela. Nimeni nu dovedise că-i iubește atât de mult. La fel străvechilor prooroci, care nu se mai întoarseră să-i mângâie, le lua partea cu atâta înflăcărare, că-i jignea pe cei care huzureau de bine, iar lor le umplea inima de alinare și de nădejdi.

Când isprăvea Isus de vorbit, calicii băgau de seamă că bătrânii, târgoveții, stăpânii, domnii, fariseii, cei care știau citi și câștiga, clătinau din cap a piază rea, se sculau strâmbând din gură, își făceau semne din ochi, când disprețuitori, când înciudați și numai ce ieșeau afară, prin fuioarele bărbilor lor mari, negre ori pleșuve, se întărâta zvon de dojană șoptită. De râs, niciunul nu râdea.

În urma lor ieșeau din sinagogă negustorii cei bățoși, cu gândul la ziua de mâine. În coada tuturor rămâneau muncitorii, săracii, ciobanii, ţăranii, grădinarii, fierarii, pescarii și apoi toți calicii, când, copiii fără părinți și moștenire, moșnegii betegi, leproșii fără bordei, obidiții stingheri, nevoiașii lipiți pământului; cei plini de bube, ciungii, damblagiii, izgoniții. Nu-și mai puteau lua ochii de la Isus. Ar fi voit să le mai spună – să le spună când va veni ziua noii împărății, ziua în care le va fi dat și lor să scape de cumplita nenorocire ce se abătuse asupră-le, ziua în care aveau să vadă cu ochii lor răzbunarea. Cuvintele acelui tânăr înteţiseră bătăile inimii lor ostenite și de izbeliște. O ușurare luminoasă, o întrezărire de ceruri în slavă, visul aievea al unui ospăț îmbelșugat și tihnit se înfiripa în bogatul suflet al săracilor din acele cuvinte. Poate că nici ei nu pricepuseră prea bine tot ce voise să le spună învățătorul, iar împărăția întrezărită de ei semăna încă, aidoma, cu Țara Belșugului la care visau filistenii.

Dar nimeni nu-L iubea ca dânșii; nimeni n-are să iubească vreodată ca cei înfometați de pace și de adevăr din Galileea. Săracii mai nesăraci, muncitorii, salahorii, pescarii, cei pe care nu-i încolțea până-n atât foamea de pâine, Îl iubeau pe Isus pentru dragostea dragostei lor.

Și toți, ieșind din sinagogă, Îl așteptau în drum să-L mai vadă; se luau după El, sfioși, cu gândul pe altă lume. Când intra în casa vreunui prieten să mănânce, aveau parcă necaz pe acela: iar unii stăteau în fața ușii, până ce Se arăta în prag. Atunci, prinzând curaj, se apropiau de El și se duceau cu toții pe malul bălții. Alții se luau după El pe drum și când unul, când altul, – curajul, la lumina soarelui, afară din sinagogă le sporea – Îi puneau tot felul de întrebări. Iar Isus, stând locului, Le răspundea acelor oameni de rând prin cuvinte ce în vecii veacurilor nu vor mai fi uitate.

CEI DINTÂI PATRU

Printre pescarii din Capernaum îi află Isus pe cei dintâi ucenici ai săi. Aproape nu era zi în care să nu coboare pe malul bălții; uneori luntrile porneau în larg; alteori le vedea venind, cu pânza umflată de vânt; iar din bărci coborau oameni desculți, umblând prin apă până-n șold, ducând câte doi coșurile pline de argintul ud al peștilor morți, nealeși de cei buni și de cei mărunți; alții duceau năvoadele grele, vechi, picurând de apă.

Uneori plecau noaptea pe lună și se-ntorceau în faptul zilei, când luna abia asfințise, iar soarele nu se arătase încă. Isus, adesea, le ținea calea pe mal și, cel dintâi Le dădea bună ziua. Dar nu totdeauna le mersese bine la pescuit, când se-ntorceau cu mâinile goale, trudiți și amărâți, Isus îi întâmpina cu vorbe de mângâiere, iar pescarii dezamăgiți, uitând că nu ațipiseră toată noaptea, îl ascultau cu dragă inimă.

Într-o dimineață se întorceau spre Capernaum două bărci, în vreme ce Isus, pe mal, le vorbea celor care-i stăteau în preajmă. Pescarii, coborând, prinseră a-și drege năvoadele. Atunci Isus, urcându-se pe una din bărcile acelea, se rugă de ei să i-o împingă puțin de la mal, că prea-l împresurase gloata. Și, stând în picioare aproape de cârmă, le propovăduia celor care rămăseseră pe mal. Iar după ce isprăvi de propovăduit, îi spuse lui Simon:

— Haide-n larg și dă cu năvodu'.

Simon, fiul lui Iona, stăpânul bărcii, răspunse:

— Toată noaptea ne-am trudit și n-am prins niciun pește, cât de mic. Ci iată, ca să-ți fac pe plac, voi da cu năvodu'.

Numai ce se depărtară puțin de mal, Simon și Andrei, fratele său, aruncară-n apă un năvod din cele mari, iar când să-l tragă, atâta era de plin de pește, că mai-mai să se rupă ochiurile. Atunci, cei doi frați își strigară tovarășii din cealaltă luntre să vină să le ajute și, mai cufundând odată năvodul, iarăși greu îl traseră. Simon, fire avântată, se aruncă la picioarele celui care-i îndemnase, strigând:

— Doamne, nu te-apropia de mine că-s păcătos și nu se cade să duc un sfânt în luntrea mea.

Dar Isus, zâmbind, îi spuse:

— Haide cu mine, crezi în cuvântul meu și te voi face pescar de oameni.

Întorcându-se la mal, traseră barca pe uscat și uitându-și de năvodul lor, cei doi frați Îl urmară. Iar după câteva zile, Isus îi întâlni pe ceilalți doi frați, Iacob și Ioan, fii ai lui Zevedeu, care mai înainte fuseseră tovarăși cu Simon și cu Andrei; și-i chemă la El, în vreme ce tocmai dregeau ochiurile rupte ale năvodului. Iar aceia își luară rămas-bun de la părintele lor, care era în luntre cu slugile și, părăsind plasele rupte, se luară pe urmele Lui.

Isus nu mai era singur. Patru oameni, două perechi de frați ce veneau și se-nfrățeau mai adânc în aceeași credință, stăteau gata să-L întovărășească oriunde-ar fi voit, să-l repete spusele, să-L asculte ca pe un tată, mai mult decât pe un tată. Patru bieți pescari, patru inși neștiutori de pe malul bălții, care nu știau carte și abia de puteau lega două vorbe, patru oameni de rând, pe care nimeni nu-i mai băgase în seamă până atunci, erau chemați de Isus să întemeieze cu El o împărăție, care în urmă avea să cuprindă întregul pământ. Pentru El părăsiseră bărcile lor credincioase pe care-n atâtea rânduri le puseseră pe apă şi-n atâtea rânduri le legaseră la mal; părăsiseră cârstnicele lor cele vechi și coșurile cu care scoseseră din apă mii de pești; îi părăsiseră pe tatăl lor, pe ai casei, casa: părăsiseră tot și toate, ca să-L urmeze pe acest om care nu le făgăduia nici avuții, nici pământuri, ci le vorbea numai de iubire, de sărăcie și de sfințenie.

Chiar dacă mintea lor va rămâne toată viața prea josnică și necioplită alături de-a învățătorului; chiar dacă uneori se vor îndoi de El și vor șovăi, nu-l vor pricepe adevărurile și pildele, iar la urmă Îl vor părăsi, toate le vor fi lor iertate, pentru inima curată și săritoare cu care au răspuns la chemarea Lui dintâi.

Care dintre noi ar fi în stare, astăzi, dintre noi toți câți trăim, să facă la fel cu cei patru pescari săraci din Capernaum? De-ar veni un prooroc și i-ar spune negustorului: lasă-ți tejgheaua și sacii tăi cu bani; sau profesorului: dă-te jos de pe catedră și zvârle cât colo cărțile; sau ministrului: părăsește-ți hârțoagele și palavrele, curse pe care le-ntinzi de zor oamenilor; sau meșteșugarului: lasă sculele din mână, că-ți voi da altceva de făcut; sau ţăranului: lasă brazda la jumătate și fierul plugului în paragină, că-ți făgăduiesc un seceriș mai îmbelșugat; sau mecanicului: oprește-ți mașina și haide cu mine, că sufletul e mai de preț ca fierul; sau bogatului: dăruiește-ți toate averile, că vei dobândi prin mine o nesecată comoară – de s-ar apuca vreun prooroc să ne vorbească astfel, nouă, celor de față, câți l-ar urma cu avântul neprecupețit al acelor pescari de demult? Dar Isus nu i-a chemat pe negustorii care stau și se-mbogățesc pe la răspântii și-n dugheni; nici pe habotnicii care rumegă cele mai mărunte porunci ale Legii și știu cânta pe de rost crâmpeie din Scriptură; nici pe plugarii cei prea legați de pământ și de vite; cu atât mai puțin pe cei sătui, pe cei prea sătui, pe cei mulțumiți, cărora puțin le pasă de alte împărății, căci împărăția lor a venit demult.

Isus nu-i alege întâmplător pe cei dintâi patru tovarăși printre pescari. Pescarul care-și trăiește mai toată viața în singurătatea apelor e omul care știe să aștepte. E omul răbdător, care nu se pripește, care-și cufundă năvodul în apă și-și pune nădejdea în Dumnezeu. Apa își are toanele, balta năzăririle ei; zilele nu-s niciodată aceleași. Nici nu știe, plecând, de se va întoarce cu luntrea plină ori fără niciun pește de pus la foc, să aibă ce mânca. Se lasă în voia Domnului, care trimite belșugul și foametea; se mângâie de ziua proastă, gândind la cea bună de ieri sau de mâine. Nu râvnește bogății neașteptate, voios când poate da rodul pescuitului pe o bucată de pâine, pe o gură de vin. E curat la suflet și la trup; își spală mâinile în apă, gândul în singurătate.

Pe acești pescari care-ar fi murit în paragina Capernaumului fără ca nimeni, poate doar vecinii, să fi știut de seama lor, Isus i-a schimbat în Sfinții pe care oamenii îi pomenesc până azi în rugăciunile lor. Omul mare e creator de suflete mari; dintr-un popor adormit îi descoperă pe cei în stare să-l trezească; dintr-un popor fără vlagă, pe războinici; dintr-un popor neluminat, pe luminători. Oricând s-aprinde focul, de se găsește-o mână care să-l știe aprinde. Când se arată pe zarea lumii un David, își află îndată gibborimii, un Agamemnon eroii, un Arthur pairii, un Carol-cel-Mare paladinii, un Napoleon mareșalii. Ci Isus aflatu-și-a apostolii în prostimea Galileei.

MUNTELE

Cuvântarea de pe Munte e cea mai trainică îndreptățire a oamenilor de-a se bucura de viață. Îndreptățirea dăinuirii lor în nemărginirea lumilor. Îndreptățirea noastră, singura de care avem nevoie. Patenta demnității noastre de ființe înzestrate cu suflet, zălogul că vom putea să ne ridicăm mai presus de noi înșine, să fim nu numai oameni. Făgăduința acestei supreme putințe, a acestei nădejdi: a ridicării noastre mai presus de dobitoace.

Dacă un înger, coborând la noi dintr-o lume suprapământească, ne-ar întreba ce avem mai bun prin casele noastre și la preț mai scump, dovada credinței noastre, capodopera minții în apogeul puterii sale, nu l-am duce în fața uriașelor mașini unsuroase, în fața minunilor mecanice cu care ne fălim prostește, pe câtă vreme au făcut viața mai grea, mai robită, mai scurtă – pământ în slujba unor nevoi și netrebnicii pământești; ci i-am pune sub ochi Cuvântarea de pe Munte și pe urmă, dar numai pe urmă, vreo două sute de file desprinse din cartea poeților tuturor popoarelor. Ci Cuvântarea ar rămâne tot diamantul neasemuit, sclipind cu limpedea-i strălucire de lumină curată în mijlocul ieftinătății bătătoare la ochi a smaraldelor și safirelor.

Iar dacă oamenii ar fi chemați la o judecată supraomenească și ar fi ținuți să le dea socoteală judecătoriilor de toate greșelile pe care nu le mai pot ispăși, ca și de îndătinatele lor nelegiuiri, de care nu s-au lăsat până-n ziua de azi; de războaiele ce se țin lanț de sute de veacuri și de tot sângele gâlgâit din venele fraților noștri; de toate lacrimile picurate din ochii copiilor oamenilor; de împietrirea inimii noastre; de răutatea pe care poate singură prostia din noi e în stare s-o ajungă – n-ar aduce în fața acelei judecăți temeiurile filozofilor, deși cuminți și bine ticluite; nici științele, sisteme vremelnice de simboluri și rețete; nici legile noastre, învoiri rușinoase între cruzime și spaimă. Nu vom avea de arătat întru iertarea atâtor păcate, întru răscumpărarea încăpățânării noastre de rău-platnici, întru preamărirea celor șaizeci de veacuri de sângeroasă dăinuire, drept ușurare temeinică și supremă a tuturor învinuirilor, decât cele câteva rânduri ale Cuvântării de pe Munte.

Cine a citit-o o singură dată și n-a simțit, măcar în fugara clipă a citirii, un fior de recunoscătoare duioșie, un început de plâns în fundul inimii, o sfârșeală de iubire și de căință, o nevoie nelămurită, dar cotropitoare, de-a face ceva pentru ca vorbele acelea să nu fie numai vorbe, pentru ca acea cuvântare să nu fie numai sunet și semn, ci nădejde apropiată, viață vie în toți cei vii, adevăr adevărat și azi, adevăr cât lumea, pentru întreaga lume – cine a citit-o o singură dată și n-a simțit așa, nu-i altul să ne merite ca El iubirea; căci toată iubirea oamenilor n-ar fi în stare să-L mai despăgubească vreodată de ceea ce-a pierdut.

Muntele pe care stătea Isus în ziua Cuvântării era desigur mai mic decât acela de pe care-i arătase Satana împărățiile pământului. De acolo nu se zăreau decât țarinele așternute sub soarele drăgostos al serii și, într-o parte, ochiul de argint verde al bălții; iar de altă parte, șirul cel lung al Carmelului, pe care înfrânse Ilie slugile lui Baal, venite să-l impresoare. Dar de pe acel munte mărunt, pe care doar hiperbola memorialiștilor l-a botezat munte, câtă vreme n-o fi fost decât un tăpșan, o măgură abia-abia înfiripată, de pe acest munte netrebnic să-i zică lumea munte, arătă Isus împărăția cea fără sfârșit și fără margini, scriind în carnea inimilor – nu pe lespezi de piatră ca Jahve – cântarea omului nou, imnul întrecerii.

„Ce mândre-s picioarele celui care pe munți vestește și propovăduiește pacea!": Isaia n-a fost niciodată atât de prooroc, ca în clipa-n care-i izvorâră din suflet aceste cuvinte.

Isus stătea pe-o înălțime, în mijlocul celor dintâi apostoli, împresurat de sute de ochi ce-i căutau în ochi; iar careva Îl întrebă cine avea să aibă parte de acea împărăție a Cerului, despre care le vorbea întruna.

Isus răspunse prin Noile Fericiri, peristil „scăpărător de strălucire" al întregii Cuvântări.

Fericirile, silabisite adesea până-n zilele noastre de cei care le-au rătăcit înțelesul, sunt îndeobște rău pricepute. Ciuntite, contaminate, stâlcite, stricate, întoarse pe dos. Și cu toate acestea, Fericirile lămuresc cea dintâi zi, zi de sărbătoare, a învățăturii lui Isus.

„Fericiți cei săraci cu duhul, că a lor fi-va împărăția Cerurilor." Luca lăsă la o parte cuvintele „cu duhul" și pricepu „săracii", în înțelesul obișnuit; iar după el se luară mulți; unii, din zilele noastre și de rea-credință, înțeleseră că-i vorba „de cei proști, de idioți și de cretini". Cu un cuvânt, ar fi să alegem între muritorii de foame și imbecilii.

Isus nu se gândea în clipele acelea nici la unii, nici la alții. Isus nu-i iubea pe cei bogați, ura din tot sufletul nesațul bogăției, piedică mai mare ca oricare alta întru adevărata îmbogățire a sufletului; Isus îi iubea pe cei săraci și-i ținea aproape de El, căci ei au mai multă nevoie de a fi încălziți; și le vorbea lor, căci au mai mare trebuință să fie îndestulați cu mângâieri de iubire; dar nu era atât de nepriceput să creadă c-ajungea să fie cineva sărac – în chip lumesc sărac – spre a avea parte, fără alt legământ, de fericirile Împărăției Cerești.

Isus n-a dat niciodată dovadă că s-ar fi închinat în fața deșteptăciunii care-i numai deșteptăciune a gândului rece și putere de aducere aminte; sistematicii și metafizicienii puri, sofiștii, scormonitorii naturii, tocitorii de cărți n-ar fi aflat nicio trecere în fața Sa. Dar înțelepciunea, puterea de-a pricepe semnele viitorului și înțelesul simbolurilor – înțelepciunea aducătoare de lumină și de proorociri, care pune stăpânire pe adevăr cu biruința întregului suflet – aceea avea căutare în ochii Lui și-n mai multe rânduri se plânse în sine că cei care-L ascultau, până și ucenicii, erau puțin înzestrați cu acea înțelepciune. Înțelepciunea adevărată, pentru El, stătea în puterea de a pricepe că singură înțelepciunea nu-i de ajuns, că sufletul întreg va să fie prefăcut întru dobândirea fericirii – căci fericirea nu-i vis deșart, ci bun oricând, pentru oricine ușor de avut –, cu toate că și înțelepciunea trebuie să ne ajute întru această adâncă prefacere a sufletului din noi. Nu-i putea deci chema să se bucure de împărăția lui Dumnezeu pe cei slabi de minte și pe cei nătângi.

Săraci cu duhul sunt cei care au deplină și îndurerată știință despre sărăcia lor sufletească, despre meteahna sufletului lor, despre puținătatea binelui sălășluit în noi toți, despre lipsa morală în care zac cei mai mulți. Doar săracii care se știu a fi cu adevărat săraci pătimesc din pricina sărăciei lor și, pătimind, se silesc s-o înlăture. Deosebiți, nespus de deosebiți de bogații prefăcuți, de orgolioșii care se socotesc bogați cu duhul, adică desăvârșiți și nemaiavând ce desăvârși în ei, nedatorând nimănui nimic, bine văzuți de Dumnezeu și de oameni, nici nu râvnesc să se înalțe, deoarece li se pare că tronează și nu se vor îmbogăți, niciodată, pentru că nu-și pot da seama de sărăcia lor fără fund.

Aceia deci care se vor mărturisi săraci și vor pătimi ca să dobândească acea bogăție adevărată care-i desăvârșirea vor ajunge sfinți ca Dumnezeu și a lor va fi Împărăția Cerurilor; pe câtă vreme cei care nu vor simți mirosul greu al murdăriei adunată sub nasul trufiei lor, nu vor intra în împărăție.

„Fericiți cei blajini, că a lor fi-va moștenirea pământului." Pământul făgăduit aici nu-i țarina cu brazde, nici împărăția înțesată de cetăți lumești. În vorbirea messianică „a moșteni pământul" înseamnă a fi părtaș la noua împărăție. Ostașul care se războiește pentru pământul pământesc trebuie să fie crunt. Dar cel care se războiește înlăuntru-i pentru cucerirea noului pământ și a noului cer, nu trebuie să se lase cotropit de mânia cea îndemnătoare la rău, nici de cruzime, ucigătoare a iubirii. Blajini sunt cei care îndură conviețuirea cu cei răi și cu ei înșiși, adesea mai greu de îndurat; cei care nu se răzvrătesc împotriva răilor, ci-i biruie prin duioșie; și nu se înfurie la cele dintâi necazuri, ci răpun dușmanul din sufletul lor prin acea statornicie potolită, care dovedește mai multă tărie sufletească decât furia stearpă și iscată ca din senin. Sunt asemenea apei, care-i plăcută la pipăit și se dă la o parte din fața oricui; dar urcă încet, tăcută se revarsă și pe îndelete surpă cu răbdarea anilor stâncile cele mai tari.

CEI CE PLÂNG

„Fericiți cei care plâng, că aceia se vor mângâia." Îndureraţii, plânşii, cei cărora le e silă de ei înşişi şi le e milă de oameni, cei care nu trăiesc în tolănita şi îmbătata păcătoşenie a vieţii de rând, ci-şi plâng nefericirea lor şi pe-a fraţilor, plâng străduinţele zădărnicite, plâng orbirea ce-ntârzie izbânda luminii – deoarece lumina nu poate pogorî din ceruri dacă ochii oamenilor n-o răsfrâng –, plâng depărtarea acelui har de atâtea ori visat, de atâtea ori făgăduit şi totuşi mereu mai îndepărtat din vina noastră şi a tuturor; cei care plâng ocările de care au avut parte în loc să-şi mărească chinul prin răzbunări şi plâng răul pe care l-au făcut, binele pe care l-ar fi putut face şi nu l-au făcut; cei care nu deznădăjduiesc pierzând o comoară pipăită, ci se străduiesc să le descopere pe cele nevăzute; cei care plâng îşi grăbesc prin lacrimi pocăinţa şi li se cuvine să aibă parte într-o zi de mângâiere.

„Fericiţi cei înfometaţi şi însetaţi de dreptate, că aceia se vor sătura." Dreptatea pe care o înţelege Isus nu-i dreptatea oamenilor, ascultarea de legile omeneşti, supunere în faţa legiuirilor pământului, necălcarea datinelor şi a învoielilor statornicite de oameni. Drept, pe limba psalmiştilor şi a proorocilor, e cel care trăieşte după voia lui Dumnezeu, a supremului arhetip al oricărei desăvârşiri. Nu după Legea scrisă de scribi, încondeiată de răstălmăcirile fariseilor; ci după Legea Legilor, pe care Isus o cuprinde toată într-o singură poruncă: iubeşte-i pe toţi oamenii, apropiaţi şi depărtaţi, pe cei din ţara ta şi pe venetici, prieteni şi duşmani. Cei care pătimesc ne-ncetat de apriga dorinţă a unei astfel de dreptăţi, fi-vor îndestulaţi în Împărăţia Cerului. Chiar dacă nu vor izbuti să fie în totul desăvârşiţi, multe li se vor trece cu vederea pentru ceea ce-au pătimit mai înainte să intre într-însa.

„Fericiţi cei miloşi, că de milă avea-vor parte." Cel care va iubi, iubit va fi; cel care va ajutora, de ajutor avea-va parte.

Legea talionului nu mai are putere când e vorba de răul pe care-l faci cuiva; nu și de binele pe care i-l poți face. Săvârșim mereu păcate împotriva sufletului, iar aceste păcate ne vor fi iertate numai dacă și noi le vom ierta pe cele săvârșite împotrivă-ne. Cristos e în toți oamenii și ceea ce le vom face noi lor ni se va face nouă. „Ce veți face unuia cât de mic dintre voi, mi se va face mie." Dacă ne vom îndura de semenii noștri, vom putea să avem milă de noi înșine; numai dacă vom uita răul pe care ni-l fac alții, putea-va și Dumnezeu să ierte ceea ce ne facem noi nouă înșine.

„Fericiți cei cu inimă curată, că aceia îl vor vedea pe Dumnezeu." Sunt curați la inimă cei care nu cunosc altă dorință afară de râvna desăvârșirii, altă desfătare afară de izbânda asupra răului care ne iscodește de pretutindeni. Cel care-i cu inima înțesată de pofte smintite, de râvniri lumești, de toate păcătoșeniile ce scormonesc viermăria târâtoare pe pământ, nu va putea niciodată să-l vadă pe Dumnezeu la față, nu-i va fi dat să simtă niciodată marea bucurie a cufundării în măreția slavei lui.

„Fericiți cei pașnici, că lor li se va zice fii ai lui Dumnezeu." Pașnicii nu-s blajinii din cea de-a doua Fericire. Blajinii nu răspundeau la rău; pașnici sunt cei care aduc binele în casa răului, cei care statornicesc pacea acolo unde se învrăjbesc războaiele. Când a spus Isus că venise pe lume cu război nu cu pace, se gândea la războirea împotriva Răului, a Satanei, a Lumii; împotriva Răului care-i lovire, a Satanei care ucide, a Lumii ce-i veșnică încăierare; înțelegea, cu un cuvânt, războirea împotriva războiului. Pașnicii sunt tocmai cei care duc război războiului; împăciuitorii, chezașii împăcării. Obârșia oricărui război e iubirea de sine, iubire care se schimbă-n îndrăgirea bogățiilor, în trufia celui învins, în pizma pe cel care are mai mult, în ura față de cei umili – iar noua Lege vine să propovăduiască ura de sine, disprețuirea avuțiilor ce se pot măsura, iubirea față de toate făpturile, chiar și de cele ce ne urăsc. Pașnicii care propovăduiesc și dau dovada acestei iubiri smulg rădăcina războaielor; atunci când toți oamenii își vor iubi frații mai mult ca pe ei înșiși, nu vor mai fi războaie, nici de cucerire, nici cu vorba, nici cu brațul, de la om la om, de la neam la neam, de la popor la popor. Pașnicii vor potoli pământul și vor fi chemați, pe drept cuvânt, fii legitimi ai lui Dumnezeu, intrând printre cei dintâi în împărăția sa.

„Fericiți cei obidiți în dragostea lor de dreptate, că a lor va fi împărăția Cerurilor." Vă mân să întemeiați această împărăție care-i Împărăția Cerurilor, a acelei dreptăți mai înalte care-i iubirea, a acelei părintești bunătăți care se cheamă Dumnezeu; vă trimit deci să vă războiți cu cei care susțin nedreptatea, cu slugile păcatului, cu ciracii potrivnicului. Aceștia, loviți, se vor apăra; ca să se apere, vă vor lovi. Fi-veți schingiuiți la trup, răstigniți în suflet, aruncați în temniță, omorâți poate. Dar de vă veți învoi să pătimiți ca să le dați celor de seama voastră acea dreptate, pe care voi înșivă o căutați gemând, năpăstuirea voastră schimba-se-va în dreptul, de nimeni tăgăduit, de-a intra în împărăția pe care voi – întrucât a atârnat de voi – ați întemeiat-o.

„Fericiți când vă vor ocărî și, făcându-vă strâmbătate, vor spune despre voi tot răul de care-s în stare. Bucurați-vă și vă veseliți, că mare vă e răsplata în ceruri; mai înainte de voi, tot așa năpăstuitu-i-au pe prooroci". Obida e mai ales pământească, trupească, născocită de legile vremelnice ale așezărilor lumii. Vă vor putea lua pâinea de la gură, vă vor lua lumina soarelui, vă vor fereca în lanțuri, vă vor necinsti, vor căuta să vă strivească mădularele. Dar nu le va fi de-ajuns năpăstuirea. Așteptați-vă la înjurături și la pâri mincinoase. Nu se vor mulțumi să vă osândească pentru vina că vreți să-i schimbați pe oamenii-dobitoace în sfinți; oamenii, tăvăliți în murdăria dospită a bestialității lor, nu vor cu niciun chip să se scoale de acolo; nici nu se vor mulțumi să vă canonească trupul. Vor atinge și sufletul, vă vor învinui de toate josniciile, vă vor lapida cu înjurături grosolane; porcii vor spune că sunteți murdari, măgarii vor jura că sunteți proști, corbii vă vor învinui că mâncați stârvuri, țapii vă vor izgoni nesuferindu-vă mirosul, desfrânații vor roși din pricina stricăciunii voastre, tâlharii vă vor pârî că ați furat. Ci voi să vă bucurați tot mai mult, căci înjurătura celor răi e consfințirea bunătății voastre, noroiul cu care vă-mproașcă murdarii, zălogul curățeniei voastre. Aceasta este, după cum va spune Sfântul Francisc, Cea mai Mare Voioșie. „Mai presus de toate harurile dăruite de Cristos prietenilor săi, stă acela de-a te înfrânge pe tine și de-a îndura cu voie bună osânda, ocara, năpăstuirea și chinul; căci cu celelalte daruri de la Dumnezeu nu te poți făli, nefiind ale tale, ci ale lui Dumnezeu; pe câtă vreme cu suferința și îndurarea te poți făli, ale tale fiind ele". Toți proorocii care au vorbit pe pământ văzutu-s-au batjocoriți de oameni; la fel li se va-ntâmpla celor care vor mai veni. Doar acesta-i semnul după care se recunosc proorocii: când, împroșcați cu noroi și acoperiți de ocări, trec printre oameni zâmbitori, rostind netulburați prin vorbe ce le spune lor inima. Nu-i de ajuns noroiul spre a lipi buzele celor care sunt ținuți să vorbească. Chiar dacă nesuferitul acela încăpățânat va fi omorât, nu-l vor putea face să tacă; căci glasul lui, însutit de ecoul morții, va răsuna în toate limbile pământului, acum și pururea.

Cu această făgăduială se încheie Fericirile.

Locuitorii împărăției au fost găsiți și însemnați în frunte. Oricine-i va putea cunoaște de departe. Cei care se vor împotrivi știu ce-i așteaptă; cei primejduiți sunt mângâiați.

Bogații, făloșii, îndestulații cu de toate, sângeroșii, nedrepții, bătăioșii, cei care râd, cei care nu simt foamea desăvârșirii, cei care năpăstuiesc și batjocoresc nu vor putea intra în Împărăția Cerurilor. Nu vor putea intra până ce nu vor fi și ei învinși, primeniți, schimbați în alți oameni. Cei care trec drept fericiți după părerea lumii, cei pe care lumea-i pizmuiește, se ia după ei și-i admiră, sunt nebănuit mai depărtați de adevărata fericire ca ceilalți, pe care aceeași lume îi disprețuiește și nu-i poate suferi. Prin acest exultant preambul, Isus a răsturnat ierarhiile lumii; acuma, urmându-și calea, va răsturna valorile vieții și nicio altă revalorizare nu va fi mai dumnezeiesc-paradoxală ca a sa.

RĂSTURNĂTORUL

Gimnosofiștii Eunuchismului și trândava sectă a Satuminilor sunt oamenii serioși care vin totdeauna de-a gata și nu schimbă ce-au făcut alții, dar le repetă și le strică – s-au uitat totdeauna strâmb la ceea ce se zice ori pare paradox. Spre a nu se trudi să deosebească paradoxurile sfinte de cele ce nu-s decât deșarte glume ale unor minți nesănătoase ies din încurcătură declarând solemn că paradoxurile nu-s decât niște răsturnări ale adevărurilor îndătinate și de toți recunoscute: deci, înșelătorii adaugă aceia pentru a tăia aripile vanității, mai ușor de născocit decât orice pe lume. Căci, după cât se pare, le vine mai greu să umble pe drumul mai dinainte netezit și să silabisească din nou, rând cu rând, ceea ce mai înainte să se fi născut dânșii scris-au o seamă de oameni cruțați fără îndoială de năravul trândăviei lor.

Dacă acești țârcovnici ai „Celor de alții spuse“ – mai ușor de suferit ca păstrători ai datinei, dar primejdioși ca stânjenitori ai înnoirii – ar binevoi să adune de prin hambarul memoriei lor bine orânduite puținele idei fundamentale de pe urma cărora trăiește sau, mai bine zis, trage să moară cugetarea modernă, și-ar da seama, scandal nu glumă!, că sunt toate, aproape toate, răsturnări, adică paradoxuri.

Când Rousseau vă spune că oamenii se nasc buni, dar că societatea i-a înrăit, răstoarnă dogma moștenită a păcatului originar; când teoreticianul progresului afirmă că din mai rău se trage mai binele; ori cel al evoluției, că din simplu izvorăște complexul; ori monistul că toate diversitățile nu-s decât manifestări ale unicului; ori marxistul că factorul economic dă naștere celui spiritual; când filozofii matematici moderni afirmă că omul nu era, cum s-a crezut de când lumea, centru al universului, ci o măruntă speță animală pe una din infinitele sfere irosite în nemărginire; ori când strigă protestanții: Papa nu contează, ci numai Scriptura; sau revoluționarii din Franța: le Tiers Etat nu-i nimic, dar trebuie să fie tot – ce-au făcut aceștia decât să răstoarne păreri îndătinate și obștești?

Însă cel mai mare răsturnător e Isus. Supremul paradoxist, răsturnătorul radical și neînfricat. În aceasta-i stă măreția. Veșnica lui noutate și tinerețe. Misterul înclinării oricărei inimi mari, mai târziu ori mai devreme, spre Evanghelia sa.

S-a întruchipat ca să-i preschimbe pe oamenii răstigniți în greșeală și păcat; greșeli și păcate găsește pe lume; cum să nu răstoarne îndreptarele după care se călăuzește omenirea?

Mai citiți o dată Cuvântarea de pe Munte. La fiecare pas Isus cere ca inferiorul să fie recunoscut drept superior, cel din urmă să fie cel dintâi, cel înlăturat să aibă trecere, cel disprețuit să fie venerat, străvechiul adevăr să fie socotit drept rătăcire, viața de rând, stricăciune și moarte. Isus i-a strigat trecutului încremenit în agonia sa, firii prea cu dragă inimă ascultată, părerii tuturor și vulgare, cel mai răspicat NU din câte cunoaște istoria lumii.

Întru aceasta e credincios spiritului neamului său, care a găsit totdeauna temei de nădejdi mai mari în însăși căderea sa. Neamul cel mai robit visează să le stăpânească pe toate celelalte neamuri, prin Fiul lui David; neamul cel mai disprețuit se simte hărăzit gloriei; neamul cel mai pedepsit de Dumnezeu se crede cel mai îndrăgit; neamul cel mai plin de păcate nu se îndoiește a fi singurul care se va mântui. Dar această nesăbuită răzbunare a sufletului evreiesc se schimbă prin Isus într-o revizuire de valori ce se întruchipează, prin însăși logica suprapământeștii sale învățături, într-o formă dumnezeiască a normelor, după care se călăuzește și de care ascultă omenirea.

Credința subînțeleasă a lui Isus seamănă cu cea dintâi descoperire a lui Buddha. Oamenii sunt nefericiți. Toți. Chiar și cei care par fericiți.

Siddharta, ca să le curme durerea, propovăduiește să-și pună capăt zilelor; Isus se întemeiază pe-o altă nădejde, cu atât mai sublimă cu cât pare mai absurdă. Oamenii sunt fericiți pentru că n-au știut să descopere adevărata lor viață; răstoarne-și viața, poartă-se cu totul altfel de cum se poartă și răsări-va pe lume sărbătoarea deplinei fericiri.

Până acum au ascultat de fire, s-au lăsat călăuziți de pornirile lor; au primit, numai prin vorbe, o lege vremelnică și neîndestulătoare, s-au închinat la zei mincinoși; a părut că descoperă fericirea în vin, în carne, în aur, în stăpânire, în cruzimi, în artă, în înțelepciune, și n-au izbutit decât să-și scormonească răul de care suferă. Ceea ce înseamnă că drumul apucat nu-i cel bun; că trebuie să se întoarcă îndărăt; să se despartă de ceea ce li s-a părut că-i bine, să strângă tot ce-au aruncat; să li se închine celor pe care i-au ars pe rug și să ardă pe rug zeii la care ne-am închinat; să ardă ce-au adorat; să înfrângă în ei pornirile bestiei, în loc de-a le mulțumi; să lupte cu firea din ei, în loc de a-i da dreptate; să alcătuiască o nouă lege, pe care s-o trăiască în suflet, fără abateri.

Dacă până acuma n-au dobândit ce căutaseră, nu le rămâne decât să răstoarne viețile de față, să primenească întregu-le suflet.

Dăinuirea nefericirii noastre rămâne drept dovadă că orânduirea vechii lumi a dat greș; că lumea neînsuflețită ne e dușmană; că trecutul a greșit; că a trăi ca dobitoacele, ascultând de pornirile lor înnăscute, purtând pe ochi străvezia mască a umanității, e totuna cu a putrezi în nefericire și a ne zbuciuma în deznădejde.

Cei care au dat de gol – unii îndurerați, alții râzând – infinita păcătoșenie omenească au avut ochiul ager. Pesimiștii au dreptate. Osânditorii păcătoșeniei noastre, disprețuitorii neputinței, pârâtorii nemerniciei noastre, cum să-i dezmințim?

Oricine nu-i născut să se tăvălească mulțumit în viermăria lumii, ca să-și înghită fărâma de țărână; oricine n-are doar pântec și două mâini, ci suflet și inimă; oricine a avut parte de-un suflet mai plăpând, și deci mai deseori rănit, trebuie să simtă silă de oameni. În sufletul celor mai tari din fire, sila aceasta se schimbă în scârbă și ură; în sufletul mai bogat și mărinimos al celorlalți, în milă și iubire.

Când Giacomo Leopardi, după ce pierduse, poate din vina nedesăvârșiților creștini care-i stăteau în preajmă, dragostea pentru Cristosul copilăriei sale, se istovea în deznădejdea raționalistă și ajungea la concluzia că „viața nu-i decât amar și plictiseală", pe cine l-ar fi îndurat inima să-i strige: „Taci din gură, nenorocitule! Dacă nu simți decât amar, de vină-i buruiana amară pe care-o mesteci în gură; iar dacă mori de urât, vina-i a ta care ai ars cu piatra iadului, a raționalismului, acele simțăminte ce ți-ar fi înveselit viața, ori ți-ar fi făcut-o măcar cu putință de îndurat".

Nu. Leopardi n-a greșit. Când cineva îi vede pe oameni așa cum sunt și n-are nădejde să-i poată mântui primenindu-le sufletul; iar cum trăiesc ei nu poate trăi, fiind prea felurit; când nu izbutește să-i iubescă, crezându-i osândiți la nefericirea și răutatea veșnică, deoarece pentru el vita vită fi-va cât lumea, lașul laș, iar cel murdar tot mai adânc cufundat în murdărie, ce să facă mai mult decât să-și îndemne inima la tăcere și să-și pună nădejdea în moarte?

Întrebarea e una singură: sunt oamenii mereu aceiași, cu neputință de schimbat și de îmbunătățit? Sau se pot întrece pe ei înșiși, se pot sfinți și îndumnezeii? Întreaga noastră ursită în această întrebare stă. Chiar și unii dintre oamenii care s-au ridicat mai presus de oameni, cei mai mulți nu și-au dat bine seama de temeinicia acestei întrebări. Mulți au crezut și mai cred că se pot schimba formele vieții, nu însă și temeiul ei; că orice-i va fi dat omului, afară de putința de-a primeni firea sufletului său. Omul va putea pune și mai largă stăpânire pe lume, va ajunge mai bogat, mai învățat; dar înjghebarea vieții sale pământene nu se va putea schimba; simțămintele sale, pornirile înnăscute-n om rămânea-vor mereu aceleași, la fel cu ale sălbaticilor de prin peșteri, cu ale ziditorilor de cetăți lacustre, cu ale barbarilor din cele dintâi hoarde, cu ale noroadelor din cele mai străvechi așezări.

Alții simt deopotrivă groaza în fața omului cum a fost și este; dar mai înainte să se cufunde în deznădejdea nihilismului, cată la om așa cum ar putea să fie, cu neclintită încredere într-o îmbunătățire a sufletului său și descoperă fericirea în dumnezeiasca, dar groaznica, îndeletnicire de-a pregăti fericirea fraților.

Nici nu rămâne pentru oameni altă alegere. Sau cea mai cumplită suferință, sau cea mai cutezătoare evlavie. moartea sau mântuirea.

Trecutul e îngrozitor, prezentul scârbos. Să ne dăm întreaga viață, să ne oferim întreaga noastră putință de iubire și de pricepere, pentru ca ziua de mâine să fie mai bună, pentru ca viitorul să fie fericit. Dacă până acum am greșit – iar dovada cea mai zdrobitoare e starea noastră – să ne străduim întru zămislirea unui om nou, a unei noi dăinuiri. Singura lumină aceasta e. Sau fericirea nu va fi dată nicicând oamenilor; sau, și în aceasta crede fără șovăire Isus, dacă fericirea poate fi un bun al nostru, obștesc și netrecător, n-o vom putea dobândi decât cu acest preț. Să apucăm pe altă cale, să ne prefacem sufletul, să propovăduim noi crezuri, să ne lepădăm de cele vechi, să rostim NU-ul sfințeniei în fața DA-urilor amăgitoare ale lumii. Dacă Isus a greșit, nu ne rămâne decât negarea absolută și universală, nimicirea de bună voie. Sau ateismul riguros, desăvârșit, nu cel fățarnic și nătâng al sfioșilor sceptici din zilele noastre; sau credința înălțătoare în Cristos, care mântuie și schimbă moartea în viață prin iubire.

SPUS-AU

Povestea omului e povestea unei învățături. Povestea unei războiri între cei puțini, cu suflet tare, și cei mulți, tari la număr. E povestea unei creșteri ce mereu a dat greș și a fost mereu începută de la capăt; e povestea încrederii de-a crește mai bine omenirea, încercare ingrată, greu, rău primită, adesea respinsă; uneori părăsită, rareori încercată iarăși.

Cei dintâi prooroci, cei mai vechi legiuitori, păstorii noroadelor abia născute și începătoare, regii întemeietori de cetăți și orânduitori de dreptate, învățătorii cei înțelepți și evlavioși au început de timpuriu îmblânzirea fiarei. Cu vorba rostită și cu vorba cioplită în piatră, i-au domesticit pe oamenii-lupi, i-au mai scos la lumină pe sălbatici, i-au înfrânt pe barbari, i-au îndrumat pe copiii cărunți, i-au îmblânzit pe cei cruzi, i-au înfrânt pe sângeroși, pe răzbunători, pe neomenoși. Cu duioșia cuvântului, ori cu groaza osândelor, orfei sau draconi, tăgăduitori sau amenințători, în numele zeilor din înaltul cerului, ori al zeilor de sub pământ, ciuntit-au ghearele care iarăși crescuseră, pus-au botniță și belciug gurilor colțoase, îi ocrotiră pe cei fără apărare, ocrotit-au victimele, drumeții, femeile.

Străvechea Lege, aceea care se găsește cu puține deosebiri în Manava Dharma Sastra și în Pentateuch, în Tahio și în Avesta, în tradițiile lui Solon și ale lui Numa, în sentințele lui Hesiod și ale celor Șapte înțelepți, este o primă străduință, nătângă, grosolană, anapoda, de-a scoate din marasmul bestialității o umbră, un început, un simulacru de omenie.

Această Lege se mulțumea cu puține opreliști, la mintea omului: nu fura, nu omorî, nu jura strâmb, nu-ți păcătoși trupul cu alții, nu-l năpăstui pe cel slab, nu-l schingiui mai mult decât trebuie pe străin și pe rob. Sunt virtuțile sociale strict necesare unei conviețuiri obștesc-folositoare. Legiuitorul se mulțumește să împuțineze numărul nelegiuirilor mai de rând. Îi ajunge un cât de mic număr de inhibiții; rareori idealul său se ridică mai presus de-o justiție aproximativă.

Însă legea presupune, înainte și odată cu ea, bântuirea răului, suveranitatea instinctului. Orice precept presupune încălcarea legii, orice normă presupune o faptă contrarie. De aceea legea veche, legea celor dintâi neamuri, nu-i decât o slabă stăvilire a veșnic-triumfătoarei brute. E un amestec de compromisuri și jumătăți de măsuri: între nărav și dreptate, între natură și rațiune, între dobitocul îndărătnic și icoana dumnezeiască.

Oamenii timpurilor străvechi, oamenii cărnii, fizici, corporali, corpolenţi, sângeroşi, grăsulii, voinici, oameni cu păr des, cu faţa roşie, mâncători de carne crudă, batjocoritori de fecioare, prădători de turme, jupuitori de duşmani, meritând să li se spună ca lui Hector Troianul „omorâtori de oameni"; războinicii puternici şi pofticoşi care, după ce târau de picioare potrivnicul omorât, se apucau să roadă pulpe grase de viţel şi de porc, golind oale întregi cu vin; oamenii neîmblânziţi, nesupuşi legii, aşa cum îi vedem în Mahabharata şi în Iliada, în Poema lui Izdubar şi în Cartea Războaielor lui Jahve, ar fi fost, fără groaza pedepselor şi a zeilor, mai cruzi şi mai prăpăstioşi. Pe vremuri în care pentru un ochi se cerea capul, pentru un deget mâna şi pentru o viaţă o sută, Legea Talionului, care cerea numai ochi pentru ochi şi viaţă pentru viaţă, însemna o vădită izbândă a mărinimiei şi a dreptăţii, cu toate că nouă, după venirea lui Isus, ne apare drept o lege înspăimântătoare.

Dar legea era de cele mai multe ori neascultată; cei tari i se supuneau de nevoie; cei puternici, care trebuiau s-o ocrotească, o înlăturau; cei răi o călcau pe faţă; cei slabi o trăgeau pe sfoară. Şi chiar de-ar fi fost ascultată toată şi de toţi, zi de zi, n-ajungea să înfrângă răul clocotitor şi veşnic înnoit, ţinut uneori în frâu, dar neînlăturat, îngreunat, dar nu cu neputinţă, osândit, dar nu nimicit. Era îngrădirea cruzimii înnăscute, nu stăpânirea ei desăvârşită. Iar oamenii, stăviliţi de lege, dar rămaşi învrăjbiţi, căzuseră în prefăcătoria ascultării, făceau puţin bine în văzul tuturor, spre a fi mai slobozi să facă răul într-ascuns; se băteau cu pumnii în piept de călcau vreo poruncă a legii, ca să-i trădeze mai bine duhul.

Atât de jos căzuseră oamenii pe vremea când le vorbea Isus de pe Munte. El ştia că străvechea lege era tocită, istovită, cufundată în smârcurile formalismului. Strădania milenară a bunei creşteri încercată cu omenirea trebuia să fie luată iarăşi de la capăt. Trebuia să se înlăture, să se mături zgura: omenirea să fie iar aprinsă cu focul avântului originar, să fie întoarsă la menirea-i iniţială, care este tot Melanoia, prefacerea sufletului. Să se desăvârşească deci vechea lege, legea cea uscată și roasă. Dar pentru a o desăvârși, nu era cale mai bună decât a împinge vechea lege la extrem, a o exaspera până la paradox, spre a întemeia în urmă o lege nouă, care s-o înlocuiască pe cea veche, spre a săvârși o adevărată răsturnare a firii omenești.

Unele cuvinte ale Evangheliilor s-ar părea a spune că nu acesta ar fi fost marele gând al lui Isus.

„Nu credeți c-am venit să înlătur legea și proorocii, n-am venit să înlătur, ci să întregesc", însă tot în Evanghelia lui Matei, acestei afirmații atât de răspicată îi urmează o cugetare care-o îngrădește și, măcar în parte, o răstoarnă. Cugetarea n-a fost pricepută, poate, în adevăratul ei înțeles; deoarece toți suntem stăpâniți de gândul că legea lui Isus n-ar fi decât continuarea legii lui Moise.

„Atâta vreme cât nu va pieri cerul și pământul, nu va pieri din lege nicio iotă, nicio buche, mai înainte ca legea să se înfăptuiască pe de-a-ntregul", cu alte cuvinte nu se va întâmpla niciodată (precum nu se poate întâmpla să piară cerul și pământul), să piară o părticică oricât de măruntă din legi, „atâta vreme cât nu se vor fi înfăptuit toate". Am tălmăcit aceste cuvinte din urmă întocmai, deoarece aici stă dezlegarea tainei. Isus nu vrea să spună decât atât: Câtă vreme toate – adică bruma de dreptate și puținul adevăr cuprins în vechea lege – nu vor fi înfăptuite, nu va dăinui într-adevăr o normă statornică de viață îndătinată, datină obștească și premergătoare, străvechile porunci vor rămâne în picioare, în întregime. Sunt un temei, cea dintâi treaptă de care ai nevoie spre a urca la noua lege, însă când toate vor fi înfăptuite și legea veche va fi sânge din sângele vostru, iar legea nouă va fi propovăduită, atunci nu veți mai avea nevoie de bătrânele și stângacele legiuiri, căci o lege mai luminoasă și mai măreață, care-o va înlocui pe cealaltă, care pe alocuri n-o va recunoaște, va fi statornicită în locul legii vechi.

Cu fariseii, în avântul polemicii, Isus vorbi și mai răspicat: „Legea și proorocii au dăinuit până la Ioan; de atunci a fost adusă pe pământ buna vestire a împărăției lui Dumnezeu și oricine intră în ea cu de-a sila". Cu Isus începe, așadar, legea nouă; iar cea veche e înlăturată, e socotită neîndestulătoare.

Orice pildă a sa începe cu vorbele: „Spus-au...". Și numaidecât, după vechea poruncă pe care-o curăță prin paradox sau o răstoarnă de-a dreptul, pune porunca nouă: „Ci eu zic vouă...".

Cu acest „ci", începe o nouă zi a creșterii lumii. Nu-i vina lui Isus dacă dibuim până azi prin geana de lumină cețoasă a dimineții.

CI EU ZIC VOUĂ

„Spus-au celor de demult: să nu ucizi... ci eu zic vouă: oricine cășunează asupra fratelui său fi-va dus în fața judecătorilor; cel care-i va spune fratelui său: râcă!, fi-va dat pe mâna Sinedriului; precum cel care-i va spune: nebun!, osândit fi-va să ardă în focul Gheenii". Isus taie drept. Nu îngăduie nici măcar putința de-a omorî; nu-i trece prin minte să fie om în stare să-și ucidă fratele. Nici măcar să-l rănească. Nu concepe nici măcar intenția, voința de a-l ucide. O singură clipă de mânie, o singură vorbă de ocară, o singură izbucnire de jignire, sunt pentru el totuna cu omorul. Firile molatice și blegi vor striga: E prea din cale-afară! Căci nu poate fi măreție acolo unde nu-i patimă, adică exagerare. Isus își are logica sa și nu greșește. Omorul nu-i decât cea din urmă consecință a unui sentiment. De la mânie se trece la vorbe grele, de la vorbele grele la faptă rea, de la lovire la omor. N-ajunge deci să se osândească actul final, actul material și extern. Aceasta nu-i decât clipa hotărâtoare a unui proces lăuntric care, din clipa aceea, s-a impus ca necesar. În schimb, trebuie arsă buruiana urii, căci dă roade otrăvite, chiar din bobul seminței.

Ahile, fiu al lui Peleu, acel Ahile care se mânie pentru că-i luaseră ibovnica și în fața dușmanului mort le cere zeilor să facă din el un canibal, spre a-i putea roade carnea, Ahile îi spunea mamei sale, cea cu picioarele de argint:

O!, de la zei ori de la oameni vie, pe pustii ducă-se cearta și mânia ce-l fac mânios chiar pe omul cât de bun! Mânia mai dulce ca mierea ce picură-n gură în piepturile voastre sporește, mișunând cum mișună fumul. Ahile, după măcelărirea tovarășilor, după moartea celui mai drag prieten, descoperă în sfârșit ce-i mânia care sporește și întunecă, pe care niciun potop de sânge n-o potolește. Își dă seama, mâniosul erou, dar nu se pocăiește. Părăsește mânia-i împotriva regelui oamenilor, numai ca să-și potolească arsura răzbunării pe trupul stâlcitului Hector.

Mânia e ca focul: nu se mai poate stinge, dacă nu mai e scânteie. Pe urmă, e prea târziu. Cu adâncă dreptate osândi Isus cea dintâi jignire, la fel cu omorul. Atunci când toți ști-vor să-și înfrângă ciuda din capul locului, să-și înghită înjurăturile la timp, nu se vor mai isca certuri și bătăi între oameni, omorul nu va mai fi decât o neagră pomenire a îndătinatei noastre bestialități.

„Auzit-ați ce vi s-a spus: Nu vă legați de femeia altuia! Ci eu zic vouă că oricine se uită la o femeie cu jind, a și săvârșit păcatul cu aceea, în inima lui".

Isus nu se oprește, nici de data aceasta, la faptul material. Urcă iarăși, ca totdeauna, de la trup la suflet, de la carne la voință, de la ce se vede la ceea ce nu se vede. Pomul se judecă după roade, dar sămânța se judecă după cum e pomul.

Răul pe care-l văd cu toții, e văzut prea târziu. Iar atunci e atât de copt că nu se mai poate înlătura. Păcatul e buba care sparge deodată, dar care nu s-ar fi umflat dacă sângele ar fi fost curățat la vreme de stricăciune.

Când un bărbat a înduplecat-o pe femeia unui alt bărbat și acuma amândoi se doresc, trădarea e deplină, adulterul e desăvârșit, de se culcă ori nu în același pat. Bărbatul nu se însoară doar cu carnea femeii, ci şi cu sufletul ei; dacă acest suflet e pierdut pentru bărbat, bărbatul a pierdut cea mai bună parte din femeia sa; iar a pierde pe deasupra ce mai rămâne poate fi lucru cu neputință de îndurat, dureros; dar nu e totul. O femeie silnicită și păcătoșită fără voia ei de un străin pe care nu-l iubește, nu se cheamă adulteră. Totul e gândul, pornirea. Cine vrea să se păstreze curat, trebuie să alunge din sufletul său umbra poftei trecătoare, râvnirea negrăită. Căci ochiul poftei de nu-i închis la vreme clipește mai des, iar de la priviri se trece iute la vorbă, la sărutare; ci iubirea, precum știu și cei din Iad, nu-l cruță pe niciun îndrăgostit.

A gândi, a închipui, a dori o trădare e la fel cu trădarea săvârșită: numai cine taie cel dintâi fir va putea scăpa din plasa încâlcită a păcatului, ce dintr-o privire purcede și-n urmă nici moartea n-o mai destramă. Iar Isus îl sfătuiește pe om, fără înconjur, să-și scoată ochiul și să-l arunce, dacă răul din ochi se trage; să-și taie mâna și s-o arunce, dacă din mână i se trage răul. Sfat ce-i înfioară pe fricoși, ca și pe cei cu suflet tare; grozav ca logica absolutului. Și cu toate acestea, oamenii cei mai fricoși, când îi încolțește cangrena, lasă să le taie mâinile și picioarele cu fierăstrăul; iar când o tumoare li se încheagă în măruntaie se roagă să le spintece pântecul numai să scape cu viață. E vorba de scăparea trupului; pentru a-și păstra sănătos sufletul, fără de care trupul nu-i decât mașină neînsuflețită de carne, orice jertfă li se pare monstruoasă.

„Auzit-ați că le-au mai spus celor de demult: Nu jurați strâmb. Ci eu zic vouă: Nu jurați deloc; nici pe cer, pentru că-i tronul lui Dumnezeu; nici pe pământ, pentru că-i scăunașul picioarelor sale; nici pe Ierusalim, pentru că-i cetatea marelui rege. Nu jura nici măcar pe capul tău, pentru că nu poți zămisli cu mâna ta un singur fir din păru-ți alb ori negru; ci vorba voastră fie: Da, da, nu, nu; tot ce-i de prisos vine de la cel care vă vrea răul".

Celui care jură adevărat îi e frică. Cine jură mincinos, trădează. Cel dintâi crede că divinitatea invocată l-ar putea pedepsi: celălalt e un șarlatan care se folosește de buna-credință a semenilor, ca să-i înșele mai bine. În amândouă cazurile a jura e păcat. A chema, noi, neputincioșii, o putere cerească să ne fie chezașă ori călău în nătângele noastre certuri mărunte; a jura pe capul nostru ori pe al copiilor, câtă vreme nu ne stă în putere să schimbăm nici părerea celei mai mărunte părți a trupului nostru, e o sfidare absurdă, o pângărire. Cel care mărturisește totdeauna adevărul, nu de frica nenorocirilor vrăjitorești, ci dintr-o firească pornire a sufletului său, n-are nevoie de sprijinul jurămintelor. Care sunt mai totdeauna greu de înfrânt, mincinoase și nu-s măcar în stare să-l încredințeze deplin pe cel care dovedește a se mulțumi cu ele. Deoarece, în istoria lumii, mult mai multe fost-au jurămintele dezmințite decât cele ținute și cel care jură cu mai multe vorbe e tocmai cel care se gândește să trădeze, chiar în clipa când jură mai vârtos.

„Spus-au celor de demult: Cinstește-l pe tatăl și pe mama ta. Ci eu zic vouă: Cel care-l iubește pe tatăl și pe mama sa mai mult decât pe mine, nu face de mine". Ceva mai mult: „De vine careva la mine și nu-l urăște pe tatăl și pe mama sa, nevasta, copiii, frații, surorile, până și viața sa de n-o urăște, nu-mi poate fi ucenic". Și de data aceasta, străvechiul precept care-i leagă pe oamenii noi de oamenii vechi cu ștreangul respectului e fără cruțare răsturnat.

Isus nu osândește iubirea filială, dar o pune la locul ei, care nu-i cel de frunte precum socoteau străbunii. Iubirea cea mai înaltă, cea mai curată iubire e pentru Isus iubirea de tată. Tatăl iubește în copil viitorul, noutatea; copilul iubește în tată trecutul, vechimea. Dar Isus vine să prefacă trecutul, să nimicească tot ce-i vechi; respectarea părinților și a rudelor, încătușarea în tradiție și familie este o piedică întru prefacerea lumii. Iubirea pentru toți oamenii e ceva mai mult ca iubirea păstrată celor care ne-au dat viață; mântuirea tuturor oamenilor e cu mult mai de preț ca binele făcut familiei, alcătuită din câțiva inși. Pentru a avea mai mult, trebuie părăsit puținul. Ar fi mai lesne să-i iubim numai pe-ai noștri și să ne folosim de această iubire, adesea silită și prefăcută, ca să nu mai iubim pe nimeni altul. Însă oricine și-a încredințat zilele unui gând mai presus de el, unei fapte mari care-l cere pe om în întregime, cu toate clipele ceasurilor sale până la cel din urmă, oricine vrea să slujească universul cu spirit universal, trebuie să părăsească și, de n-ajunge, să renege iubirile de rând. Cine vrea să fie părinte în înțelesul adânc și dumnezeiesc, chiar fără paternitatea fizică, nu poate fi doar copil. „Lasă-i pe morți să-și îngroape morții."

În legea veche, dar mai ales în tradițiile farisee, se găseau sute de precepte pentru curățirea trupului. Precepte mărunte, nătângi, încâlcite și fără un adevărat temei părintesc ori divin. Dar fariseii, în păstrarea acelor datini făceau să stea temeiul credinței. Căci mai lesne e să speli o cană, decât să-ți speli sufletul. Pentru lucrurile moarte ajunge puțină apă și un ștergar; pentru suflet e nevoie de lacrima iubirii și de focul voinței.

„Nimic din tot ce-i în afara omului nu-l poate pângări, intrând în el; dar ceea ce iese din om, da, îl pângărește!... Nu pricepeți că tot ce intră în om din afara lui nu-l poate pângări, pentru că nu-i intră în inimă, ci în pântec, și în privată se varsă?...

Ceea ce iese din om îl pângărește căci dinlăuntru, din inima oamenilor ies gânduri rele, păcătoșenii, hoții, omoruri, adultere, pofte nesățioase, răutăți, înșelătorii, desfrânări, pâri, trufii, sminteli."

Îmbăierea în apa de fântână ori de izvor, îmbăierea trupească și rituală, nu scutește de spălarea lăuntrică, mult mai de nevoie; ci mai bine-i să mănânci cu mâna murdară de nădușeală, decât să-ți gonești fratele nemâncat, cu mâini spălate în trei ape.

Scârnăvia iese din trup, piere în groapă, îngrașă grădinile și țarina. Dar sunt atâția domni bine îmbrăcați, plini până-n gât de o altfel de murdărie, în așa hal, că de-a valma cu vorbele duhoarea iese din gura lor, zadarnic clătită de trei ori pe zi. Iar acea murdărie nu intră în pământ, ci murdărește viața tuturor, ciuntează aerul, îi împroașcă și pe cei nevinovați. De acești oameni excrementali trebuie să stăm departe, chiar de se spală de zece ori pe zi: săpuneala pielii n-ajunge, când inima aburește gânduri ciumate. Latrinarul, de nu se gândește la rău, e fără asemănare mai curat ca bogătașul, care, în vreme ce se bălăcește în apa frumos mirositoare a băii de marmură, pune la cale o nouă desfrânare, ori cine știe ce năpăstuire.

NU CÂRTIŢI

Dar Isus n-a ajuns încă la cea mai uimitoare din răsturnările sale.

„Auzit-ați că s-a spus: Ochi pentru ochi, dinte pentru dinte. Ci eu zic vouă: Nu cârti împotriva celui rău, chiar de-ar fi să-ți dea o palmă, întinde-i și celălalt obraz, iar de vrea să te ducă în fața judecătorului ca să-ți ia haina, tu dă-i și sumanul. De te ia cu sila să faci un drum de-o poștă cu el, fă două".

Vechea Lege a Talionului nici că putea fi mai adânc răsturnată, prin cuvinte mai răspicate. Cei mai mulți dintre cei care zic a fi creștini nu numai că n-au ascultat niciodată de această nouă poruncă, dar nici măcar n-au voit să se prefacă, într-o doară, că se învoiesc cu ea. Porunca neîmpotrivirii la rău a însemnat pentru nespus de mulți credincioși scandalul neîngăduit și cu neputință de primit al Creștinismului. Răspunsul oamenilor la violență poate fi dat în trei chipuri: prin răzbunare, prin fugă, prin întinderea celuilalt obraz. Cea dintâi e norma barbară a talionului, astăzi înnobilat și mascat în coduri, dar încă dăinuitor în năravuri. Răului i se răspunde cu răul, ori de-a dreptul, ori prin mijlocirea unor interpuși, mandatari ai hoardei civilizate, ziși judecători și călăi. La răul săvârșit de cel care-a lovit dintâi se adaugă relele săvârșite de împărțitorii dreptății. Adesea pedeapsa se întoarce împotriva răzbunătorului și groaznicul lanț al răzbunărilor și al răzbunărilor răzbunărilor se lărgește de-una. Răul e reversibil. Cade iarăși, chiar făcut cu gândul de-a face bine, asupra celui care-l săvârșește. Că-i vorba de nații, de familii ori de inși, o primă nelegiuire aduce și trezește ispășiri, pedepse ce se împart cu o sinistră nepărtinire între lovituri și loviți. Legea Talionului poate să aducă o bestială ușurare celui lovit întâiul, dar în loc să împuțineze răul, îl sporește.

Fuga nu-i mai sănătoasă decât Talionul. Cine se ascunde mărește curajul dușmanului. Rareori e în stare frica răzbunării să oprească mâna celui violent. Însă cine fuge îl îndeamnă pe celălalt să-l urmărească; de se preface că-i mort, îl ațâță pe potrivnic să-l sfârșească; slăbiciunea sa poate fi părtașa cruzimii celuilalt. Și de data aceasta, răul din rău purcede.

Singura cale, în ciuda aparentei absurdităţi, e cea poruncită de Isus. De-ţi dă unul o palmă, iar tu îi răspunzi cu două, acela va răspunde la loc cu pumnul; tu te vei ajuta cu picioarele, veţi pune mâna pe arme și unul din voi va pierde poate, adesea dintr-o pricină de nimic, viața. De fugi, potrivnicul te va urmări, ori numai ce te-ntâlnește, mândru de prima încercare, te va lua la bătaie. A întinde și celălalt obraz înseamnă a nu mai mânca o palmă. Înseamnă a curma lanțul relelor, de la cea dintâi verigă. Potrivnicul, care se așteaptă la împotrivire ori fugă, e umilit în fața ta și a lui însuși. La orice s-ar fi așteptat, dar nu la o astfel de purtare. E încurcat, mai-mai să-i fie rușine. Are vreme să-și dea seama ce face. Nemișcarea ta îi sleiește mânia, îi dă timp să se chibzuiască. Nu te poate învinui de frică, deoarece ești gata să primești a doua lovitură și-i arăți chiar tu locul unde te poate lovi. Orice om are-n el un respect tainic pentru curajul semenului său, mai ales dacă acest curaj e moral, adică de speța cea mai rară și mai greu de aflat. Lovitul care nu se-nfurie, nici nu fuge, dovedește mai multă tărie sufletească, mai multă stăpânire de sine, mai mult eroism adevărat decât cel care, în orbirea furiei, se năpustește asupra celui care l-a lovit, să-i plătească îndoit răul pe care i l-a făcut. Nepăsarea, când nu e prostie, blândețea când nu e lașitate, uimesc, ca orice lucru minunat, chiar și sufletele cele mai de rând. Fac să simtă bestia că acel om e mai mult decât un om. Chiar și bestia, când nu-i ațâțată să dea în neștire, căci i se răspunde prin lovire sau prin fugă lașă, încremenește, simte o frică aproape sfioasă în fața acestei noi puteri, pe care n-o cunoștea și care-o uimește.

Cu atât mai mult cu cât nimic nu-l îndeamnă să lovească pe cel care lovește, ca pofta adulmecată mai dinainte în gând de-a vedea mânia celui lovit, de a-i vedea împotrivirea, lupta ce se va isca din cea dintâi încăierare. Omul e un animal bătăios. Dar ascultând de porunca lui Isus, plăcerea dispare, gustul e înlăturat, nu mai e un potrivnic, ci un superior care spune liniștit: Nu ți-e de ajuns? Iată și celălalt obraz, ușurează-ți mânia, până ce nu vei mai putea. Mai bine să-mi pătimească fața decât sufletul. Rău ai să-mi poți face cât vei vrea, dar n-ai să mă poți sili să mă înfurii ca tine, să înnebunesc la fel ca tine, să mă îndobitocesc până-ntr-atâta; nu mă vei putea sili să fac rău, sub cuvânt că și altul mi-l face mie.

Pentru a asculta întocmai de porunca lui Isus e nevoie de-o înfrânare a sângelui, a nervilor și a tuturor pornirilor sufletului josnic, de care prea puțini dau dovadă. E o poruncă nespus de amară și de respingătoare. Dar Isus n-a spus cumva c-ar fi ușor de ascultat. N-a spus niciodată c-ar fi cu putință să fie ascultată fără dureroase renunțări, fără lupte lăuntrice, îndârjite și neîntrerupte; fără renegarea vechiului Adam și nașterea unui om nou.

Ci roadele neîmpotrivirii, chiar dacă nu izbutesc totdeauna să lege, chiar dacă se chircesc la cea dintâi întoarcere a vremii rele, sunt neasemuit mai presus de cele ale împotrivirii și ale fugii. Pilda unei stăpâniri sufletești atât de neobișnuită, atât de grea și nebănuită pentru oamenii de rând; încântarea aproape supranaturală a unei purtări atât de opusă năravurilor, datinilor, patimilor de rând; această pildă, această dovadă de tărie, această minune absurdă, neașteptată ca toate minunile, greu de priceput ca toate minunile; pilda unui om sănătos și voinic ce pare, pe dinafară, la fel cu ceilalți oameni și totuși se poartă aproape ca un zeu, ca o ființă mai presus de celelalte ființe, mai presus mult de forțele ce-i însuflețesc pe semenii săi; care se poartă, el, om, în chip atât de ciudat de neasemuit cu restul oamenilor; această pildă, când se repetă de mai multe ori și nu-i datorită unei târâtoare stupidități, când nu-i lipsită de alte dovezi de curaj fizic, în care curajul fizic e necesar pentru ca omul să fie folositor, nu să vatăme; această pildă are o eficacitate pe care, deși ni-i mintea grea de gândul răzbunării, ne-o putem închipui. Ne-o putem închipui nu prea ușor. S-o încercăm nu, căci am avut prea puține pilde de acest fel, spre a se putea invoca propria experiență, fie și numai parțială, drept întărire a poruncii lui Isus.

Dar dacă porunca lui Isus n-a fost ascultată, ori prea rareori, nu se poate spune că ar fi cu neputință de urmat, și cu atât mai puțin că trebuie înlăturată. Firii omenești nu-i poate fi pe plac; dar toate cuceririle morale mai de seamă nu-s pe placul firii noastre. Ele înseamnă o amputare mântuitoare a unei părți din sufletul nostru – pentru unii oameni a celei mai vii ramuri a sufletului – și drept este ca amenințarea tăierii să nu placă.

Plăcută ori ba, porunca lui Isus rămâne totuși singura care să poată dezlega problema violenței. Singura care nu adaugă rău, care nu însutește răul, care înlătură înrăutățirea rănii, care taie buba când e numai umflătură. A răspunde cu loviri la lovituri și cu nelegiuiri la nelegiuire înseamnă a trece de partea răufăcătorului, a te recunoaște asemenea lui. A răspunde prin fugă, înseamnă a te umili în fața-i și a-l îndemna să te răpună. A-i răspunde cu vorbe înțelepte celui întărâtat înseamnă să-ți strici gura degeaba. Dar a-i răspunde cu un simplu gest de învoire, a-i arăta pieptul celui care te-a lovit în spate, a-i da o mie celui care vrea să-ți fure o sută, a-l îndura trei zile pe cel care vrea să te chinuiască un ceas e faptă eroică mai presus de orice eroism, cu toată aparența-i de josnicie, faptă atât de neobișnuită că-l biruie pe înfuriatul pălmuitor cu maiestatea neîmpotrivitoare a divinului. Numai cine s-a învins pe sine îi poate învinge pe dușmani; numai sfinții îi înduplecă la blândețe pe lupi; numai cine și-a primenit sufletul poate primeni sufletul fraților săi și să facă astfel ca lumea să fie mai puțin dureroasă pentru toți.

ÎMPOTRIVA FIRII

Firea noastră se răzvrătește în fața gândului neîmpotrivirii la rău. Dar Isus a venit pe lume pentru ca firea noastră să ajungă a-i fi silă de tot ce-i place astăzi și să se mulțumească cu tot ceea ce-o îngrozea ieri. Oricare cuvânt al său presupune această totală reîmprospătare a sufletului omenesc. Isus contrazice fără frică cele mai obișnuite înclinări și cele mai adânci porniri ale noastre. Preamărește ce-l îndepărtează pe oricare dintre noi; osândește ce căutăm cu toții. Nu dezminte numai învățătura oamenilor – care adesea nu se potrivește cu ceea ce gândesc într-adevăr și fac –, ci se împotrivește la ceea ce fac și gândesc cu adevărat, zi de zi.

Isus nu crede în desăvârșirea sufletului înnăscut, stricat prin cădere. Crede în desăvârșirea-i viitoare, la care se va ajunge numai prin răsturnarea din adâncuri a stării sale de astăzi. Menirea lui Isus e îndreptarea omului; mai mult decât îndreptarea, prefacerea omului. Cu el începe noua seminție; e icoana, arhetipul, Adamul omenirii din nou plăsmuită și topită încă o dată. Socrate voit-a să schimbe rațiunea, Moise legea, alții se mulțumiseră să schimbe un ritual, un cod, un sistem, o știință. Dar Isus nu vrea să schimbe doar o parte a omului, ci omul întreg, din temelie, adică omul lăuntric, cel care-i purtător și obârșie a tuturor faptelor și vorbelor lumii. Totul, așadar, atârnă de el. Nu-i chemat să îngăduie și să înșele. Nu va cădea la învoială cu natura cea rea și nedesăvârșită; nu va născoci temeiuri aparente ca s-o îndreptățească, la fel cu filozofii. Nu-l poți sluji pe Isus și, totodată, firea. Cel care-i de partea lui Isus e împotriva firii bestiale și înrădăcinate se străduiește pentru înfăptuirea pe lume a celei angelice, care trebuie să învingă. Tot restul e scrum și vorbă goală.

Nimic nu-i mai răspândit printre oameni ca pofta de bogății. A îngrămădi bani, în orice chip, fie și în cel mai netrebnic, li s-a părut totdeauna oamenilor cea mai plăcută și respectată meserie. Dar cel care vrea să vină cu mine, răspunde Isus, să dea tot ce are și să schimbe de buna lui voie avuțiile văzute, de acuma, pe cele viitoare și nevăzute.

Orice om se gândește cu înfrigurare la ziua de mâine; îi e mereu frică să nu-i fugă pământul de sub picioare, îi e frică să nu-i ajungă pâinea până la apropiata recoltă, tremură că n-o să aibă destulă lână să-și acopere trupul lui și al copiilor, iar Isus propovăduiește: nu vă amărâți pentru ziua de mâine. Ajunge amarul zilei de azi.

Oricare dintre noi ar vrea să fie cel dintâi, chiar între cei de seama noastră. Vrea să fie mai presus, într-un fel sau altul, de toți cei care-l înconjoară. Vrea să poruncească, să stăpânească, să pară mai mare, mai bogat, mai frumos, mai înțelept. Întreaga istorie a omenirii nu-i decât groaza de-a rămâne mai prejos. Iar Isus propovăduiește: de vrea cineva să fie cel dintâi, fie cel din urmă, sluga tuturor. Cel mai mare e cel mai mic; cel mai puternic trebuie să slugărească pe cel mai slab. Cel care se fălește, smerise-va; cel care se smerește, înălțase-va.

Deșertăciunea este o altă râie obștească a oamenilor. Ea otrăvește până și binele pe care-l fac, deoarece mai totdeauna acea brumă de bine o fac numai pentru a fi văzuți. Fac răul într-ascuns, iar binele pe la răspântii. Isus poruncește cu totul dimpotrivă. Stânga să nu știe ce-ți face dreapta. De vrei să te închini, zăvorăște-te în casa ta, ci nu sta să te bați în piept pe la colțuri de uliță, în toiul lumii. Când postești, nu te arăta pe drum cu părul zbârlit și posomorât la față, ca să dai de știre că te pocăiești, ci unge-ți părul și arată-te voios la chip, ca în toate zilele. Nu face rău niciodată, nici în văzul semenilor, nici pe-ascuns; dar când faci binele, ascunde-te, să nu se creadă care cumva că-l faci ca să fii lăudat.

Instinctul păstrării vieții e cel mai puternic din câte poruncesc în noi: nu e josnicie, cruzime ori lașitate de care să nu ne folosim, spre a scăpa de moarte astă mână de pulbere însuflețită. Dar cel care vrea să-și mântuiască viața, ne învață Isus, o va pierde; iar cel care-o pierde, și-o va mântui. Deoarece nu-i viață aceea căreia cei mai mulți îi spun viață; iar cine se leapădă de suflet pierde și carnea care-l ține.

Fiecare dintre noi vrea să-i judece pe frații săi: judecând, ni se pare că suntem mai presus de cei judecați, mai buni, mai drepți, nevinovați. A osândi înseamnă a spune: Noi nu suntem așa. Într-adevăr, totdeauna cocoșații sunt cei dintâi care-l pârăsc pe cel cu spinarea puțin încovoiată. Ci Isus strigă: nu judecați și nu veți fi judecați, nu osândiți și nu veți fi osândiți, iertați și vi se va ierta.

Orice om se laudă că-i om cu tot dinadinsul, adică o persoană gravă, matură, cu scaun la cap, om cu greutate și respect, care știe totul și poate vorbi, poate hotărî despre orice. Un discurs prea sincer trece drept copilăros; unui om simplu i se zice, în bătaie de joc, copil, dar când ucenicii îl întrebară cine-i cel mai mare în Împărăția Cerurilor, Isus le răspunse: „Adevăr grăiesc vouă, că de nu vă schimbați și nu vă faceți asemeni copiilor, nu veți intra în Împărăția Cerurilor".

Omul așezat, cucernic, curat la suflet, fariseul, fuge cât poate de tovărășia păcătoșilor, a căzuților, a ciumaților și nu-i primește la masă decât pe cei drepți, după seama lui. Dar Isus vestește, neobosit, c-a venit să-i caute pe cei păcătoși, iar nu pe cei drepți; pe cei răi, iar nu pe cei buni; nu îi e rușine să mănânce prin casele vameșilor, să pună femeile pierdute să-l ungă pe picioare. Cel curat în toată puterea cuvântului nu poate fi pângărit de cei pângăriți, nici nu se cuvine a-i lăsa să moară în putreziciunea lor, nu cumva să se murdărească și dânsul.

Zgârcenia oamenilor atâta de mare-i, că fiecare se străduiește din răsputeri să apuce mult de la ceilalți și să le dea înapoi cât mai puțin. Toți caută să aibă; elogiile dărniciei nu-s decât o deghizare onestă a cerșetoriei. Dar Isus răspunde: Mai bine să dai decât să primești.

Fiecare dintre noi îi urăște pe cei mai mulți dintre oamenii cu care trăiește alături. Îi urâm pentru că au mai mult ca noi, pentru că nu ne dau tot ce-am voi, pentru că nu le pasă de noi, pentru că nu-s ca noi; în sfârșit, pentru că trăiesc. Ajungem până acolo că ne urâm prietenii, chiar și pe cei care ne-au făcut bine. Pe câtă vreme Isus poruncește să-i iubim și pe cei care ne urăsc.

Cine nu ascultă de această poruncă nu poate spune că-i creștin. Chiar dacă-i gata să moară, fără însă a-l iubi pe călăul său, n-are drept să-și spună creștin.

Deoarece iubirea de noi înșine, cea dintâi și cea de pe urmă obârșie a urii noastre față de semeni, închide în ea toate celelalte înclinări și patimi. Cine învinge iubirea de sine și ura față de ceilalți se poate socoti pe de-a-ntregul schimbat. Restul e urmare și firească derivație. Ura față de noi înșine și dragostea față de dușmani este începutul și sfârșitul Creștinismului. Cea mai mare izbândă asupra omului vechi, crud, orb și brutal, aceasta este și nicidecum alta. Oamenii nu se vor mai putea naște o dată în fericirea păcii, atâta vreme cât nu-i vor îndrăgi pe cei care-i lovesc. A-ți iubi dușmanii e singura cale de urmat, pentru ca să nu mai rămână pe fața pământului nici umbră de dușman.

ÎNAINTEA IUBIRII

Potrivnicii lui Cristos, care au prea multe temeiuri de-a nu-l primi – ar trebui să se renege pe ei înșiși, în întregime, nici nu sunt în stare să vadă cât ar câștiga în schimb și le e prea frică să piardă; deoarece țin la ceea ce-i gunoi, iar lor li se pare măreție – cei care se leapădă de Cristos, pentru a se dezvinovăți că nu-l urmează, au născocit de la o vreme un temei mai mult, un temei „savant": Isus n-a spus nimic nou. Cuvintele lui se găsesc în Răsărit și în Apus, cu multe veacuri mai înainte; ori le-a furat, ori le repetă fără să știe că nu sunt ale sale. De vreme ce n-a spus nimic nou, nu poate fi atât de mare pe cât se spune; și de nu-i mare, nu trebuie să fie ascultat; laude-l proștii, asculte-l nerozii, respecte-l neștiutorii.

Până una alta, acești lucumoni ai genealogiei ideale nu ne spun dacă ideile lui Isus, vechi ori noi, merită a fi însușite ori aruncate cât colo; până una alta, nu îndrăznesc a pretinde că reconsfințirea prin moarte a unui mare adevăr, a unui adevăr uitat și nefolosit, ar fi totuna cu nimic:

până una alta, nu caută bine dacă între ideile lui Isus și celelalte mai vechi există o adevărată identitate de înțeles și de duh, ori dacă nu-i mai degrabă o simplă asonanță, o depărtată asemuire de vorbe; până una alta, ca să nu dea greș, nu ascultă nici de legea lui Isus, nici de legile presupușilor săi învățători, ci-și văd în tihnă de porceasca lor viață, ca și cum Evanghelia nu le-ar fi fost hărăzită și lor.

A fost o vreme, după consfințirea Legii, în care se iubeau între dânșii cei de-același sânge; iar cetățenii aceleiași cetăți se îndurau unul pe altul, cât timp vreunul din ei nu-i făcea niciun rău altuia; pentru străini, dacă nu erau oaspeți, nu cunoșteau decât ura și nimicirea, în sânul familiei, puțină iubire: în sânul Poliției, o justiție aproximativă; în afara zidurilor și a fruntariilor, ură de nestins.

Se ridicară atunci, în răstimpuri de veacuri, glasuri care cereau puțină iubire și pentru semeni, pentru cei care nu erau din aceeași casă, dar din același neam; glasuri care cereau puțină dreptate și pentru străini, pentru dușmanii înșiși. Ar fi fost o nebănuită propășire. Dar acele glasuri – erau atât de rare, de stinse și depărtate – n-au fost auzite; iar când au fost auzite, n-au fost ascultate.

Cu patru veacuri înainte de Cristos, un înțelept al Chinei, Me-ti, scrisese o întreagă carte, Kie-siangngai, ca să spună că oamenii ar trebui să se iubească între dânșii. Zicea: „Înțeleptul care vrea să îmbunătățească lumea poate s-o îmbunătățească numai cunoscând bine obârșia frământărilor; dacă n-o cunoaște, n-o poate îmbunătăți... Din ce se naște vrajba? Se naște pentru că nu ne iubim unii pe alții. Slujbașii și copiii n-au respect filial față de împărați și părinți; copiii se iubesc pe ei înșiși, dar nu-și iubesc părinții și fac nedreptate părinților întru folosul lor. Frații mai mici se iubesc pe ei înșiși, dar nu-i iubesc pe frații lor mai mari; supușii se iubesc pe ei înșiși, dar nu-i iubesc pe împărați... Tatăl nu-i îngăduitor cu copilul; fratele mai mare cu fratele mai mic; împăratul cu supușii. Tatăl se iubește pe sine și nu-l iubește pe copil; ci îi face rău copilului, ca să tragă el foloase... Așa, sub cer, tâlharii își iubesc casa lor, dar nu-i iubesc pe vecini și de-aceea pradă casele altora, ca s-o îndestuleze pe-a lor. Hoții își iubesc trupul, dar nu-i iubesc pe oameni și de aceea fură de la oameni pentru mulțumirea trupului lor. Dacă hoții ar prețui trupurile celorlalți oameni la fel cu trupul lor, cine-ar mai fura? Hoții s-ar stinge... dacă s-ar ajunge la iubirea obștească, țările nu s-ar încăiera, neamurile n-ar ști ce-i zavistia, hoții ar pieri, împărații, supușii, părinții și copiii ar fi respectuoși, îngăduitori, iar lumea ar fi mai bună".

Pentru mine iubirea – sau, pentru a tălmăci mai bine, bunăvoința însuflețită de respect și îngăduință – este darul care-ar trebui să-i țină mai strâns legați pe cetățeni de stat. Leac împotriva neajunsurilor conviețuirii: un panaceu social.

„Răsplătește ocara prin amabilitate", îndeamnă sfios misteriosul Lao Tse. Dar amabilitatea e prudență ori blândețe, nu iubire.

Contemporanul său, bătrânul Confucius, propovăduia o doctrină care, după ciracul său Tseng Tse, stătea în rectitudinea inimii și a iubirii de aproape ca de noi înșine. „Aproapele", să luăm aminte, iar nu „cel depărtat", străinul, dușmanul. Ca de noi înșine, iar nu mai mult. Confucius propovăduia iubirea filială și bunăvoința față de oricine, trebuitoare bunului mers al împărățiilor pământului, dar nu-i trecea prin minte să osândească ura. În aceleași Lun-yu în care se citesc cuvintele lui Tseng Tse, le găsim și pe acestea – împrumutate din cel mai vechi text confucianist, Ta-hio: „Numai omul drept și omenos e în stare să iubească și să-i urască pe oameni cum se cuvine".

Contemporanul său Gautama propovădui dragostea de oameni, de toți oamenii, chiar de cei mai nenorociți și disprețuiți. Dar aceeași dragoste se cade s-o avem față de animale, față de cele mai mărunte dintre animale, față de toate ființele vii. În Budism, iubirea omului pentru om nu-i decât o deprindere binefăcătoare pentru dezrădăcinarea iubirii de sine, cel dintâi și cel mai tare sprijin al vieții. Buddha vrea să înlăture durerea și pentru a înlătura durerea nu vede altă cale decât să înece sufletele inșilor în sufletul obștesc, în nirvana, în nimic. Budistul nu-și iubește fratele prin dragostea de frate, ci prin dragostea de sine însuși; cu alte cuvinte, pentru a fugi de durere, pentru a înăbuși egoismul, pentru a se îndruma către nimicire. Iubirea îi e universală, rece și calculată, egoistă; o formă a nepăsării stoice, atât față de durere, cât și față de bucurie.

În Egipt, orice cadavru închidea cu el în groapă o copie de pe Cartea morților, apologie preventivă a sufletului în fața tribunalului lui Osiris. Mortul se laudă pe sine: a fost drept, ba chiar a dat celor în nevoie: „N-am înfometat pe nimeni! Nu l-am făcut să plângă! N-am omorât! N-am poruncit omorul prin trădare! N-am înșelat pe nimeni!... I-am dat pâine celui nemâncat, apă însetatului, haine despuiatului, o luntre celui care se oprise-n drum; jertfe zeilor; praznice răposaților". Descoperi aici simțul de dreptate și milă – o vor fi avut-o oare toți, cu adevărat, în viață? – însă nu descoperi iubirea, cu atât mai puțin iubirea de dușmani. De vrem să știm în ce fel se purtau egiptenii cu dușmanii lor, să citim o inscripție a marelui rege Pepi I Miriri: „Această oștire merse în pace; intră nesupărată în fața hirishaiților. Această oștire merse în pace: prădă țara hirishaiților. Această oștire merse în pace: le tăie toate livezile de smochini și toate viile. Această oștire merse în pace: puse foc la toate casele lor. Această oștire merse în pace, le măcelări soldații, puzderie. Această oștire merse în pace: le luă bărbații, femeile și copiii, cu nemiluita; iar de acest lucru, mai mult ca de oricare altul, foarte se bucură Sanctitatea Sa".

Și Zarathustra lăsă o lege iranilor. Iar această lege le poruncește credincioșilor lui Ahura Mazda să fie buni cu tovarășii lor de aceeași credință: vor da o haină celor goi și nu-i vor lua pâinea salahorului hămesit. Ne găsim tot în fața milei pământene, pe care o vom avea pentru cei care țin de noi, ori ne slujesc și de care suntem aproape. De iubire, nici vorbă.

S-a spus să Isus n-a adăugat nimic la legea mozaică, ci doar a repetat, cu mai multă îngâmfare, vechile porunci. „Ochi pentru ochi, dinte pentru dinte, mână pentru mână, picior pentru picior, arsură pentru arsură, rană pentru rană, lovire pentru lovire...", așa vorbește Moise în Exod. „Sfâșia-vei toate noroadele ce vor fi date în stăpânirea ta de Domnul Dumnezeul tău. Nici îndură-se ochiu-ți de nenorocirea lor...". Așa stă scris în Deuteronom. Încă un pas și iată-ne în fața iubirii: „Nu vei face strâmbătate și nu vei cășuna asupra veneticului: că și voi fost-ați venetici în țara Egiptului". E un început: nu-i vei face rău străinului, în amintirea răstimpului în care și tu ai fost străin. Dar străinul care trăiește în mijlocul nostru nu e dușman; iar a nu-i face strâmbătate, nu înseamnă a-i face bine. Exodul poruncește a nu-l năpăstui; Deuteronomul e mai larg la suflet: „De locuiește vreun venetic în locurile voastre și poposește la voi, nu-l țineți de rău; ci fie în mijlocul vostru ca și cum printre voi s-ar fi născut și iubiți-l ca pe voi înșivă...". E vorba tot de străin, de străinul care locuiește printre voi și se face concetățean al vostru, se pierde printre voi, vă e prieten.

În aceeași carte citim: „Nu căta răzbunare și nu păstra amintirea ocării concetățenilor tăi". Iată un alt pas înainte: nu-i face rău celui care te lovește, dacă-i de-al tău. Am ajuns, dacă nu la iertare, la uitarea mărinimoasă, deși numai față de cei mai apropiați.

„Să-ți iubești prietenul ca pe tine însuți." Prietenul, adică aproapele, concetățeanul, cel care ți-e frate prin neam, cel care-ți poate fi de folos. Dar dușmanul? Este ceva și pentru dușman: „De dai peste boul dușmanului tău ori peste măgarul care i-a scăpat, du-i-l. Dacă vei vedea măgarul celui care te urăște căzând sub povară, nu-ți vei căta de drum; ci-i vei da o mână de-ajutor ca să-l scoale de jos. O, nemărginită bunătate a străvechilor iudei! Atâta ar mai trebui, să gonești măgarul mai încolo, ca stăpânul să se căznească și mai mult până să-l găsească! Iar când dai pe drum peste măgarul căzut la pământ sub povara prea mare, atâta ar mai lipsi: să râzi în barbă și să-ți cați de drum!" Dar inima străvechiului evreu nu-i chiar așa de împietrită. Măgarul e vită prea de preț în acele părți, în acele vremuri. Cine n-are măgar la grajd nu-și duce zilele.

Oricine are un măgar: prietenul ca și dușmanul; azi a scăpat al tău, mâine poate să scape al meu. Să nu ne răzbunăm asupra vitelor, chiar dacă stăpânul e un dobitoc. Căci dacă sunt dușmanul lui, și el îmi este dușman. Să-i dăm o pildă bună, o pildă, nădăjduiesc cu folos, să-i ducem măgarul acasă; să-i dăm o mână de ajutor ca să pună șaua la loc, să cumpănească povara. Să facem pentru alții ceea ce vor face, să nădăjduim, și ei pentru noi. Iar în acea clipă, să încrucișăm pe urechile și spinarea măgarului, milostivi, orice gând de răutate.

E prea puțin. Evreul Antichității a făcut, drept este, cumplită sforțare, îngrijindu-se de vita dușmanului. Dar Psalmii, în schimb, răsună la fiece pas de ocări împotriva dușmanilor și de strașnice rugăminți închinate Stăpânului, ca să-i năpăstuiască și să-i nimicească pe aceia. „Asupra capului celor ce mă împresoară, cadă paguba buzelor lor! Cadă pe ei tăciuni aprinși; azvârliți fie în foc și-n prăpăstii, din care să nu se mai poată scula... Ajungă-i pe neștiute prăpădul și dee ei în prinzătoarea pe care-au întins-o, în groapa pe care-au săpat-o surpe-se în pierzanie! Atunci veseli-se-va sufletu-mi, în Vecii Veacului!". Într-o astfel de lume se cuvine ca Saul să încremenească de uimire, când vede că dușmanul său David nu-l omoară; sau Iov să se laude că nu s-a bucurat de nenorocirea potrivnicului.

Doar în târziile Proverbe găsim, pe ici, pe colo, câte-un cuvânt care făgăduiește cuvintele lui Isus: „Nu spune: voi întoarce răul: așteaptă-l pe Domnul tău, iar el te va mântui". Dușmanul trebuie să-și ia pedeapsa, dar din mâini mai puternice ca ale tale. Însă moralistul anonim ajunge chiar până la milostivire: „Dacă celui care te urăște îi e foame, dă-i să mănânce pâine; iar de-i e sete, dă-i să bea apa". Se vede aici un pas înainte: mila nu se oprește la bou, ci ajunge până la stăpân. Totuși, din aceste sfioase precepte, ascunse prin ungherele scripturilor, nu puteau izvorî desigur minunile de iubire ale Cuvântării de pe Munte.

Dar, adaugă potrivnicii, să nu-l uităm pe Hillel, pe rabinul Hillel, pe marele Hillel, maestrul lui Gamalie. Hillel

Hababli, zis și Babiloneanul. Acest faimos fariseu a trăit cu puțin înainte de Isus și propovăduia, zice-se, aceleași învățături, pe care în urmă le-a propovăduit și Isus. Era un Iudeu liberal, un fariseu cu bun-simț, un rabin deștept: dar creștin, de ce? A rostit, da, cuvinte ca acestea: „Nu le face altora ce ție nu-ți place: în aceasta stă întreaga lege, restul nu-i decât răstălmăcire". Frumoase cuvinte pentru un maestru al legii vechi; dar cât de departe, încă, de cele ale răsturnătorului vechii legi! Preceptul e negativ: nu face. Nici nu spune; fă-i bine celui ce-ți face rău. Ci: nu le face altora (iar aceşti alții sunt fără îndoială tovarășii, concetățenii, rubedeniile, prietenii), ceea ce ți-ar face ție rău. E o blândă opinie de-a nu vătăma – nu o poruncă răspicată de-a iubi; într-adevăr, urmașii lui Hillel fost-au talmudiștii, care împotmoliră legea în mlaștina cazuisticii; urmașii lui Isus au fost martirii, care-i binecuvântau pe călăii lor.

Și Filon, evreu din Alexandria, metafizician, adept al lui Platon, cam cu vreo douăzeci de ani mai vârstnic decât Isus, ne-a lăsat un mic tratat asupra iubirii oamenilor. Dar Filon, cu tot talentul și speculațiile-i mistico-messianice, rămâne ca și Hillel, un teoretician, om de condei, de călimară, de citanii, de cărți, de sisteme, de concepții, de abstracții, de clasificări. Strategia lui dialectică înarmează mii de cuvinte în șiruri de paradă: însă nu-i în stare să găsească cuvântul care nimicește într-o clipă tot trecutul, cuvântul care înmănunchează inimile. A vorbit despre iubire mai mult decât Cristos, dar n-a putut spune – și n-ar fi putut pricepe – ce le-a spus Cristos nepricepuților săi prieteni, pe Munte.

Cu putință ca în Grecia, vână din care toți au supt, să nu se afle și dragostea de dușmani? În Grecia, spun bucuroși păgânii, potrivnici „superstiției palestiniene", găsești tot ce vrei. Întru cele spirituale, Grecia e China Apusului, maica tuturor născocirilor.

În Aiax al lui Sofocle, faimosului Odisseu îi e milă văzând halul în care a ajuns dușmanul său. Zadarnic însăși Athena, înțelepciunea elenică întruchipată în cucuvea sfântă, îi amintește că „cel mai plăcut râs e râsul de dușmani“. Dar Ulisse nu crede.

„Îl plâng, cu toate că-mi e dușman, deoarece-l văd atât de nenorocit, legat de-o soartă haină. Uitându-mă la el, mă gândesc la mine. Ci văd că alta nu suntem decât arătări, umbre ușoare, noi toți câți viețuim... Nu-i drept a face rău unui om când moare, chiar dacă l-ai urât“. Mi se pare că suntem încă departe. Șiretul Ulisse nu-i atât de șiret, încât să nu vedem pricina nefireștii sale înduioșări. Îl plânge pe dușman, pentru că se gândește la sine, se gândește c-ar putea păți la fel; îl iartă, deoarece îl vede nenorocit și pe moarte.

Unul mai înțelept ca Ulisse, fiul lui Sofroniscus cioplitorul de piatră, și-a propus, printre multe altele, și problema felului în care trebuie să se poarte cel drept cu dușmanii. Dar citind textele sale, descoperi în ele cu mirare doi Socrați, de păreri opuse. Socrate al lui Xenofont e, fără înconjur, de părerea tuturor oamenilor. Cu prietenii trebuie să te porți bine, cu dușmanii cât poți mai rău. Chiar e mai bine să-i previi pe dușmani, făcându-le rău: „pare om de cea mai mare laudă – îi spune lui Cherecrate – cel ce-și previne dușmanii, purtându-se rău cu ei; iar prietenii, slujindu-i“. Dar Socrate al lui Platon nu se învoiește cu părerea tuturor. „Nu se vede, îi spune lui Criton, să-i plătești cuiva nedreptatea cu nedreptate, răul cu rău, oricare să fie ocara pe care ți-a făcut-o“. Și același gând îl afirmă în Republica sa, adăugând drept sprijin că cei răi, prin răzbunare, nu se fac mai buni. Dar în mintea lui Socrate stă mai presus de orice gândul dreptății, nu simțământul iubirii. În niciun chip omul drept nu se cade să facă rău, din respectul față de sine, băgați bine de seamă, nu din dragostea față de neprieten. Cel rău va să se pedepsească singur; ori, altfel, îl vor pedepsi după moarte judecătorii Iadului. Școlarul lui Platon, Aristotel, se va întoarce liniștit la vechea idee. „A nu ține seama de jigniri – va spune în Etica sa lui Nicomac – înseamnă a fi om josnic și sclav“.

În Grecia, așadar, avem prea puțin de descoperit, când e vorba să-i ajutăm pe groparii precedentelor creștine.

Însă, cei care se leapădă de Isus, pentru a ști că mai înainte de Cristos, Creștinismul dăinuia, i-au descoperit un rival și în Roma, în însăși palatele Cezarului: pe Seneca. Seneca, directorul de conștiință al „domnișorilor" din lumea mare întru stoicismul reformat; aristocratul abstract, care nu se înduioșează niciodată la suferințele oamenilor; proprietarul care disprețuiește bogățiile și le ține strâns: care afirmă egalitatea dintre liberi și sclavi, dar se slujește de ei; istețul anatomist de cazuri, de scrupule, de păcate, de vicii adevărate și de virtuți râvnite; cel ce abătu vechea doctrină a lui Chrysippus, smintită dar limpede, către estuarul prețiozității: Seneca moralistul ar fi fost, fără s-o știe, creștin, în chiar anii în care trăia Cristos. Deoarece, scormonind în prea multele-i opere – multe au fost scrise după moartea lui Isus, căci Seneca așteptă până în anul 65 să-și răpună zilele – au descoperit unii că „înțeleptul nu se răzbună, ci uită ocara"; și că „pentru a te purta la fel cu zeii, trebuie să le faci bine chiar și celor nerecunoscători; deoarece soarele-i luminează și pe cei răi, iar marea-i îndură și pe corsari"; ba chiar că „trebuie să-i ajuți pe neprieteni cu mână prietenoasă". Dar „uitarea" filozofului nu-i „iertare"; „ajutorarea" poate fi binefacere, dar nu-i iubire. Îngâmfatul, stoicul, fariseul, filozoful – mândru de filozofia lui; cel drept – satisfăcut de dreptatea lui, pot disprețui jignirile celor mici, mușcăturile potrivnicilor; ceva mai mult, pot chiar să binevoiască, din trufie mărinimoasă și spre a dobândi admirația lumii, să-i întindă o pâine dușmanului înfometat, ca să-l umilească și mai tare, din înălțimea desăvârșirii lor. Dar acea pâine fost-a coaptă cu aluatul vanității, acea mână prietenoasă n-ar fi fost în stare să usuce o lacrimă, să curățe o rană.

Lumea veche nu știe ce-i iubirea. Cunoaște patima pentru femeie, prietenia pentru prieten, dreptatea pentru cetățean, ospeția pentru străin. Dar nu cunoște iubirea. Zeus îi ocrotește pe drumeți și pe străini; celui ce bate la ușa grecului i se va da o bucată de carne, o cană cu vin, un pat. Calicii vor fi adăpostiți, bolnavii îngrijiți, cei care plâng mângâiați cu vorbe frumoase. Dar cei vechi nu vor ști ce-i Iubirea, iubirea care pătimește și se dă, iubirea de toți cei care pătimesc și-s părăsiți, iubirea de cei de rând, de cei izgoniți, călcați în picioare, blestemați, dați uitării: iubirea de oricine, iubirea care nu face deosebire între cetățean și străin, între omul frumos și urât, între tâlhar și filozof, între frate și dușman.

În cel din urmă cânt al Iliadei dăm peste-un moșneag cu ochii plânși, un părinte care sărută mâna unui dușman, a celui mai cumplit dușman, a celui care i-a omorât copiii și, cu puține zile-n urmă, pe cel mai drag dintre copii. Priam, străvechiul rege, căpetenia cetății pângărite, stăpân al multor avuții, tatăl a cincizeci de copii, stă îngenuncheat la picioarele lui Ahile, cel mai măreț erou și cel mai mare nenorocit dintre greci, fiul unei Zeițe a mării, răzbunătorul lui Patrocle, omorâtorul lui Hector. Capul alb al moșneagului îngenuncheat se pleacă în fața mândrei tinereți a învingătorului. Iar Priam își plânge copilul omorât, cel mai voinic, cel mai chipeș, cel mai drag dintre cei cincizeci de copii ai săi; apoi, sărută mâna care i-l ucise. Și tu, îi spune ucigașului, ai un tată pleșuv, slăbănog, departe, fără sprijin, în numele dragostei ce-i porți, dă-mi înapoi măcar trupul mort al copilului.

Ahile, sângerosul, ieșitul din minți, cruntul Ahile, îl dă cu duioșie la o parte pe cel care se roagă și prinde a plânge. Amândoi dușmanii, învinsul și învingătorul, părintele rămas fără copil și fiul care nu-l va mai vedea pe tatăl său, bătrânul alb ca omătul și tânărul cu plete arămii, plâng amândoi laolaltă, pentru cea dintâia oară înfrățiți în durere. Ceilalți, în preajmă, se uită muți și crucițîi. Noi înșine, după treizeci de veacuri, fără voia noastră ne simțim înfiorați de plânsul acela.

Ci în sărutarea lui Priam nu se vede iertarea, nu se vede iubirea. Regele se umilește la picioarele lui Ahile, deoarece, singur și dușman, vrea să capete de la el o grea învoire, o neobișnuită învoire. De nu l-ar fi îndemnat un zeu, n-ar fi pornit din Ilion. Iar Ahile nu plânge asupra lui Hector mort, asupra lui Priam lăcrămatul, asupra puternicului ce se umilește de nevoie, asupra dușmanului nevoit să sărute mâna ucigașă. Plânge prietenul pierdut, îl plânge pe Patrocle care-i mai drag ca oricare altul, pe Peleu cel părăsit în Ftia, pe tatăl său pe care n-avea să-l mai îmbrățișeze căci știe cât de numărate-i sunt zilele. Și-i dă înapoi părintelui trupul copilului – acel trup pe care atâtea zile de-a rândul l-a târit prin țărână – pentru că Zeus vrea să fie dat, nu pentru că foamea-i de răzbunare s-ar fi potolit cumva. Fiecare dintre cei doi se plânge pe sine; sărutul lui Priam e o neînduplecată trebuință; învoirea lui Ahile e ascultarea de porunca zeilor. În cea mai aleasă lume eroică a Antichității nu-i loc pentru iubirea care nimicește ura și-i ia locul, pentru iubirea mai tare ca tăria urii, mai aprigă, mai neînduplecată, mai credincioasă; pentru iubirea care nu-i uitare a răului, ci iubire a răului – deoarece răul e o nenorocire pentru cel care-l săvârșește, mai mult decât pentru noi – nu-i loc pentru iubirea de neprieteni.

Despre această iubire nimeni n-a vorbit înainte de Isus; nimeni dintre cei care-au vorbit de iubire. Nu s-a știut de ea până la Cuvântarea de pe Munte.

E măreția și noutatea lui Isus; noutatea-i cea mai mare, măreția-i veșnic nouă, nouă și pentru noi, căci nu-i pricepută, imitată, ascultată; veșnică, asemenea veșniciei și adevărului.

IUBIȚI

„Auzit-ați ce v-au spus: Iubește-l pe aproapele tău și urăște-l pe dușman. Ci eu zic vouă: Iubiți-i pe dușmanii voștri, binecuvântați-i pe cei care vă blesteamă, faceți-le bine celor care vă urăsc, rugați-vă pentru cei care vă fac vouă strâmbătate, pentru cei care vă ocărăsc și vă năpăstuiesc. Numai așa veți fi asemenea Tatălui vostru cel ceresc; căci El face să răsară soarele asupra celor răi, ca și asupra celor buni, face să cadă ploaia asupra celor drepți, ca și asupra celor nedrepți. Că de-i iubiți pe cei care vă iubesc, care poate fi prețul faptei voastre? Au nu fac oare tot astfel și vameșii? Iar de-i primiți cu brațele deschise numai pe frații voștri, ce lucru mare săvârșiți? Au nu fac deopotrivă și păgânii? Fiți desăvârșiți precum desăvârșit este Tatăl vostru cel ceresc".

Câteva cuvinte, neînflorite, ușor de priceput, lipsite de filozofie, dar care sunt „magna charta" a noului neam, a celui de-al treilea neam, ce nu s-a născut. Cel dintâi a fost neamul bestiilor fără lege, iar numele-i fost-a războiul; cel de-al doilea, neamul barbarilor ciopliți de barda legii, iar cea mai înaltă desăvârșire a sa a fost dreptatea; neam ce dăinuiește încă, iar dreptatea tot n-a învins războiul, legea n-a isprăvit încă să înlăture bestialitatea. Cel de-al treilea neam va să fie neamul oamenilor adevărați, nu numai drepți, ci sfinți, nu asemenea bestiilor, ci lui Dumnezeu.

Gândul lui Isus e unul singur, doar acesta: să-i schimbe pe oameni din bestii în sfinți, cu ajutorul iubirii. Circe, vrăjitoarea, satanica soață din frumoasele mitologii, îi prefăcea pe eroi în bestii, cu ajutorul plăcerii. Isus e potrivnicul Satanei, potrivnicul Circei; e cel care-l scoate pe om din bestialitate, printr-o forță mai tare ca plăcerea.

Pentru a ne apuca în sfârșit de această înfăptuire ce li se pare cu neputință tuturor animalelor abia ieșite din bestialitate și oamenilor nedeplin închegați, trebuie să tindem la imitarea lui Dumnezeu. Pentru a ne apropia de Sfințenie, trebuie să privim spre Dumnezeire. Sfinți să fiți, căci sfânt e Dumnezeu. Fiți desăvârșiți, căci desăvârșit e Dumnezeu.

Acest îndemn nu răsună drept nou în inima omului. Satana spus-a în grădină: Veți fi asemenea zeilor. Jahve le spuse judecătorilor săi: Fiți Dumnezei, fiți drepți precum drept este Dumnezeu. Dar acuma nu-i vorba de-a fi înțelepți ca Dumnezeu; n-ajunge nici măcar a fi drepți ca Dumnezeu. Dumnezeu nu mai este doar înțelepciune și dreptate. Dumnezeu s-a schimbat, prin Isus, în Tatăl nostru; s-a schimbat în iubire. Pământul său îi dă pâine, îi dă flori chiar și ucigașului; cine-l blesteamă vede-n fiecare dimineață trezindu-se același soare sclipitor care-ncălzește mâinile împreunate ale celor care se roagă la câmp. Tatăl iubește cu o iubire nepărtinitoare pe cel care-l părăsește, ca și pe cel care-l caută, pe cel care-l ascultă-n casa lui și pe cel care-l varsă pe gură de-a valma cu vinul. Un tată poate fi amărât, poate suferi, poate plânge, dar niciun păcătos, cât de păcătos, nu va fi în stare să-l facă să ajungă păcătos asemenea lui, nimeni nu-l va îndupleca la răzbunare.

Iar noi, care suntem atât de prejos de Dumnezeu, făpturi osândite morții; noi cei care-abia avem puterea să ne aducem aminte de ziua de alaltăieri, nici nu știm ce va să fie mâine; noi, făpturi mărunte și nenorocite, n-avem oare cu atât mai multă nevoie să ne purtăm cu frații noștri de suferință cum se poartă cu noi Dumnezeu?

Dumnezeu este ipostaza cea mai înaltă a idealului nostru, a voinței noastre de-a fi. A-l lăsa singur, a ne depărta de el, a nu fi așa cum îl rugăm să fie cu noi, nu înseamnă oare a ne depărta de singurul nostru țel, a face cu neputință, veșnic și deznădăjduit neînfăptuită, acea fericire pentru care ne-am născut, pentru care credem că trăim, care-i a noastră, închipuită de noi, visată, voită, căutată, invocată, zadarnic urmărită în toate mincinoasele fericiri care nu purced de la Dumnezeu? „Să fim Dumnezei – strigă Bossuet – Să fim Dumnezei, Ne îngăduie de-l urmăm întru sfinţenie".

Cine se va feri să fie asemenea lui Dumnezeu, să fie cu Dumnezeu? Dii estis. Dumnezeirea stă în noi, bestialitatea o încătușează și o strânge ca o scoarță rea ce ne zăbovește creșterea. Cine nu va voi să fie Dumnezeu? Sunteți cu adevărat mulțumiți, oameni, de-a fi oameni, oameni așa cum sunteți astăzi, jumătăți de oameni, jumătăți de bestii, centauri fără putere, sirene fără momeli, demoni cu boturi de fauni și picioare de țap? Sunteți atât de mulțumiți cu omenia voastră cea corcită și nătângă, cu animalitatea voastră abia înfrânată, cu sfințenia voastră râvnită numai? Vi se pare că viața oamenilor, așa cum a fost ieri, precum e azi, e atât de scumpă, de mulțumită, de fericită, încât nu trebuie să se încerce nimic pentru a nu mai fi astfel, pentru a fi cu totul altfel, împotriva acesteia, mai asemănătoare cu aceea pe care de milenii ne-o închipuim în viitor și în cer? Nu s-ar putea face din viața aceasta o altă viață, nu s-ar putea să schimbăm această lume într-o lume mai dumnezeiască, să facem să coboare în cele din urmă cerul, legea cerului, pe pământ?

Această nouă viață, această lume pământeană, dar cerească, este Împărăția Cerurilor. Iar pentru ca să vie împărăția, va trebui să ne înălțăm la ceruri, să ne îndumnezeim, să ne transhumanăm: să ajungem la fel cu Dumnezeu; să-l imităm pe Dumnezeu.

Taina imitării lui Dumnezeu e iubirea; calea sigură a transhumanării e iubirea omului de om, iubirea prietenului și a neprietenului. Dacă această iubire nu-i cu putință, cu neputință ne e mântuirea. De ne lepădăm de ea, înseamnă că ni-i silă de fericire. De-i absurdă, nădejdile noastre de reînviere nu-s decât absurdități.

Iubirea de dușmani le pare nebunie curată minților de rând. Ceea ce înseamnă că mântuirea ne stă în nebunie, iubirea de dușmani seamănă cu ura de noi înșine. Înseamnă că vom ajunge la fericire numai cu legământul de-a ne urî pe noi înșine.

Nimic nu trebuie să ne înspăimânte, în starea-n care am ajuns. Toate s-au încercat, nimic nu ne-a scăpat. Nici nu vom spune că n-am avut vreme pentru toate încercările pe care am voit să le punem la cale. De săptămâni, de milenii stăm pe pământ, încercând fel și chip. Ne-am dedat cruzimii și sângele sânge a cerut. Ne-am dedat voluptății, iar voluptatea lăsatu-ne-a în gură miros de putregai și arsură mai amară. Căznitu-ne-am trupul în cele mai rafinate și perverse plăceri, până ce ne-am pomenit, istoviți și păcătoșiți, pe-un pat de murdărie. Am încercat legea, dar de lege n-am ascultat, ci am schimbat-o și de ascultat tot n-am ascultat-o; iar dreptatea nu ne-a săturat inima. Am încercat rațiunea, am făcut socoteala Universului, am numărat stelele, am descris plantele, lucrurile moarte ca și cele vii, le-am legat mănunchi cu firele ușoare ale concepțiilor, le-am schimbat în norii metafizicelor, iar la urma urmelor lucrurile erau mereu aceleași, veșnic aceleași; nu ne ajungeau și nu se puteau reînnoi; numele și numerele nu ne potoleau foamea, iar cei mai înțelepți au isprăvit prin melancolice spovedanii de neștiință. Am încercat arta, iar neputința noastră i-a făcut pe cei mai tari să-și piardă nădejdea, deoarece absolutul nu stă în forme, felluritul izvorăște din unic, materia lucrată nu statornicește efemerul. Am încercat bogăția și ne-am aflat mai săraci; Forța, și ne-am trezit mai slabi. În nimic nu ni s-a ostoit sufletul; la nicio umbră trupul nostru întins nu și-a aflat odihnă; ci inima, mereu în căutare, mereu dezamăgită, acum e mai bătrână, mai istovită, mai goală; căci pacea nu și-a aflat-o în niciun bun pământesc, bucuria în nicio plăcere, fericirea în nicio cucerire.

Isus ne-mbie la încercarea sa, cea din urmă. Încercarea iubirii. Aceea pe care nimeni n-a făcut-o, sau pe care puțini au încercat-o, în câteva clipe ale vieții lor. Cea mai cutezătoare, cea mai potrivnică pornirilor din noi; singura care se poate ține de ceea ce făgăduiește.

Omul, așa cum iese din natură, nu se gândește decât la el, nu se iubește decât pe sine. Izbutește, încet-încet, prin străduințe de necrezut dar zăbovite, izbutește să-și iubească un răstimp nevasta, să-și iubească copiii, să-și îndure tovarășii de vânătoare, de omor și de război. Poate iubi, rareori, un prieten; mai ușor îl poate urî pe cel pe care-l iubește; nu vrea să-l iubească pe cel care-l urăște.

Tocmai de aceea poruncește Isus iubirea de dușmani. Pentru a-l schimba pe om din temelie, pentru a zămisli un om nou trebuie smuls sufletul cel mai adânc înfipt în omul vechi. Din dragostea de sine purced toate nenorocirile, măcelurile, nemerniciile lumii. Pentru a-l îmblânzi pe îndătinatul Adam va trebui să i se smulgă din inimă această iubire de sine, spre a sălășlui în locu-i iubirea cea mai potrivnică firii sale de-acuma: iubirea de dușmani. Primenirea totală a omului e o absurditate atât de sublimă, că se poate ajunge la ea numai pe-o cale absurdă. O străduință nemaipomenită, nefirească, nebună, ce se poate dobândi numai printr-o nebunie nefirească, nemaipomenită.

Până acum omul se iubește pe sine și-l urăște pe cel care-l urăște; omul viitor, locuitorul împărăției, trebuie să se urască pe sine și să-l iubească pe cel care-l urăște. A-l iubi pe aproapele tău ca pe tine însuți e o formulă neîndestulătoare, o îngăduință în fața egoismului universal. Pentru că acela care se iubește pe sine nu-i poate iubi în chip desăvârșit pe ceilalți oameni și se ciocnește fără să vrea cu dânșii. Doar ura de noi înșine e hotărâtoare. Căci ne îngrădim, ne admirăm, ne alintăm prea mult. Pentru a întrece această iubire oarbă e bine să ne vedem nimicul, josnicia, nemernicia. Ura de sine e umilință, deci început de reculegere și desăvârșire. Dar smeriții vor intra în împărăția Cerurilor, căci singuri ei își dau seama ce cale lungă îi desparte de dânsa. Ne înfuriem împotriva semenilor, deoarece dragul nostru eu ne pare jignit pe nedrept, ni se pare că nu-i destul de slugărit de semeni; îl omorâm pe fratele nostru, căci ni se pare că-i o piedică a binelui nostru; furăm de dragul trupului nostru; invidia, mamă a potrivniciei, a zavistiilor, a războaielor, e durerea că un altul are mai mult ca noi, că are ce noi n-avem; trufia e împăunarea încredințării noastre că suntem mai presus de ceilalți, că avem mai mult ca ei, că prețuim și știm mai multe. Tot ceea ce religiile, moralele, legile numesc păcate, vicii, crime, își găsesc obârșia în această iubire de noi înșine, în ura pentru ceilalți, care se naște din această singură, stingheră și destrăbălată iubire.

Ce drept avem să ne urâm dușmanii, dacă și noi am căzut în aceeași vină, pentru care ni se pare îngăduit să-i urâm – adică ura?

Ce drept avem să-i urâm, chiar dac-au săvârșit o faptă rea, chiar dacă-i credem păcătoși, câtă vreme noi înșine, de cele mai multe ori, am săvârșit aceleași fapte rele și zăcem covârșiți sub aceleași păcătoșenii?

Ce drept avem să-i urâm, dacă mai totdeauna a noastră-i răspunderea urii lor, căci noi i-am silit să ne urască, prin nesfârșitele greșeli ale hidoasei iubiri de noi înșine?

Iar cel care urăște e nefericit, suferă el cel dintâi. Măcar pentru răscumpărarea acelei suferințe, a cărei pricină adevărată, apropiată ori depărtată noi suntem de cele mai multe ori, acelei uri va trebui să-i răspundem cu iubire și cu blândețe acelei vrăjmășii.

Dușmanul nostru e și mântuitorul nostru. Trebuie să le fim zi de zi recunoscători dușmanilor. Singuri ei văd limpede și spun fără prefăcătorie tot ce-i urât și josnic în noi. Ne întorc spre adevărata-ne fire; trezesc conștiința sărăciei noastre morale, obârșie a obârșiei celei de-a doua nașteri. Le datorăm – și prin această recunoștință – iubire.

Deoarece dușmanul nostru are nevoie de iubire, de iubirea noastră. Cel care ne iubește a și descoperit în sine bucuria și plata. N-are nevoie de schimbul nostru. Dar cel care urăște e nefericit, urăște pentru că-i nefericit; ura e o ușurare amară a chinului său. Purtăm o parte din vina acestui chin. Și chiar de-am socoti că n-o purtăm, dintr-o neprevăzătoare încredere în noi înșine, prin iubire trebuie să potolim nefericirea celui care urăște, să-i ușurăm suferința, să-l împăcăm, să-l facem mai bun, să-l întoarcem și pe el la fericirea iubirii, Iubindu-l îl vom cunoaște mai bine; cunoscându-l mai bine, îl vom iubi mai mult. Tare drag ți-e numai cel pe care-l cunoști; iubirea-l face străveziu pe cel care ți-e drag. Dacă ne vom iubi vrăjmașul, sufletul lui ne va fi mai limpede, și cu cât vom pătrunde mai adânc în el, cu atât mai mult vom descoperi că are drept la milă și la dragostea noastră. Căci orice dușman e un frate necunoscut; adesea îi urâm pe cei cu care ne asemănăm; ceva din noi înșine, neștiut poate nici chiar de noi, e în dușmanul nostru, e uneori pricina dușmăniei noastre. Iubindu-ne vrăjmașul, ne curățăm sufletul prin cunoaștere, iar pe-al său i-l înălțăm. Din ura ce desparte poate naște lumină izbăvitoare, din cel mai rău dintre rele, cel mai mare bine.

De aceea poruncește Isus răsturnarea legăturilor dintre oameni. Atunci când omul va îndrăgi ceea ce astăzi urăște și va urî ce iubește astăzi, omul altul va fi, viața lui altă viață. Iar dacă viața de astăzi e înjghebată din fapte rele și deznădejdi, cea nouă, fiind cu totul alta, va fi numai bunătate și mângâiere. Fericirea, pentru cea dintâia oară, va fi a noastră; Împărăția Cerurilor va începe pe pământ. Vom regăsi, pe vecie, Raiul. Pe care l-am pierdut, pentru că cei dintâi oameni voit-au să afle deosebirea dintre bine și rău. Dar iubirea absolută, la fel iubirii Tatălui nostru, nu știe ce-i bine și ce-i rău. Răul e întrecut, nimicit de bine. Raiul era iubirea, iubirea dintre Dumnezeu și om, dintre bărbat și femeie. Iubirea fiecărui om pentru toți oamenii va fi noul Rai Pământesc, Raiul iarăși cucerit. Pentru aceasta, Cristos e cel care-l aduce din nou pe Adam la porțile grădinii și-i arată cum poate să intre iar acolo, ca să nu mai iasă niciodată.

Urmașii lui Adam nu i-au dat crezare; i-au îngânat vorbele, dar nu le-au ascultat; ci oamenii, prin surzenia inimii lor, se tânguiesc până azi într-un iad pământesc ce, veac cu veac, se schimbă tot mai mult în iad. Până ce chinurile vor fi atât de cumplite și greu de îndurat, că-n inima celor osândiți Satanei se va naște, deodată, ura împotriva urii; până când și cei care trag să moară, răzvrătindu-se, în aiureala deznădejdii lor, vor ajunge să-și adore călăii. Atunci, din nesfârșitul întuneric al pătimirii, se va înălța strălucirea neîntinată a uimitoarei primăveri.

TATĂL NOSTRU

Apostolii i-au cerut lui Isus să-i învețe o Rugăciune.

Le spusese, ca și tuturor celorlalți, să rostească rugăciuni scurte și într-ascuns. Dar nu se mulțumeau cu cele spuse de lenevoșii preoți cărturari ai Templului. Voiau o rugăciune a lor, drept semn după care să se cunoască cei care-l urmau pe Isus.

Iar Isus, pe munte, îi învăță pentru cea dintâia oară să rostească Tatăl Nostru. Este singura rugăciune pe care-a spus-o Isus. Una din cele mai simple rugăciuni de pe lume. Cea mai adâncă din câte se înalță din casele omului și ale lui Dumnezeu. O rugăciune fără literatură, fără teologie, fără trufie și slugărnicie. Cea mai frumoasă, din toate.

Dar dacă Tatăl Nostru e simplu, nu toți îl pricep. Îndătinata repetare, repetarea mecanică a limbii și a buzelor, repetarea milenară, formală, rituală, neatentă, nepăsătoare, l-a schimbat într-o înșirare de silabe, al căror înțeles inițial și adevărat s-a pierdut. Citindu-l din nou astăzi, vorbă cu vorbă, ca pe-un text nou, ca și cum ne ar fi căzut sub ochi pentru cea dintâia oară, pierde acel caracter de banalitate rituală și recapătă fecioria străvechiului său înțeles.

Tatăl nostru, așadar, din tine purces-am și ca pe copiii tăi ne iubești; tu niciun rău nu ne vei face.

Carele ești în Ceruri – în cerul de deasupra Pământului, în Sfera opusă Materiei, așadar în Duh; dar și în acea fărâmă măruntă însă veșnică a Duhului, care-i sufletul nostru.

Sfințească-se Numele tău. Nu ajunge să te adorăm prin cuvinte, ci vrem să fim demni de tine, să ne apropiem de tine cu și mai fierbinte dragoste. Căci tu nu mai ești răzbunătorul, Domnul Războirilor, ci Părintele care propovăduiește fericirea întru aflarea păcii.

Vie împărăția ta: Împărăția Cerurilor, Împărăția Duhului și a Iubirii, a Evangheliei.

Facă-se voia ta, precum în Cer așa și pe Pământ: legea-ți de bunătate și desăvârșire stăpânească Duhul și materia, întreaga lume a tuturor văzutelor și nevăzutelor.

Dă-ne nouă astăzi pâinea noastră cea de toate zilele, deoarece tina trupului nostru, sprijin trebuitor al sufletului, are zi de zi nevoie de puțină tină, ca să nu piară. Nu-ți cerem bogății, piedică primejdioasă, ci numai puținul care să ne îngăduie a viețui, a ne face mai demni de viața făgăduită. Nu doar cu pâine dăinuiește omul; dar fără această bucată de pâine, sufletul care în trup trăiește nu s-ar putea hrăni nici cu celelalte avuții mai de preț ca pâinea.

Și ne iartă nouă greșelile noastre, precum și noi iertăm greșelile greșiților noștri. Iartă-ne, ca și noi să-i putem ierta pe ceilalți. Tu ești veșnicul, infinitul nostru creditor; niciodată nu ne vom putea plăti datoriile. Dar gândește-te că pe noi, din pricina firii noastre bolnave, ne costă mult mai mult să iertăm o parte dintr-o singură datorie a unuia singur dintre datornicii noștri, decât te costă pe tine să ștergi amintirea multului ce-ți datorăm.

Nu ne duce pe noi în ispită. Suntem slabi, ferecați încă în tina cărnii, în această lume ce uneori pare atât de frumoasă și ne îmbie la toate moliciunile necredinței. Ajută-ne pentru ca primenirea noastră să nu ne fie prea anevoioasă și intrarea în împărăție să nu cunoască zăboviri.

Și ne izbăvește de cel rău. Tu, carele ești în Ceruri, carele ești Duh și ai putere asupra răului, asupra materiei ireductibile și potrivnică ce ne împresoară din toate părțile, iar a ne descătușa oricând de dânsa nu-i ușor, tu, vrăjmaș al Satanei, negare a materiei, ajută-ne. În această izbândă asupra răului – asupra răului care se întețește întruna, căci nu va fi cu adevărat înfrânt decât atunci când toți îl vor fi înfrânt în sufletul lor – ne stă măreția; dar această izbândă hotărâtoare va fi mai puțin îndepărtată dacă ne vii în ajutor cu sprijinul tău.

Prin această cerere de ajutor se isprăvește Tatăl Nostru, în care nu găsești adulația plicticoasă din rugăciunile orientale, litanii de elogii și de hiperbole ce ar părea născocite de-un câine ce-și adoră stăpânul cu sufletu-i câinesc, pentru că-i îngăduie să trăiască și să mănânce. Nici nu întâmpini ruga cea vorbăreață și plângăcioasă a psalmului, care-i cere lui Dumnezeu tot felul de ajutoare, de obicei mai mult pe cele vremelnice decât pe cele spirituale și se tânguie dacă nu s-a făcut pâine destulă, dacă nu-l respectă concetățenii atunci când nu cere de la Dumnezeu să abată răni și săgeți asupra capului dușmanilor, pe care nu-i în stare să-i răpună cu mâna lui.

Aici, singurul elogiu e cuvântul Tată. O laudă care-i o îndatorare, o mărturie de dragoste. Acestui Tată nu-i cerem decât o bucată de pâine – gata fiind s-o câștigăm prin munca noastră, căci și vestirea împărăției e o muncă trebuitoare – și, pe deasupra, îi mai cerem aceeași iertare pe care le-o dăruim dușmanilor noștri; în sfârșit, o prielnică ocrotire ca să înfruntăm răul, vrăjmaș obștesc al tuturor, zid negru ce nu ne lasă să intrăm în împărăție.

Cel care rostește Tatăl nostru nu-i nici trufaș, nici nu se înjosește. Îi vorbește Tatălui său cu intonarea sfătoasă și potolită a spovedaniei, de la om la om. Acela e sigur de iubirea lui și știe că Tatăl n-are nevoie de multe vorbe ca să-i cunoască dorințele. „Tatăl vostru – sfătuiește Isus – știe ce nevoi aveți, mai înainte să-l rugați voi". Chiar și cea mai frumoasă din toate rugăciunile nu-i decât tot aducerea aminte zilnică a ceea ce ne lipsește, spre a fi și noi la fel cu Dumnezeu.

FAPTE

Isus, după ce propovădui noua lege a imitării lui Dumnezeu, coborî de pe munte.

Nimeni nu poate sta întruna pe munte. De îndată ce-am urcat pe culmea muntelui, va trebui să ne coborâm. Suntem osândiți să coborâm. Nevoiți, fără cruțare constrânși a coborî. Orice urcare e un zălog al coborârii. O făgăduință de întoarcere jos. Un compromis al dării jos. Urcușul e plătit cu coborârea, scontat, ispășit, compensat prin coborâre. Tristețea coborârii e prețul tocmit al bucuriei de-a urca. Voluptatea urcușului e despăgubire anticipată pentru melancolia coborârii.

Cel care are ceva de spus trebuie să se facă auzit: Vorbind mereu pe culmi, puțini rămân cu el – pe culme e frig, le e frig celor care nu-s de foc și până la puțini i-ajunge glasul. Cel care-a venit să dea nu poate cere ca oamenii – plămâni slabi, inimi istovite, picioare sleite – să se țină de el pe înălțimi, cățărându-se pieptiș pe ponoare. Îi va căuta la șes, prin casele în care se cuibăresc: să se aplece până la ei, de vrea să-i înalțe.

Isus, ca să afle toți Buna Vestire, știe că nu-s de-ajuns cuvintele prea înalte, rostite de pe munți. Știe că-i nevoie de vorbe mai puțin tainice, de vorbe care să semene mai mult cu fapta, de vorbe imagini, de vorbe povești, de vorbe care să fie aproape fapte. Ba știe că nici aceste vorbe nu-s de ajuns.

Norodul de rând, necioplit, grosolan, norodul mărunt care-l urmează pe Isus, e alcătuit din oameni ce trăiesc cu lucrurile trupești, din oameni ce ajung – cu atâta zăbavă, cu atâta anevoință! – la cele sufletești numai cu sprijinul dovezilor materiale, al semnelor, al simbolurilor materiale. Nu pricep un adevăr sufletesc fără să-i vadă întruchiparea materială. Fără o mărturie, o dovadă, o contraprobă materială. O imagine sensibilă îi poate îndruma către revelația morală, o minune e confirmarea unui adevăr nou, a unei meniri necrezute.

Propovăduirea – care se folosește de axiome și de aforisme – nu le putea fi de ajuns acelor închipuiri orientale.

Isus se gândi să se folosească de miracole și de poezie. Făcu minuni și grăi în pilde.

Minunile pe care le povestesc evangheliștii au fost pentru foarte mulți moderni cea dintâi pricină care-i făcu să-l părăsească pe Isus și Evanghelia. Ei nu pot crede în minuni; minunea nu încape în creierul lor zbârcit: Evanghelia, așadar, minte; și dacă minte în atâtea locuri, nu i se poate da crezământ nici pentru rest. Isus n-a putut învia morții; ergo, vorbele-i n-au nicio trecere.

Cei care judecă astfel – și judecă rău, căci numai o doctrină poate da temei minunilor, dar minunile nu dovedesc întotdeauna doctrinele – dau minunilor o greutate și un înțeles cu mult mai mare decât cel pe care i l-a dat Isus.

De-ar fi citit cele Patru Evanghelii, ar fi băgat de seamă că Isus, de cele mai multe ori nu săvârșește minuni bucuros. Că se ferește când e chemat să le săvârșească; nu dă o supremă însemnătate acestei puteri dumnezeiești ce-i stă la îndemână.

Se împotrivește ori de câte ori găsește un temei îndreptățit să se împotrivească. Dacă oamenii stăruiesc, cu toată împotrivirea sa, se învoiește, ca să răsplătească evlavia nevoiașilor ce se roagă. Dar pentru sine, pentru mântuirea sa, niciodată nu va săvârși minuni. Nu vrea să le săvârșească în pustiu, ca să-l izgonească pe Satana – nu le săvârșește în Nazaret când vor să-l ucidă, nici în

Gethsemani când vin să-l prindă, nici pe Cruce când Îl sfidează să se mântuiască. Puterea Lui e doar pentru alții, spre binele fraților săi muritori.

Atâția îi cer un semn, un semn al cerului, un semn care să-i înduplece pe cei care nu cred că vorba Sa ar fi adevărul. „Această păcătoasă și adulteră seminție cere un semn și niciun semn nu-i va fi dat afară de semnul proorocului Iona". Care-i acest semn? Evangheliștii care scriu după Înviere, înțeleg că Iona, ieșit a treia zi din pântecul balenei, e chipul lui Isus care va ieși a treia zi din mormânt. Dar cele ce urmează dovedesc că Isus mai înțelegea și altceva. „Niniviții se vor scula în ziua judecății cu această seminție și o vor osândi, deoarece ei se pocăiră la predica lui Iona; și iată aici e unul care-i mai presus de Iona!". Ninive n-a cerut minuni: singură vorba o aduse pe calea bună. Cei care nu se pocăiesc doar prin propovăduirea lui Isus – care propovăduiește adevăruri nespus mai mari ca Iona – sunt mai prejos ca niniviții, ca închinătorii la chipuri cioplite, ca barbarii.

Nu trebuie să-mi dați crezare numai pentru că săvârșesc minuni; nu uitați că şi credința – mai înaltă și desăvârșită când se dobândește fără minuni – poate face minuni. Inimile bătătorite, zăvorâte în fața adevărului, nu le poate îndupleca nici cea mai mare minune: „De nu-l ascultă pe Moise și pe prooroci, nu se vor lăsa înduplecați nici de-un mort înviat". Cetățile în care-a săvârșit cele mai mari minuni l-au părăsit. „Vai ție, Corazine! Vai ție, Betsaida! Că dacă în Tir ori în Sidon ar fi fost săvârșite puternicele fapte împlinite în mijlocul vostru, s-ar fi pocăit demult, apucând ciliciul și cenușa".Oricine poate săvârși minuni care să pară miracole, chiar și vrăjitorii șarlatani. Pe vremea sa, un oarecare Simon făcea minuni în Samaria; și ucenicii fariseilor erau în stare de-așa ceva. Dar vor rămâne dați uitării. Nu-s de-ajuns minunile pentru a intra în împărăție. „Mulți îmi vor spune în acea zi: Doamne, Doamne, oare n-am proorocit noi în numele tău și n-am gonit dracii în numele tău și n-am săvârșit în numele tău multe fapte de seamă? Ci eu atunci le voi spune acelora fățiș: Nicicând nu v-am cunoscut; plecați de la mine, voi toți cei care săvârșit-ați fapte nelegiuite". N-ajunge să izgonești demonii fără să-l fi izgonit pe cel din tine, demonul trufiei și al poftelor nesăbuite.

După moartea lui Isus veni-vor și alții să facă minuni. „Se vor ivi cristoși și prooroci mincinoși și vor săvârși semne mari și minuni cu care să-i ademenească, de s-ar putea, chiar și pe cei aleși. Spusu-v-am să luați aminte: nu credeți în acele semne și în acele minuni, până ce nu va veni Fiul Omului. Minunile proorocilor mincinoși nu dovedesc adevărul cuvintelor ce rostesc".

Din toate aceste pricini, Isus se ferea pe cât îi era cu putință de minuni; dar nu izbutea totdeauna să se împotrivească rugăminților celor îndurerați, iar câteodată mila ce-avea de ei nici n-aștepta să se lase rugată. Căci minunea e putință de evlavie și mare era evlavia celor care se rugau. Dar adesea, de îndată ce săvârșea vindecarea, îi sfătuia pe cei miluiți să păstreze taina: „Mergi și nu mai spune la nimeni".

Cei care n-ascultă de adevărul lui Cristos, căci sunt scandalizați din pricina acestor miracole, ar trebui să-și aducă aminte de adânca vorbă pe care i-o rosti lui Toma: „Fericit cel ce-a văzut și a crezut; dar și mai fericiți cei ce n-au văzut și totuși crezut-au!".

De trei lucruri nu se pot lipsi oamenii: De pâine, de sănătate și de speranță.

Fără celelalte – bufnind și înjurând – izbutesc să trăiască. Dar de nu le au măcar pe cele trei, nu văd de ce-ar mai trăi. Căci viața lor seamănă atunci cu moartea. Mor, iar chinurile nu-i părăsesc. Moartea le e atunci îngreunată, înrăutățită, înăsprită, lipsită de potolirea nesimțirii. Foamea e istovirea trupului; durerea te face să-ți urăști trupul: deznădejdea – a nu te mai aștepta la mai bine, la o ușurare, la o alinare – îl dezgustă pe om de viață. Nu mai vede pentru ce-ar trăi și s-ar mai strădui pe lume. Sunt oameni care nu-și pun capăt zilelor pentru că sinuciderea le-ar da de lucru.

Cel care vrea să-i atragă pe oameni la sine trebuie să le dăruiască pâine, sănătate și speranță. Trebuie să-i sature, să-i vindece, să le întărească credința într-o viață mai frumoasă.

Isus le-a dat această credință. Celor care-l urmau în pustietăți și pe munți, le-a împărțit pâinea gurii și pâinea sufletului. N-a voit să schimbe pietrele în pâini, dar a făcut astfel ca pâinile adevărate să le-ajungă la mii de oameni. Iar pietrele pe care aceștia le aveau în piept le-a prefăcut în inimi iubitoare.

Și nu i-a dat la o parte pe cei betegi. Isus nu-i un chinuitor al său însuși, un flagelat. Nu crede că ar fi nevoie de durere spre a învinge răul. Răul e rău și trebuie izgonit; dar și durerea e un rău. Pentru a ajunge la adevărata sănătate ajung durerile sufletului; de ce să pătimească, fără trebuință, și trupul? Evreii cei vechi vedeau în boală doar o osândă: Creștinii văd în ea mai degrabă un sprijin al pocăirii.

Dar Isus nu crede în răzbunarea asupra celor nevinovați și nu așteaptă de la chinuri şi de la răni adevărata mântuire. Dați trupului ce-i al trupului și sufletului ce-i al sufletului. Isus stă bucuros la masă cu prietenii; nu oprește mâna celui ce-i toarnă vin vechi, nici se ferește de femeile care-i preling miresme pe plete și picioare. Isus poate sta nemâncat zile întregi de-a rândul; se poate mulțumi cu o bucată de pâine și jumătate de pește prăjit; poate dormi pe pământul gol, cu capul pe-o piatră. Dar nu caută, atâta vreme cât îi e îngăduit să n-o caute, suferința, foamea, pătimirea. Sănătatea e pentru El fericire: și atunci când nimeni nu suferă de pe urma ei, fericire de care nimeni nu trebuie să fugă e plăcerea nevinovată a ospățului în tovărășia prietenilor, paharul de vin închinat cu tovarășii, aroma unui vas cu nard.

Când se apropie de El un bolnav, îl vindecă. Isus n-a venit să nege viața, ci s-o afirme. Să afirme, să întroneze o viață mai desăvârșită și mai fericită. Nu umblă să-i caute într-adins pe cei bolnavi. Chemarea lui e să izgonească durerea sufletească, să aducă bucuria sufletească. Dar dacă în cale i se întâmplă să izgonească și durerile trupești, să aline un chin, să dea odată cu sănătatea sufletului și pe cea a trupului, nu se trage îndărăt. Se arată de cele mai multe ori nevolnic, deoarece alta-i este îndeletnicirea; ținta sa e mai sus; nici n-ar vrea să treacă în fața lumii drept vrăjitor cu traista-n băț, ori drept lumescul Messia, pe care-l așteaptă cei mai mulți. Dar, deoarece vrea să învingă răul și sunt oameni care-l știu în stare să învingă toate relele, iubirea-i e silită să le izgonească și pe cele ale trupului.

Atunci când pe drumurile umblate de cei sănătoși îl întâmpină în cârduri de câte zece leproșii – stârpiți, hâzi și groaznici la vedere; când le zărește umflăturile și jupuiturile printre zdrențe; pielea buboasă, pătată, crăpată, piele zbârcită și pungită de lepros, care strâmbă gura, adâncește ochii, umflă mâinile; sărmani strigoi ce pătimesc și de care toți fug, izgoniți de pe lume, priviți cu scârbă și mare pomană își face cu ei cine le dă o bucată de pâine, o strachină cu apă, acoperișul unui bordei în care să se ascundă; leproșii ce cu mare greutate își desprind cuvintele de pe buzele umflate și încleștate, ca să-i ceară lui, pe care-l știu puternic la vorbă și la fapte, să-i ceară lui cea din urmă nădejde a deznădejdei lor, sănătatea, vindecarea, minunea. Isus cum ar putea oare să se tragă la o parte, ca toți ceilalți, fără să le dea ascultare?

Ca ei, cei bolnavi de boala copiilor, zbătându-se-n pulberea drumului, cu fața zbârcită într-un spasm încremenit, cu balele la gură: îndrăciții ce urlă printre mormintele pustii, câini cobitori, lunatici, nemângâiați; damblagiii ce mai simt doar cât ajunge ca să pătimească, stârvuri sălășluite de-un suflet întemnițat și rugător; orbii, înspăimântătorii orbi ferecați prin naștere în bezna nopții – anticipare a întunecosului mormânt –, poticnindu-se printre fericiții care se duc unde vor să se ducă, orbii îngroziți care umblă cu capul pe sus și cu ochii țintă, ca și cum lumina ar izvorî din zarea infinitului și pentru ei lumea nu-i decât o perindare de tării dibuite cu mâna; orbii cei veșnic stingheri, care nu cunosc decât căldura și arsura.

Cum le-ar putea răspunde Isus „nu“ acelor nenorociți? Iubirea lui, care întrece mila obștească cu atât cât firea-i trece dincolo de cea omenească, nu poate să rămână surdă la rugăciunile lor, care-ar înduioșa și un păgân. Rugăciuni sfâșietoare, chiar când sunt mute.

RĂSPUNSUL DAT LUI IOAN

Isus vindecă, dar nu are în el nimic de vrăjitor și scamator. Nu se folosește de tetragrame, de vrăji, de pentacole, de fumuri, de văluri, de taine. Nu-i cheamă în ajutor nici pe zeii de Sus, nici pe zeii de Jos. Îi ajunge o vorbă, un strigăt puternic, un glas duios, o mângâiere. Îi ajunge voința și credința celui care se roagă. Pe toți îi întreabă: Crezi că sunt în stare să fac ce mă rogi? Iar când vindecarea a fost săvârșită: Mergi, credința ta te-a vindecat.

Pentru Isus miracolul e întâlnirea a două voințe bune; atingerea vie între credința celui care săvârșește și credința celui săvârșit. Ajutorarea a două tării. O îmbinare, o convergență de credințe mântuitoare.

„Căci adevăr grăiescu-vă, de-ați avea atâta credință cât boaba de muștar, i-ați putea spune muntelui acestuia: Umblă-ncoace și-ncolo, iar muntele ar umbla; nimic nu v-ar fi cu neputință... De-ați avea atâta credință cât boaba de muștar, i-ați putea spune acestui dud: Smulge-te din rădăcină, răsădește-te în mare, și v-ar asculta“. Cei care n-au credință nici cât a mia parte a unei boabe de muștar jură că nimeni n-are această putere și că Isus ar fi un șarlatan.

În Evanghelii, minunile sunt botezate cu trei nume; Dunameis, forțe; Terata, minuni: Semeia, semne. Sunt semne pentru cei care-și aduc aminte de proorocirile messianice; minuni, pentru cei care le sunt martori. Dar pentru Isus, întru Isus, nu-s decât Dunameis, fapte trainice, străfulgerări izbăvitoare ale unei tării supraomenești.

Vindecările lui Isus au o îndoită însușire. Nu sunt doar vindecări de trupuri, ci și de suflete. Ba tocmai acele metehne sufletești vrea Isus să le vindece, pentru ca Împărăția Cerurilor să se poată înfăptui și pe pământ.

Cele mai multe boli sunt îndoielnice și se împacă ciudat de ușor cu metafora. Isus vindecă ciungi, schilozi, bolnavi de lingoare, un hidropic, o femeie care pierdea sânge. Vindecă și o rană de sabie, urechea lui Maico tăiată de Petru în noaptea din Gethsemani, dar numai pentru ca legea sa – fă bine celui care-ți face rău – să fie ascultată până la urmă.

Însă, cei vindecați de Isus sunt îndeobște oameni în care-a intrat necuratul, damblagii, leproși, orbi, surdomuți. „Oameni în care-a intrat necuratul" li se zice din moși strămoși celor bolnavi de minte, până și profesorul Aristotel credea în această putere a dracilor.

Se credea că obsedații, lunaticii, epilepticii, istericii ar fi fost cotropiți de duhuri rele. Explicațiile moderne ale acestor boli, explicații care se bat cap în cap și nu-s adesea decât vorbe goale nu înlătură faptul că îndrăciții, de multe ori, își merită porecla în toată puterea cuvântului.

Această tălmăcire savantă ori populară a bolilor minții îi folosea lui Isus de minune pentru propovăduirea alegorică la care ținea mai mult ca la oricare alta. Voia să întemeieze împărăția lui Dumnezeu, nimicind-o pe-a Satanei. Nevoia de a-i izgoni pe diavoli făcea parte din menirea sa. Nu ținea să facă deosebire între viața păcătoșită de voința oamenilor și cea păcătoșită de înrâurirea Satanei. Între metehnele trupești și cele sufletești există un paralelism consfințit prin grai și care-și are temeiul în afinități efective. Furiosul și epilepticul, trândavul și damblagiul, cel cu sufletul întinat și leprosul, Orbul și cel care nu-i în stare să vadă adevărul, surdul și cel care nu vrea să asculte adevărul, mântuitul și Înviatul.

Atunci când Ioan, închis în temniță, trimite doi ucenici să-l întrebe pe Isus dacă El era cel așteptat, ori de se cuvenea să-l aștepte pe altul, iar Isus le răspunse: „Mergeți de-i spuneți lui Ioan ce-auziți și ce vedeți: orbii își recapătă vederea, șchiopii umblă, leproșii se curăță, surzii aud, morții învie și Evahghelia e vestită săracilor", Isus nu desparte Evanghelia de vindecările miraculoase. Sunt fapte asemănătoare: vrea să spună cu acel răspuns că a vindecat trupurile, pentru ca sufletele să fie mai în stare de-a primi Evanghelia.

Cei care nu vedeau lumina soarelui acum o văd și pe cea a adevărului; cei care n-auzeau nici măcar cuvintele oamenilor ascultă acum și de cuvântul lui Dumnezeu; cei ce erau stăpâniți de Satană, au fost sloboziți de Satană; cei care erau putreziți și plini de răni sunt curați ca pruncii; cei care nu se puteau mișca, împiedicați și înțepeniți, umblă pe urma pașilor mei; cei morți întru viața sufletului au înviat la o vorbă a mea; iar calicii, după Buna Vestire, sunt mai bogați ca bogații. Iată-mi zălogul, iată împuternicirea propovăduirii mele.

Isus, vraci și mântuitor, nu e așa cum vor să și-l închipuie potrivnicii săi de nebănuită rea-credință din zilele noastre, ca să-i dea iarăși strălucire, împotriva ascezei, păgânismului. Isus e Dumnezeul bolnavilor, spun aceștia, al celor slabi, al celor murdari, al nemernicilor, al neputincioșilor, al sclavilor. Întreaga faptă a lui Isus e dar de sănătate, de putere, de curățenie, de bogăție, de libertate. Se apropie de cei bolnavi ca să alunge boala, de cei slabi ca să-i scape de lâncezire, de cei murdari ca să-i spele, de sclavi ca să-i descătușeze. Nu i-s dragi bolnavii numai pentru că-s bolnavi. Ca toți oamenii Antichității, Isus iubește sănătatea: atât îi e de dragă, încât vrea s-o dea înapoi celor care-au pierdut-o.

Isus e proorocul fericirii, chezășia vieții, chezaș al unei vieți mai demne de-a fi trăită. Minunile nu-s decât arvuna făgăduinței sale.

TALITHA QUMI

„Morții se scoală din morți." E unul din semnele ce trebuie să-i ajungă Botezătorului întemnițat. Prea bunei surori, harnicei Marta, i-a spus: „Eu sunt învierea și viața: toți cei care cred în mine, chiar de-ar fi să mor, trăi-vor;

oricine trăiește și crede în mine, moartea nu-l va răpune". Învierea e a doua naștere prin credință; nemurirea e mărturisirea veșnică a acestei credințe. Cuvintele evanghelistului Ioan sunt o parabolă abstractă, teologică aproape, care ne întoarce spre o experiență riguros individuală.

Însă Evangheliștii cunosc trei învieri, întâmplări istorice, povestite cu dovezile scurte, dar răspicate, ale mărturiei. Isus a înviat trei morți: un băietan, o fată și un prieten.

Se pregătea să intre în Nain – „frumosul" târg cuibărit pe-un tăpșan la câteva poște de Nazaret – când îi ieși în față o înmormântare. Îl duceau la groapă pe băiatul unei vădane. Acesteia îi murise bărbatul de curând: îi mai rămăsese doar acel copil; iar acum îl îngroapă și pe acela. Isus o văzu pe mama care stătea între femei, plângând cu acel bocet uluit și înfrânt al mamelor, care sfâșie. Avea pe lume doar două suflete care-o iubeau; îi murise cel dintâi, îi murise al doilea, unul după altul; amândouă se stinseseră. Rămânea singură, femeie stingheră, fără sprijinul unui bărbat. Fără soț, fără copil, fără ajutor, fără reazem, fără alinare (să aibă pe cineva cu care să-și mai verse focul, să-i povestească, măcar să plângă împreună!). Stinsă dragostea aducătoare aminte de anii tinereții, stinsă dragostea ce-i nădejde bătrâneților. Stinse amândouă, acele sărmane, duioase iubiri. Un bărbat poate mângâia de moartea copilului; un copil poate ține loc de bărbat. De i-ar fi rămas măcar unul! De-acuma fața-i nu va mai fi sărutată.

Lui Isus i se făcu milă de mama aceea. Plânsul ei părea învinuire.

— Nu mai plânge, îi spuse.

Se apropie de raclă și o atinse. Băiatul zăcea întins acolo, înfășurat în cearșaf, dar cu fața descoperită, încremenită-n vinețeala trudnică a morților. Cioclii se opriră. Toți cei de față tăcură. Și mama, tresărind, se potoli.

— Băiete, îți spun, scoală! Au ție grăiescu-ți. Nu-i vreme de dormit; dormi în pace, iar maică-ta își smulge părul; scoală!

Iar băiatul, ascultător, se sculă în capul oaselor pe targă și prinse a vorbi. „Iar Isus i-l încredință mamă-sii". Îl „încredință", căci de-acuma era al său. Îl luase înapoi din mâna morții, ca să-l dea celei care nu putea trăi fără dânsul. Pentru ca o mamă să-și curme plânsul.

În altă zi, întorcându-se din Gadara, i se aruncă la picioare un părinte. Singura-i copilă se lupta cu moartea. Omului îi zicea Iair și cu toate că era dintre mai-marii sinagogii, credea în Isus.

O porniră împreună. Pe la mijlocul drumului, le ieși în cale un sclav al lui Iair. Fata ți-a murit; degeaba-l mai aduci de-acuma pe acesta.

Dar Isus nu crede în moarte: Nu te teme, îi spune părintelui, crezi și va fi mântuită.

Ajunseră acasă. Pe-afară erau cântăreți și alți oameni care făceau gălăgie. Înăuntru, femei și rubedenii.

— Plecați de-aici. Nu mai plângeți. Copila nu-i moartă, doarme.

Intră în casă numai cu trei ucenici și cu părinții; apoi, apucând mânuța celei adormite, strigă:

— Talitha qumi! Fetico, scoală-te!

Iar pe dată copila se sculă și prinse a umbla prin casă, căci, adaugă Marcu, avea doisprezece ani. Dar era atât de slabă și de istovită, după toate acele zile de boală! Isus porunci să-i dea îndată ceva de mâncare. Nu era duh, nici strigoi, ci trup viu care se trezise cam ostenit, pentru o zi nouă, după aiureli de friguri.

Lazăr și Isus se iubeau. În mai multe rânduri mâncase Isus în casa lui din Betania, cu el și surorile sale.

Într-o zi, Lazăr se îmbolnăvi și-i trimiseră vorbă lui Isus. Iar Isus răspunse: Boala lui nu se va isprăvi cu moartea. Și rămase locului încă două zile. Dar în cea de-a treia, le spuse ucenicilor: Lazăr, prietenul nostru, a adormit; mă duc să-l trezesc.

Era aproape de Betania, când îi ieși în cale Marta, maimai să-l țină de rău.

— De-ai fi fost aici, fratele meu nu s-ar fi prăpădit!

Într-acestea, se arătă și Maria:

— De-ai fi fosi aici, fratele meu n-ar fi murit!

Acea dojana rostită de două ori îl înduioșă pe Isus – nu pentru că i-ar fi fost cumva frică să n-ajungă prea târziu, ci pentru că-l întrista totdeauna necredința celor mai dragi.

— Unde l-ați pus?

Și-i spuseră: Hai să vezi. Iar Isus plânse și plângând – e cea dintâia oară în care-l văd că plânge – se duse la groapa lui Lazăr.

— Ridicați piatra.

Marta, gospodină, femeie deprinsă cu cele lumești, îi tăie vorba.

— Stăpâne, miroase a hoit, că-i îngropat de patru zile.

Dar Isus nu-i dădu ascultare.

— Ridicați piatra.

Piatra fu luată și Isus, după ce rosti o scurtă rugăciune cu fața către cer, se apropie de groapă, chemându-și prietenul cu glas tare:

— Lazăre, ieși din groapă!

Iar Lazăr ieși din groapă poticnindu-se, căci mâinile și picioarele-i erau încă legate în fâși, iar fața îi era acoperită în giulgiu.

— Dezlegați-l și-l lăsați să umble.

Toți patru, urmați de cei doisprezece și de-un pâlc de iudei uluiți de mirare, se întorc acasă. Ochii lui Lazăr se deprinseră iarăși cu lumina; picioarele-i umblau, deși slăbănogite, și-și pipăia mâinile. Harnica Marta pregăti cina cât putu mai bine în acel vălmășag, după patru zile de bocete; iar înviatul mâncă alături de surori și de prieteni. Maria abia-abia de lua câte ceva în gură, de mult ce se uita la învingătorul morții care, ștergându-și fața, frângea pâinea și bea vinul ca și cum ziua aceea ar fi fost o zi ca toate celelalte.

Acestea sunt învierile pe care le povestesc evangheliștii. Iar din povestirile lor putem scoate câteva învățăminte, ce ne scutesc de orice alte comentarii doctorale, adică sunt nelalocul lor.

Isus învie, după câte știm, numai trei morți și nu-i învie ca să-și scoată în vileag puterea ori ca să uluiască închipuirea oamenilor; ci înduioşat de sfâşierea celor care-i iubeau pe acei morţi; ca să mângâie o mamă, un părinte, două surori. Două din aceste învieri le-a săvârşit în văzul lumii adunate; una singură, a copilei lui Iair, fu săvârşită în tovărăşia câtorva inşi: iar acestora Isus le-a dat în grijă să nu spună nimic.

Să nu ne scape însă altceva. În toate trei cazurile, Isus îi vorbeşte mortului ca şi cum n-ar fi mort, ci numai adormit. Despre copilul văduvei n-are vreme să vorbească, deoarece hotărârea e prea neaşteptată; dar şi lui îi spune, ca unui băiat ce trândăveşte şi doarme prea mult: băiete, au ţie-ţi vorbesc, scoală-te!

Când îi dau de veste că fata lui Iair a murit, răspunde: nu-i moartă, ci doarme. Când îi tot spun că Lazăr nu mai trăieşte, stăruie: Nu-i mort, ci doarme.

Isus n-ar vrea să se spună că-nvie morţii, ci doar că-i trezeşte din somn. Moartea nu-i pentru el decât somn. Un somn mai adânc decât somnul obişnuit şi zilnic. Atât de adânc, că doar o iubire supraomenească îl poate curma. Iubire de cei rămaşi în urmă, mai mult decât de cel adormit. Iubirea celui care plânge când vede plânsul celor pe care-i iubeşte.

NUNTA DIN CANA GALILEII

Isus se ducea bucuros pe la nunţi.

Pentru omul din popor, care atât de rar petrece şi se ospătează, care nu mănâncă şi nu bea niciodată cât ar dori, ziua nunţii e cea mai de pomină din toată viaţa lui. Un popas de bogăţie, de mărinimie, de veselie, în cenuşia, în prelungita mediocritate a zilelor sale.

Stăpânii, care în fiecare seară se pot ospăta; oamenii din vremea noastră, care mănâncă într-o zi cât i-ar fi ajuns unui sărac din vechime o săptămână întreagă, nu mai simt îndătinata voioşie a acelei zile. Dar săracul vremurilor de demult, muncitorul, plugarul, orientalul care îşi ducea zilele tot anul cu pâine de orz, cu smochine uscate, cu câţiva peşti şi câteva ouă răscoapte şi numai de sărbătorile cele mari înjunghia un miel ori un ied; omul deprins s-o ducă din greu, să măsoare, să se lipsească de-atâtea și atâtea, să se mulțumească numai și numai cu cele de trebuință, vedea în nuntă cea mai de seamă, adevărata sărbătoare a întregii sale vieți. Celelalte sărbători, sărbătorile poporului și ale Bisericii, erau ale tuturor, la fel pentru toți. Și se întorceau cu fiece an. Pe câtă vreme cununia era o sărbătoare numai și numai a lui, numai a lui, venea pentru el doar o singură dată, de-a lungul anilor.

Iar atunci, toate desfătările și minunățiile lumii erau străine în preajma mirilor, ca să nu-și mai poată uita cât vor trăi de ziua aceea. Torțele, noaptea, ieșeau în calea mirelui cu lăutarii, cu dănțuitorii, cu colăcerii. În casă toate îndestulările: carnea de mai multe soiuri, friptă în mai multe chipuri, burdușele cu vin spânzurate de grinzi, ploscuțele cu mirodenii pentru prieteni, lumina, muzica, miresmele, beția, jocul, nimic nu lipsea întru desfătarea simțurilor. Toate desfătările de care numai mărimile și avuții lumii pot să aibă parte-n oricare zi a anului triumfau în ziua aceea, precum alta nu mai era, în casa calică a calicului.

Lui Isus îi plăcea acea voioșie nevinovată. Voioșia acelor oameni proști, smulși pentru câteva ceasuri din amara josnicie a vieții de rând, Îl înduioșa. În nunți nu vedea doar o sărbătoare. Cununia e cea mai mare încercare a tinereții omului de-a învinge destinul prin iubire, prin întâlnirea a două iubiri, prin învoiala a două tinereți îndrăgostite. E mărturisirea unei îndoite credințe în viață, în dăinuirea și dorirea vieții. Cel care se însoară e un ostatic în mâna obștei oamenilor. Făcându-se căpetenie a unei noi obști și părinte al unei generații devine mai liber și se mărturisește mai sclav.

Căsătoria e o făgăduință de fericire și o învoire cu martirajul. Iluzia și conștiința își au partea lor. În umbra de tragedie care aruncă asupra viitorului o tremurată nădejde de bucurie stă măreția eroică și sfântă a căsătoriei. De care nu te poți lipsi și care, de-ar fi să dăm dreptate rațiunii egoiste, n-ar trebui să se facă. Cine-a văzut vreodată, în afară de aceasta, o osândă cu atâta lăcomie dorită?

Pentru Isus căsătoria are un tâlc și mai adânc: este obârșia unei veșnicii. Ce-a legat Dumnezeu nu poate dezlega omul. Când inimile s-au înțeles și trupurile s-au apropiat, nu-i sabie nici lege care să le poată despărți. În această viață omenească, schimbătoare, vremelnică, trecătoare, pieritoare nu-i decât un singur lucru care va dăinui până la moarte și după moarte: căsătoria. Singura verigă de veșnicie dintr-o salbă hărăzită pieirii.

Adesea, în cuvântările lui Isus se strecura amintirea nunților și a ospețelor. În cele mai frumoase dintre parabolele sale dai peste regele care poftește lumea la nunta băiatului ori peste fecioarele care-l adastă noaptea pe prietenul mirelui; peste stăpânul care întinde ospățul. Însuși el se asemuiește mirelui sărbătorit de prieteni, când le răspunde celor care cârteau, văzându-i pe ucenicii săi bând și ospătându-se.

Nu dispreţuia, ca fățarnicii abstinenți, vinul; iar când va bea cu ai săi acel vin care-i e sângele, gândi-se-va la vinul nou al împărăției.

Nicio mirare, așadar, că s-a învoit să se ducă la Nunta din Cana. Toți știm de minunea pe care-o săvârși în ziua aceea. Șase căzi cu apă au fost prefăcute de Isus în vin, în vin mai bun ca cel ce se isprăvise. Bătrânii raționaliști spun că, de fapt, e vorba de-un dar pe care-l adusese și-l ținuse ascuns până-n clipa aceea, o născocire a lui Isus către sfârșitul ospățului, ca să-i cinstească pe miri. Iar șase sute de litri de vin bun, adaugă ei, pot fi un dar prețios, care nu dovedește însă decât cel mult mărinimia învățătorului.

Acești păduchi volterieni n-au băgat de seamă că singur Ioan – evanghelistul alegoriilor și al filozofiilor – povestește întâmplarea cu Nunta din Cana.

Această întâmplare n-a fost o glumă, ci o adevărată schimbare a apei în vin, înfăptuită prin puterea pe care o are duhul asupra materiei și, totodată, o pildă înfățișată cu ajutorul unei întâmplări adevărate, în loc de-a fi povestită.

Pentru cine nu se oprește la slova povestirii, apa care se schimbă-n vin e de fapt o nouă înfățișare a noilor vremuri care încep odată cu Evanghelia. Mai înainte de vestirea ei, în ajun, în pustiu, apa putea fi de-ajuns: lumea era părăsită și îndurerată. Dar răsunat-a Voioasa Vestire: împărăția se apropie, fericirea nu va mai zăbovi. De la jale suntem gata să trecem la bucurie; de la văduvia străvechii legi, trecem la noua nuntă cu legea nouă. Mirele e cu noi. Nu-i vreme de întristare; nu post, ci îmbătare; nu apă, ci vin.

Vă aduceți aminte de cuvintele pivnicerului către mire? „Toți încep prin a pune la masă vinul bun; pe urmă, când oamenii prind la chef, îl dau pe cel mai prost; dar tu părăsit-ai pe cel bun până-n clipa aceasta".

Așa era datina, obiceiul evreilor de demult și al păgânilor. Dar Isus ține să răstoarne și această străveche datină a ospeției. Cei vechi dădeau mai întâi vinul bun, apoi pe cel prost; iar el, după cel bun, îi dă pe cel și mai bun. Vinul acru și necopt, vinul oțetit ce se bea la începutul mesei, e vinul străvechii legi. Vinul stricat, cu iz și floare, nu e de băut. Vinul pe care-l aduce Isus, mai gustos și mai tare, care veselește inima și înfierbântă sângele, e vinul cel nou al împărăției, vinul hărăzit nuntirii cerului cu pământul, vinul care îmbată cu acea dumnezeiască beție ce se va chema, cu vremea, „nebunia crucii".

Nunta din Cana, care-n Evanghelia lui Ioan e cea dintâi minune, e de fapt alegoria revoluției evanghelice. O altă pildă înfățișată sub formă de minune, e cea a smochinului uscat.

Într-o dimineață, către Paști, întorcându-se din Betania la Ierusalim, lui Isus i se făcu foame. Se apropie de-un smochin, dar nu găsește-n el decât frunze. Deși răsărit în pământ de Miazăzi, era prea devreme să aibă roade, chiar de-ar fi fost de cel timpuriu.

Dar Isus, după cum spun Matei și Marcu, se necăji pe bietul copac și-l blestemă:

— Cât lumea și pământul, rod din tine să nu mai nască!

Iar smochinul se uscă văzând cu ochii.

După Marcu, a spus:

— Nimeni, cât lumea și pământul, să nu mai mănânce din rodul tău!

Iar smochinul, când mai trecură pe-acolo seara, se uscase.

În Evanghelie, povestea urmărilor blestemului e însoțită de-o întoarcere la gândul de mai multe ori mărturisit de Isus, că omul poate căpăta orice ar cere, când e pătruns de mare evlavie.

Alții, în schimb, văd aci o transpunere figurată a unei jelanii deseori auzită pe buzele lui Isus. Smochinul e Israelul, străvechea religie iudaică, rămasă acuma numai cu frunzele netrebnice, care nu se pot mânca, de rituri și ceremonii, frunze ce fac umbră degeaba, frunze nefolositoare, hărăzite să se usuce fără să mai poată sătura pe cineva. Isus, înfometat de dreptate, înfometat de iubire, caută printre astfel de frunze roadele miezoase ale îndurării și ale sfințeniei. Nu le-a găsit: Israelul nu i-a săturat foamea, înșelându-i nădejdile. De-acum nu mai poate aștepta nimic de la acest trunchi bătrân, frunzos, dar sterp: să se usuce pe vecie! De-acum înainte, roadele le vor da celelalte neamuri.

Minunea smochinului blestemat nu-i de fapt decât o răstălmăcire vădită a pildei cu smochinul neroditor, pe care-o găsim în Evanghelia lui Luca. „Un om avea un smochin răsădit în vie; și se duse acela să caute roade și nu le află. Spuse atunci vierului: Iată, sunt trei ani de când tot vin să caut roadă în acest smochin și n-o găsesc; taie-l; de ce mai stă acolo, să încurce fără rost pământul? Dar celălalt îi răspunse: Stăpâne, mai lasă-l un an, până ce-l voi săpa și-l voi gunoia: iar de-o da roadă de-aci înainte, bine, de unde nu, să-l tai".

Pomul nu-i osândit din capul locului, ci după trei ani de nerodnicie. Iar osânda, prin rugămintea salahorului, e amânată cu un an și în decursul acelui an pomul va fi îngrijit și dereticat cu dragoste. Va fi cea din urmă încercare. De va da greș, securea și focul.

De trei ani Isus le propovăduiește iudeilor și-l bat gândurile să-i părăsească, spre a le propovădui altora împărăția. Dar un salahor de-al său, un ucenic legat încă de neamul său, cere îndurare: încă o amânare. Să vedem dacă prin iubire această seminție adulteră și bastardă nu se va pocăi. Dar când sunt pe drumul Betaniei, dovada s-a arătat: de la Iudaism nu mai pot nădăjdui decât două trunchiuri încrucișate: păcătosul smochin iudaic merită să fie ars și nimeni nu va mai mânca din roadele sale cele putregăite și târzii.

PÂINI ȘI PEȘTI

Două sunt minunile înmulțirii pâinilor și ele seamănă întru tot, afară de mărimea câtimilor – adică tocmai în ceea ce alcătuiește înțelesul lor spiritual.

Mii de calici s-au luat după Isus într-o paragină, departe de sate și târguri. De trei zile nu mănâncă, atâta-i de mare foamea de pâinea vieții, care e cuvântul său. Dar în cea de-a treia zi, lui Isus îi e milă de ei – sunt acolo femei, copii – și le poruncește ucenicilor să le dea de mâncare. Dar n-au decât puține pâini și câțiva pești; iar gurile sunt mii. Atunci Isus îi pune pe toți să stea jos, pe iarbă verde, în cârduri de câte cincizeci și de câte-o sută; binecuvântează fărâma aceea de mâncare; toți se satură și mai prisosesc coșuri întregi de merinde.

Dacă asemuim cele două înmulțiri, băgăm de seamă un lucru ciudat. Prima oară, erau cinci pâini la cinci mii de suflete și prisosiră douăsprezece coșuri. A doua oară, erau șapte pâini – două mai mult – patru mii de suflete – cu o mie mai puțin – și la urmă rămaseră doar șapte coșuri. Cu mai puține pâini se potolește foamea mai multor guri și prisosește mai multă; când sunt mai multe pâini se mulțumesc mai puțini inși și rămâne și mai puțină pâine. Care-i tâlcul moral al acestei proporții inverse? Cu cât avem mai puțină hrană, cu atâta putem împărți mai multă. Din mai puțin, mai mult. Dacă pâinile ar fi fost și mai puține, s-ar fi săturat îndoite guri și ar fi prisosit tot mai multe coșuri. Dacă cu cinci pâini a mulțumit cinci mii de inși, cu o singură pâine putea sătura de cinci ori atâția. Adevărata pâine, pâinea adevărului, cu atât mulțumește mai mult cu cât e mai puțină. Legea Veche e îndestulată, îmbelșugată, împărțită în mii de tainuri. E alcătuită din sute de precepte scrise prin scripturi și din alte mii născocite de Scribi și Farisei. La cea dintâi vedere, e un praznic uriaș, la care se poate sătura un întreg norod. Dar toate acele precepte, acele norme, acele formule nu-s decât frunze uscate, coceni netrebnici, surcele și zdrențe. Nimeni nu poate trăi cu această merindă: cu cât e mai multă, cu atât mai puțini inși satură. Norodul umilitor și al prostimii nu-și poate potoli foamea sa de dreptate cu acele nesfârșite bucate ce nu-s bune de mâncat. Ajunge în schimb o singură vorbă care să întruchipeze toate vorbele, să stea mai presus de împietritele habotnicii ale celor sătui de prea multă mâncare, o vorbă care să umple sufletul, care să împace inima, care să potolească foamea de dreptate, iar mulțimile sătura-se-vor și va fi de mâncare și pentru cei care nu erau de față în ziua aceea.

Pâinea spirituală e prin sine miraculoasă. O pâine de grâu ajunge la puțini și când se isprăvește nu mai e pâine pentru nimeni. Dar pâinea adevărului, pâinea desfătării, pâinea mistică nu se isprăvește, nu se poate isprăvi niciodată. Împărțiți-o la mii de guri și tot va mai rămâne; împărțiți-o la milioane de guri și neatinsă veți găsi-o. Fiecare și-a luat partea, ca oamenii și femeile cele înfometate din pustiu; cu cât s-a dat din ea mai mult, cu atât mai multă rămâne pentru cei care vor veni.

În altă zi, pe când ucenicii se aflară fără pâine, Isus îi învață să se ferească de aluatul fariseilor și al saducheilor. Iar ucenicii, mai totdeauna zăbovitori în a-L pricepe, spuneau între dânșii: Vorbește așa pentru că n-am luat pâine. Dar Isus, băgând de seamă, îi ținu de rău: „Necredincioșilor, cum de spuneți între voi că n-aveți pâine? Nu pricepeți încă și nu v-aduceți aminte de cele cinci pâini, de cei cinci mii ce inși și de câte coșuri ați mai luat cu voi! Cum de nu pricepeți că nu despre pâine vă vorbeam?

Ci păziți-vă de aluatul fariseilor și al saducheilor!". Adică de paznicii orbi ai legii păcătoșite.

Sunt cei doisprezece, aleșii; dar nici ei nu sunt în stare să priceapă din capul locului, nici nu cred cât s-ar cuveni.

La fel, în luntre, în noaptea furtunii, Isus se văzu nevoit să-i dojenească. Învățătorul adormise la cârmă, cu obrazul pe căpătâiul unui vâslaș.

De-odată se iscă vântul; vijelia se dezlănțui pe fața bălții; valurile se abăteau asupra luntrii și s-ar fi zis că dintr-o clipă în alta aveau s-o răstoarne. Ucenicii, îngroziți, îl treziră pe Isus: Scapă-ne, suntem pierduți. De ce nu-ți pasă de noi?

Iar Isus, sculându-se, zise vântului: Taci; și mării: Potolește-te. Vântul scăzu, iar apa se domoli la loc.

Atunci le strigă ucenicilor: De ce v-a fost frică, necredincioșilor? De ce n-aveți încredere? Unde vă e credința?

Iar cei scăpați, rușinoși, spuneau: Ce om e oare acesta, de-l ascultă și marea, și vânturile?

Este unul, om, Simon Petru, căruia nu-i e frică. Nu numai firea-i întrece firea omenească, dar mare-i e credința, mare iubirea, mare voința. Nimic din câte-s însuflețite și neînsuflețite nu se poate împotrivi acestor trei măreții. Luatu-și-a gândul de la tot ce-i vremelnic și a învins vremea; luatu-și-a gândul de la bunurile trupești și de-aceea poate mântui carnea; luatu-și-a gândul de la tot ce vine din tină și de aceea e stăpânul tinei. Oricare dintre noi poate fi părtașul acestei stăpâniri. Ajunge să creadă; dar să nu fie vorba doar de credința în sine însuși. Înainte de Cristos, cu puțini ani mai înainte de Cristos, un mare om din Italia, căpitan în multe războiri, corupt dar demn să domnească peste putreziciunea Republicii Romane, se găsi pe mare, pe-o mare adevărată, într-o luntre cu puține vâsle, în căutarea unei oștiri care nu sosea destul de grăbită să-i dea victoria. Și se iscă vântul, furtuna se năpusti asupra bărcii, iar cârmaciul voia să se-ntoarcă la mal. Dar Cezar, apucând mâna cârmaciului, îi spuse: Mergi înainte și nu-ți fie frică; Cezar e cu tine și norocu-i plutește pe apă cu noi.

Acele cuvinte de credință trufașă îi îmbărbătară pe vâslași și fiecare, de parcă o fărâmă din puterea lui Cezar ar fi pătruns în sufletele lor, se strădui să înlăture împotrivirea apelor. Dar cu toate strădaniile marinarilor, luntrea fu cât pe-aci să se înece, astfel că se văzură nevoiți să se întoarcă îndărăt. Credința lui Cezar nu era decât trufie și ambiție, încredere în sine; credința lui Isus era numai iubire pentru părintele său, iubire de oameni.

Prin această credință a putut ieși întru întâmpinarea luntrii ucenicilor săi, care vâsleau cu mare greutate împotriva vântului, umblând pe apă ca pe pajiștea unei pășuni. Crezură, prin întuneric, să nu fi fost vreo arătare; astfel că și de data aceasta se văzu nevoit să-i liniștească: Nu vă fie frică, eu sunt. Numai ce se urcă în barcă, vântul scăzu și în câteva clipe ajunseră la mal. Și iarăși se cruciră ucenicii „deoarece – adaugă cinstitul Marcu – inima lor de piatră era și nu pricepuseră minunea pâinilor".

Analogia poate părea naivă, dar e revelatoare, căci minunea cu pâinile e temeiul tuturor celorlalte minuni. Fiecare pildă, rostită prin cuvinte de poezie ori lămurită prin minuni vădite, nu-i decât o pâine altfel frământată, pentru ca ai săi – măcar ai săi! – să priceapă singurul adevăr de care-aveau nevoie: duhul e singura hrană demnă de om, iar omul care se hrănește cu acea merindă e stăpânul lumii.

NU TAINĂ: POET

Isus, la prima vedere, pare un tăinuitor, o minte închinată spre taină.

Le poruncește celor miluiți cu minunile sale să nu spună nimănui că el i-a vindecat; vrea ca rugăciunile și pomenile să fie făcute într-ascuns; când ucenicii recunosc că-i Messia, le dă în grijă să nu mai spună la nimeni; după Schimbarea la Față le cere celor trei martori să tacă; iar când propovăduiește, vorbește mai totdeauna în pilde pe care nu toți sunt în stare să le priceapă.

La a doua vedere, care prețuiește totdeauna mai mult ca cea dintâi, taina nu mai e tainică. Isus n-are în el nimic ezoteric. N-are o doctrină ascunsă de împărtășit la puțini hierofanți. Fapta și-a săvârșit-o în văzul lumii, nu într-ascuns. A vorbit totdeauna pe la răspântiile târgurilor, pe malurile bălților, prin sinagogi, în mijlocul oamenilor.

Opri să se vorbească despre minunile sale, pentru a nu fi luat drept vrăjitor și șarlatan; porunci să se facă binele într-ascuns, ca să împiedice ca trufia să-i nimicească meritul; voi ca cei doisprezece să nu spună că era Cristos, mai înainte de intrarea-i în Ierusalim, obștească consfințire a Messianității sale: și grăi în pilde spre a fi mai bine priceput de prostimea care ascultă cu mai mult nesaț o poveste decât o predică și-și aduce mai bine aminte de-o snoavă decât de-o cugetare.

Trei dintre evangheliști ne împărtășesc o cuvântare a lui Isus, ce-ar părea a spune dimpotrivă: Isus a tăinuit, ca să nu-l priceapă oricine. „Deoarece vouă – le spune ucenicilor – vă e dat să cunoașteți tainele Împărăției Cerurilor, dar lor nu li-i dat. De aceea le vorbesc în pilde, căci deși au ochi, nu văd și deși au urechi, nu aud și nu pricep".

Dar Isus nu vrea să spună decât atâta: Voi pricepeți aceste taine; iar cei mai mulți nu le pricep, cu toate că au urechi și minte asemenea minții voastre. Iar acestora, ca să priceapă, le vorbesc în pilde, adică într-un grai presărat cu fapte, deci mai lesnicios, mai la mintea lor. Pe copii îi înveți prin povestiri morale, pe cei neștiutori prin snoave; iar aceștia sunt tari de cap ca proștii și neînvățați cum sunt copiii. Pentru a le înfrânge surzenia îmi potrivesc cuvântul după firea lor. Mintea li-i plină de închipuiri și slabă, iar pildele grăiesc mai mult închipuirii decât minții lor. Nu mă folosesc deci de pilde ca să ascund ceva, ci ca să le descopăr mai bine adevărul chiar și celor care n-ar fi în stare să-l vadă numai în formele minții. Iar dacă nici așa nu le pricep, de vină-i încăpățânarea ce-adesea zăvorăște ochii și urechile sufletului.

Isus n-avea taine de pus sub obroc. Voia ca toți, chiar și cei mai de rând, cei mai neștiutori, să-l priceapă. Pildele nu erau făcute ca să-i ascundă învățătura de cei neștiutori, ci ca s-o facă mai lămurită și mai la îndemâna tuturor. Că, uneori, chiar și mintea celor doisprezece era mai prejos de această chemare a sa. E un adevăr amar, de care Isus își dădea seama.

Uimitoarea noutate și măreție a învățăturii sale a umbrit originalitatea poetică a lui Isus, nu mai puțin minunată. Isus n-a scris niciodată nimic – a scris o singură dată pe nisip, iar vântul i-a șters slovele pentru totdeauna – dar ar fi fost, în mijlocul unui popor cu imaginație bogată, a poporului care-a dat Psaltirea, Povestea lui Ruth, Cartea lui Iov și Cântarea Cântărilor, unul dintre cei mai mari poeți ai veacurilor.

Triumfătoarea-i copilărie a minții, pământul agrest și umil în care crescuse, citirea câtorva cărți – dar printre cele mai bogate ale tuturor poeziilor – drăgostoasa-i împărtășire din viața timpului și a dobitoacelor, dar mai ales, mai înainte de orice, dumnezeiasca-i, pătimașa-i dorință aprigă de-a lumina pe cel care suferă în întuneric, de-a mântui pe cel care se pierde pentru totdeauna, de-a le da fericirea cea mai mare celor mai nefericiți – căci poezia adevărată nu se aprinde la lumina opaițelor, ci la lumina stelelor și a soarelui, nici nu se găsește în hrisoavele încondeiate de străbuni, ci în iubire, în suferință, în adâncul înduioșat al sufletului – făcură din Isus un născocitor de imagini vii și nepieritoare, prin care a săvârșit o minune nouă, trecută cu vederea de evangheliști. Minunea de-a împărtăși cele mai înalte adevăruri cu ajutorul unor povestiri atât de simple, de familiare, pline de duh și care, după douăzeci de veacuri, scânteiază încă de acea neasemuită tinerețe care-i veșnicia.

Unele din aceste povestiri nu-s decât răstălmăcirea idilică ori epică a unor revelații lămurite de el în alte rânduri, prin cuvinte conceptuale; dar sunt altele care spun lucruri pe care nu le-a mai spus în alt fel, în niciuna din propovăduirile sale. Pildele sunt tâlcuirea în chipuri și icoane a Cuvântării de pe Munte, așa cum o putea face un poet căruia i se cuvenea, în înțeles mai propriu decât tuturor celor născuți pe pământ, numele de divin.

PLĂMADA

Orășencele, boieroase, nu fac singure pâinea. Dar bătrânele de pe la țară, nevestele, gospodinele știu ce-i plămada. O turtă de cocă mai veche, mare cât pumnul copilului, topită în apă clocotită și pusă-n aluatul nou, umflă trei banițe de făină.

Dintre semințele ierburilor, a muștarului e una dintre cele mai mărunte; abia se vede. Dar din acel grăunte pus în pământ bun, iese un copăcel bine înfiripat, de pot sta păsările între crengile sale.

Nici bobul grâului mare nu-i. Țăranul îl aruncă în pământ și-și vede de treabă. Doarme, se trezește, se duce de-acasă, se întoarce. Trec zilele, trec nopțile, iar la bob nu se gândește. Ci acolo dedesubt, în țarina jilăvită, sămânța a încolțit; iese afară un fir de iarbă, iar în creștetul firului de iarbă un spic: plăpând și verde la-nceput, care încet-încet leagă și se îngălbenește: de-acuma lanul cere coasa și țăranul poate începe strânsura.

Tot așa se întâmplă cu Împărăția Cerurilor și cu propovăduirea ei. Cuvântul pare lucru de nimic – ce-i un cuvânt? –, silabe, sunete ce adesea ies dintre buze, dar cu greu intră în urechi și numai când pornesc din inimă întâlnesc inimile; e lucru de nimic, mărunt, scurt, o răsuflare, o adiere, un sunet care se duce și vine, pe care-l ia vântul. Și totuși, cuvântul împărăției e ca plămada: de cade-n făină bună, făină curată, fără măzăriche, dospește și crește; e ca sămânța câmpului care, sub brazdă încolțește răbdătoare ca pământul care-o ascunde, iar când vine primăvara înverzește, se înfiripă și numai ce dă-n vară, iată gata culesul.

Evanghelia-i alcătuită dintr-o seamă de cuvinte: împărăția e pe-aproape, schimbați-vă sufletele – dar de se abat asupra unor oameni bine îndrumați, asupra unor săraci cu duhul care vor să ajungă mari, asupra unor oameni drepți care vor să ajungă sfinți, asupra unor păcătoși care caută în fapta bună acea fericire pe care zadarnic au căutat-o în păcat, atunci acele cuvinte prind rădăcină, se răsfiră în adâncuri, dau muguri și boboci, înfloresc în ciorchine și spice, se învoaltă într-o vară care nu va fi niciodată urmată de putreziciunea toamnei.

În preajma lui Isus sunt puțini cei care cred cu adevărat în împărăție și se pregătesc pentru Marea Zi. Puțini și mărunți, risipiți ca stropii de plămadă în mijlocul învrăjbitelor noroade și a nesfârșitelor împărății. Dar acele câteva zeci de inși nebăgați în seamă, răzlețiți în mijlocul unui neam hărăzit, vor spori prin molima pildei, mii și mii; iar după trei sute de ani va domni în locul lui Tiberius un om care va-ngenunchea în fața urmașilor apostolilor.

Dar spre a te bucura de împărăția făgăduită trebuie să te desparți de toate celelalte. Nu fac oare la fel, întru cele vremelnice, oamenii cei vremelnici? Dacă un om, muncind ogorul altuia, descoperă o comoară, iute o ascunde la loc și dă fuga să vândă tot ce are ca să cumpere acel ogor. Dacă un negutător, care umblă să caute nestemate din cele demne să fie înfățișate împăraților, găsește una mai mare și mai curată decât toate mărgăritarele pe care le-a văzut în viața lui, un mărgăritar pe care nu-l are nici marele rege în palat, se duce și vinde tot ce are, până și celelalte mărgăritare de preț mai mic, ca să cumpere acel mărgăritar nemaivăzut.

Dacă salahorul și negutătorul, oameni trupeși care se mulțumesc cu câștiguri pieritoare, sunt gata să-și vândă toate avuțiile ca să dobândească acea comoară ce li se pare mai scumpă ca tot ce au – și totuși, e vorba de-o comoară pământească și pieritoare – cu atât pe mai bună dreptate nu vor trebui să se despartă de ceea ce au mai scump cei care vor să dobândească împărăția lui Dumnezeu? Dacă salahorul și negutătorul, pentru un câștig bănesc sortit prădăciunilor și pieirii, sunt gata la o jertfă vremelnică ce le va aduce poate însutit, nu suntem oare ținuți, pentru un câștig nespus mai mare, nebănuit mai mare, pentru o comoară veșnică, să aruncăm ce avem mai bun, chiar dacă ni s-a părut până astăzi fără putință de-a fi prețuit?

Dar mai înainte de-a ne lepăda trebuie să ne chibzuim bine dacă ce ne mai rămâne va fi îndestulător spre a ajunge la capătul drumului pe care am pornit. Trebuie să ne scormonim sufletul, să ne măsurăm puterile. Să nu ni se întâmple ca acelui om care voia să zidească un turn, un mândru turn care să se ridice în slava cerului, ca turnul Ierusalimului. Nu făcu din capul locului socoteala cheltuielii, ci chemă salahorii și-i puse să sape temelia; porunci zidarii și-i puse să înceapă cele patru ziduri ale temeliei. Iar când turnul prindea abia-abia să se ridice de la pământ și n-ajungea la acoperișurile caselor trebui să se lase de lucru, căci nu mai avea cu ce să plătească varul, cărămida, piatra și salahorii. Și turnul rămase într-acel chip, pitic și ciunt, întru pomenirea îngâmfării sale; și-l batjocoreau vecinii.

Un rege care vrea să pornească război împotriva altui rege își numără mai întâi oștile; iar de nu se poate încredința că la zece mii ai celuilalt el are douăzeci de mii de ostași, se lasă de gândul războirii și trimite sol de pace, mai înainte să pornească război cu dușmanul. Cel care nu știe că va ține piept până la urmă să nu se ia pe urmele lui Cristos. Căci întemeierea împărăției e trudă cu mult mai grea decât zidirea unui turn; iar zămislirea omului nou, războire tot atât de cumplită ca celelalte, deși tăcută, deși lăuntrică.

În împărăție nu va putea intra decât cel care va merita-o, cu inima curată. Împărăția e o veșnică sărbătoare și se cade să ne ducem s-o prăznuim în haine sărbătorești. Un rege care prăznuia nunta copilului iar oaspeții nu se arătară chemă la ospăț prostimea, drumeții, calicimea, pe oricine, dar când intră la locul ospățului și-l văzu pe unul murdar de sus până jos de pete și de noroi, puse slugile să-l dea afară pe ușă, să-și scrâșnească dinții în gerul nopții.

La ospățul împărăției, dacă cei dintâi chemați nu vin, toți sunt primiți: chiar și nemernicii, chiar și păcătoșii.

Regele îi poftise din vreme pe cei aleși, dar unul cumpărase o livadă, altul cinci perechi de boi, al treilea se însura tocmai în ziua aceea. Își căutau toți de treburi și nu veniră la cel care-i poftise. Unii dintre ei nici măcar nu-și cerură iertare. Atunci regele trimise slugile să adune de pe uliță chiorii, schilozii, zdrențăroșii, haimanalele, scursorile omenirii. Și mai erau locuri goale; porunci atunci să-i bage cu de-a sila pe cei care treceau pe sub ferestrele palatului, oricine-ar fi fost, iar ospățul începu.

Era o masă împărătească, o îmbelșugată sărbătoare, o măreție nemaivăzută. Dar la urma urmelor, totul era să se sature de miel și de pește, să se îmbete cu vin și cu siceră. A doua zi, isprăvindu-se cheful și strângându-se mesele, oaspeții trebuiau să se întoarcă pe la casele lor, la calicenia fiecăruia. Dacă vreunul dintre cei dintâi poftiți râvni la alte desfătări, tot atât de lumești ca și desfătările ospățului, vina putea să-i fie iertată.

Dar poftirea la ospățul împărăției făgăduiește o desfătare a sufletului, desăvârșită, sățioasă, veșnică. Nici vorbă de desfătările trecătoare ale vieții pământești, de beția ce-l face pe om să verse, de bucatele ce-i umflă burta, de trudnicia desfrânării ce-i istovește mădularele și-i păcătoșește sufletul! Și totuși, oaspeții pe care Isus i-a ales dintre toți oamenii și i-a chemat înaintea tuturor la sărbătoarea dumnezeiască a celor care se mai nasc o dată, n-au răspuns. Întorc fața, se furișează, dau bir cu fugiții, se duc să-și vadă de treburile lor obișnuite și murdare. Le place mai mult gunoiul plăcerilor trupești decât strălucirea înaltei nădejdi, singurul rost al dăinuirii lor pe pământ.

Atunci, toți ceilalți sunt chemați în locul lor; cerșetorii în locul avuților, păcătoșii în locul fariseilor, femeile vândute în locul matroanelor, prostimea în locul celor sănătoși și fericiți.

Chiar și cei din urmă veniți, numai să ajungă la vreme, vor fi primiți la ospăț. Stăpânul viei văzu în târg niște salahori care așteptau să fie tocmiți și-i trimise să-i curețe butașii, învoindu-se să le plătească un dinar de fiecare. Mai târziu, la amiază, mai văzu alții fără lucru și-i trimise și pe aceia. Mai târziu, pe alții, și-i tocmi deopotrivă. Toți lucrară, care la curățat, care la săpat. Seara, stăpânul le plăti la toți câte-un dinar. Dar cei care începuseră dis-de-dimineață cârteau; de ce să ia același tain și cei care-au muncit mai puțin? Stăpânul îi auzi și-i ținu de rău: Au nu ne-am învoit să vă dau câte-un dinar? De ce vă plângeți? Dacă-mi place mie să le dau cât și vouă salahorilor tocmiți mai adineauri, vă păgubesc pe voi cu ceva?

Strâmbătatea părelnică a stăpânului nu-i decât dreptate mai mărinimoasă. Tuturor le dă ce le-a făgăduit, iar celui ce-a venit la urmă, dar a muncit cu aceeași nădejde, i se cuvine la fel cu ceilalți să se bucure de acea împărăție, pentru care s-a trudit până-n noapte.

Totuși, vai de cel care zăbovește din cale-afară. Ziua sorocită nimeni n-o știe, iar după ceasul acela, cine n-a intrat va bate pe la porți, dar nu i se va deschide: ci va trepăda prin bezna de pe-afară.

Stăpânul s-a dus la o nuntă, iar slugile nu știu când se va-ntoarce. Fericiți cei care-l vor fi așteptat și-i va găsi neadormiți. Pe aceia stăpânul lor îi va pune la masă și-i va slugări. Dar de-i va găsi adormiți și niciunul nu va fi gata să-i iasă în cale, ci-l vor face să strige la ușă până să-i deschidă, întâmpinându-l somnoroși, cu părul încâlcit, pe jumătate despuiați, iar în casă nu va găsi lumina aprinsă nici apa caldă, va lua slugile de-o mână și le va da afară, fără nicio milă.

Toți să fim gata, căci Fiul Omului e ca tâlharul care vine noaptea pe furiș și nu dă de știre dinainte ceasul în care va veni. Ori ca mirele care trebuie să vină la nuntă, iar careva l-a ținut pe drum și-a zăbovit. În casa miresii stau zece fecioare care-l așteaptă să-i iasă înainte cu opaițele, să-l însoțească. Cinci. Fecioarele cuminți stau gata cu opaițele și trag cu urechea să audă zvonul și pașii celor care se-apropie. Celelalte cinci, nebunele, nu s-au gândit la opaițe și ostenite de adăstare, ațipesc. Dar iată că deodată se aude departe zvonul alaiului de nuntă. Cele cinci fecioare cuminți aprind luminile și dau fuga-n drum, fericite, întru întâmpinarea mirelui. Celelalte cinci se trezesc iute și se roagă de tovarășe să le dea puțin untdelemn; dar acelea răspund: De ce nu l-ați pregătit de cu vreme? Duceți-vă la cel care-l vinde! Și nebunele aleargă de la casă la casă să găsească puțin untdelemn: dar toți vecinii dorm și nimeni nu le deschide; prăvăliile sunt închise, iar câinii de pripas se dau la acelea. Cele cinci fecioare cuminți au intrat înăuntru și-l sărbătoresc pe mire. Cele cinci fecioare nebune bat, se roagă, strigă; dar nimeni nu vine să le deschidă. Prin crăpătura ușilor zăresc lumina roșcată a ospățului; aud ciocănit de cupe și talere, cântec de tineri și de lăutari, dar ele nu pot intra. Vor fi nevoite să stea pe-afară până-n ziuă, prin negura nopții; iar vântul și frica le va face să tremure ca pe unele care-s îndepărtate de la desfătările ospățului.

UȘA CEA ÎNGUSTĂ

„Intrați pe ușa îngustă, că cea largă și drumul încăpător duc la pierzanie și mulți, mulți sunt cei care trec pe ea; ci ușa îngustă și poteca duc la viață și puțini sunt cei care-o găsesc". Aceia care vor căuta să intre, la urma urmelor, nu vor putea; deoarece stăpânul casei, după ce va zăvorî ușile, nu va mai cunoaște pe nimeni.

Până la Marea Zi, până ce nu va fi prea târziu, cereți și vi se va da, bateți și vi se va deschide. Oamenii, răi din fire, fățarnici, nemilostivi, nu pot ține piept stăruinței celui care se roagă de ei și în cele din urmă se învoiesc. Dacă oamenii care sunt oameni nu sunt totdeauna nesimțitori la rugăminți, cu cât va fi mai neîndoios răspunsul unui părinte iubitor?

Un om la miezul nopții bate la ușa unui prieten și-l trezește din somn. Îi spune prin ușă: împrumută-mi trei pâini, că mi-a picat pe nepusă masă un oaspete și n-am nimic să-i dau. Dar celălalt, pe jumătate adormit, îi răspunde: „Lasă-mă-n pace, că-s trudit și nu-mi vine să mă scol. În pat cu mine îmi dorm copilașii, iar de mă voi scula se trezesc și vor prinde a plânge". Dar celălalt nu se dă învins și bate iar în ușă, strigă mai tare și se roagă cu mâinile cruciș să-i facă acel bine, că acolo pe-aproape n-are alți prieteni, e târziu, iar oaspetele înfometat îl așteaptă. Și atâta se vânzolește pe la ușă, că prietenul se dă jos din pat, îl bagă-n casă și-i dă câte pâini îi trebuie.

Prietenul era leneș, dar bun la suflet. Și totuși, până și cei răi fac ca dânsul. Era într-un târg un judecător căruia nu-i era frică de nimeni. Un om nemernic și urâcios, care voia să facă totul după cum îi venea lui bine. O văduvă se ducea zi de zi la el, ca să-i facă dreptate; și deși dreptatea era de partea ei, judecătorul o tot gonea și nu voia s-o mulțumească. Însă văduva îndura pașnică ocara, nici nu se ostenea ținându-se de capul lui, iar în cele din urmă judecătorul, ca să scape de acea femeie care-l necăjea de-atâta vreme cu rugăminți, cu stăruință și ploconeli, scrise cartea și pe urmă o lasă să-și vadă de drum.

Dar nici nu trebuie să ceri mai mult decât ți se cuvine. Cine și-a făcut datoria la treabă, va mânca și va bea; dar nu va avea la masă un loc numai al lui, nici nu va fi mai bine slugărit decât fratele său; cu atât mai puțin decât mai-marele său.

Când sluga, după ce-a fost la câmp să semene ori să pască vitele, se întoarce acasă, stăpânul n-o ia cu el la masă; ci o pune mai întâi să-i dea de mâncare și pe urmă îi dă și ei tainul ce i se cuvine. E o pildă pe care Isus le-a închinat-o apostolilor, care se și certau pe cele mai bune locuri din împărăție. „Simți-se-va oare acela îndatorat față de sluga lui, pentru c-a făcut precum îi poruncise? Tot așa și voi, după ce veți face tot ce v-am poruncit, spuneți: Suntem slugi netrebnice; făcut-am ceea ce eram ținuți să facem“.

A face e singurul lucru de care trebuie să ținem seama. Sunt dintre cei care spun da la poruncă, iar pe urmă nu lucrează. Aceștia vor fi osândiți mai cumplit ca cei care cârtesc la vorbă, dar la urmă, pocăiți, vor asculta. Un tată avea doi băieți și-i spuse celui mai mare: Du-te la vie și muncește. Iar băiatul spuse că se duce; dar în loc să se ducă la vie, se tolăni la umbră, să tragă un somn.

Tatăl îi spuse mezinului: Du-te și tu la vie, să muncești cu frate-tău. Fiul mai mic răspunse: Nu, azi vreau să mă odihnesc, că nu mi-e bine. Dar pe urmă, gândindu-se la bătrânul care nu mai putea să vadă singur de-ale gospodăriei și părându-i rău, înfrânse osteneala, se duse la vie și munci până seara, cu voie bună.

N-ajunge s-asculți de cuvântul împărăției. A te învoi numai din gură, ca să te ții de viața pe care-ai dus-o mai înainte, fără măcar să-ncerci primenirea sufletului din tine, nu prețuiește. „Oricine vine la mine și-mi ascultă vorbele și nu iese din ele, fi-va asemenea omului cuminte care voind să-și facă o casă, a săpat adânc și a pus temelia pe stâncă. Iar când a căzut ploaia și-a venit apa mare, potopul s-a năpustit în acea casă și vânturile au bătut, dar casa nu s-a surpat; că era zidită pe stâncă. Dar cel care-mi aude cuvintele și nu se ține de ele, e asemenea omului nebun care și-a ridicat casa pe nisip, fără temelie. A căzut ploaia, au venit apele mari, a bătut vântul și potopul s-a năpustit în acea casă și pe dată a surpat-o și nespus fost-a ruină de mare".

Aceeași învățătură se găsește în pilda sămânței. „Semănătorul ieșit-a să-și semene sămânța; iar pe când semăna, o parte din sămânță căzu în drum, fu călcată-n picioare și păsările cerului o ciuguliră. O alta căzu în locuri stâncoase, unde n-avea mult pământ, și pe dată răsări, căci țarina nu era adâncă; întâlnind soarele, fu dogorită și, neavând rădăcină, se uscă. Iar alta căzu între mărăcini și mărăcinii, crescuți odată cu sămânța, o înecară. Iar alta căzu în pământ bun și, răsărind, rodi însutit". Iată pilda pe care cei doisprezece nu erau în stare s-o priceapă. Iar Isus fu nevoit să se rătălmăcească singur. Sămânța e vorba. Iar cel care n-o înțelege, vine Satana și o ia. Care-o înțelege și-o primește cu voie bună, dar nu și-o înrădăcinează în suflet, la cea dintâi obidă își uită de ea. Alții o ascultă și o primesc, și nu știu să izgonească grijile de cele lumești, de avuții, de măriri; iar atunci acești scaieți cotropitori o vor înăduși, dar cel care-ascultă cuvântul și-l înțelege și face din el singurul stăpân al gândului său, îndreptarul vieții sale, e cu adevărat asemenea timpului rodnic, în care grâul rodește însutit.

Nu ajunge să-l asculți, să-l pricepi, să nu ieși din el. Cel care l-a primit nu trebuie să-l țină pentru sine.

Cine-i cel care, având un opaiț, îl pitește sub pat, ori îl acoperă cu o strachină, ori îl pune sub obroc? Lumina trebuie să stea în mijlocul casei, sus, s-o vadă toți, ca să fie luminați de ea.

Un bogătaș care trebuia să plece într-o călătorie lungă, îi lăsă fiecăruia dintre servitori câte o mie de drahme, ca să le dea cu dobândă. Iar când se întoarse, le ceru socoteală. Cel dintâi îi dădu înapoi două mii de drahme, deoarece cu cele o mie câștigase alte o mie. Și bogătașul îl puse vătaf peste toate avuțiile sale. Cel de-al doilea îi dădu înapoi o mie cinci sute, deoarece mai mult de cinci sute nu izbutise să câștige, însă cel de-al treilea i se înfățișă sfios și-i arătă, legate într-o basma, cele o mie de drahme pe care le avusese în păstrare. „Stăpâne, iată-ți drahmele: știam că ești om necruțător și strângi unde n-ai semănat și aduni unde n-ai risipit; mi-a fost teamă și le-am ținut ascunse. „Iar bogătașul: Slugă păcătoasă și leneșă, judeca-te-voiu după vorbele tale. Luați-i drahmele și dați-le celui care are două mii.

— Dar el are destule.

— Zic vouă, răspunde bogătașul, că celui care are mai mult i se va da: iar celui care n-are i se va lua și ce are. Iar pe sluga netrebuincioasă aruncați-o în bezna nopții, unde-i plânset și scrâșnirea dinților.

Cel care-a primit cuvântul e ținut să facă astfel ca să-i îndoiască binefacerile, i-a fost dată în păstrare o astfel de comoară, că de-o lasă nefolosită cuvine-se să-i fie luată. Celui ce n-adaugă nimic la ea, i se va lua și ce are: celui care-a îndoit-o, i se va dărui încă mai mult. Aceștia nu-s săraci cărora se cade a li se da pentru că n-au, ci țărani necredincioși și trândavi, cărora li s-a încredințat cel mai rodnic ogor din câte-s pe lume.

Ferice de vătaful pe care stăpânul îl va găsi grijuliu să le facă dreptate slugilor, să le oprească la toți partea de grâu ce li se cuvine. Iar dacă vătaful prinde a bate sclavii și slugile, nu are alt gând decât să mănânce și să se-mbete, când se va întoarce stăpânul – la ziua aceea nu se așteaptă – va pune să-l bată cu bicele și se va purta cu el rău, ca un nelegiuit ce este.

Căci sluga care nu știe voința stăpânului și, neștiind-o, n-ascultă de ea, va fi bătută mai ușor; dar sluga ce-o știa și cu toate acestea făcu dimpotrivă, fi-va snopită-n bătaie și izgonită din casa în care poruncea. Purtătorii cuvântului n-au drept la milă, când ei n-ascultă cei dintâi. Celui ce i s-a dat mult, mai mult i se va cere înapoi.

FIUL RISIPITOR

Un om avea doi feciori, îi murise nevasta, dar îi rămăseseră acești doi feciori. Numai doi. Dar doi e totdeauna mai bine decât unu. Dacă cel dintâi e plecat, rămâne acasă al doilea, dacă cel mai mic se îmbolnăvește, cel mai mare face treabă cât doi; ori dacă unul ar fi să moară – și feciorii mor și tinerii mor câteodată înaintea bătrânilor –, dacă unul dintre ei ar fi să moară, rămâne măcar unul care să se gândească la sărmanul lor tată.

Acest om își iubea feciorii nu numai pentru că erau sângele lui, ci pentru că era drăgăstos din fire. Îi erau dragi amândoi, cel mare și cel mezin; poate puțin mai mult mezinul decât cel mai mare, dar atâta de puțin mai mult că nici el nu băga de seamă. Pentru copilul de pe urmă toți părinții și toate mamele au slăbiciune: că-i mai plăpând, mai drăgălaș ca toți; și mai puțin apărat de lege; apoi, e cel din urmă care-a fost copil și după ce s-a născut acela n-a mai fost în casă altă cumetrie, așa că pruncia lui, parc-ar fi fost ieri, se lungește, se prelungește, se întinde până aproape de pragul tinereții, ca o dâră stăruitoare de duioșie. N-ai zice că ieri sugea, făcea cei dintâi pași cu rochița scurtă, sărea de gâtul tatei și-i călărea pe genunchi?

Însă acel om nu era părtinitor. Pe feciorii săi îi ținea ca pe ochii din cap și ca mâinile din cot, deopotrivă dragi, unul de-a dreapta și altul de-a stânga; băga de seamă ca amândoi să fie mulțumiți și niciunuia să nu-i lipsească ceva.

Totuși, chiar dintre copiii aceluiași tată, care cu-n gând, care cu altul, mai niciodată nu se-ntâmplă ca doi frați să aibă mintea la fel, ori măcar asemănătoare.

Cel mai mare era un băietan tăcut, cuminte, potolit, de părea om în toată firea, copt, bărbat, cap de familie. Nu ieșea din cuvântul tatălui său, dar ținându-l mai mult de stăpân decât de tată, fără o pornire, fără un semn de duioșie: muncea fără preget, dar era încruntat și certăreț cu slugile; se ținea de datina bisericească, dar să nu-i fi ieșit calici în cale; de s-ar fi luat după el, cu toate că bunătățile pământului le umpleau casa, pentru aceia nu se găsea niciodată nimic. Se făcea că-i e drag fratele său, dar înlăuntru-i rumega fierea necazului. Când se spune „se iubesc ca frații“, se spune tocmai ceea ce n-ar trebui să se spună.

Rareori frații se iubesc cu adevărat. Istoria ebraică, pentru a le lăsa la o parte pe celelalte, începe cu Cain, urmează cu Iacov care-l înșală pe Esau, cu Iosif cel vândut de frați, cu Absalon care-l omoară pe Ammon, cu Solomon care pune să o gâtuiască pe Adonia; picurare de sânge pe-o cale lungă de pizmuiri, de certuri, de vânzări. În loc de iubire frățească, spună-se iubire părintească: vom greși mai puțin.

Cel de-al doilea fecior părea de alt neam. Era mai nevârstnic și nu se rușina de tinerețea lui. Se scălda în tinerețe ca într-o gârlă caldă. Cunoștea toate poftele, zvăpăielile, plăcerile (și neplăcerile) anilor săi. Cu tată-său, după toane: într-o zi l-ar fi luat în țeapă, în alta l-ar fi suit în slava cerului; era în stare să-i facă mutre săptămâni de-a rândul și pe urmă, deodată, îl lua de gât, voios nevoie mare. Mai mult ca munca îi plăceau hoinărelile cu prietenii și nu se codea când îl îmbiau la un pahar; se uita după femei, se dădea-n vânt după hainele frumoase, ținea morțiș să fie mai chipeș ca toți. Dar bun la suflet: plătea celui în neputință, dădea de pomană pe-ascuns de fratele său, nu gonea pe nimeni fără a-i veni într-ajutor. La sinagogă se arăta rar de tot; iar pentru asta și alte asemenea purtări, vecinii gospodari, oameni de treabă și cumsecade, oamenii curați la suflet și cu frica lui Dumnezeu, habotnici și grijulii, nu-l vedeau cu ochi buni și se rugau de copiii lor să nu se dea-n vorbă cu dânsul. Mai ales că băiatul voia să se fudulească mai presus de puterile tatălui său – om de treabă, spuneau, dar slab de înger și orbit –, trântind vorbe ce nu stăteau bine în gura unui copil de negustori, crescut cât putuseră mai bine. Viața măruntă a acelui loc mărunt nu făcea de el. Spunea că-i mai bine să colinde țările bogate, cu lume multă, depărtate, dincolo de munți și de mare, unde-s marile cetăți cu podoabe rare, cu stâlpi de marmură, cu vinuri din insule, cu prăvăliile înțesate de mătăsuri și de argint, cu femeile îmbrăcate ca de nuntă, ca reginele dospite-n arome, femei care-și dădeau carnea întinsă fără a se lăsa rugate, în schimbul unei bucăți de aur.

Acolo, la țară, trebuia să asculte de porunci și să se trudească; nu era chip să-și potolească pofta de ducă. Tatăl său, deși avut, deși bun, măsura drahmele de parc-ar fi fost talanți; frate-său se uita strâmb dacă-și făcea o haină nouă ori când venea acasă mai cu chef; ai săi nu știau decât de ogor, de brazdă, de pășune, de vite: o viață ce nu era viață, ci istovire.

Iar într-o bună zi – se gândise în mai multe rânduri și n-avusese curajul s-o spună – își luă inima-n dinți, se încruntă la față și-i zice tatălui său:

— Dă-mi partea mea, ce mi se cuvine, și n-o să-ți mai cer nimic, niciodată.

Bătrânului la acele vorbe i se-ntunecaseră ochii, dar nu răspunse și se duse în odaia lui ca să nu se arăte că plânge. Și niciunul dintre ei nu mai deschise vorba despre acest lucru o bucată de vreme. Dar băiatul pătimea, stătea tot posomorât, pierduse zvăpăiala și vioiciunea, până chiar și culoarea feței. Iară părintele, văzându-și copilul pătimind, pătimea și mai mult la gândul să nu-l piardă. Așa că la urma urmelor dragostea părintească învinse dragostea de sine. Prețuiră și socotiră avuțiile; moșneagul le dădu la amândoi feciorii partea ce li se cuvenea și păstră ce mai rămăsese pentru dânsul. Cel mai mic nu pierdu vremea: vându tot ce nu putea lua cu el și strângând o sumă frumoasă, fără să spună nimănui nimic, într-o seară încălecă pe-un murg și se tot duse. Fratelui celui mare nu-i păru rău: N-o să mai aibă curaj să se întoarcă; deacum, sunt singurul copil al tatei și-o să poruncesc singur; nimeni n-o să-mi mai ia ce-o rămâne de pe urma lui.

Dar tatăl își plânse în taină toate lacrimile, toate lacrimile bătrânelor sale pleoape zbârcite; toate brăzdăturile îmbătrânitei sale fețe fură scăldate-n lacrimi, toată bătrâna-i față udă de plâns. Din ziua aceea n-a mai fost el și trebuit-a întreaga dragoste ce-i purta feciorului rămas ca să nu moară de scârba acelei despărțiri.

Dar un glas îi spunea că poate nu-l pierduse pentru totdeauna pe cel de-al doilea fecior, că avea să-i fie dat să-l mai strângă o dată la piept, mai înainte să moară; iar glasul îl ajută să îndure despărțirea cu mai puțină sfâșiere.

Într-acestea, băiatul fugar se apropia zorit de locul îmbelșugat și plin de desfătări în care-și pusese-n gând să trăiască. Iar la orice cotitură a drumului, pipăia săculeții cu bani ce spânzurau de o parte și de alta a oblâncului. Ajunse degrabă la locul poftelor sale și începu să chefuiască. I se părea că miile pe care le-adusese cu el n-aveau să se mai isprăvească niciodată. Luă cu chirie o casă frumoasă, cumpără vreo cinci-șase robi, se îmbrăcă la fel cu regii, pe dată-și făcu prieteni și prietene care mâncau totdeauna la el și-i beau vinul, până nu mai puteau. Cu femeile nu cruță banii și le alese pe cele mai frumoase din câte află în târgul acela: numai să fi știut să dănțuiască, să cânte, să se îmbrace cu strălucire, să se dezbrace cu tâlc. Darurile nu i se păreau niciodată prea multe ori prea frumoase, pentru a se bucura de carnea lor ce i se dădea cu atâta voluptuoasă moliciune și-l făceau să guste cele mai deznădăjduite chinuri ale plăcerii. Provincialul domnișor, venit din târgușorul său lipsit de petreceri, lăsat fără bani de cheltuială în anotimpul senzualității cotropitoare, dându-se-n vânt după viața desfrânată, își potolea acum toată desfrânarea-i înfrânată, toată dragostea-i de trai îmbelșugat, în acea viață primejdioasă, ca un pod fără zaplazuri.

O viață care nu putea să țină mult. Când iei mereu și nu mai pui la loc, muntele că-i munte și tot scade, spun țăranii când intră în coșar să ducă grâul la moară. Sacii risipitorului aveau fund, ca toți sacii; și veni ziua în care nu mai era în saci nici aur, nici argint, nici aramă, ci bucăți de pânză și de piele ce se turteau pleoștite pe jos. Prietenii și femeile se făcură nevăzuți; robii, paturile și mesele fură vândute, iar cu ce luă de pe ele abia de mai putea mânca, la voia întâmplării, câteva zile. Spre mai mare nenorocire, se ivi și foamea în acel târg. Așa că risipitorul se trezi flămând în mijlocul unui norod hămesit. Și, cât era de lung, nimeni nu-l băgă în seamă. Femeile plecaseră prin alte târguri, pe unde puteau să stea mai bine: prietenii de noapte și de chefuri abia de-și puteau duce zilele lor.

Nenorocitul, cu mâna goală, plecă de-acolo și se luă după un bogătaș care se ducea la țară, unde avea o moșie. Atâta se rugă de-acela, că-l tocmi porcar; era tânăr, voinic, iar porcarii nu prea dădeau ghes; nimeni, mai răsărit, nu voia să se apuce de acea meserie. Pentru un evreu nici că putea fi ocară mai mare. Până și-n Egipt, unde totuși oamenii se închinau la dobitoace, doar porcarii n-aveau voie să intre în templu și niciun părinte nu și-ar fi dat fata după un porcar, precum nimeni n-ar fi luat-o pentru tot aurul pământului pe fata unui porcar.

Însă, risipitorul n-avea de-ales și trebui să mâne cârdul de porci la păscut. Nu-i dădeau simbrie, iar mâncarea era puțină, că puțină era pentru toți. Pentru porci nu-i foamete, că ei mănâncă orice, iar în acele locuri aveau roșcove din belșug, să se tot sature. Nenorocitul acela hămesit se uita cu jind la porcii negri și roșcovani, care scormoneau în pământ, ronțăiau tecile și rădăcinile, uneori îi venea să mănânce cu porcii de-a valma și plângea gândindu-se la belșugul de-acasă și la ospețele din târgul cel mare. Uneori, biruit de foame, lua de sub râtul guițat al porcilor o păstaie de roșcovă, potolindu-și amarul pocăinței cu acea dulceață searbădă și lemnoasă. Vai de el de l-ar fi văzut stăpânul!

Îmbrăcămintea-i era un suman murdar de rob, care mirosea a bălegar; încălțămintea-i, o pereche de opinci scorojite, prinse cu nojițe de răchită: pe cap, o ciupercă de pălărie arsă de soare. Iar mândru-i chip de june amorez, pârlit de arșița ponoarelor, se scofâlcise și se lungise, prinsese față de mortăciune, plumburie și mocirloasă.

Cine i-o fi purtând acuma mantalele albe de lână toarsă și țesută-n casă, pe care i le-a lăsat în sipete fratelui său? Unde i-or fi mândrele halate de mătase vopsită în purpură, pe care se văzu nevoit să le vândă telalilor pe câțiva gologani? Slugile tatălui său umblau mai bine îmbrăcate ca el. Și mâncau mai mult.

Venindu-și în fire, își spuse:

— Câți din argații tatei nu pot mânca toată pâinea, iar eu mor de foame!

Până atunci, de îndată ce i se înfățișase gândul întoarcerii acasă, îl și izgonise. Să se întoarcă în halul acela, după ce-și disprețuise casa, după ce-l făcuse pe tată-său să plângă și făcuse pe placul fratelui său! Să se întoarcă gol, desculț, fără o drahmă, fără inel – semn de libertate –, pocit și năimit de acea hămesită robie, împuțit și pângărit de-acea păcătoasă meserie; să le dea dreptate cuminților vecini, cumintelui său frate; să se umilească la picioarele bătrânului, pe care-l părăsise fără să-i dea ziua bună! Să se întoarcă ca o zdreanță de nemernicie, acolo de unde plecase ca un rege! Să se întoarcă la blidul în care scuipase, într-o casă în care nu mai avea nimic!

Nu. Ceva tot îi mai rămânea. Tatăl său. Dacă era al tatălui său, tatăl era și al lui, îi era copil, prăsilă a cărnii sale, ieșit din sămânța lui într-o clipă de dragoste. Părintele, chiar jignit, n-ar putea să se lepede de sângele său. De nu-l va primi ca fecior, îl va ține măcar la curte argat. În locul unui străin, al unui ins născut din alt tată. „O s-o pornesc la drum și-o să mă duc la tata să-i spun: – Tată, păcătuit-am în fața cerului și în față-ți; nici nu mai am obraz să spun că-ți sunt copil, ci tocmește-mă argat la tine. Nu mă întorc ca fecior, ci ca slugă, ca salahor; nu-ți cer dragoste, că nu mai am drept, ci doar oleacă de pâine în bucătăria ta."

Și băiatul, dându-i stăpânului porcii pe seamă, o luă către părțile lui. Cerea câte-un dărab de pâine pe la țăranii care-i dădeau și scălda pâinea aceea de pomană în sărătura lacrimilor, la umbra sicomorilor. Picioarele cojite și jupuite abia-l mai duceau; era desculț, dar credința iertării îl ducea, pas cu pas, către casă.

La urma urmelor, într-o zi, la amiază, zări conacul tatălui său, dar nu cuteză să bată, nici să strige, nici să intre. Ci dădea târcoale, să iscodească de-ar fi ieșit careva. Și iată că tatăl său se arată-n poartă și-l vede de departe – copilul s-a schimbat, însă ochii unui părinte, fie chiar stricați de plâns, trebuie să-l cunoască – și dă fuga la el, îl strânge la piept, îl sărută, iar îl mai sărută, nu ostenește lipindu-și de zor bătrânele-i buze palide de acea față istovită, de acei ochi cu căutătură schimbată, dar tot frumoși, de acel păr plin de praf, dar tot creț și moale, de acea carne care-i carnea lui.

Feciorul, uluit și înduioșat, nu poate să răspundă sărutărilor. Și abia ce scapă din brațele părintești, se aruncă la pământ și rostește tremurând vorbele învățate pe de rost:

— Tată, păcătuit-am în fața cerului și în față-ți: nici nu mai am obraz să spun că-ți sunt copil.

Dar dacă feciorul se umilește până la a nu mai voi să-și zică fiu, bătrânul în acea clipă se simte mai mult ca oricând părinte; i se pare că mai este o dată tată. Și fără măcar a-i răspunde, cu ochii încețoșați și umezi, dar cu glasul răsunător de odinioară, își cheamă slugile:

— Aduceți haina cea mai frumoasă și mai mândră și o puneți pe el; puneți-i un inel în mână și încălțări în picioare.

Feciorul stăpânului nu se cade să intre în casă în halul acela, ca un orbeț. Haina cea mai frumoasă, încălțările cele noi, cu inelul pe deget. Iar slugile trebuie să-l slugărească, doar și el e stăpân.

— Ci aduceți vițelul pe care l-am îngrășat și să-l junghiem, să ne ospătăm și să facem praznic, că mort mi-era fecioru și-a-nviat, pierdut a fost și s-a aflat.

Vițelul cel gras era ținut pentru sărbători: dar care sărbătoare, pentru mine-i mai frumoasă ca aceasta? Îl plânsesem mort și iată-l viu, lângă mine; Îl pierdusem prin lume, iar lumea datu-mi-l-a înapoi. Departe era și s-a întors printre noi; calic fost-a pe la casele străinilor, iar acuma-i stăpân în casa lui; flămând era și ospăta-se-va la masa noastră.

Iar slugile se supuseră și vițelul fu înjunghiat, jupuit, sfârtecat și pus la fript. Iar din pivniță fu scos vinul cel mai vechi. Și dereticară odaia musafirilor, pentru ospățul întoarcerii. Câțiva robi se duseră să-i poftească pe prietenii bătrânului, iar alții după lăutari, să vină iute cu scripcile și cu surlele.

Și când totul fu gata, după ce feciorul se îmbăie și tată-său îl mai sărută de multe ori – voind parcă să se încredințeze cu gura lui că feciorul cel adevărat era acolo cu el, iar nu arătarea unui vis – prinseră a benchetui, vinul curse râuri și lăutarii ținură isonul cântărilor de veselie.

Cel mare era la câmp, la muncă; iar seara, întorcându-se, când se apropie de casă, auzi cântece și larmă, bătăi din palme și tropăituri de dănțuitori. Nu știa ce să creadă. Ce s-o fi întâmplat? Și-o fi sărit tata din minți? Ori s-a oprit vreo nuntă din senin la noi?

Dușman al zarvei și al mutrelor necunoscute, nu voi să intre, să vadă cu ochii lui ce se-ntâmplase. Ci strigându-l pe-un băiat care tocmai ieșea din casă, îl întrebă care era oare pricina acelei gălăgii.

— S-a întors fratele tău. Iar bătrânul înjunghiat-a vițelul pus la îngrășat, că l-a aflat iarăși sănătos și viu.

La acele cuvinte i se poticni inima și se făcu alb ca varul la față. Nu de plăcere, ci de ciudă și de pizmă. Mânia cea veche îi clocoti iarăși în suflet, de parcă i s-ar fi făcut vreo strâmbătate. Nici nu voi să intre în casă, ci stătea pe-afară ciudos.

Atunci tatăl său ieși din casă și-l strigă: – Vino-ncoa'! Iată, venit-a frate-tău și a-ntrebat de tine; mult se va bucura văzându-te, și-om petrece cu toții.

Dar cumintele nu-și putu stăpâni vorbele și, cea dintâia oară în viața lui, cuteză să-l învinuiască pe bătrân fățiș:

— Iată, de-atâția ani te slugăresc ca o slugă, nici nu ți-am ieșit vreodată din cuvânt; iar mie nu mi-ai dat niciodată un ied să-l mănânc și eu cu prietenii mei. Dar când fiu-tău, după ce ți-a irosit averea cu femei din toată lumea, s-a-ntors acasă, junghiat-ai pentru dânsul vițelul gata îngrășat.

Prin aceste puține cuvinte își dă pe față toată josnicia sufletului său, ascunsă până atunci în mantia farisee a cuminței. Îi amintește tatălui său că el niciodată nu-i ieșise din cuvânt, că bătrânul fusese zgârcit cu el – nu mi-a dat nici măcar un ied! – și-l ține de rău, el, copil neiubitor, că-i un tată prea drăgostos. „Fiu-tău", nu zice frate; recunoască-l drept fecior tată-său; dar el drept frate nu vrea să-l socotească. „Ți-a irosit banii cu femei pierdute." Banii care nu erau ai săi, cu femei care nu erau ale sale; pe câtă vreme eu am stat cu tine, muncindu-ți din greu ogoarele, fără nicio răsplată.

Dar părintele, precum l-a iertat pe celălalt băiat, îl iartă și pe acesta.

— Copile, tu ești tot mereu cu mine și ce-i al meu e și-al tău. Dar trebuia să ne ospătăm și să ne veselim, că fratele tău mort era și a-nviat, pierdut era și s-a aflat.

Bătrânul nu se îndoiește că aceste cuvinte ajung spre a-i închide gura. „Mort a fost și a-nviat, pierdut a fost și s-a aflat." Mai e nevoie de altceva? Ce l-ar putea îndupleca mai bine? Va fi făcut ce-a făcut. Mi-a irosit agoniseala cu femeile; a petrecut până s-a săturat. A plecat fără să-mi dea bună ziua, m-a lăsat să plâng. De s-ar fi purtat și mai rău, tot copilul meu este. De-ar fi tâlhărit la drumul mare, de-ar fi răpus vieți nevinovate, de m-ar fi batjocorit și mai tare, nu pot uita că mi-e copil, sângele meu. Plecat a fost și s-a întors; nevăzut era și s-a arătat; pierdut și-i aflat; mort și a-nviat. Mai mult nu-mi pasă. Iar pentru a prăznui minunea, un vițel gras nu-mi pare de-ajuns. Tu n-ai plecat niciodată de pe lângă casă; m-am bucurat totdeauna de tine; toate vitele curții mele ale tale-s, numai să mi le ceri; Mâncat-ai zi de zi la masa mea. Ci el era departe de-atâta vreme, de-atâtea zile, de-atâtea săptămâni, de-atâtea luni. Nu-l mai vedeam decât în vis; nu mai mâncase o bucată de pâine cu mine de-atâta vreme. Nu mi-i dat oare să mă veselesc măcar astăzi?

Isus s-a oprit aici. N-a povestit mai departe. Nu era nevoie. Tâlcul pildei n-are nevoie de adăugiri. Dar nicio poveste – după cea a lui Iosif Jidovul – rostită de gură omenească, n-a fost mai frumoasă ca aceasta; niciuna care să prindă mai în adânc inima omului.

Tâlcuitorii slobozi sunt să bată câmpii și să-și piardă vremea. Ba că risipitorul e omul cel nou, curățit prin încercarea durerii, iar feciorul cel cuminte fariseul care nu iese din slova legii vechi, fără a cunoaște însă ce-i dragostea. Ba că feciorul cel cuminte e poporul evreiesc, care nu pricepe dragostea tatălui, care-l va primi pe păgân cu toate că s-a tăvălit în iubirea mârșavă a păgânității și a trăit de-a valma cu porcii.

Isus nu era un propunător de enigme. Singur a spus, la sfârșitul parabolei, că mai mult se bucură cerul pentru un păcătos pocăit, decât pentru toți cuvioșii care se trufesc cu fățarnica lor cuvioșie, decât pentru toți cei curați care se fălesc cu neasemuita lor curățenie de ochii lumii, decât pentru toți zeloșii care ascund neînduplecarea inimii lor sub părelnica supunere la lege.

Adevărații drept-credincioși vor fi primiți în împărăție, dar de ei nimeni nu se îndoia. Nu ne-au făcut să tremurăm și să suferim, nici nu-i nevoie să ne veselim. Dar pentru cel care era mai-mai să se piardă, pentru cel care-a pătimit ca să-și făurească suflet nou, ca să înfrângă bestialitatea, pentru cel care și-a meritat mai mult locul, căci a trebuit să se lepede de tot trecutul său ca să-l capete, pentru acesta înălța-vom cântările veselirii.

„Care dintre voi, având o sută de oi și pierzând una nu le lasă pe cele nouăzeci și nouă în paragină și se ia după cea pierdută, până ce-o găsește? Iar când dă peste ea, o ia în spate, bucuros și, ajungând acasă, își cheamă prietenii și vecinii, zicându-le: Veseliți-vă cu mine, că mi-am găsit oaia cea pierdută."

Care femeie, având zece drahme, de pierde una, n-aprinde opaițul, nu mătură casa și nu caută cu luare-aminte până ce-o găsește? Iar când a dat peste ea își cheamă prietenele și vecinele, zicând: „Veseliți-vă cu mine, c-am găsit drahma pe care-o pierdusem". Ce-i oaia pe lângă un fecior înviat, pe lângă un om mântuit? Ce preț are o drahmă pe lângă un rătăcit care, pocăindu-se, pornește iarăși pe calea sfințeniei?

PILDELE PĂCATULUI

Însă iertarea dă naștere unui legământ de la care nu încap abateri. Iertarea poate fi trecută din om în om și va să fie trecută. Dragostea e un foc pe care de nu-l aprinzi în alții se stinge. Te-au ars cu bucuria lor; aprinde-l pe cel ce s-apropie; de nu, fi-vei piatră afumată dar rece. Cine-a primit e ținut să dea înapoi: mai mult, ar fi mai bine – dar măcar o parte.

Într-o zi, un rege voit-a să se socotească cu supușii săi. Și unul câte unul îi chemă să i se înfățișeze. Printre cei dintâi fu adus un ins care-i datora zece mii de talanți. Neavând cu ce să-i plătească, regele porunci să fie vândut, cu nevasta, cu copiii și cu tot ce-avea, întru despăgubirea unei părți din datorie. Robul, deznădăjduit, se aruncă la picioarele regelui. Părea o boccea de straie, din care ieșeau suspine și făgăduieli: îndură-te, mai așteaptă câteva săptămâni și ţi-oi plăti tot; da' nu îngădui ca nevasta și copiii să-mi fie duși în bâlci ca oile, despărțiți de mine, alungați cine știe unde.

Regele se înduioșă – avea și el copii mici –, îi dădu drumul, ba-i iertă și acea datorie mare.

Robul ieși afară de parcă era alt om; însă inima-i, chiar și după atât de mare hatâr, îi rămăsese aceeași, întâlnindu-se cu unul dintre tovarășii săi care-i datora o sută de dinari – nimica toată, față de cele zece mii de talanți – se năpusti asupră-i și-l luă de gât: Dă-mi înapoi datoria, ori te dau pe mâna sbirilor. Pățitul, luat din scurt, făcu ce făcuse năpăstuitorul său mai adineaori în fața regelui: i se aruncă la picioare, se rugă, plânse, se jură c-avea să-i plătească peste câteva zile, îi sărută pulpana hainei. Îi pomeni de vechea lor frăție. Îl rugă să mai aștepte în numele copiilor care-l așteptau acasă.

Și nemernicul care era rob iar nu rege, nu se îndură: îl apucă pe datornic de-o mână, îl dădu pe mâna judecătorului și-l aruncă în temniță. Vestea, printre ceilalți robi ai palatului se răspândi și-i îndureră pe toți. Astfel că ajunse repede la urechile regelui, care, punând să-l cheme pe cel nemilos, îl dădu pe mâna călăilor: Iertatu-ți-am acea datorie mare; oare nu se cădea s-o ierți și tu pe-a fratelui tău, care era nespus mai mică? Mie mi-a fost milă de tine; oare nu se cădea să-ți fie milă de dânsul?

Păcătoșii, când recunosc răul din ei și se leapădă de păcat cu inimă smerită, sunt mai aproape de împărăție ca evlavioșii care se trudesc cu lauda smereniei lor.

Doi inși se urcară la Templu să se roage; unul era fariseu, celălalt vameș. Fariseul, cu cornul legat în frunte și la mâna stângă, cu canaturile lungi și lucioase la șal, țanțoș, stând în picioare ca unul ce se simte-n casa lui, se ruga astfel: Doamne, mulțumescu-ți ție că nu-s ca alții, hrăpăreț, nedrept, păcătoșit de femei, sau ca vameșu' acela de acolo. Postesc de două ori pe săptămână, plătesc toate dăjdiile și nu ies din poruncile legii.

Vameșul, în schimb, nici măcar nu cuteza să ridice ochii și parcă i-ar fi fost rușine să i se înfățișeze lui Dumnezeu. Ofta și se bătea în piept și nu rostea decât aceste cuvinte: „Dumnezeule, îndură-te de mine păcătosul".

„Spun vouă că acesta coborât-a acasă iertat, iar celălalt nu; că cel ce se-nalță va fi coborât, iar cel ce se smerește înălțat fi-va".

Un mare învățat al legii îl întrebă pe Isus cine este aproapele; iar Isus povesti: „Un om, un evreu, scobora din Ierusalim spre Iericon prin ponoarele munților. Tâlharii îi ieșiră înainte și după ce-l schingiuiră și-i prădară avutul, îl lăsară-n drum mai mult mort. Trece pe-acolo un preot, unul dintre cei care se duc mai abitir pe la ospețe și se laudă a cunoaște de-a fir a păr voința lui Dumnezeu; îl vede pe acel nenorocit întins la pământ, dar nu se oprește și, nu cumva să se murdărească, trece pe cealaltă margine a drumului. Puțin după aceea, iată un levit. Și acesta era, între zeloși, dintre cei mai cu trecere și știa pe de rost toate slujbele sfinte; ba-i părea a fi, mai mult decât țârcovnic, unul din stăpânii Templului. Se chiorăște la trupul cel sângerând și-și căută de drum. Și trece în sfârșit un Samaritean. Pentru iudei, samaritenii erau necredincioși, trădători, puțin mai puțin păcătoși ca barbarii, numai pentru că nu voiau să aducă jertfe la Ierusalim și să primească reforma lui Nehemia. Samariteanul însă nu cercetă dacă nenorocitul căzut în prundișul drumului e circumcis ori ba, dacă-i de loc din Iudeea ori din Samara. Ci se apropie și văzându-l în halul acela, i se făcu milă de dânsul. Scoțând din oblânci ploștile, îi toarnă un pic de untdelemn și de vin pe răni, i le leagă cum putu cu o basma, îl ridică pe necunoscut în spinarea măgăriței sale, îl duse la un han, îl puse-n pat, căută să-l întremeze dându-i cu de-a sila să mănânce ceva cald și nu pleacă de-acolo până ce nu-l văzu venindu-și în fire, cât să poată grăi și mânca. A doua zi îl luă deoparte pe hangiu și-i dădu doi dinari: Să ai grijă de el: îngrijește-l cât poți mai bine; iar de-i cheltui mai mult, o să-ți plătesc la întoarcere.

Aproapele, așadar, e cel ce pătimește, cel ce are nevoie de ajutor. Oricine-ar fi. Chiar și dușmanu-ți, dacă are nevoie de tine, chiar de nu te roagă, e cel dintâi dintre cei care-ți sunt aproape.

Mila este cel mai temeinic răvaș pentru primirea în împărăție. Află aceasta bogătașul cel lacom, îmbrăcat numai în purpură și-n borangic, care în fiecare zi benchetuia cu prietenii. La poarta palatului său stătea Lazăr, calicul, flămândul, bubosul, care s-ar fi mulțumit cu fărâmele și cu oasele ce cădeau sub masa chefliului. Câinilor le era milă de Lazăr și de calicenia lui: neputându-i face mai mult, îi lingeau rănile, iar el mângâia acele dobitoace blajine și milostive cu mâna-i numai ciolane. Dar bogătașului nu-i era milă de Lazăr și nu-i trecu niciodată prin minte să-l cheme, o singură dată, la masa lui; nu-i trimitea măcar un colț de pâine, rămășițele pe care le măturau slugile, pe care și rândașii le lepădau. Se întâmplă că amândoi, calicul și avutul, muriră; iar calicul fu primit la masa lui Avram, pe când avutul fu azvârlit să pătimească-n foc. Și o cruntă sete-l chinuia și nimeni nu-l mângâia. De departe-l văzu pe Lazăr care se ospăta cu patriarhii și, dintre flăcări, strigă: Părinte Avrame, fie-ți milă de mine și trimite-l pe Lazăr să-mi ude buzele cu vârful degetului, că mă pârjolesc avan în focul acesta.

Nu-i dăduse nicio fărâmitură în viață și nu cerea scăparea din foc, nicio cană cu apă, nici măcar o înghițitură, nici măcar o picătură, ci se mulțumea cu acea fărâmă de jilăveală ce se putea prelinge pe vârful unui deget, al celui mai mic deget dintre degetele calicului. Dar Avram răspunse: Fiule, adu-ți aminte că te-ai bucurat în viaţă de toate bunătățile, iar Lazăr de toate nenorocirile. Acum, el e mângâiat, iar tu chinuit. De i-ai fi dat o fărâmitură de la masa ta, și bine știai că-i era foame și-ți stătea covrigit la poartă mai rău ca un câine, ba până chiar și câinilor le era mai milă de el decât ție, de i-ai fi dat o înghițitură de pâine o singură dată, n-ai avea nevoie acu' să-i ceri vârfu' degetului înmuiat în apă.

Avutul se gudură în preajma avuțiilor sale și-i pare rău să dea o părticică, pe-atâta, din ele: deoarece i se părea că viața stă locului și că ziua de mâine va fi la fel cu cea de ieri. Dar moartea vine și pentru el, când se gândește mai puțin. Era odată un proprietar care într-un an strânse mai multe roade ca de obicei de pe moșiile sale. Se chibzuia în fel și chip, pe socoteala noii sale bogății şi zicea: Doborî-voi la pământ hambarele și voi face altele mai mari, să încapă-n ele toată recolta, grâul, orzul, fânețele; și voi face alte coșare pentru fân și paie; alte grajduri pentru boii pe care-i voi cumpăra; pe deasupra, un staul mare în care să-mi intre toate oile și caprele. Și spune-voi sufletului meu: De acum ai la păstrare multă avuție, pe mulți ani; ci odihnește, mănâncă, bea, bucură-te și nu te mai gândi la nimic.

Nici nu-i trecu prin minte, măcar o clipă, gândul că din acele binefaceri ale pământului ar fi putut lăsa la o parte o fărâmă, să aline cu ea suferințele sărăcimii. Dar chiar în acea noapte în care visase atâtea înfrumusețări, bogătașul muri: iar a doua zi fu dus la groapă, singur și gol, sub pământ; nici nu se află nimeni care să se roage pentru dânsul la cer.

Cine nu știe să și-i facă prieteni pe săraci, cine nu-și folosește bogăția ca să le ușureze nevoile, să nu se gândească de-a intra în împărăție. Uneori fiii pământului știu să-și facă mai bine treburile lor pământești, decât fiii luminii, pe cele cerești. Ca acel arendaș care-și înșelase stăpânul și trebuia să plece. Chemă, rând pe rând, datornicii moșiei și tuturor le șterse o parte din datorie; așa că, fiind dat afară, își făcuse ici și colo cu șiretlicu-i cel viclean mulți prieteni, care nu-l lăsară să moară de foame. Își făcuse un bine sieși și celorlalți, înșelându-l, furându-l pe stăpân: era hoț, dar hoț cu scaun la cap. Dacă oamenii s-ar folosi întru mântuirea sufletului lor de șiretenia de care se folosi acela pentru păstrarea trupului, cât s-ar înmulți pocăiții întru credința împărăției!

Cel care nu se pocăiește la vreme va fi tăiat ca smochinul cel sterp. Dar pocăința va să fie desăvârșită, deoarece căderea iarăși în păcat îl depărtează cu mult mai mult decât îl apropiaseră remușcările. Într-un om intrase duhul rău și izbuti să-l izgonească. Diavolul se duse în locurile cele arse, voind a se odihni: dar neputând, se gândi să se întoarcă unde se aciuase la început. Bagă de seamă că lăcașul, sufletul acelui om, e gol, măturat, curățat, că abia-abia de-l mai cunoaște. Atunci se duce, cheamă alte șapte duhuri mai afurisite ca el și, în capul cetei, izbutește să intre iar în casă; așa că starea din urmă a acelui om a fost mai rea ca cea dintâi.

În ziua izbânzii, părerile de rău și dezvinovățirile vor prețui mai puțin ca foșnetul vântului în păpuriș. Se va face atunci cea din urmă și neînduplecată alegere. Ca aceea a pescarului care după ce scoate din apă năvodul plin de pești, stă jos pe mal și-i pune pe cei buni de mâncare în coșuri și aruncă chiticeii. Păcătoșilor li se dă un îndelungat răstimp, ca să aibă toată vremea să se schimbe. Dar când vine ziua, cine n-a ajuns la porți ori nu-i demn să le treacă, va rămâne în vecii veacurilor pe dinafară. Un țăran cuminte semănase în ogor grâu de cel bun. Dar iată că un dușman al său se duce noaptea pe ogor și seamănă cu banița mătrăgună de cea proastă. După un timp câmpul prinde a înverzi, argații bagă de seamă că era mătrăgună și merg să-i spună stăpânului.

— Să ne ducem s-o plivim?

Dar țăranul cel cuminte răspunde:

— Nu, nu, că plivind mătrăguna să nu smulgeți și grâul. Lăsați-o să crească de-a valma. Când o fi să secerăm, le voi spune clăcașilor: tăiați mai întâi mătrăguna, legați-o în snopi, ardeți-o, scrumiți-o bine; dar grâul cel bun să mi-l duceți în hambare.

Și Isus așteaptă, ca orice plugar cumsecade, ziua secerișului. Într-o zi, o mare mulțime de oameni se strânsese în preajma lui, ca să-l asculte: și văzându-i pe toți acei bărbați și pe toate acele femei flămânde de dreptate și setoase de iubire, i se făcu milă și le spuse ucenicilor:

— Secerișul este îmbelșugat, dar salahorii sunt puțini: rugați-vă deci de stăpân să mai trimită alți secerători.

Glasu-i n-ajungea pretutindeni; nici nu ajung cei doisprezece: este nevoie de alți vestitori pentru ca Buna Vestire să le fie dusă tuturor celor care pătimesc și așteaptă.

CEI DOISPREZECE

Ursita, neștiind în ce alt chip să-i facă pe cei mari să-și plătească mărirea, îi osândește să aibă ucenici.

Orice ucenic, tocmai pentru că-i ucenic, nu pricepe totul; iar dacă-i isteț, pe jumătate; adică așa cum îl taie pe el capul, după încercarea minții lui; de aceea, chiar fără să vrea, trădează învățătura învățătorului; o știrbește, o păcătoșește, o micșorează, o strică.

Ucenicul are mai întotdeauna tovarăși și, nefiind singur, îi pizmuiește pe ceilalți; ar vrea să fie măcar cel dintâi dintre cei de-ai doilea; de aceea își părăsește tovarășii, uneltește împotriva lor; fiecare dintre ei crede a fi ori cel puțin vrea să fie crezut, singurul tălmăcitor desăvârșit al învățătorului.

Ucenicul știe că-i ucenic și uneori se rușinează să mănânce la masa altuia. Atunci răsucește, răstălmăcește gândul învățătorului, ca să dea lumii de înțeles că are un gând al său, felurit de-al aceluia. Ori propovăduiește tocmai pe de-a-ndoaselea: cel mai grosolan și slugarnic chip de-a fi ucenic.

În orice învățăcel, chiar și în cei care par mai blajini și mai nefățarnici, e sămânța unui Iuda.

Un ucenic e un parazit, un om pasiv. Un samsar care-l fură pe vânzător și-l trage pe sfoară pe cumpărător. Un coate-goale care, chemat să mănânce, ciupește salamul, linge sosul, șterpelește merele, dar n-apucă oasele; căci n-are dinți – ori are dinți de lapte – ca să le spargă, să sugă din ele măduva hrănitoare. Învățăcelul răstălmăcește cuvintele, întunecă tainele, încurcă vorbele cele mai limpezi, înmulțește greutățile, tălmăcește buchiile, pocește învățăturile, aburește evidența, umflă amănuntul, dezumflă esențialul, îndoaie vinul tare cu apă și, pe deasupra, le vinde oamenilor vărsătura lui drept elixir distilat și numai tărie. În loc de-o torță ce răspândește lumină și foc este feștila care fumegă și nu se luminează nici măcar pe dânsa.

Cu toate acestea, nimeni nu s-a putut lipsi de acești ucenici și învățăcei. Chiar de-ar fi vrut. Căci omul mare, prea străin de mulțime, atât de departe, atât de singuratic, are nevoie să simtă pe cineva în preajmă-i: nu poate trăi fără părerea că-i pricepe cineva vorbele, că-i primește gândurile ca să le treacă altora, departe, înainte, după moarte. Acest hoinar fără casă râvnește la o vatră prietenoasă. Acestui dezrădăcinat care nu poate avea o familie trupească, îi sunt dragi copiii sufletești. Acest căpitan, ai cărui oșteni se vor naște numai după ce sângele-i va fi îmbibat pământul, are ambiția de a simți în juru-i o oștire cât de mică.

Una dintre formele tragicului imanent în orice mărire stă tocmai aici: ucenicii sunt nesuferiți și primejdioși, dar de ucenici, chiar de-s fățarnici, nimeni nu se poate lipsi. Proorocii suferă când nu-i găsesc; suferă poate mai mult când i-au găsit.

Deoarece un gând este legat prin mii de fire de întregul suflet, mai mult ca un copil. Atât de scump, firav și plăpând – cu atât mai neîmpărtășit, cu cât este mai nou. A-l încredința altcuiva, a-l altoi pe-un gând străin, pe-un gând, firește, mai prejos de gândul tău, a-l da pe mâna cuiva care nu va ști să-i respecte, această comoară atât de rară: un gând măreț, un gând nou – e o răspundere nebănuită, un chin de fiece clipă, o pătimire.

Și totuși, în omul mare stăruie dorința aprigă de-a le împărtăși tuturor ceea ce-a primit, iar singur nu poate dovedi; stăruie vanitatea care izbutește să se cuibărească chiar și lângă cea mai înaltă mândrie, iar vanitatea are nevoie de cuvinte mângâioase, de elogii fie chiar supărătoare, de învoiri fie chiar numai rostite, de consfințiri fie chiar de rând: de izbânzi, fie și numai umbre.

Cristos nu știa ce-s micimile oamenilor mari și totuși, primind toate poverile omenirii, nu voi să fugă nici de cele pe care le dau ucenicii. Mai înainte de-a fi chinuit de dușmani, se învoi să fie chinuit de prieteni.

Preoții îl omoară o singură dată; ucenicii îl făcură să pătimească în toate zilele. Pătimirile sale n-ar fi fost desăvârșite în cruzime de n-ar fi avut parte, pe lângă saduchei, zbiri, romani, plebe și de părăsirea apostolilor.

Știm cine erau. Galilean, îi alese dintre galileeni; sărac, îi luă dintre săraci; simplu, dar de-o simplitate dumnezeiască ce întrece toate filozofiile, îi chemă la el pe cei săraci cu duhul, în care simplitatea rămânea învăluită în pământ. Nu voia să-i aleagă dintre bogați, deoarece se răsculară împotrivă-le; nici dintre scribi ori învățați, deoarece venea să le răstoarne legea; nici dintre filozofi, deoarece în Palestina nu trăiau filozofi și chiar de s-ar fi aflat, ar fi căutat să-i stingă mistica lui supranaturală, sub limitarea dialecticii.

Știa că acele suflete necioplite dar întregi, neștiutoare dar avântate, ar fi putut la urmă să le primenească după dorința lui, să le facă să urce până la el, să le netezească asemeni mâlului din apă care-i noroi, dar când e șlefuit și copt în cuptor se poate schimba în eternă frumusețe. Însă pentru această primenire fu nevoie de flacăra pogorâtă din cea de-a Treia Ființă. Până la Rusalii, nedesăvârșita fire a apostolilor se răzbună în multe rânduri, părtașă la toate căderile.

Celor doisprezece multe se cade să li se ierte, deoarece afară de unele clipe, au crezut în Isus: deoarece s-au străduit să-l iubească așa cum voia să fie iubit: și, mai ales, deoarece, după ce-l părăsiră în livada din Ghetsimani, nu-l mai uitară niciodată: ci lăsară în vecii veacului pomenirea cuvintelor și a vieții sale.

Dar dacă îi privim mai de-aproape, în Evanghelii, pe acei ucenici despre care avem oarecare știință, ni se strânge inima. Acești fericiți care se bucură de harul neprețuit de-a trăi cu Cristos, lângă Cristos, de-a umbla, de-a mânca cu el, de-a dormi între aceiași pereți, de a-l vedea la față, de a-i asculta din chiar gura lui cuvintele, acești doisprezece fericiți pe care milioane de suflete i-au pizmuit într-ascuns de-a lungul veacurilor, nu dovediră totdeauna a merita fericirea nețărmurită de care au avut parte.

Îi vedem, tari de cap și de suflet, că nu-s în stare să priceapă cele mai limpezi pilde ale învățătorului; nu totdeauna sunt în stare să priceapă, nici chiar după moartea sa, cine fusese Isus și ce fel era împărăția pe care-o vestise; lipsiți adesea de credință, de dragoste, de frăție; râvnitori la răsplăți pizmuindu-se între ei; nerăbdători de răsplata așteptării; neîndurători față de cei care nu erau cu dânșii; răzbunători față de cei care nu voiau să-i primească; somnoroși, îndoielnici, trupeși, zgârciți, trândavi.

Unul se leapădă de el în trei rinduri: altul așteaptă să i se închine când e în mormânt; altul nu crede în chemarea lui, pentru că purcede din Nazaret: altul nu vrea să creadă că a înviat; altul, în sfârșit, îl vinde dușmanilor și-l arată, cu cea din urmă sărutare celor ce-l prind; alții, după cuvântări prea înalte „se traseră îndărăt și nu mai colindau cu el".

În mai multe rânduri Isus trebui să-i țină de rău pentru zăbava minții lor. Le povestește Pilda Semănătorului și nu-i pricep tâlcul: „Nu înțelegi astă parabolă? Dar cum le înțelegi pe toate celelalte?". Le spune să fie cu băgare de seamă, să se ferească de plămada fariseilor și a saducheilor, iar ei cred că vorbește de pâinea trupească. „Nu vă gândiți și nu pricepeți încă? Vi s-a împietrit inima-n voi? Aveți ochi și nu vedeți? Unde vi-s mințile?"

Cred mai totdeauna, la fel cu prostimea, că Isus ar fi Messia trupesc, lumesc, războinic, venit să rezidească tronul cel vremelnic al lui David. Chiar când e gata să se-nalțe la ceruri, îl întreabă: Doamne, a venit vremea să întemeiezi la loc împărăția Ierusalimului? Iar mai înainte, după Înviere, cei doi ucenici din Emaus îi spun: „Trăgeam nădejde că el avea să fie cel ce va răscumpăra Israelul, pe câtă vreme..."

Se sfădiră între ei ca să știe al cui va fi locul de frunte în noua împărăție, iară Isus trebui să-i dojenească. „Despre ce vorbeați pe drum? Iar aceia tăceau, pentru că se certaseră între ei ca să știe care era cel mai mare. Iar Isus stând jos, îi chemă pe cei doisprezece și le spuse: „Dacă vreunul dintre voi ține să fie cel dintâi, fie cel de pe urmă, sluga tuturor".

Pizmuitori pe agoniseala tovarășilor, i-l pârâră lui Isus pe unul care scotea pe dracu' din oameni în numele său. „Nu-l opriți – răspunde Isus – că nu-i nimeni care, după ce-a săvârșit o faptă bună în numele meu, să poată, din senin, să mă bârfească. Că cine nu-i împotriva noastră este cu noi".

După o cuvântare rostită în Capernaum, câțiva se mâniară auzindu-l: „Din care pricină, mulți dintre ucenicii săi, după ce-i auziră spusele: prea e tăios la vorbă. Cine să-l asculte?". Și se lăsară de Isus.

De altfel Isus nu le cruța nicio greutate celor care voiau să-l urmeze. Un scrib îi spune că-l va urma oriunde. „Iar Isus aceluia: Vulpile au vizuini și păsările cerului cuiburi; dar Fiul Omului n-are unde pune capu'". Altul, și era ucenic, voia să-și îngroape mai întâi părintele. Dar Isus îi răspunse: „Ia-te după mine; ci lasă-i pe morți să-și îngroape morții". Și iarăși, altul: „Doamne, te voi urma, dar îngăduie-mi mai întâi să-mi iau rămas bun de la ai mei". Isus îi răspunse: „Cel care după ce-a apucat plugul se mai uită îndărăt, nu-i de el împărăția lui Dumnezeu".

Se apropie de el și un fecior bogat, care nu-i ieșea din cuvânt. „Iar Isus, uitându-se la dânsul cu duioșie, îi spuse: îți lipsește un lucru: du-te, vinde tot ce ai și dă-le săracilor; dobândi-vei o comoară în cer; iar pe urmă vino și urmează-mă. La aceste cuvinte, mâhnindu-se acela foarte, plecă de-acolo îndurerat, că avea multe bogății".

Spre a fi alături de el, omul trebuie să-și lase casa, morții, familia, banii – toate iubirile de rând, toate avuțiile obștești. Ce dă în schimb e atât de scump, că va putea răscumpăra orice lepădare. Dar puțini sunt în stare de aceste lepădări – iar unii, după ce-au crezut, se vor îndoi.

Pentru cei doisprezece, mai toți săraci, lepădarea era mai ușoară; și totuși nu izbutiră în toate împrejurările să fie așa cum voia Isus. „Simon, Simon, – îi spuse într-o zi lui Petru – Satana a cerut să vă trec prin ciur, cum se trece grâul'". Ci oricât de deasă să fi fost pânza lui Cristos, în mijlocul grâului său rămaseră și boabe de neghină.

SIMON ZIS PIATRĂ

Petru, înainte de Înviere, e ca un trup alături de-un suflet, ca un glas al țărânei ce petrece înălțarea unui suflet. Este plebea ce-așteaptă în preajma unei aristocrații pe care-o nădăjduiește. Este pământul ce crede în cer, dar rămâne pământ, în închipuirea-i de om necioplit,

Împărăția Cerurilor este încă prea asemenea împărăției messianice a proorocilor.

Isus rostește faimoasele cuvinte împotriva celor bogați: „Mai îndemână-i vine unei cămile să treacă prin urechile acului, decât unui bogătaș să intre în împărăția lui Dumnezeu". Lui Petru această osândire atât de neînduplecată a bogăției i se pare nelalocul ei. „Iar Petru prinse a-i spune: Vezi? Lăsat-am toate ale noastre și te-am urmat: cu ce-o să ne-alegem?" Parc-ar fi un cămătar care întreabă câtă dobândă i se va plăti. Iar Isus, ca să-l mângâie, îi făgăduiește că va sta pe tron să judece un trib al Israelului – pe celelalte unsprezece le vor judeca ceilalți unsprezece – și adăugă că fiecare dintre ei va avea de-o sută de ori mai mult decât cele de care s-au lepădat.

Isus propovăduiește că numai ceea ce iese din om îl poate pângări: dar Petru nu înțelege: „Petru atunci prinse a-i spune: Lămurește-ne astă pildă. Iar Isus spuse: Oare și voi sunteți încă lipsiți de minte? Nu pricepeți...". Dintre ucenicii atât de nevolnici la pricepere, Petru e unul dintre cei mai grei de cap. Porecla-i „Cefa, Piatră, bucată de stâncă" – nu i se trage doar de la tăria credinței sale (adesea Isus îl ține de rău și pentru slaba-i credință, iar lepădarea-i din urmă va fi dureroasă dovadă), ci și de la tăria minții lui.

Nu era o minte trează, în înțelesul adevărat și larg al cuvântului. Adormea ușor, chiar în clipele hotărâtoare. Adormi pe muntele Schimbării la Față, adormi în noaptea din Ghetsimani – după cea din urmă cină, în timpul căreia Isus rostise cuvinte ce nu l-ar mai fi lăsat să doarmă cât lumea pe-un scrib.

Și totuși, mare-i era cu cutezanţa. Atunci când Isus, în cea din urmă seară, dă de veste că va trebui să pătimească și să moară, Petru sare: „Doamne, cu tine-s gata să merg în temniță și la moarte. Chiar de-ai fi pentru toți ceilalți prilej de nenorocire, pentru mine n-ai să fii niciodată. Chiar de-ar trebui să mor cu tine," nu, n-am să mă lepăd de tine. Iar Isus spuse: „Petre, zic ție că azi cocoșul nu va cânta mai înainte să spui de trei ori că nu mă cunoști".

Isus îl știa mai bine decât se știa el însuși. Iar când stătea în curtea lui Caiafa să se încălzească la foc, în vreme ce preoții îl chinuiau și-l ocărau pe Dumnezeul său, răspunse de trei ori că nu era dintre cei care umblaseră cu dânsul.

În clipa prinderii se prefăcuse – împotriva sfaturilor lui Isus – că se împotrivește; îi tăiase o ureche lui Marcu. Nu pricepuse încă după mulți ani de zilnică tovărășie, că lui Isus îi era nesuferită orice fel de silnicie trupească. Nu pricepuse că de-ar fi vrut Isus să scape, ar fi putut să se ascundă în pustiu fără știrea nimănui, ori să fugă din mâna soldaților, cum făcuse mai înainte, în Nazaret. Isus dădu atâta de puțină însemnătate acelei fapte, potrivnică sufletului său, că vindecă pe dată rana și-l dojeni pe nestăpânitul răzbunător.

Nu era cea dintâia oară când Petru se dovedea mai prejos de măreția clipelor. Ca toate mințile necioplite, înclina să vadă tina cea pământoasă în pornirile sufletești, josnicia în înălțime, banalul în tragic. Pe muntele Schimbării la Față, când se trezi, îl văzu pe Isus scânteietor de raze albe, stând de taină cu alți doi, cu două duhuri, cu doi prooroci. Și cel dintâi gând ce-i trecu prin minte, în loc de-a i se închina tăcând, a fost să înjghebeze un adăpost pentru cele două lumini: „Învățătorule – zise Petru – este bine să poposim aici; să facem trei corturi; unul pentru tine, altul pentru Moise și altul pentru Ilie“. Iar Luca, cumintele evanghelist, adăugă spre a-l dezvinovăți: „Nu-și dădea seama de ce spune“.

Când îl văzu pe Isus umblând în voie pe fața bălții, îi trăsni prin cap să facă și el la fel. „Petru, coborând din luntre, prinse a merge pe apă și a se apropia de Isus. Dar văzând furia vântului, i se făcu frică și, deoarece începea să se afunde, strigă: Doamne, scapă-mă! Iar Isus, întinzând iute mâna, îl apucă și zise: „Necredinciosule, de ce te-ai îndoit de mine?“. Dibaciul pescar, pentru că era deprins cu balta și cu Isus, credea să poată face ca învățătorul său, nici știa că-i nevoie de-un suflet cu mult mai mare, de-o credință cu mult mai puternică decât a sa, spre a porunci vijeliilor.

Marea dragoste ce-i purta lui Isus, dragoste ce-i răscumpăra toate slăbiciunile, îl împinse într-o zi până acolo că mai-mai să-l dojenească aspru de tot. Isus le dase de știre ucenicilor că avea să pătimească și că oamenii aveau să-l omoare. Atunci Petru, luându-l la o parte, prinse a-l ține de rău și a-i spune: Ferească Dumnezeu, Stăpâne, una ca asta n-are să se-ntâmple! Dar Isus, întorcându-se către Petru îi spuse: Piei de lângă mine, Satană, tu-mi ții calea. Nu ți-e gândul asemeni gândului lui Dumnezeu, ci asemeni gândului oamenilor". Nimeni n-a rostit vreodată o judecată atât de cumplită asupra capului lui Simon zis Piatră. Era chemat să lucreze pentru împărăția lui Dumnezeu și se potrivea la gând cu oamenii. Mintea-i încă înăclăită în gândurile josnice ale messianității izbăvitoare nu voia să-și închipuie un Messia obidit, osândit și spânzurat. Nu era încă viu în sufletul său gândul ispășirii dumnezeiești, gândul că nu se poate da sănătate fără o ofrandă de durere și de sânge, că cei mari trebuie să-și jertfească trupul cruzimii celor mărunți, pentru ca cei mici, după ce vor fi fost luminați de acea viață, să fie mântuiți de moartea aceea. Îl iubea pe Isus; dar iubirea-i, deși atât de drăgăstoasă și de puternică, păstra încă ceva lumesc și se răzvrătea gândului că regele său avea să fie pângărit, că Dumnezeul său avea să moară. Dar descoperise cel dintâi pe Cristos în Isus și această întâietate era atât de măreață, că nimic n-a mai putut-o șterge.

Numai după Înviere fost-a pe de-a-ntregul al învățătorului său. Şi când i se arată pe malurile Mării Tiberiade, Isus îl întreabă: mă iubești? Iar Petru nu cuteză a spune că-l iubește, după ce se lepădase de dânsul. Îi răspunde, speriat: Știi bine că-mi ești drag. Dar Isus cerea iubire, nu simplă prietenie. Și mai spune o dată: mă iubești? Iar Petru, iarăși: Da, îmi ești drag. Dar Isus nu-i dă răgaz: Simone, îți sunt cu adevărat drag? Iar atunci Petru, învins, răspunde în sfârșit aproape scos din fire, cu vorba pe care Isus i-o smulge de pe buze: Doamne, toate le știi, bine știi că te iubesc.

De trei ori, în noaptea din ajunul morții, Petru se lepădase de Isus. Acum, după izbânda asupra morții, Petru de trei ori își mărturisește iubirea. Acestei iubiri, care-n curând fi-va luminată de înțelepciunea cea mai desăvârșită, îi va rămâne credincios până-n ziua în care-și va da sufletul, la Roma, pe-o cruce asemenea crucii lui Cristos.

FIII TUNETULUI

Cei doi frați pescari, Iacob și Ioan, care părăsiseră pe malurile Capernaumului năvoadele și barca lor spre a-L urma pe Isus, cei care împreună cu Petru alcătuiseră un fel de treime – doar ei Îl întovărășiră pe Isus în casa lui Iair, ori pe culmea Schimbării la Față și doar pe ei îi ține pe lângă sine în noaptea Măslinilor – nu dobândiseră de-a lungul conviețuirii lor cu învățătorul destulă umilință. Isus îi poreclise Boanerges, Fii ai Tunetului. Poreclă batjocoritoare întrucâtva, aducea aminte de firea lor năpustită și mânioasă.

Când o porniră cu toții către Ierusalim, Isus îi mână pe câțiva dintre ei înainte, să-i găsească o gazdă. Străbătură Samaria și într-o casă de țară fură primiți ca vai de lume. „Însă aceia nu voiră să-L primească, deoarece se ducea la Ierusalim. Iar Iacob și Ioan, ucenici ai săi, văzând aceasta, spuseră: Stăpâne, te învoiești să spunem să se abată asupră-le focu' cerului, să-i nimicească?“ Dar el, întorcându-se, îi certă. Pentru dânșii, galileeni credincioși Ierusalimului, samaritenii erau tot dușmani. Zadarnic auziseră Cuvântarea de pe Munte – „faceți bine chiar și celor ce vă urăsc, rugați-vă pentru cei ce vă năpăstuiesc“ – zadarnic îi sfătuise cum să se poarte cu lumea – „iar dacă cineva nu vrea să vă primească... ieșind din casa aceea și din târgul acela, scuturați-vă praful de pe picioare“. Simțindu-se jigniți în Isus, bănuiau că pot porunci focului cerului. Li se părea că fac o faptă bună, prefăcând în scrum un sat ce se dovedise vinovat de neospeție.

Și totuși, deși atât de departe de acea primenire drăgăstoasă ce singură poate fi realitatea împărăției din Ceruri, ucenicii țineau morțiș să prindă locurile de frunte în ziua izbânzii.

„Iar Iacob și Ioan, feciorul lui Zevedei, se apropiară de Isus și-i spuseră: Stăpâne, te rugăm să ne faci ce ți-om cere. Iar el îi întrebă: Ce vreți să fac? Iar ei: îngăduie-ne ca atunci când fi-vei în slavă, să stăm unu' de-a dreapta, iar altu' de-a stânga ta. Ci Isus le spune lor: Nu știți ce-mi cereți... Iar ceilalți zece, auzind acestea, se mâniară pe Iacob și pe Ioan. Dar Isus, chemându-i aproape, le spuse: oricare va voi să fie mare, fie sluga voastră; și oricare va voi să fie cel dintâi, fie robul tuturor; că nici Fiul Omului n-a venit să fie slugărit, ci să slujească".

Răsturnătorul se folosi de nevinovata obrăznicie a Fiilor Tunetului, ca să mai rostească o dată cuvântul pe care l-ar rosti oricare suflet mărinimos. Doar secii, josnicii trântori, netrebnicii vor să fie slugăriți și de cei ce-s mai prejos – dacă cineva, în absolut, există mai prejos de ei. Dar cel cu suflet mare, tocmai pentru că-i este sufletul mare, e gata oricând să-i slugărească pe cei mici.

Această miraculoasă absurditate – de care nu vrea s-audă egoismul egoarhilor, maimuțăreala supraoamenilor și nemernicia zgârciților, întrucât puținul pe care-l au nu le-ajunge lor înșile – face dovada focului geniului. Cine nu-i în stare, ori nu vrea să slujească, este semn că n-are nimic de dat; e slăbănog, neputincios, nedesăvârșit, gol. Iar geniul nu-i de cel adevărat când nu se revarsă întru folosința celor de jos.

A-i sluji pe alții nu este totdeauna același lucru cu a-i asculta. Un popor poate fi servit mai bine uneori punându-te în fruntea lui spre a-l mântui, chiar fără voia lui. În a sluji nu-i loc pentru slugarnic.

Iacob și Ioan pricepură cuvântul cel tare al lui Isus. Pe unul dintre ei, pe Ioan, îl găsim apoi printre cei mai drăgăstoși și apropiați ucenici. La cea din urmă cină își lasă capul pe pieptul lui Isus și din înaltul crucii, Răstignitul i-o va da în seamă pe Fecioara Mamă, s-o țină pe lângă dânsul ca un copil.

Toma își are faima unei fapte ce-ar trebui să-i fie pricină de ocară. Toma Gemănul e patronul Modernității, după cum Toma din Aquino a fost oracolul Evului Mediu. Este ocrotitul ortodox al lui Spinoza și al tuturor celorlalți negători ai învierilor. Omul care nu se mulțumește nici cu mărturia ochilor – mai demnă de încredere, dar mai ușor de înșelat – ci ține la mărturia mâinilor. Și totuși, iubirea-i pentru Isus îl făcu demn de iertare. Când veniră să-i spună învățătorului că Lazăr murise, ucenicii se împotriveau gândului de-a se duce în Iudeea, printre dușmani; iar Toma a fost singurul care să spună: Haidem și noi, să murim alături de el. Moartea chinuită de care Toma n-avu parte atunci, îl aflǎ în India după moartea lui Isus.

Matei este cel mai drag din toți cei doisprezece. Era un vameș mărunt, un fel de ajutor de perceptor și, după cât se pare, cel mai învățat dintre tovarășii săi. Alăturarea-i de Isus n-a fost totuși mai puțin pripită decât a pescarilor. Trecând, văzu un om căruia-i ziceau Tadeu, stând la tejgheaua vămii; și-i spuse: „Urmează-mă". Iar acela, părăsindu-și avutul, se sculă și se luă după dânsul. Și-i dădu un ospăț de pomină în casa lui. Matei nu părăsea o grămadă de năvoade rupte, ci o slujbă, o leafă, un câștig sigur și mereu sporit. Lepădarea de avuții era lesnicioasă pentru cel ce n-avea mai nimica toată. Dintre cei doisprezece, Matei era fără îndoială cel mai bogat înainte de convertire – de niciunul nu se povestește că ar fi putut da „un ospăț de pomină" – și de aceea, grăbita-i ascultare, venirea lui la cea dintâi chemare, de la tejgheaua pe care arginții stăteau grămadă, este o jertfă mai mare și prin aceasta mai de preț.

Lui Matei, poate singurul, împreună cu Iuda, care știa să scrie – îi datorăm – dacă străvechea mărturie din Papia este adevărată – cea dintâi culegere a Loghiilor – sau cuvinte memorabile pe care le-avem de la Isus. În Evanghelia cunoscută sub numele său, găsim textul cel mai întreg al Cuvântării de pe Munte. Recunoștința oamenilor față de sărmanul vameș ar trebui să fie mai mare. Fără el, multe din cuvintele lui Isus – cele mai frumoase – poate că s-ar fi pierdut. Acest mânuitor de drahme, de sicii și talanți, pe care meseria-i socotită drept nelegiuită trebuia să-l încline către zgârcenie, a strâns pentru noi o comoară mai de preț ca toți banii bătuți pe pământ, înainte și după el.

Și Filip din Betsaida știa să facă socoteli. Spre dânsul se întoarce Isus, atunci când mulțimea flămânzită îl împresoară, ca să-l întrebe de cât era nevoie spre a cumpăra pâine pentru tot acel norod. „Două sute de dinari n-ajung", răspunse Filip; iar acea sumă – azi ar face o sută șaizeci de lire – i se păru poate greșită. Dar trebuie să fi fost un vajnic propovăduitor al faimei învățătorului său. El îi vesti lui Natanael venirea lui Isus și la el veniră grecii din Ierusalim care voiau să vorbească cu noul prooroc.

Natanael – fiul lui Tolmai, mai bine cunoscut de fapt sub numele de Vartolomeu – răspunse cu o răutate la vestea pe care i-o aducea Filip: „Când a ieșit ceva de seamă din Nazaret?" Dar Filip atâta se strădui, că-i duse în fața lui Isus; care, numai ce-l văzuse, spuse tare: „Iată un adevărat israelit, neînstare de înșelăciune. Natanael îl întrebă: După ce mă cunoști? Isus îi răspunse: Mai înainte să te cheme Filip aici, când stăteai sub smochin, văzutu-te-am. Natanael strigă: Învățătorule, ești Fiul lui Dumnezeu, ești regele Israelului! Isus îi răspunse iarăși: Pentru c-am spus că te-am văzut sub smochin, crezi? Vedea-vei lucruri mai mari ca acestea".

Mai puțin înflăcărat și avântat a fost Nicodim, care la drept vorbind n-a voit niciodată să treacă drept ucenic al lui Isus. Nicodim era bătrân, umblase pe la școlile rabinilor, era prieten cu sinedriștii israeliţi. Dar povestirea minunilor îl zguduise și se duse noaptea la Isus, ca să-i mărturisească cum că-l credea trimis de Dumnezeu. Isus îi răspunse: „Adevărat, adevărat grăiescu-ți că dacă omul nu se naște a doua oară nu poate vedea împărăția lui Dumnezeu". Nicodim nu pricepu aceste vorbe, ori poate că-l speriară: se dusese să vadă un vrăjitor și dădea peste o sibilă. Cu bunul-simț grosolan al celui care nu vrea să pățească nimic, întrebă: „Cum să se mai nască omul o dată, când îi bătrân? Sau mai poate intra o dată în pântecul mamei sale, să se mai nască iară?" Isus îi răspunde prin vorbe cu tâlc adânc: de nu se naște a doua oară cu duhul, nu va putea pătrunde în împărăție. Dar Nicodim tot nu pricepe: „Să fie oare cu putință? Isus îi răspunde: Cum! Ești învățatul Ierusalimului și nu pricepi aceste lucruri?"

Un simț de respect față de tânărul galileean nu-l părăsi niciodată, dar dragostea-i fu sfioasă ca și arătarea-i. Într-un rând, când căpeteniile preoților și fariseii se gândiseră să-l prindă pe Isus, Nicodim cuteză să încerce a-l apăra: „Legea noastră nu-l osândește niciodată pe-un om mai înainte de-a fi fost ascultat și de-a se ști ce-a săvârșit!". E un legalitar. Vorbește în numele legii noastre, nu în numele omului nou. Nicodim rămâne omul vechi, omul de curie, prevăzătorul prieten al slovei. Ajung câteva cuvinte de dojană spre a-i închide gura: „Oare și tu ești din Galileea? Cercetează bine și-ai să vezi că proorocii nu se pot ivi pe acolo". Făcea parte, de drept, din Sinedriu; dar nimeni nu pomenește că ar fi ridicat glasul întru apărarea învinuitului, atunci când fu dus la Caiafa. Tot noapte era și atunci; dar, se prea poate, ca să scape de disprețul colegilor și de remușcarea omorului legiuit, Nicodim se culcă. Și se trezi când Isus murise pe cruce; iar atunci – în ciuda zgârceniei – cumpără o sută de ocale de tămâie și de aloe pentru îmbălsămare. Învietorul murise, dar îndoielnicul nu avea să se mai nască o dată prin cea de-a doua naștere, în care n-a voit să creadă.

Nicodim este veșnicul prototip al târzielnicului, pe care gura lui Dumnezeu îl va scuipa afară în ziua mâniei. E sufletul de mijloc care-ar vrea să spună da cu gândul, iar carnea-i suflă nu-ul fricii. E cărturarul, ucenicul de noapte, care-ar vrea să fie, dar n-ar vrea să pară, căruia i-ar plăcea să se mai nască o dată, dar nu-i în stare să sfâșie scoarța cea zbârcită a trupului îmbătrânit; omul respectului și al prevederilor. Atunci când cel pe care-l îndrăgise este chinuit și omorât; când dușmanii sunt sătui și nu mai este primejdie să se dea de gol, vine și el cu mirodeniile, să le toarne-n acele răni deschise, cu mâna lașității lui.

Biserica, întru pomenirea acelei milostiviri zăbovite, l-a sfințit printre sfinții săi; iar o datină străveche povestește că Nicodim a fost botezat de Petru și omorât deoarece crezuse, fie și târziu, în cel pe care n-a fost în stare să-l scape de moarte.

OI, ȘERPI ȘI PORUMBEI

Isus știa, căci el îi alesese, cine erau oamenii care trebuiau să-i ducă cuvântul până la cei depărtați. Căpetenia războirii împotriva lumii a voit să se slujească de acei sărmani ostași, pe care ursita îi dăduse să facă de strajă în preajmă-i. În oricare anotimp al istoriei, cu mare greutate ar fi găsit mai buni. Într-adins îi alese atât de nerăsăriți: printr-o tainică chibzuire, ca să strălucească mai măreață minunea supraomeneștii sale izbânzi de la urmă.

Menirea ucenicilor era atât de grea că ar fi pus pe gânduri chiar oameni cu mult mai deștepți și mai pricepuți. Nevinovăția, neștiința, însăși superstiția, răcesc mai puțin curajul decât alte calități: ale spiritului, mai bine mirositoare mirosului modern.

Cristos cerea de la trimișii săi o dovadă aproape cu neputință de dat, pe care n-o poți cere decât de la cei săraci cu duhul, pentru care, printr-o minune a îngustimii minții lor, ceea ce nu se poate este uneori cu putință. „Vă trimit ca pe niște oi între lupi, ca pe niște dobitoace pașnice în mijlocul fiarelor", dar cu porunca de-a nu se lăsa sfâșiați, ci de a-i deprinde pe sfâșietorii de miei cu blândețea mielului. Pentru a izbuti într-o chemare atât de paradoxală, dumnezeiescul paradoxist îi îndeamnă pe soli să fie totodată șerpi și porumbei. „Fiți deci prevăzători ca șerpii, nevinovați ca porumbeii". Grosolana psihologie animalică a celor de rând s-ar putea răzvrăti în fața acestei apropieri. Reptila trădării nu poate sta în același cuib cu neprihănita zburătoare a iubirii. Șarpele care l-a pus pe goană pe

Adam din Rai are însușiri prea deosebite de porumbelul cel credincios, care i-a dat de știre lui Noe întoarcerea păcii. Otrăvitorul care se târăște în întuneric n-are nimic de-mpărțit cu pasărea ce-și înalță ușoara-i candoare în lumina soarelui.

Grosolanii greșesc în orice gând al lor. Simplitatea este o forță care învinge toate șireteniile. Prudența e una din înfățișările simplității. Prudența nu-i șiretenie. Șireții înving întotdeauna la început, dar sunt totdeauna înfrânți. Naivii pot părea prostănaci, dar rezultatul final dovedește, totdeauna, că prostia lor ascundea o prudență mai presus de orice răutate. Cei simpli, cei neștiutori, candizi, au o putere care-i uluiește pe cei mai isteți oameni: puterea nevinovăției. Copilul care-l face pe bătrân să tacă cu întrebările sale, prostănacul care închide gura filozofului cu răspunsurile sale sunt simbolurile obișnuite ale puterii izbăvitoare a nevinovăției. Simplitatea insuflă cuvinte și gesturi ce întrec toate născocirile obșteștilor diplomații.

Cei pe care-i trimitea Isus întru cucerirea sufletelor erau țărani neciopliți; dar puteau, fără cârteală, nici cu mare greutate, să fie umili ca oile, cu ochii în patru ca șerpii, nevinovați ca porumbeii. Dar oi fără josnicie, șerpi fără venin, porumbei fără moliciuni trupești.

Goliciunea era cea dintâi datorie a acestor ostași. Mergeau întru căutarea săracilor. Erau ținuți să fie mai prăpădiți ca săracii. Nu însă cerșetori, „deoarece salahorul e demn de hrana lui". Pâinea vieții pe care trebuiau s-o împartă înfometaților de dreptate, merita răsplata unei pâini de grâu. Salahorii aveau să se ducă la minunata lor muncă, cu totul și cu totul despuiați. „Nu strângeți nici aur, nici argint, nici aramă în chimirele voastre, nu duceți cu voi traiste, nici sumane, nici încălțări, nici toiaguri". Metalele, mijlocitoare grele ale bogăției, sunt o povară pentru suflet; o povară ce-l duce pe om la fund. Scânteierea aurului îl face să-și uite de strălucirea soarelui; scânteierea argintului îl face să-și uite de strălucirea stelelor; scânteierea aramii îl face să-și uite de strălucirea focului. Cel care se trage de partea metalului, se cunună cu pământul și rămâne legat de pământ; nici nu cunoaște cerul, nici cerul nu-l va cunoaște pe dânsul.

N-ajunge să le propovăduiești celor săraci dragostea de sărăcie, bogata frumusețe a sărăciei. Calicii nu cred în vorbele bogaților, atâta vreme cât bogății nu sărăcesc de buna lor voie. Ucenicii, trimiși să propovăduiască marea fericire a sărăciei calicilor ca și bogaților trebuiau să dea, întotdeauna, oricui, în orice casă de om, pilda fericitei sărăcii. Nu trebuiau să aibă nimic asupra lor, în afară de haina din spate și opincile din picioare; n-aveau voie să primească nimic: doar fărâma de „pâine zilnică", pe care-o aflau pe masa gazdelor. Preoții rătăcitori ai Zeiței Siria ori ai altor zeități din Răsărit duceau cu ei, alături de icoane, desaga pentru pomeni, traista milelor. Pentru că cei de rând nu prețuiesc lucrurile ce nu se cumpără cu bani.

Apostolii lui Isus, dimpotrivă, erau ținuți să se lepede de orice dar, de orice simbrie. „Dați degeaba ce-ați primit pe degeaba". Iar deoarece bogăția, spre a se ascunde mai bine, își schimbă întruchiparea-i obișnuită de metal în întruchipare de lucruri, solii împărăției trebuiau să se lepede chiar și de schimburi, de încălțări, de toiag – de tot ce nu-i de prea mare trebuință.

Vor intra prin case – deschise oricui într-o țară ce nu știa încă de zăvoarele fricii și păstra o oarecare pomenire de ospeția nomazilor – să le vorbească bărbaților și femeilor ce stăteau prin case. Sarcina lor era să dea de știre că Împărăția Cerurilor s-a apropiat: să lămurească în ce chip se putea schimba Împărăția Pământului în împărăție a Cerului, să arate care era singura îndatorire a oamenilor întru această fericită adeverire a tuturor proorocilor: luarea aminte, pocăirea, primenirea sufletului lor. Ca să dea dovadă că erau trimiși de Unul ce-avea căderea să ceară această primenire, ucenicii aveau puterea de-a înzdrăveni bolnavii, de-a izgoni cu vorba „duhurile necurate", adică diavolii și năravurile care-i fac pe oameni asemenea cu diavolii.

Poruncesc oamenilor să se îndrepte, dar, tot ei pe dată-i ajută din toate puterile ce le sunt lor îngăduite, să purceadă la această primenire a sufletului. Nu-i lasă singuri cu această poruncă, atât de greu de ascultat. Spuneau sufletelor ce aveau de împlinit, spre a se dovedi demne de noua împărăție cerească și, îndemânatici la treabă, dădeau o mână de ajutor, fără șovăire, întru săvârșirea faptei pe care-o propovăduiau. Cu un cuvânt, spre a desăvârși paradoxul, erau ucigași și dătători de viață, îl omorau în cel pocăit pe omul vechi; vorbele lor erau botezul binefăcător al unei noi nașteri. Pelerini fără traistă și desagă duceau cu ei adevărul și viața și pacea.

„Iar când veți intra în casă, dați bună ziua" – și urarea aceasta era: „pace vouă". Cine-i va primi va avea parte de pace; cine-i va izgoni se va război mai departe, din greu. Și ieșind din acea casă, ori din acel târg care nu-i primise, vor trebui să-și scuture picioarele de pulbere. Nu pentru că pulberea de prin casele și târgurile celor ce nu vor să le-asculte cuvântul ar fi pângărită și blestemată. Scuturarea picioarelor este un răspuns simbolic la acea surzenie, la acea zgârcenie a inimii. V-ați lepădat de noi, iar noi nu vrem să primim nimic de ia voi, nici chiar pulberea ce ni s-a prins de tălpi. Iar dacă voi, cei zămisliți din pulbere și hărăziți a vă întoarce într-însa, nu vreți să dați o clipă din vremea voastră, o fărâmă din pâinea voastră, vă vom lăsa să aveți parte de pulberea drumurilor, până la cel din urmă grăunte.

Căci apostolii, din credința lor față de măreața absurditate a Celui care-i trimite, aduc pace și, totodată, războire. Nu toți fi-vor în stare să se pocăiască. în aceeași familie, în aceeași casă, unii vor crede, alții nu. Între dânșii se va isca harța și dușmănia – aspră arvună întru căpătarea păcii absolute și statornice. Dacă toți ar asculta în aceeași clipă glasul, dacă toți ar fi schimbați în aceeași zi, Împărăția Cerurilor s-ar întemeia într-o clipă, fără sângeroase prefețe de bătălii.

Iar cei care nu vor să se schimbe – deoarece nu pricep vestirea, ori se cred gata desăvârșiți – se vor năpusti asupra propovăduitorilor și-i vor învinui în fața judecătorilor. Deținătorii bogăției și ai Vechii Legi vor fi cruzi cu săracii care-i învață pe cei săraci Noua Lege. Bogătașii nu vor primi să se învoiască cu gândul că banii lor sunt o primejdioasă netrebnicie; Scribii nu vor voi să recunoască adevărul că știința lor nu-i decât o ucigătoare neștiință. „Și vă vor bate cu bicele prin sinagogi".

„Dar când vă vor da pe mâna lor, n-aveți grijă de chipul cum veți vorbi, ori de cele ce veți spune". Isus nu se îndoiește că sărmanii pescari, cu toate că n-au umblat la școlile retorilor, vor găsi prin inspirația sa, marile cuvinte de nevoie în ceasul învinuirii. Un singur gând, de-i mare și adânc înfipt în inimă, naște de la sine toate gândurile lăturalnice și, cu ele, formele desăvârșite pentru a le îmbrăca. Omul uscat, care n-are nimic înlăuntru-i, care nu crede în nimic, care nu simte, nu arde, nu suferă, va fi neînstare, chiar de-a înălbit cu sofiștii Atenei și cu retorii Romei în mână, să găsească unul singur din acele răspunsuri luminătoare și puternice, care tulbură conștiința celor mai surzi judecători.

Vorbească deci fără teamă, fără să ascundă nimic din cele ce li s-au propovăduit. Mai mult: „Ce vă spun eu vouă pe întuneric, rostiți-l la lumină; iar ce vă e șoptit la ureche, propovăduiți de pe acoperișuri". Isus, prin aceste vorbe nu cere de la ucenicii săi mai multă îndrăzneală decât și-ar fi cerut sieși. A vorbit pe-ntuneric, adică numai lor: le-a vorbit celor dintâi credincioși, dar ce le-a spus de-a lungul drumurilor pustii, ori în încăperile singuratice sunt ținuți să rostească la rându-le, precum însuși a dat pildă, pe la răspântiile târgurilor, în fața mulțimilor. Le-a șoptit la ureche adevărul, deoarece adevărul la început poate să-i sperie pe cei nepregătiți; pentru că erau puțini, ei între ei, nici n-avea nevoie să strige. Dar acel adevăr trebuie strigat acum de sus, pentru ca toți să-l audă și să nu fie nimeni care să poată zice, în acea zi, că nu-l auzise. Comoara Bunei Vestiri va să fie împărțită la toți săracii, deopotrivă cu comorile de tină și metal.

Dacă oamenii pot ucide trupul celui care împarte adevărul, nu-i vor putea ucide sufletul: din moartea unui singur trup, mii de suflete noi i se vor naște vieții. Dar nici trupul nu vă va muri, căci este cineva care-l ocrotește. „Au nu se vând oare două vrăbii de-un ban? Și totuși, niciuna nu cade jos fără voia Tatălui vostru. Cât despre voi, până și părul capului vostru e numărat fir cu fir. Nu vă temeți deci: aveți mai multă trecere decât multe vrăbii". Păsările văzduhului, care nu seamănă grâu, nu pier de foame; voi, care n-aveți nici măcar toiag, nu veți muri în mâinile dușmanului.

Duc cu ei o taină prea de preț, pentru ca trupul care-o închide să poată fi hăcuit. Isus e mereu cu dânșii, chiar când stă departe. Ce li se face lor, lui i se face. O mistică identitate s-a legat pe vecie între mandant și mandatari. „Iar cel ce le va fi dat de băut, fie și numai o cană cu apă rece, acestor copii ai mei, deoarece mi-s ucenici, adevăr grăiescu-vă că nu va rămâne nerăsplătit".

Cristos e izvorul de apă vie menită să potolească setea tuturor celor osteniți; și cu toate acestea, va ține seama și de cana cu apă ce va fi potolit setea celui mai mărunt dintre prietenii săi. Cei care duc cu ei apa adevărului care curăță și mântuiește, pot să aibă nevoie într-o zi de apa grea, îngropată în fundul fântânii din sat. Cel care le va întinde un strop din această apă de rând și pământoasă, avea-va în schimb un izvor ce îmbată sufletul mai tare ca cele mai tari vinuri.

Apostolii care colindă cu o singură haină pe ei, cu o singură pereche de opinci, fără chimire și fără desagi, săraci ca sărăcia, goi ca adevărul, nevinovați ca bucuria sunt, în ciuda părerii caliceniei lor, întruchipări felurite ale unui împărat ce-a venit să întemeieze o împărăție mai mare și mai fericită ca toate împărățiile, să le dăruiască săracilor o bogăție mai de preț ca toate avuțiile ce se pot măsura, să-i îmbie pe nenorociți la o desfătare mai adâncă decât toate desfătările. Îi place acestui rege, ca și regilor răsăriteni, să se arate sub întruchipări felurite, să li se arate oamenilor în alte straie, necunoscut. Dar îi place mai mult ca orice, până astăzi, să se îmbrace în haine de poet, de calic și de apostol.

MAMMON

Isus este sărac. Săracul nespus și riguros sărac, sărac de o absolută sărăcie. Principele sărăciei, seniorul desăvârșitei calicii. Săracul care stă cu săracii, care-a venit pentru săraci, care le vorbește săracilor, care le dă săracilor, care muncește pentru săraci. Săracul nesfârșitei, veșnicei sărăcii. Săracul ferice și bogat, care primește sărăcia, care caută sărăcia, care se însoară cu sărăcia, care cântă sărăcia. Cerșetorul care dă de pomană. Despuiatul care-i acoperă pe cei goi. Hămesitul care dă de mâncare. Săracul miraculos și supranatural, care-i schimbă pe falșii bogătași în tot atâția calici și pe calici în tot atîția bogătași cu cei adevărați.

Sunt săraci care-s săraci, pentru că niciodată n-au fost în stare să câștige. Sunt alți săraci care-s săraci, pentru că împart în fiecare seară ce-au câștigat dimineața. Și cu cât dau mai mult, cu atâta mai mult au. Bogăția lor – bogăția acestor săraci din urmă – sporește mereu, pe măsură ce-o dăruiesc. E o chită care, cu cât iei din ea, cu atât se face mai mare.

Isus era unul dintre acești săraci. În comparaţie cu unul dintre aceștia, bogătașii cărnii, ai lumii, ai tinei, bogătașii cu lăzile lor de talanți, de arginți, de rupii, de florini, de zechini, de scuzi, de sterline, de franci, de mărci, de coroane, de dolari nu-s decât niște calici de plâns. Argintarii Forului, cheflii Ierusalimului, zarafii Florenței și ai Frankfurtului, lorzii Londrei, miliardarii New-Yorkului nu-s puși alături de acești săraci, decât niște nenorociți pieritori de foame, goi și nevoiași, slugi fără simbrie ale unui neîndurat stăpân, osândite să-și ucidă zi de zi sufletul. Mizeria acestor calici e atât de cumplită, că se văd nevoiți să adune pietrele pe care le găsesc în noroiul pământului și să scormonească în excremente. O mizerie atât de respingătoare, că nici calicii nu-s în stare să-i miluiască cu un zâmbet.

Bogăția este o pedeapsă, ca și munca. Dar este osândă mai grea și mai batjocoritoare. Cel înfierat cu pecetea bogăției a săvârșit, poate fără știința lui, o crimă nelegiuită, una din acele crime ascunse și de neînchipuit ce n-au nume pe limba oamenilor. Bogatul stă sub apăsarea răzbunării lui Dumnezeu, ori Dumnezeu vrea să-l pună la încercare, spre a vedea de va fi în stare să se ridice până la dumnezeiasca sărăcie. Deoarece bogătașul a făcut cel mai mare păcat, păcatul cel mai josnic și de neiertat. Bogătașul e omul care-a coborât, pentru că a precupețit. Putea avea cerul și a voit pământul, putea locui în Rai și s-a prăbușit în Iad, își putea cruța sufletul și l-a dat în schimbul tinei, putea să iubească și i-a plăcut mai mult să fie urât, se putea bucura de fericire și a dorit puterea. Nimeni nu-l poate scăpa. Banii, în mâinile sale, sunt metalul care-l îngroapă de viu sub povara-i rece; sunt tumoarea care-l roade cu zile în putreziciunea lui; sunt focul ce-l scrumește și-l schimbă în hâdă mumie neagră, în surdă, oarbă, mută, paralitică mumie neagră, în stârv de strigoi ce întinde în vecii veacurilor mâna goală prin cimitirele vremilor. Deoarece nimeni nu-l poate milostivi pe acest calic de nerecunoscut, cu pomana pomenirii.

Nu poate fi pentru el decât o scăpare: să calicească, să ajungă iarăși adevărat și smerit sărac, să arunce cât colo păcătoasa mizerie a bogăției, să se întoarcă la sărăcie. Dar această hotărâre este cea mai grea din câte poate lua bogatul. Bogatul, prin însuși faptul că e putregăit și afurisit de bogăție, nu-i în stare să-și dea seama că desăvârșita lepădare de bogăție ar fi începutul mântuirii lui. Şi pentru că nu-i în stare să-și închipuie o astfel de abdicare, nu poate nici să se chibzuiască, nu poale cântări putințele. E ocnașul prăpăstioasei sale ocne. Ca să scape de ea, ar trebui să fie mai întâi scos din fiare.

Bogatul nu-i stăpân pe sine ci, cu toate că-i însuflețit, ține de lucrurile neînsuflețite. N-are vreme să cugete, să aleagă. Banii sunt un nemilos stăpân. Care nu îngăduie alți stăpâni alături de el. Bogatul, cotropit de grija bogățiilor sale, de osârdia de a-și spori bogățiile, nu se poate gândi la suflet. Nici măcar nu poate bănui că sufletu-i bolnav, înăbușit, stâlcit, găunos, poate avea nevoie de vindecare. Și-a cuibărit întreaga ființă în acea parte a lumii, pe care are dreptul s-o numească a sa, după învoieli și legiuiri pământene; dar, adesea, nici măcar n-are vremea, dorința, puterea, să se bucure de dânsa. Trebuie s-o slugărească, s-o scape – nu-și poate slugări, nu-și poate scăpa sufletul, întreaga-i putere de-a iubi este cotropită de acest lot de pământ care-i dă porunci, care i-a înlocuit sufletul, care i-a smuls orice rămășiță de libertate.

Cumplita soartă a bogatului stă în această îndoită absurditate: spre a avea puterea de-a porunci oamenilor, a ajuns robul celor neînsuflețite; spre a dobândi o parte – o parte atât de mică la urma urmelor! – a pierdut totul.

Nimic nu-i al nostru, atâta vreme cât este numai al nostru. Omul nu poate avea nimic – cu adevărat – în afară de sine însuși. Taina absolută pentru a poseda restul, este să se lepede de toate cele pământene. Celui ce se leapădă de orice, totul i se dă. Dar cel care vrea să ia pentru sine, numai pentru sine, o fărâmă din bunurile lumii, în aceeași clipă o pierde și pe cea pe care o dobîndește, și pe toate celelalte. În aceeași clipă e neînstare să se cunoască; să se aibă, să se mărească pe sine. Nu mai are nimic, odată pentru totdeauna nimic: nici măcar lucrurile care de ochii lumii erau ale lui, dar de care este posedat de fapt: nu și-a avut niciodată sufletul, adică singura proprietate ce are noimă de-a fi avută. E cel mai păcătos și despuiat calic de pe pământ. N-are nimic. Nu poate să dea nimic. Atunci, cum ar putea să-și iubească semenii, să li se dea lor pe sine și cele ce țin de dânsul, să dea dovadă de acea drăgăstoasă milostenie care l-ar apropia atât de mult de împărăție?

Nu-i nimic, n-are nimic. Cel care nu există, nu se poate schimba; cine n-are nu poate da. Atunci, cum ar putea oare bogatul care nu mai este al său, care nu mai are suflet, să schimbe singura proprietate a omului în ceva mai mare și mai de preț?

„Au ce-i folosește omului să dobândească întreaga lume, dacă pe urmă își pierde sufletul?". Această întrebare a lui Cristos, naivă ca toate revelațiile, dă înțelesul răspicat al amenințării proorocitoare. Bogatul nu pierde doar veșnicia; căci, târât în fundul bogăției, își pierde viața-i de pe pământ, sufletu-i de astăzi, fericirea vieții pământești.

„Omul nu-l poate sluji și pe Dumnezeu și pe Mammon". Duhul și aurul sunt doi stăpâni ce nu îngăduie devălmășie și întovărășiri. Sunt pizmăreți, îl vor pe om întreg. Iar omul, chiar de vrea, nu se împarte în două. Tot: sau într-o parte, sau în alta. Aurul, pentru cel ce slujește sufletul, nu înseamnă nimic; sufletul, pentru cel ce slujește aurul, e o vorbă fără rost. Cine alege sufletul, aruncă aurul și tot ce se cumpără pe aur; cine râvnește aur, neagă sufletul și întoarce capul de la toate binefacerile sufletului: pacea, sfințenia, iubirea, desăvârșita voioșie. Cel dintâi este un sărac care nu izbutește niciodată să irosească nesfârșita-i bogăție; celălalt e un bogătaș care nu mai ajunge să scape de nesfârșita-i mizerie. Săracul are, prin tainica lege a renunțării și ceea ce nu-i al său, adică întregul univers; bogatul, prin aspra lege a necontenitei râvniri, nu are nici măcar puținul pe care-l socotește al său. Dumnezeu dă nemăsurat mai mult decât multul pe care l-a făgăduit; Mammon ia și puținul mărunt pe care-l făgăduiește. Cine renunță la tot, are totul pe deasupra; cine vrea pentru sine o singură fărâmă, se pomenește la urmă cu mâna goală.

Când adâncești grozava taină a bogăției, pricepi de ce învățătorii omului au văzut în ea adevărata împărăție a diavolului. Un lucru ce costă mai puțin ca toate celelalte, se plătește mai scump ca toate, se cumpără cu toate celelalte. Un lucru ce nu-i nimic, a cărui valoare adevărată e nulă, se dobândește cu tot restul, dând în schimb tot sufletul, toată viața. Schimbi lucrul cel mai de preț, cu tot ce-i mai josnic.

Și totuși, chiar și această infernală absurditate își are rațiunea de-a fi în iconomia duhului. Omul e în chip atât de firesc și universal ispitit de acel nimic zis bogăție, că pentru a-l scârbi de această smintită strădanie era de trebuință să se pună un preț atât de mare, de urcat, de nepotrivit, încât faptul însuși de a-l plăti să fie o dovadă netăgăduită de sminteală și vinovăție. Dar nici învoiala absurdă a târgului – veșnicia dată pe vremelnicie, puterea pe robie, sfințenia pe afurisenie – n-ajunge ca să-i depărteze pe oameni de la absurda târguire diavolească. Săracii sunt deznădăjduiți numai pentru că nu pot fi bogați; sufletul le e păcătoșit și primejduit ca și cel al bogaților. Sunt, mai toți, săraci fără voia lor, care n-au putut să strângă aur, dar și-au pierdut sufletul; sunt niște nemernici bogați, care n-au încă averi agonisite.

Căci singura sărăcie care să dea adevărata bogăție – cea sufletească – este sărăcia de bună voie, primită, cu voioșie râvnită. Sărăcia absolută care-i scoate pe oameni din cătușe întru cucerirea absolutului. Împărăția Cerurilor nu le făgăduiește săracilor să-i îmbogățească, ci vrea ca bogații, spre a pătrunde într-însa, să sărăcească de buna lor voie.

Tragicul paradox pe care-l presupune bogăția, îndreptățește veșnicul sfat al lui Isus, dat celor ce voiau să-l urmeze.

Toți trebuie să dea ce le prisosește, celor în nevoie; dar bogatul e ținut să dea tot. Tânărului care se apropie de Isus și-l întreabă ce să facă spre a fi și el de-ai lui, îi răspunde: „De vrei să fii desăvârșit, mergi, vinde ce ai și dăruiește-l săracilor; dobândi-vei comoară în ceruri". Lepădarea de avuție nu-i o jertfă, o pierdere, o pagubă. Pentru Isus și pentru toți cei care știu, este dimpotrivă un câștig cu neputință de prețuit. „Vindeți-vă averile și dați-le de pomană; faceți-vă pungi ce nu se învechesc, comoară care să nu mai secătuiască în ceruri de care tâlharul nu se apropie și pe care molia nu o roade. Căci acolo unde vă este comoara, acolo fi-va și inima voastră... Dă-i, așadar celui ce-ți cere; iar celui ce-ți ia ale tale, nu i le mai cere înapoi... că mai mare fericire stă în a da decât în a primi".

Suntem ținuți să dăm, să dăm fără zgârcenie, cu suflet voios și fără multă socotință. Cel care dă ca să aibă înapoi nu-i desăvârșit. Cine dăruiește ca să aibă darul altora, în tot atâta materie, nu dobândește nimic. Trebuie să ne desfacem de bunurile noastre, nu spre a ne fi plătite cu alte bunuri, ci doar cu mulțumire și curățenie sufletească. „Atunci când te ospătezi nu-ți chema prietenii, nici frații, nici rudele, nici vecinii cei avuți ca nu care cumva să se întâmple ca și dânșii să te poftească pe tine, să te ospăteze la rândul lor. Ci când dai un ospăț cheamă calicii, schilozii, șchiopii, orbii; și așa fi-vei fericit: că aceia nu vor fi în stare să te răsplătească; răsplata vei avea-o la învierea drepților".

Chiar și înainte de Isus oamenii au fost sfătuiți să se lepede de bogății. Isus n-a fost cel dintâi care să statornicească în sărăcie una din treptele desăvârșirii. Marele Vardhâmana, Jina ori Triumfătorul, adăugă la poruncile lui Pargva întemeietorul Descătușaților, acea aparigraha, renunțarea la orice avuție. Buddha, contemporanul său, își îndemnă ucenicii să facă la fel. Cinicii se despuiară de orice avuție pământească, spre a fi neatârnători de muncă și de oameni, putându-se astfel consfinți cu suflet încătușat adevărului. Cratet, nobil teban, spudeul lui Diogene, își împărți averile la concetățeni și ajunse cerșetor. Platon voia ca războinicii Republicii sale să nu aibă niciun fel de bogăție. Stoicii dictară – îmbrăcați în purpură și stând la mese încrustate cu pietre rare – elogiile pline de elocință ale sărăciei. Aristofan îl înfățișă în teatrul său pe orbul Pluton, care-și împarte bogăția în chip de osândă numai la oameni fără căpătâi.

Dar pentru Isus dragostea de sărăcie nu-i o regulă ascetică, sau o haină trufașă de lăudăroșie. Timon din Atena, care prin tot felul de mărinimii neprecupețite după ce-a săturat o haită de trândavi, nu-i săracul după inima lui Cristos, Timon e sărac din vina deșertăciunii sale; le-a dat la toți, fără deosebire, chiar și celor care n-aveau nevoie, ca să-și dobândească faimă de mărinimos și darnic. Cratet, care se despoaie de ce are ca să-l maimuțărească pe Diogene, e robul trufiei; vrea să facă ceva diferit de ceilalți, să-și dobândească nume de filozof și înțelept.

Cerșetoria cinicilor e o formă pitorească de trufie; Sărăcia războinicilor lui Platon e o măsură de cumințenie politică. Deoarece sărăcia este trebuincioasă și în cazul orânduirilor omenești ce se alcătuiesc și se ridică. Cele dintâi republici învinseră și înfloriră atâta vreme cât cetățenii lor se mulțumiră, ca în străvechea Spartă și în străvechea Romă, cu o strâmtorată sărăcie; decăzură de îndată ce prețuiră aurul mai mult ca viața „cumpătată și sfielnică". Dar cei vechi nu disprețuiră bogăția în sine. O socoteau primejdioasă atunci când se grămădea în mâna câtorva; o socoteau nedreaptă atunci când nu era cheltuită cu dreaptă și cumpătată mărinimie, însă Platon, care dorește pentru cetățeni o stare de mijloc, deopotrivă depărtată de îndestulare ca și de sărăcie, trece bogăția printre bunurile omului. O socotește drept cea din urmă dintre toate, dar n-o uită. Iar Aristofan ar îngenunchea în fața lui Pluton, dacă zeul cel orb şi-ar redobândi vederea și ar dărui bogățiile oamenilor cumsecade.

În Evanghelie sărăcia nu-i o podoabă filozofică, nici o modă mistică. Nu-i de ajuns să fim săraci, pentru a avea drept la cetățenia împărăției. Nu ajunge să ne lepădăm de avuții, să calicim, ca să ajungem pe dată desăvârșiți. Sărăcia trupească este o cerință subînțeleasă, ca și sărăcia sufletului. Cine nu crede că este jos, nu se gândește să urce; cine nu s-a desprins de orice avuție pământească, fașă ce leagă ochii și înlănțuie aripile, nu-i în stare să redobândească dorința vie de avuții adevărate.

Săracul, atunci când nu suferă din pricina sărăciei sale, când se mândrește cu sărăcia în loc de-a se trudi s-o schimbe în bogăție, este mult mai aproape de desăvârșirea morală decât avutul, însă avutul care s-a despuiat întru folosul săracilor și s-a învoit să trăiască alături de noii săi frați este și mai aproape de desăvârșire decât cel născut și crescut în sărăcie. Faptul că s-a pogorât asupră-i un har atât de rar și miraculos, e o arvună sigură a tuturor nădejdilor. A te lepăda de ceea ce n-ai avut niciodată poate fi un merit; deoarece închipuirea mărește lucrurile depărtate; dar a te lepăda de tot ce-a fost al tău, de tot ce-au pizmuit semenii la tine este semnul supremei putințe de desăvârșire.

Săracul care-i cumpătat, curat la suflet, sărac cu duhul și mulțumitor cu puțin, deoarece-i lipsește putința și prilejul, înclină să caute despăgubire în plăceri care nu costă bani; să caute o jumătate de răzbunare într-o superioritate sufletească, pe care îndestulații nu i-o pot fura. Dar adesea virtuțile sale izvorăsc din neputință ori din neștiință; nu înșală pentru că n-are putere, nu adună bogății pentru că n-are decât puținul cu care să-și ducă zilele, nu-i bețiv și muieratic deoarece cârciumarii și femeile lupanarului nu dau pe datorie. Viața-i adesea grea, josnică, mută de lumină, îi răscumpără păcatele. Și durerea îi îndreaptă privirile sus, în căutarea de mângâieri. Facem atât de puțin pentru cei săraci, că n-avem dreptul să-i judecăm. Așa cum sunt părăsiți de frații lor, ținuți departe de cel care le-ar putea vorbi inimii, ocoliți de cei care nu pot îndura murdara lor apropiere, înlăturați de la acele lumi ale înțelepciunii și artei care-ar face mizeria în unele clipe mai ușor de îndurat – în universala mizerie a lumii, săracii sunt cei mai puțin pângăriți dintre muritori. De-ar fi mai iubiți, ar fi mai desăvârșiți: cei care i-au lăsat singuri aveavor neîndurarea să-i osândească?

Lui Isus îi erau dragi săracii. Îi iubea pentru mila ce-avea de ei; îi iubea pentru că-i simțea mai aproape de sufletul său, mai pregătiți să-l înțeleagă. Îi iubea pentru că-i dădeau zilnic fericirea de-a sluji, de-a putea da pâine celor flămânzi, tărie celor slabi, nădejde îndureraților.

Lui Isus îi erau dragi săracii pentru că în ei, în numele sfintei dreptăți, îi vedea pe cei mai îndepărtați locuitori ai împărăției; îi erau dragi săracii pentru că ușurau, prin imboldul milei, lepădarea de bogății. Dar mai presus ca toți îi erau dragi săracii care fuseseră bogați și care, de dragul împărăției, sărăciseră de buna lor voie. Lepădarea lor era cel mai măreț act de credință în făgăduielile sale. Dăduseră ceea ce în absolut nu-i nimic, dar în ochii oamenilor este tot, cu credința că vor fi părtașii unei vieți desăvârșite. Trebuiseră să înfrângă în ei una din pornirile cele mai adânc încarnate în om. Isus, născut sărac, printre săraci, pentru săraci, nu şi-a părăsit niciodată fraţii. Lor le-a dat îndestularea rodnică a dumnezeieştii lui sărăcii. Însă îl căuta în inimă-i pe săracul care n-a fost mereu sărac; pe avutul gata să se facă sărac, din dragostea ce-i purta lui. Îl căuta: poate că nu l-a găsit niciodată. Dar se simţea mai cu duioşie frate al acelui necunoscut, decât al tuturor blajinilor evlavioşi care i se grămădeau în preajmă.

SPURCĂCIUNEA DRACULUI

Să ştie bine oamenii ce au a se naşte de-acum înainte: Isus s-a ferit totdeauna să atingă cu mâinile sale un ban. Acele mâini ale sale ce plămădiră noroiul pământului ca să-l lumineze iar pe orb; acele mâini ce atinseră carnea putrezită a leproşilor şi a morţilor; acele mâini ce strânseră trupul lui Iuda – mult mai spurcat decât noroiul, decât lepra şi putregaiul – acele mâini albe, neîntinate, alinătoare şi dătătoare de viaţă, pe care nimic nu le putea întina, n-au fost în stare să pipăie discurile de metal ce poartă scobite-n ele mutra stăpânilor lumii. Isus putea pomeni, în poveştile-i mai adevărate ca adevărul, banii; putea chiar să se uite la ei, pe palma altora: dar să-i atingă, nu. Lui, căruia nu-i era silă de nimic, de ban îi era scârbă. Îi era silă cu o silă soră cu groaza. Întreaga-i fire se înfiora la gândul atingerii de acele scârnave simboluri ale bogăţiei.

Când vin să-i ceară dajdia pentru Templu, nu vrea măcar să se împrumute din punga prietenilor şi-i porunceşte lui Petru să arunce năvodul: în gura celui dintâi peşte scos se va afla îndoitul banilor ceruţi. În această minune se întrevede o sublimă ironie, pe care nimeni n-a descoperit-o încă. N-am bani; dar banii sunt atât de netrebnici şi dispreţuiţi, că apa şi pământul, la un cuvânt al meu, sunt gata să-i verse. Balta este plină de ei. Ştiu unde sunt şi atâţia, cât să-i cumperi doar cu mărunţişul banilor pe toţi preoţii templului, şi pe toţi împăraţii noroadelor; ci eu nu urnesc nici un deget ca să-i adun. Un om al meu îi va lua din fălcile unui peşte şi-i va da dijmaşului, de vreme ce preoții, pe cât se pare, au nevoie de bani ca să trăiască. Dobitoacele cele mute pot avea bani asupră-le; eu sunt atât de bogat, că nu vreau nici să-i văd. Nu-s dobitoc mut, ci suflet cu grai; iar sufletele nu țin arginți, nici desagi. Deci nu eu îți dau aceste drahme, ci balta. N-am nimic de cumpărat, niciodată, și dăruiesc tot ce am. Averea-mi nesecătuită este Cuvântul.

Dar într-o zi chiar și Isus se văzu nevoit să se uite la un ban. Îl întrebară dacă-i era îngăduit adevăratului israelit să plătească dările. Iar el răspunse fără șovăire: Arătați-mi banul dajdiei. Aceia i-l arătară, dar nu voi să-l ia. Era un ban împărătesc, un ban roman, pe care se arăta întipărit chipul fățarnic al lui Augustus.

Dar Isus voia să se facă a nu ști al cui era chipul acela, întrebă: Ale cui sunt chipul acesta și slovele acestea? Răspunseră: Ale lui Cezar. Atunci aruncă în fața șireților întrebători vorbele care-i copleșiră de uimire: „De-i așa, dați-i înapoi Cezarului ce-i al Cezarului și lui Dumnezeu ce-i al lui Dumnezeu".

Tâlcurile acestor puține vorbe sunt multe: ajunge deocamdată să ne oprim asupra celor dintâi: dați înapoi. Înapoiați ce nu-i al vostru. Banii nu sunt ai noștri. Sunt făcuți de cei puternici pentru nevoile puterii lor. Sunt proprietatea împăraților și a împărăției, a celeilalte împărății, a celei care nu-i a noastră. Împăratul înfățișează puterea și este ocrotitorul bogăției; dar noi n-avem nimic de împărțit cu silnicia și ne lepădăm de bogăție. Împărăția noastră n-are stăpâni, nici avuți; împăratul care stă în Ceruri nu bate monedă. Banul e un mijloc pentru schimbul bunurilor pământești; dar noi nu le căutăm pe acestea. Puținul de care avem nevoie – oleacă de soare, de aer, de apă, o bucată de pâine, o șubă, – ne este dat pe degeaba de Dumnezeu și de prietenii lui Dumnezeu. Vă trudiți, voi ceilalți, toată viața să strângeți o grămadă mare de bani din aceștia cu chipuri împărătești. Noi nu știm ce să facem cu banii. Pentru noi sunt, odată pentru totdeauna, netrebnici. De aceea îi dăm înapoi celui care-a pus să-i bată, celui care și-a întipărit pe ei chipul, pentru ca toți să știe că sunt banii săi.

Isus n-a avut nicicând nevoie să-i dea înapoi, deoarece n-a luat niciodată vreun ban în mână. Ucenicilor le-a poruncit să nu ia cu ei la drum desagi de strâns pomeni. O singură dată s-a abătut de la această hotărâre – groaznică abatere. Din spusele uneia dintre Evanghelii aflăm că un apostol avea pe seamă punga comunității. Acest ucenic era Iuda. Totuși, chiar și el se va simți nevoit să dea înapoi banii trădării, mai înainte de-a se șterge în moarte. Iuda este tainica victimă jertfită pe altarul afuriseniei banului.

Banul are în el, pe lângă rapănul mâinilor care l-au înhățat și l-au pipăit, molima necruțătoare a crimei. Dintre toate lucrurile murdare pe care le-a născocit omul ca să spurce pământul cu ele și să se spurce pe sine, banul este poate cel mai murdar.

Acele tinichele de metal bătut, ce trec și se petrec zi de zi prin mâinile încă soioase de nădușeală ori de sânge; roase de degetele hrăpărețe ale hoților, ale negustorilor, ale zarafilor, ale samsarilor și zgârciților; acele scuipături rotunde și vâscoase ale teascurilor de bătut bani, de toți dorite, căutate, furate, râvnite, îndrăgite mai mult ca iubirea și adesea mai mult ca viața; acele murdare bucățele de tină împodobită în fel și chipuri, pe care ucigașul le dă călăului, cămătarul înfometatului, dușmanul trădătorului, pungașul siluitorului de milă, ereticul simoniacului, libidinosul femeii vândute și cumpărate; aceste spurcate mijlocitoare ale păcatului, care-l hotărăsc pe copil să-și omoare părintele, pe nevastă să-și înșele bărbatul, pe frate să-și înșele fratele, pe răul sărac să-l înjunghie pe răul bogat, pe serv să-și fure stăpânul, pe tâlhar să-l despoaie pe drumeț, norodul să se năpustească asupra altui norod; acești bani, aceste embleme materiale ale materiei sunt cele mai înspăimântătoare născociri din câte-a născocit omul. Banul, care-a omorât atâtea trupuri, ucide zilnic mii de suflete. Mai molipsitor ca zdrențele unui ciumat, ca puroiul buboiului și cojiturile haznalei, pătrunde prin toate casele, lucește pe tejghelele zarafilor, se ascunde prin sipete, pângărește căpătâiul somnului, se ascunde în negurile duhnite ale cotloanelor, mânjește mâinile cele nevinovate ale copiilor, ispitește fecioarele, plătește munca gâdelui, străbate fața lumii ca să ațâțe ura, să scormonească pofta, să grăbească stricăciunea și moartea.

Pâinea, sfântă mai dinainte pe masa casei, se schimbă pe masa bisericii în trupul fără de moarte al lui Cristos. Și banul e semnul vădit al unei transsubstantizări. E cuminecătura cea păcătoasă a Diavolului. Banii sunt excrementele stricate ale Diavolului. Cel care îndrăgește banul și-l primește bucuros, se dă pe față cu Diavolul. Cel care atinge banul cu nesaț, pipăie, fără să știe, spurcăciunea Dracului.

Cel curat nu poate s-o atingă, sfântul nu poate s-o îndure. Ei știu cu nestrămutată credință care-i spurcata obârșie a banului. Simt în fața banului aceeași înfiorare de groază pe care-o simte bogatul în fața cumplitei sărăcii.

REGII NEAMURILOR

— Al cui este chipul acela? întrebă Isus, când îi înfățișează banul Romei.

Mutra nu-i este necunoscută. Știe la rând cu toții că, printr-o învălmășire de nemeritate noroace, Octavian ajunsese monarhul lumii, sub porecla lingușitoare de Augustus. Cunoaște acel profil de tânăr simulat, capul încâlcit de păr creț, nasul mare ce iese în afară spre a ascunde parcă cruzimea gurii mici, subțiri, aspru de strânsă. Este un cap, ca toate capetele împăraților lumii, desprins de trunchi, despărțit de trup, tăiat pe sub gât: imagine sinistră a unei voluntare și veșnice decapitări.

Dar Isus nu vrea să rostească cu gura lui numele împăratului, deoarece nu-i recunoaște puterea. Cezarul e împăratul pământului; Isus e împăratul unei noi împărății împotriva lumii și în care nu vor mai fi alți împărați. Cezarul e împăratul trecutului, căpetenia ostașilor, bătătorul banilor de argint și de aur, zapciul cel supus greșelii al neîndestulătoarei dreptăți. Isus e împăratul viitorului, slobozitorul robilor, nimicitorul bogăției, propovăduitorul dragostei dintre oameni. N-are nimic de împărțit cu celălalt. Isus a venit să năruie stăpânirea Cezarului, să prăfuiască împărăția Romei și orice împărăție pământească; dar nu spre a-i lua locul Cezarului. Dacă oamenii îl vor asculta, nu va mai fi un Cezar. Isus nu-i moștenitorul care uneltește împotriva domnitorului, ca să se urce în locu-i pe tron; ci năruitorul pașnic al tuturor domnitorilor. Cezarul este cel mai tare și faimos dintre potrivnicii săi; dar și cel mai străin. Deoarece tăria-i stă în somnul oamenilor, în betegia noroadelor. S-a ivit însă cel care-i trezește pe adormiți, cel care deschide ochii orbilor, cel care-i întărește iar pe slăbănogi. Când totul fi-va săvârșit și împărăția întemeiată – o împărăție ce n-are trebuință de soldați, de judecători, de robi și de bani, ci doar de suflete noi și iubitoare – împărăția Cezarului se va risipi ca muntele de scrum în bătaia izbăvitoare a vântului.

Atâta vreme cît mai dăinuiește pe pământ umbra Cezarului, putem să-i dăm înapoi ce-i al său. Banul, pentru oamenii noi, nu-i nimic. Să-i dăm Cezarului, logodnic al veșnicului nimic, acel nimic de argint care nu-i al nostru.

Isus, premergând totdeauna cu patima dorinței înfăptuirea celui de-al doilea Rai Pământesc, nu se îngrijește de ocârmuiri, deoarece noua țară pe care o vestește nu va avea nevoie de ele. Un norod de sfinți ce se iubesc între ei n-ar avea ce să facă cu împărații, cu tribunalele și cu oștirile pământului. Dumnezeiescul Liberator a venit chiar și în politica omenească, întru a răsturna.

O singură dată vorbește despre regi, dar numai ca să răstoarne ideea vulgară și îndătinată despre ei. „Regii neamurilor – le spune ucenicilor – le stăpânesc; iar celor ce știu să le strunească li se zice binefăcători. Nu tot așa să fie însă în mijlocul vostru: cel mai mare dintre voi să fie, dimpotrivă, ca cel mai mic; iar cel ce cârmuiește, ca el, care slugărește". E teoria desăvârșitei egalități în rânduirea omenească. Cel mare e mic; stăpânul e servitor; împăratul este sclav. Dacă cel ce ocârmuiește va să fie asemenea celui ce slujește, și dimpotrivă e tot adevărat; iar cel ce slujește are aceleași drepturi și măriri ca cel ce ocârmuiește. Pot fi acolo sfinți mai arzători ca cei drepți; fericiți ce-au stat în păcat până-n cea din urmă clipă; nevinovați ce-au fost cetățeni ai împărăției încă de când s-au născut. Pot fi acolo deosebiri de măreție spirituală, în obșteasca desăvârșire; dar orice împărțire în oameni mari și mici, în stăpâni și supuși va fi, la capătul vremurilor, înlăturată. Puterea, chiar când este rău folosită, presupune o ceată de cârmuit, o minoritate de pedepsit, o bestialitate de strunit. Dar când toți muritorii vor fi sfinți, nu va mai fi trebuință de porunci și de supunere, de legi și de osândă, de călăuze și de apărări, împărăția duhului se poate lipsi de poruncile puterii.

Oamenii nu se mai vrăjmășesc și nu mai râvnesc la bogății: orice nevoie de ocârmuire rămâne de prisos, a doua zi după aceste două adânci prefaceri. Calea ce duce la libertatea desăvârșită nu se cheamă nimicire, ci sfințenie; nici nu se găsește în sofismele lui Godwin ori ale lui Stirner, ale lui Proudhon ori Kropotkin, ci doar în Evanghelia lui Isus Cristos.

Însă Obșteasca pocăire a oamenilor prin Evanghelie nu s-a înfăptuit încă și împărații mai sunt trebuitori. Vitele au nevoie de păzitor; cu cât sunt mai nărăvite și mai îndărătnice, cu atât mai vârtos păzitorul va să fie mai voinic și mai bine înarmat. Omeneștile vite, sălbăticite de trufie, cred că numărul poate înlocui unitatea, că cei de jos pot lua locul celor de sus, astfel că se răzvrătesc împotriva împăraților, împotriva împăraților ce-s cu adevărat împărați, ce-s mai presus chiar când sunt de rând, mai presus de deșartele năzăriri ale mulțimilor oarbe și smintite, împotriva împăraților care le ocârmuiesc cu acea autoritate ce trebuie să fie unică, spre a fi de folos; a împăraților care răspund de greșelile lor, totdeauna mai puțin cumplite ca greșelile plebeilor, numai în fața lui Dumnezeu. Dar oamenii din zilele noastre nu-i vor pe acești împărați. Nu-s în stare să-i iubească, nici să-i îndure. S-ar împăca mai bine cu un cârd de tirani mărunți, stângaci și hrăpăreți, care-i năpăstuiesc și-i mulg în numele libertății. S-ar împăca mai bine cu aceia, căci dau înfățișare mincinoasă de libertate tiraniei lor, care cunoaște toate năpăstuirile ocârmuirilor vechi, fără a avea și binefacerile lor. De veacuri, adevărații împărați s-au făcut nevăzuți de pe pământ și mâncătorii de jir care-l locuiesc nu s-au făcut mai buni. Nu mai sunt în stare de ascultarea necesară în cazul unor brute, fără a se fi făcut vrednici de libertatea dumnezeiască a sfinților.

SPADĂ ȘI FOC

De câte ori lingușitorii celor puternici au voit să sfințească ambiția ambițioșilor, violența violenților, cruzimea cruzimilor, voinicia voinicoșilor, cuceririle cuceritorilor; de câte ori sofiștii cu simbrie ori declamatorii sforăitori au încercat să împace sălbăticia păgână cu blândețea creștinească, să schimbe crucea în mâner al spadei, să îndreptățească sângele vărsat din imboldul urii cu sângele ce se prelinse pe Calvar întru propovăduirea iubirii; de câte ori, cu un cuvânt, căutăm să îndreptățim războiul prin doctrina păcii, făcând din Cristos chezașul lui Genghis-Khan ori al lui Bonaparte; sau, prin și mai rafinată infamie, premergătorul lui Mahommed, veți vedea ieșind la iveală cu stăruința neîndurătoare a locurilor comune, celebrul text evanghelic pe care toți îl știu pe dinafară și prea puțini l-au priceput.

„Nu vă treacă prin minte c-am venit să aduc pacea pe pământ; venit-am s-aduc spada". Unii, nespus mai învățați, adaugă: „Venit-am s-aduc foc pe pământ". „Alții, miluiți cu o memorie monstruoasă, se năpustesc cu versetul hotărâtor: „Împărăția Cerurilor o răpesc cei neînfricați".

Ce înger al elocvenței, ce supranatural aducător de lumină le va putea revela acestor maniaci tăbăciți de citate, adevăratul tâlc al cuvintelor pe care le repetă cu atâta ușuratică limbuție?

Le desprind din contextul evanghelic cu delicatețea unui urangutan ce-ar culege flori în grădina Titaniei. Nu iau în seamă cuvintele dinainte și cele ce urmează; puțin le pasă de prilejul în care-au fost rostite; nu se îndoiesc o singură clipă c-ar putea avea o valoare mai presus ca cea de rând.

Când Isus spune c-a venit să aducă spada – ori, cum stă scris în pasajul paralel al lui Luca, „zâzania" – le vorbește ucenicilor care-s gata să plece spre a vesti apropierea împărăției. Și îndată după ce-a numit spada, lămurește prin pilde pe-nțelesul tuturor ce-a voit să spună: „Căci venit-am să vâr zâzanie între copil și părinte, între fată și mamă, între noră și soacră și unul avea-va drept dușmani chiar pe cei ai casei. Că de-acum înainte, din cinci câți vor fi într-o casă, trei vor fi învrăjbiți împotriva altor doi și cei doi împotriva celor trei...". Spada, așadar, nu înseamnă războiul. E o imagine care trebuie să însemne dezbinarea. Spada este cea care taie, care desparte, care dezbină: iar propovăduirea Evangheliei îi va despărți pe oamenii aceleiași familii. Căci printre oameni sunt unii surzi și alții cu urechea bună, unii târzielnici, iar alții isteți, unii care se leapădă și alții care cred. Atâta vreme cât nu vor fi toți pocăiți și înfrățiți iarăși prin cuvânt, dezbinarea va domni pe pământ. Însă dezbinarea nu-i război, nu-i măcel. Cei ce-au auzit și crezut – creștinii – nu se vor năpusti asupra celor ce n-ascultă și nu cred. Vor folosi, da, arme împotriva fraților încăpățânați și nevolnici – dar aceste arme vor fi predicile, pildele, iertarea, iubirea. Cei nepocăiți, poate, vor porni adevărata războire, războiul de cruzimi și de sânge; dar îl vor porni tocmai pentru că nu sunt pocăiți, tocmai pentru că nu-s creștini. Izbânda evangheliei înseamnă sfârșitul tuturor războaielor – al războaielor dintre om și om, dintre neam și neam, dintre castă și castă, dintre norod și norod. Dacă Evanghelia, la început, este pricina vrăjmașilor și a dezbinărilor, vina nu-i a adevărurilor pe care le propovăduiește Evanghelia, ci a faptului că aceste adevăruri nu sunt încă trăite de toți oamenii.

Când Isus dă de știre că vine să aducă focul, doar un barbar se poate gândi la focul ucigător, vrednic tovarăș al războaielor, „Cât aș ține să-l văd aprins de pe acuma!". Deoarece focul dorit de Fiul Omului este ardoarea jertfei, flacăra fulgerătoare a iubirii. Câtă vreme toate sufletele nu vor fi arse de acest foc, cuvântul Evangheliei va fi sunet netrebnic și împărăția încă departe. Pentru a primeni păcătoșita familie a oamenilor este nevoie de un foc de durere și de pătimire, înghețații trebuie să ardă, nesimțitorii să urle, nepăsătorii să se aprindă ca torțele prin noapte. Murdăria grămădită în viața ascunsă a oamenilor, care schimbă sufletul în cloacă; putregaiul ce astupă urechile și înăbușă inimile va să fie scrumit de focul duhului nou, pe care-a venit să-l aprindă Isus și care nu-i nimicire, ci mântuire.

Însă, pentru a străbate acest zid de flăcări, e nevoie de-o cutezanță de care nu toți dau dovadă. Pe care-o au doar vitejii. De aceea poate spune Isus că „Împărăția Cerurilor o răpesc cei neînfricați" – iar cuvântul „neînfricat" are într-adevăr în text văditul înțeles de „tare", de oameni ce știu să ia porțile cu asalt, fără a șovăi și a tremura. Spada, focul, violența, sunt cuvinte ce nu trebuie luate în înțelesul lor brutal, după care se dau în vânt avocații războaielor. Sunt cuvinte figurate, pe care suntem nevoiți a le folosi spre a ne face pricepuți de trândava închipuire a mulțimii. Spada e simbolul discordiilor dintre cei dintâi și cei de pe urmă pocăiți; focul este dragostea purificatoare; violența este tăria sufletească de care avem nevoie spre a ajunge până la pragurile împărăției. Cine pricepe altfel, nu știe să citească, ori vrea să trădeze.

Isus este omul păcii. A venit să aducă pacea. Toate Evangheliile nu-s decât prevestiri și învățături întru pace. În chiar noaptea nașterii, glasurile cerești cântă-n cer profetica urare: „Pace pe pământ, între oameni bună învoire". Pe munte, una din cele dintâi făgăduinți ce izvorăsc din inima și de pe buzele lui Cristos este cea pe care le-o face celor pașnici. „Fericiți cei aducători de pace, că acelora li se va zice fii ai lui Dumnezeu". Apostolilor care ard de nerăbdare să plece, le poruncește să ureze pacea pe la toate casele în care vor intra. Ucenicilor, prietenilor, le propovăduiește stăruitor desăvârșita înfrățire: „Nu vă dușmăniți între voi".

Apropiindu-se de Ierusalim, privește cetatea plângând și spune: „Vai! de-ai fi cunoscut în astă zi putința păcii!". Iar în noaptea de pe Muntele Măslinilor, în vreme ce soldații înarmați îl leagă, rostește suprema osândire a violenței. „Toți cei ce pun mâna pe spadă, de spadă vor pieri".

Știe urmările rele ale dezbinării. „Orice domnie dezbinată de porniri deosebite pustiu va ajunge; oricare cetate, oricare casă dezbinată de zâzanii nu va putea dăinui". Iar în cuvântarea-i despre cele de pe urmă întâmplări, proorocește odată cu semnele sfârșitului lumii, alături de foamete, de cutremure și nimiciri, războaiele: „Deoarece ridica-se-va neam împotriva altui neam, domnie împotriva altei domnii... și veți auzi vorbindu-se de războaie și de larma învălmășirii".

Pentru Isus dezbinarea este păcat; războiul crimă. Apologiștii marilor măceluri confundă bucuroși vechiul și noul Testament, însă cel nou e nou tocmai pentru că-l schimbă pe cel vechi.

Războiul poate fi socotit ca venind de la Dumnezeu, când este socotit ca o osândă. Dar este osândă și prin el însuși. Războiul este cea mai crudă faptă a urii ce clocește și clocotește în inimile oamenilor. Ca să-și verse potopul de ură, oamenii înclină să se nimicească cu armele. Războiul se vădește, totodată, drept vină și osândă ce i se cuvine. Este vină, căci dăinuia mai înainte de războire în sufletul dușmanilor; este osândă, căci, izbucnind, ura duce la măcelărirea între ei a celor ce se urăsc unii pe alții.

Dar dacă ura ar fi nimicită în toate inimile, războiul n-ar avea niciun temei; cea mai cumplită osândă s-ar șterge odată cu cel mai mare păcat. S-ar arăta în sfârșit ziua pe care, în dorința lui, o văzuse Isaia și în care „din spadele lor vor face sape și din sulițe seceri; un neam nu va mai ridica spada împotriva celuilalt neam și nu vor mai învăța meșteșugul războiului".

Această zi vestită de Isaia fi-va aceea în care cuvântarea de pe munte va ajunge să fie singura lege recunoscută pe pământ.

O SINGURĂ CARNE

Isus sfințește unirea, fie și trupească, a bărbatului cu femeia. Atâta vreme cât toți împărații lumii nu vor fi de prisos, vom înapoia banii însemnați cu numele lor; atâta vreme cât toți oamenii nu vor fi asemenea îngerilor, neamul omenesc trebuie să se înmulțească.

Familia și statul, înjghebări bicisnice când ne gândim la fericirea din ceruri, sunt trebuitoare în adăstarea pământească a Raiului. Dar atâta vreme cât sunt trebuitoare, vor fi nevoite, cât de cât, să nu fie din calea-afară de necurate și schiloade. Cel ce ocârmuiește ar trebui să se simtă deopotrivă cu cel ce slujește; unirea dintre bărbat și femeie ar trebui să fie veșnică și nefățărnicită. Isus vede în căsătorie, mai înainte de orice, împreunarea a două cărni. De data aceasta întărește spusa Vechii Legi. „Nu mai sunt două cărni, ci una singură". Mirele și mireasa fac un singur trup, cu neputință de despărțit. Acel bărbat nu va avea altă femeie; femeia aceea nu va cunoaște alt bărbat, până ce nu i-o despărți moartea. Împerecherea bărbatului cu femeia, când nu-i ușurarea unei luxurii vagabonde, ori a unei prostituări furișe, când este întâlnirea și oferta a două feciorii sănătoase, când este precedată de-o alegere nesilită, de-o patimă, de-o învoială știută de lume și consfințită, capătă caracter aproape mistic, pe care nimic nu-l mai poate înlătura. Alegerea este fără schimbare, patima este consfințită, învoiala veșnică. În cele două trupuri ce se strâng în dorință, sunt două suflete ce se recunosc și se regăsesc în iubire. Cele două cărni se schimbă într-o singură carne; cele două suflete într-un singur suflet.

Cei doi și-au amestecat sângele; dar din această contopire se va naște o făptură nouă, plămădită din viața lor, întruchipare vădită a contopirii lor. Iubirea-i face asemenea lui Dumnezeu, făurari ai mereu reînnoitei și miraculoasei faceri.

Dar această trupească și rituală unitate – cea mai desăvârșită dintre nedesăvârșitele înjghebări omenești – nu trebuie să fie tulburată ori întreruptă niciodată. Adulterul o strică; divorțul o curmă. Adulterul e roaderea vicleană a unității; divorțul renegarea-i definitivă. Adulterul este un divorț secret, întemeiat pe minciună și trădare; divorțul, urmat de-o nouă căsătorie, este adulter legiuit.

Isus osândește totdeauna în chip solemn și răspicat, adulterul și divorțul. Întreaga-i fire se răzvrătea îngrozită în fața necredinței și a trădării. Veni-va o zi, proorocește el vorbind de viața din Ceruri, în care bărbații și femeile nu se vor mai cununa; dar până atunci, cununia trebuie să cunoască măcar toate virtuțile îngăduite de viața pământească. Isus, care pornește totdeauna de la cele văzute către cele nevăzute, nu-i zice adulterin doar celui care fură soața fratelui său, dar chiar și celui care-o privește, pe drum, cu ochii poftei. Nu-i adulterin numai cel care se dă într-ascuns cu femeia altuia, ci și acela care, după ce-a alungat-o pe-a sa, se însoară cu alta. Într-un singur loc pare a îngădui divorțul bărbatului femeii adultere; însă vina soației izgonite n-ar putea îndreptăți în niciun chip crima pe care-ar săvârși-o cel trădat, însurându-se cu alta.

În fața unei legi atât de absolute și neîndurate, până și ucenicii se ridică în două picioare. De vreme ce așa trebuie să fie, la ce bun să se mai însoare omul? Dar el le răspunse: Nu toți sunt în stare de ceea ce spuneți, ci doar aceia cărora le este dat. Deoarece sunt eunuci născuți eunuci din sânul mamei lor; sunt eunuci făcuți de oameni și sunt eunuci în vederea Împărăției Cerurilor. Cine-i în stare să o facă, facă".

Cununia este un hatâr făcut firii omenești și răspândirii vieții. „Nu-s toți în stare" să se păstreze curați, feciorelnici și singuri – „ci doar aceia cărora le este dat". Desăvârșitul celibat este un har, o răsplată a izbânzii sufletului asupra trupului.

Oricine vrea să închine întreaga dragoste de care-i în stare unei fapte mari, va trebui să se osândească a rămâne cast. Nu poți servi și omenirea și insul răzleț. Omul care trebuie să îndeplinească o grea solie, care-i va cere toate zilele, până la cea din urmă, nu se poate lega cu o femeie. Cununia cere părăsirea ființei tale în voia altei ființe, – iar mântuitorul va trebui să se dea tuturor. Îmbinarea a două suflete nu-i ajunge, – căci ar face mai grea, poate cu neputință, contopirea cu toate celelalte suflete. Răspunderile pe care le trage după sine alegerea unei femei, nașterea copiilor, întemeierea unei mici înjghebări în mijlocul celei mari, sunt atât de grele, că ar fi o zilnică piedică față cu alte îndatoriri nespus mai grele.

Omul care vrea să le poruncească celorlalți oameni, să-i schimbe, nu se poate lega pe viață cu o singură făptură. Ar trebui să fie necredincios femeii ori chemării sale. Îi este prea dragă lumea nesfârșită a fraților săi, ca s-o îndrăgească numai pe una singură dintre surori. Eroul este totdeauna singur. Singurătatea-i osândă și măreție. Se lipsește de bucuriile dragostei casnice; dar iubirea din el se înmulțește, spre a se împărtăși tuturor oamenilor într-o sublimizare de jertfă ce întrece toate extazele pământești. Bărbatul fără femeie este singur, dar liber; sufletu-i necotropit de gânduri lumești, poate urca mai sus. Nu zămislește copii în carne și oase, dar îi face să nască la a doua viață pe copiii sufletului său.

Nu tuturor le e dat însă de a ține piept abstinenței. „Cine-i în stare s-o facă, facă". Întemeierea împărăției cere oameni care să-și dea tot sufletul: dăruirea trupească, chiar îngrădită de îndreptățirea cununiei, este o moleșire pentru cel care este chemat să cate la cele sufletești.

Cei care se vor scula în marea zi a izbânzii nu vor mai avea ispite. În Împărăția Cerurilor împreunarea bărbatului cu femeia, fie chiar sfințită prin dăinuirea veșnică a căsătoriei, va fi înlăturată. Marea-i țintă e zămislirea de oameni noi; dar atunci, moartea va fi înfrântă și nu va mai fi nevoie de veșnica primenire a semințiilor. „Bărbații lumii acesteia se însoară. Iar femeile sunt măritate; dar cei care vor fi socotiți vrednici să aibă parte de lumea viitoare și de învierea morților, nu vor fi ținuți să se cunune, că aceia nu mai pot muri niciodată; sunt asemenea îngerilor și sunt copii ai lui Dumnezeu, fiind copii ai Învierii".

Prin dobândirea vieții veșnice și a firii îngerești – cele două făgăduințe și cele două credințe ale lui Cristos – ce părea cu putință de îndurat, ajunge de negândit; ce părea curat, josnic; ce era sfânt, netrebnic. În acea lume supremă toate încercările la care este pusă seminția omenească au fost făcute mai dinainte. Păcătoșitului mascul bestial i-a ajuns împreunarea fugară cu femeia furată; bărbatul se ridică până la cununie la unirea unică cu femeia unică; sfântul se ridică și mai sus, ajungând până la castitatea de buna lui voie. Dar omul arhanghelizat în cer, prefăcut în duh și iubire a învins fie chiar și-n amintire carnea: iubirea-i, într-o lume în care nu se află săraci, bolnavi, nenorociți și dușmani se transfigurează într-o contemplație mai presus de cele pământeşti.

Ciclul naşterilor s-a închis. Cea de-a patra împărăție a fost întemeiată, odată pentru totdeauna. Cetățenii acestei împărății fi-vor pe veci aceiași, aceiaşi iar nu alții, de-a lungul veacurilor. Femeia nu va mai naște în durere. Osârdia surghiunului e stinsă; șarpele este înfrânt; Părintele îl sărută iarăși pe copilul fugit. Raiul este găsit a doua oară și nu va mai fi pierdut niciodată.

PĂRINȚI ȘI COPII

Isus vorbea într-o casă, poate în Capernaum. Iar bărbații și femeile, toți înfometați de viață și dreptate, toți nevoiții de odihnă și mângâiere, umpluseră casa și-l împresurau de-aproape, se uitau la el cum te uiți la părintele pe care l-ai regăsit, la fratele care s-a făcut bine, la binefăcătorul care mântuie. Atât erau de înfometați de cuvântul său acei bărbați și acele femei, că Isus și prietenii săi n-aveau parte nici măcar să înghită o înghițitură. Vorbea de multă vreme și aceia ar fi voit să mai vorbească, până noaptea, fără întrerupere, fără a se odihni o clipă. Deatâta vreme-l adăstau! Părinții și mamele lor adăstaseră, în josnică pângărire și dobitocească încrucișare de brațe, mii de ani. Ei înșiși de prea multă vreme adăstau, în ceața tâmpă a unui dor nelămurit. Cu toții oftaseră, noapte cu noapte, după o dâră de lumină, după o făgăduială de fericire, după un cuvânt de iubire. Iar acum îl vedeau în fața-le pe cel ce împărțea răsplățile îndelungatelor așteptări. Și le cereau fără alte amânări. Acei bărbați și acele femei stăteau în jurul lui Isus ca niște creditori cu drepturi, care în sfârșit puseseră mâna pe dumnezeiescul lor datornic veșnic așteptat, să-și ceară partea până la cel din urmă ban. N-avea decât să se lipsească de mâncare – veacuri după veacuri părinții lor trebuit-au să se lipsească de pâinea adevărului, ani după ani ei înșiși nu-și putuseră potoli foamea cu pâinea nădejdii.

Isus așadar, le vorbește întruna oamenilor care-au ticsit casa. Rostește iarăși cele mai ademenitoare imagini ale inspirării sale, povestește noutățile cele mai nedezmințite despre Împărăția Cerurilor, se uită la ei cu acei ochi plini de invocație ce coboară-n inima sufletelor ca soarele de cu zori în țarcul neguros al caselor. Oricare dintre noi și-ar da zilele ce-i mai rămân ca să fie privit de acei ochi, ca să cate o clipă în acei ochi îngemănați de-o nesfârșită duioșie; ca să asculte o singură dată glasu-i cotropitor, ce schimbă-n melodioasă armonie graiul acela semit. Acei oameni care au răposat, acele sărmane femei, acei nemernici care-s pulbere azi în văzduhul pustiului ori noroi sub copitele cămilelor, acei bărbați și acele femei pe care nimeni nu le pizmuia atâta vreme cât trăiră, dar pe care noi, viii, ne vedem nevoiți a le pizmui după o moarte atât de îndelungă și învăluită-n ceața depărtării, acei bărbați și acele femei îi auzeau glasul, îi vedeau ochii.

Dar iată un zgomot, larmă pe la ușa casei. Careva dă să intre. Unul dintre cei de față îi spune lui Isus: „Mama-ta, frații și surorile tale au venit să te caute“. Dar Isus stă locului. „Cine-i mama? Cine-mi sunt frații? Și rotindu-și ochii asupra celor care-i stăteau în preajmă, le zice: „Iată-mi mama și frații! Oricare dintre voi va împlini voința Domnului mi-e frate, mi-e soră, mi-e mamă“.

Întreaga-mi familie aici îmi este. Alta n-am. Legăturile de sânge n-au preț, când nu-s consfințite în suflet. Tatăl meu este Părintele care mă face asemenea lui, în desăvârșirea binelui; frați îmi sunt sărmanii ce-au plâns; surori, femeile ce-au părăsit iubirile pentru iubire. Prin aceste cuvinte nu înțelegea să se lepede de îndurerata Fecioară, din al cărui pântec se născuse: ci voia să spună că din ziua surghiunului voit de bunăvoie, nu mai ținea de mica lui familie din Nazaret: era pe de-a-ntregul al menirii sale de mântuitor al marii familii omenești.

Filiația spirituală, în noua iconomie a mântuirii, întrece și lasă-n urmă simpla filiație trupească. „Dacă vine careva la mine și nu-l urăște pe tatăl său, pe mama sa, nevasta, copiii, frații și surorile, până chiar și propria-i viață, nu-mi poate fi ucenic". Iubirea lăuntrică va să fie pusă mai prejos de iubirea obștească. Ești ținut să alegi între vechile legături de dragoste ale omului vechi și singura iubire a omului nou.

Familia se va stinge atunci când oamenii, în viața cerească, vor fi mai mult decât oameni. Acum familia este o piedică pentru cel care-i ajută pe ceilalți să intre-n Rai. „Și nu-i spuneți nimănui pe pământ tată, căci unul singur e Tatăl vostru, adică cel din ceruri". Cel care-și va părăsi familia, fi-va răsplătit în nesaț. „Adevăr grăiescu-vă, că nu-i om care să-și fi părăsit casa, nevasta, frații, părinții, copiii din dragostea pentru Împărăția lui Dumnezeu, care să nu capete în schimb de mai multe ori pe-atâta, în acest răstimp și în veacul ce va să vină întru viața veșnică".

Tatăl cel din ceruri este vrednic de încredere; frații voștri din împărăție sunt vrednici de încredere; dar părinții și frații de pe pământ pot să fie ucigașii voștri. „Fi-veți vânduți până și de părinți, de frați, de rude și prieteni; omorî-vor mulți dintre voi...".

Cu toate acestea, măcar părinții s-ar cuveni să fie credincioși. Căci părinții, după Isus, au cu mult mai mari îndatoriri față de copii, decât au copiii față de părinți. Străvechea lege nu-i cunoaște decât pe cei dintâi. „Cinstește pe tatăl și pe mama ta" spune Moise. Dar nu adaugă: „Ocrotește-ți și iubește-ți copiii". Copiii sunt avuția celui care i-a făcut. Viața, pe-acele timpuri, pare atât de frumoasă și de preț că nu vor fi în stare niciodată să se plătească de datorie. Vor trebui să fie mereu robi, veșnic robi. Nu au a trăi decât pentru bătrân, la poruncile bătrânului.

Și aici dumnezeiescul geniu al Răsturnătorului vede ce le lipsește străbunilor. Părinții trebuie să dea: fără zgârcenie, fără răgaz – să dea. Chiar dacă sunt răi copiii, chiar dacă-l părăsesc pe părinte, chiar dacă nu-s de nimic, după chibzuința măruntei înțelepciuni a lumii. Tatăl Nostru este jumătate o rugăciune a copiilor către părinte. Este rugăciunea și cererea pe care orice copil i-ar putea-o face tatălui său.

Iar părinții, chiar dacă dau tot, pot fi părăsiți. Dacă fiii se lasă de ei spre a se arunca în vâltoarea vieții desfrânate trebuie să fie iertați de îndată ce se întorc, precum iertat fost-a fiul risipitor din parabolă. Dacă-și lasă părinții spre a căuta o viață mai înaltă și desăvârșită – cum sunt cei care se îndreaptă pe căile împărăției, fi-vor răsplătiți înmiit, în această viață și în cea de-a doua.

Dar părinții, oricum ar fi, sunt datornici. Groaznica răspundere pe care și-au luat-o dând viață unor făpturi noi, va să fie împlinită. Asemenea singurului Tată din ceruri sunt ținuți să le dea celor care cer și celor ce tac, celor vrednici și celor nevrednici, celor ce stau la masa casei și celor ce hoinăresc prin lume, celor buni ca și celor răi, celor dintâi ca și celor de pe urmă. Nu le este îngăduit să se dea înapoi nici din fața copiilor ce fug de ei și-i lovesc, din fața copiilor ce se leapădă de dânșii.

„Pe care dintre voi l-ar lăsa inima să-i dea copilului o piatră, când cere pâine? Oricând cere un pește, să-i de-a un șarpe?“. Cine nu-i va da atunci copilului care se depărtează fără să ceară nimic, cel mai mare dar: iubirea care nu așteaptă răsplata iubirii?

Toți sunt fii ai Fiului Omului, dar nimeni nu-i putea spune tată după legea cărnii. Poate singura bucurie ce nu dezamăgește dintre dezamăgitoarele bucurii ale oamenilor este aceea de-a ține la piept ori pe genunchi un copilaș îmbujorat la față de un sânge care să fie și al tău, care să-ți zâmbească cu cea dintâi străfulgerare a ochilor, care să-ți îngâne numele, să te facă să mai descoperi o dată duioșia pierdută a celei dintâi porunci. Să simți lipită de pielea îmbătrânită, întărită de vânturi și arșițe, o carne nouă, moale și născândă, sub care sângele parcă ar păstra încă ceva din dulceața laptelui, o carne plămădită parcă din petale calde și vii; să simți că astă carne-i a ta, făcută-n carnea femeii tale, hrănită cu laptele sânilor ei; să iscodești ivirea, înmugurirea înceată a sufletului în această carne care-i a ta, care-i a aceleia ce-i tot a ta; să fii singurul tată al acestei singure făpturi, al acestei flori ce-i gata să se învoalte-n lumina lumii; să te recunoști în ea, să-ți descoperi ochii în ochii aceia mirați; să-ți auzi iarăși glasul în frageda-i gură; să copilărești din nou pentru acest copilaș, pentru a fi vrednic de el, pentru a-i fi mai aproape; să te faci mai mic, mai bun, mai curat, uitând toți anii ce te-au apropiat, tăcuți, de moarte; să uiți trufia bărbăției, făloșia înțelepciunii, cele dintâi brăzdături ale feței, ispășirile, pângăririle, josniciile vieții și să redobândești fecioria lângă acea feciorie, senin lângă acea seninătate, bun de-o bunătate pe care n-ai mai cunoscut-o niciodată; să fii, cu un cuvânt, părintele unui copil al tău, care crește zi de zi în patul tău, în casa ta, în brațele nevestei tale este, fără îndoială, cea mai mare desfătare omenească, din câte îi sunt date omului cu sufletul încătușat în măduva tinei.

Isus, căruia nimeni nu-i fusese tată, simțea înclinare pentru copii, ca și pentru păcătoși. Spirit absolut, nu-i plăceau decât extremele. Nevinovăția și căderea erau pentru el arvunele mântuirii. Nevinovăția, pentru că n-are nevoie să fie curățită; josnicia, pentru că simte mai cotropitoare nevoia de-a se curăți. În primejdie sunt oamenii de mijloc; cei jumătate stricați și jumătate neatinși; oamenii ciumați pe dinăuntru și care vor să pară neîntinați și buni la Dumnezeu; cei care-au pierdut odată cu copilăria curățenia din născare și nu simt încă mirosul greu al lăuntricei lor putreziri.

Isus îi iubea cu duioșie pe copii și cu milă pe ucigași; pe cei curați și pe cei care nu pot zăbovi să se curățe. Mâna-i stăruia cu voioșie pe părul afânat al pruncului desprins de la sân și nu dădea în lături părul prostituatei, îmbibat cu mirodenii. Ieșea în calea păcătoșilor, doarece ei n-aveau totdeauna tăria să-i iasă în cale; dar îi chema la sine pe copii, deoarece copiii îl simt pe cel ce-i îndrăgește și dau fuga la el cu bucurie.

Mamele-i întindeau pruncii să-i atingă. Ucenicii, cu obișnuita lor nătângie le țineau de rău; iar Isus, și de data aceasta, trebui să-i dojenească. „Lăsați copiii în pace și nu-i opriți să vină la mine, căci a lor e Împărăția Cerurilor și adevăr grăiescu-vă că oricare dintre voi nu va intra în împărăția lui Dumnezeu ca un copil nu va mai intra într-însă".

Ucenicii, oameni în toată puterea cuvântului, mândri de puterea lor de oameni cu trecere și de slujitori ai stăpânului de mâine, nu pricepeau cum de-i venea învățătorului să-și piardă vremea cu niște plozi care abia-abia începeau să lege cuvintele, nici nu puteau înțelege încă tâlcul vorbelor celor vârstnici. Dar Isus, punând în mijlocul lor pe unul din acei copii, îi ținu de rău: .Adevăr grăiescu-vă, că de nu vă schimbați și de nu vă faceți la fel cu pruncii, nici că veți intra în Împărăția Cerurilor. Că cel care va fi sfios ca acest copilaș, acela fi-va cel mai mare în Împărăția Cerurilor. Că oricine apropie de dânsul un copilaș ca acesta în numele meu, mă apropie pe mine, însă cel care va fi nărăvit la rele pe unul dintre acești copilași ce cred în mine mai bine-ar fi de el să-i spânzure careva de gât o piatră de moară și să-l arunce-n fundul mării".

Și aici răsturnarea valorilor e totală. După străvechea lege, copilul era acela care trebuia să-i poarte respect omului mare, să-l cinstească pe bătrân. Cel mic era ținut să-l ia pe cel mare drept pildă. Desăvârșirea era lăsată pe seama vârstei coapte; sau, mai degrabă, pe seama bătrâneții. Copilul era respectat numai pentru că păstra în el nădejdea unei viitoare bărbății. Isus răstoarnă legea. Cei mari să ia pildă de la cei mici, vârstnicii trebuie să se întoarcă iarăși la copilărie, părinții să se poarte cum se poartă copiii. În lumea aceea, în care avea trecere puterea, în care se bucura de faimă doar meșteșugul îmbogățirii și al obidirii, copilul mai-mai că nu era om. În noua lume propovăduită de Cristos, în care va domni doar castitatea încrezătoare și drăgălășia nevinovăției, copiii sunt icoana fericirilor de mâine. Copilul, care până atunci părea om întreg, este mai desăvârșit ca bărbatul. Bărbatul care credea că ajunsese la deplinătatea vârstei și a sufletului său, va trebui să se întoarcă, să se despoaie de nărăvita-i bătrânețe, să se întoarcă iarăși la anii copilăriei. Din călăuzitor ajunge călăuzit, de la locul de frunte coboară iarăși la cel din urmă.

Isus, întrucât îl privea pe el, își dezvăluia fățiș copilăria și se mărturisea, fără pic de sfială, aidoma copiilor care-i ieșeau în cale. „Oricare dintre voi întinde mâna unui copilaș ca acesta, mie mi-o întinde". Sfântul, săracul, poetul, se înfățișează sub această nouă întruchipare – care le întruchipează pe toate: copilul, curat și neîntinat ca sfântul gol și nevoiaș ca săracul, uimit și îndrăgostit ca poetul.

Isus nu-i iubește pe copii numai ca modele neștiutoare ale candidaților la perfectarea împărăției, dar și ca pe adevărații mijlocitori ai adevărului. Neștiința lor este mai luminată decât învățatul învățaților: nevinovăția lor este mai puternică decât înțelepciunea ce se răsfrânge în vorbele întrețesute de raționamente. Numai oglinda netedă poate primi răsfrângerile revelației.

„Slavă ție, Părinte – strigă într-o zi – pentru c-ai ascuns acestea de învățați și de înțelepți și le-ai dezvăluit pruncilor". Celor învățați le strică însăși învățătura lor, deoarece socotesc că știu totul; pe cei înțelepți îi încurcă însăși înțelepciunea lor, deoarece nu-s în stare să descopere altă lumină afară de lumina minții. Numai cei neștiutori pricep neștiința, nevinovății nevinovăția, îndrăgostiții dragostea. Revelația lui Isus dezvăluită numai în fața sufletelor fecioreInice stă în umilire, în purificare, în milă. Ci omul, crescând, se strică, se trufește, deprinde păcătoasa desfătare a urii. Se depărtează zilnic de Rai, e din ce în ce mai neînstare să-l regăsească. Se simte bine-n treptata-i coborâre, se fălește cu netrebnica-i știință ce ascunde singurul adevăr de care-ar avea nevoie.

Ca să descopere iarăși Raiul cel nou, împărăția nevinovăției și a iubirii, omul vârstnic e nevoit să se regăsească copil, copilul prin harul nașterii e de la început așa cum vor trebui să fie iarăși vârstnicii, după cumplite strădanii.

Isus caută, da, tovărășia bărbaților și a femeilor, a păcătoșilor și a femeilor păcătoase; dar simte a fi în mijlocul adevăraților săi frați numai când mângâie capul copiilor, pe care mamele galileene îi întind lui Isus ca pe-o ofrandă.

MARTA ȘI MARIA

Și femeile îl iubeau pe Isus.

Acest ins cu chip și carne de om care și-a părăsit mama și nu și-a ales soție, este împresurat toată viața și după moarte într-un nimb cald de duioșie feminină. Feciorelnicul drumeț e îndrăgit de femei, precum n-a fost și nici nu va putea să fie vreodată îndrăgit alt om. Tânărul cast care-a osândit adulterul și păcătoșirea trupului are asupra lor neprețuitul farmec al nevinovăției.

Femeile care nu-s doar femele, îngenunchează în fața celui ce nu s-apleacă în fața lor. Soțul, cu toată legiuita-i iubire și cu toată puterea lui; afemeiatul priapit de-atâtea împreunări întâmplătoare; limbutul adulterin, cutezătorul pângăritor n-au asupra sufletului femeii atâta întărire câtă poate avea cel care-o iubește fără să se-atingă de ea, cel care-o mântuie fără să-i ceară în schimb nici măcar sărutul. Femeia, roabă a trupului, a slăbiciunii, a dorințelor sale și a dorințelor bărbatului, este robită de cel ce-o iubește fără a-i cere altceva decât o cană cu apă, un zâmbet, o privire mută.

Femeile îl iubeau pe Isus. Se opreau când îl vedeau trecând, se luau după el când le vorbea prietenilor și străinilor, se apropiau de casa în care intrase, îi scoteau în cale copiii, îl binecuvântau în gura mare, îi atingeau haina ca să se vindece de boli, erau fericite să-i poată fi de folos. Toate ar fi putut striga, la fel femeii care ridică glasul în mijlocul mulțimii: „Fericit pântecul care l-a ținut și sânul pe care l-ai supt!"

Multe îl vor urma până la moarte: Salomea, mama Fiilor Tunetului, Maria lui Cleopa, mama lui Iacob mezinul, Marta și Maria din Betania.

Ar fi fost să-i fie surori, sclave, slugi; ca să-l îngrijească, să-i dea pâine, să-i toarne vin, să-i spele veșmintele, să-i ungă picioarele ostenite, păru-i netăiat și încâlcit. Câteva dintre ele au avut fericirea să-l urmeze și aceea, poate mai mare, de a-l putea ajuta cu banii lor. „Iar cu el erau cei doisprezece și niscai femei pe care le vindecase de duhuri rele și de boli, adică: Maria zisă și Magdalena, din care ieșiseră șapte draci; Ioana, nevasta lui Cuza, vătaful lui Irod, și Suzana și multe altele, care-l ajutau pe Isus cu tot ce aveau". Femeile, la care mila este dar din născare al inimii mai înainte să fie voință de desăvârșire, erau, precum au fost totdeauna, mai mărinimoase ca bărbații.

Când se arată în casa lui Lazăr, două femei, cele două surori ale înviatului își pierd capul de bucurie. Marta se năpustește în cale-i, să-l întrebe dacă n-are nevoie de ceva, dacă vrea să se spele, dacă vrea să mănânce numaidecât. Și intrând în casă, îl duce în fața patului să se întindă, îi dă o cergă să nu-i fie frig cumva, dă fuga la urcior să scoată apă proaspătă. Pe urmă, întorcându-se, nu mai stă locului ca să-i gătească drumețului de mâncare, mai din belșug decât gătea de obicei pentru îndestularea casei. Aprinde iute foc zdravăn, se duce să caute pește proaspăt, ouă din ziua aceea, smochine, măsline; se împrumută de la o vecină cu o ciozvârtă de miel înjunghiat de ieri; de la alta cere mirodenii de cele scumpe; de la a treia, mai avută ca dânsa, o strachină înflorită. Trage din ladă fața de masă cea mai nouă și scoate din beci vinul cel mai vechi. Iar în vreme ce lemnele trosnesc și scapără scântei pe vatră, iar apa din ceaun prinde a da în clocot, sărmana Marta, nădușită, înfierbântată, nemaivăzându-și capul de treburi, așterne masa, dă fuga de la vatră la covată și-și aruncă ochii pe geam, să vadă de nu se întoarce fratele; sau își iscodește sora care stă cu mâinile-n sân. Maria, într-adevăr, de când a trecut Isus pragul, a căzut într-un fel de extaz încremenit, din care nimic n-o poate trezi. Nu-l vede decât pe Isus, n-aude decât glasul lui Isus. Nimeni altul nu mai e pe lume, în acele clipe, pentru dânsa. Nu se mai satură să-l privească, să-l asculte, să-l simtă de față, viu, lângă ea. De-o privește, se bucură simțindu-se privită; de nu se uită la ea, îl pironește cu ochii; de vorbește, vorbele-i vor rămâne una câte una în inimă-i, până-n clipa morții; de tace, înțelege tăcerea lui o revelație și mai lămurită. Aproape-o necăjește acea trebăluire gălăgioasă a surorii sale. Să aibă oare Isus nevoie de-o cină îndestulată cu de toate? Maria i s-a așezat la picioare și nu se urnește de acolo nici când o strigă și Marta, și Lazăr. Îl slujește pe Isus, dar într-alt chip, l-a dat sufletul ei, numai sufletul: dar întregu-i suflet drăgăstos; iar munca mâinilor sale ar fi nepotrivită și fără rost. Este o contemplativă, o adoratoare. Se va urni doar când va fi nevoie să acopere cu mirodenii trupul mort al Dumnezeului său; s-ar duce la capătul lumii de i-ar cere Isus viața și întregu-i sânge. Dar ce face Marta este îndeletnicire pământească, de care nu vrea să știe.

Femeile, așadar, îl iubeau; iar el le dădea în schimbul acestei iubiri, milă. Nicio femeie din câte îi cerură ceva n-a plecat fără a o fi mulțumit. Plânsul văduvei din Nain îl face să plângă atâta, că-i învie copilul mort; rugăciunile fierbinți ale femeii din Cana, deși era o străină, îl înfrâng și-i vindecă fata; Necunoscuta paralitică de optsprezece ani, „cu trupul zgârcit și neînstare să-l îndrepte cât de cât“ este vindecată cu toate că era într-o sâmbătă și căpeteniile sinagogii strigau că săvârșește un mare păcat. În cele dintâi timpuri ale drumeției sale, o scapă de friguri pe soacra lui Petru și de duhuri rele pe Magdalena; învie copila lui Iair și o face bine pe necunoscuta care pătimea de doisprezece ani, din pricina sângelui pe care-l pierdea.

Învățații vremii sale nu le băgau în seamă pe femei, când era vorba de preocupări spirituale, îngăduiau să ia și ele parte la sărbători, dar nu le-ar fi trecut vreodată prin minte să-i dezvăluie unei femei rațiunile mai de seamă și ascunse ale învățăturii lor. „Cuvintele legii – zicea un proverb rabinic de pe vremea aceea – decât să le dezvălui femeilor, mai bine să le dai foc!" Isus, în schimb, găsea cu cale să le vorbească până și despre cele mai înalte taine. Când se adăpostește singur lângă fântâna din Sihar și vine la el Samariteanca cea cu cinci bărbați, nu se ferește, cu toate că-i femeie și dușmancă a neamului său, să-i dezvăluie adevărurile vestirii sale. „S-apropie ceasul, ba ceasul a și sunat, în care adevărații închinători i se vor închina Tatălui din Ceruri, în duh și adevăr; că aceștia sunt închinătorii pe care-i vrea Tatăl; Dumnezeu este duh, iar cei care i se-nchină va să i se-nchine în duh și-n adevăr".

Se apropie ucenicii și nu pricep ce face învățătorul; „ci rămaseră uimiți, văzând că stătea de vorbă cu o femeie", încă nu știau că Biserica lui Cristos avea să pună o femeie drept mijlocitoare între fii și Fiu – aceea care împreună în sine, singură din toate, cele două supreme desăvârșiri ale femeii: Fecioara Mamă, care pătimi pentru noi și pentru a noastră mântuire din noaptea Betleemului până-n noaptea Calvarului.

CUVINTE PE NISIP

Altădată, în Ierusalim, Isus se trezește în fața unei femei, în fața adulterei. O ceată gălăgioasă i-o scoate-n cale. Femeia, ascunzându-și fața cu mâinile și cu părul despletit, stă în fața lui și nu-i vorbește. Isus a propovăduit contopirea desăvârșită dintre soț și soață; urăște de moarte adulterul. Dar urăște și mai tare josnicia iscoadelor, îndârjirea celor fără inimă, neobrăzarea păcătoșilor ce vor să judece ei păcatul. Isus n-o poate scuti de osândă pe femeia care-a călcat orbește-n picioare legea lui Dumnezeu; dar nici nu vrea s-o osândească, deoarece pârâtorii n-au dreptul să-i ceară moartea. Ci se apleacă jos și scrie cu vârful degetului în praf. Este cea dintâi și cea din urmă oară când îl vedem pe Isus umilindu-se cu această josnică îndeletnicire. Nimeni n-a știut vreodată ce-a scris el în clipa aceea, în fața femeii care tremură de batjocură, ca și ciuta ajunsă din urmă de haita dulăilor. Scrise într-adins pe nisip, pentru ca vântul să șteargă cuvintele pe care oamenii, poate, n-ar fi fost în stare să le citească fără a se înspăimânta. Dar neobrăzații ațâțători stăruiau, căci voiau s-o ucidă cu pietre pe femeia aceea. Atunci Isus, sculându-se de jos, se uită la ei, unul câte unul, drept în ochi și-n suflet: „Cel ce-i fără păcat dintre voi, arunce cu piatra cel dintâi în această femeie".

Noi toți suntem de-a valma vinovați de nelegiuirile fraților noștri. De la cel dintâi la cel din urmă, suntem părtași, zi de zi, la faptele rele, deși scăpăm nepedepsiți de cele mai multe ori. Adultera n-ar fi înșelat, dacă bărbații n-ar fi ispitit-o, dacă bărbatul ei ar fi știut mai bine să se facă iubit; hoțul n-ar fura, dacă inima bogaților ar fi mai largă; ucigașul n-ar omorî, dacă mai înainte nu l-ar fi înrăit și nu l-ar fi batjocorit; n-ar fi femei prin lupanare, dacă bărbații ar ști să-și înfrângă desfrâul. Doar nevinovății ar avea dreptul să judece. Dar pe lume nu sunt oameni nepătați și, chiar de-ar fi, mila lor s-ar dovedi mai tare decât însăși judecata.

Neobrăzații pârâtori nu se gândiseră niciodată la toate acestea; dar cuvintele lui Isus avură tăria să-i tulbure. Fiecare dintre ei își pomeni în gând trădările, ascunsele și proaspetele desfrânări. Toate sufletele acelea se schimbară-n cloace: ridicând lespedea de pe ele, dogorî în slava cerului o aburire de înecătoare murdărie. Cei mai bătrâni plecară de-acolo cei dintâi. Pe urmă, unul câte unul, toți ceilalți, fără a se mai uita la cei din preajmă, o luară pe după colț, se făcură nevăzuți. Răspântia se goli. Isus se aplecase iarăși jos și scria în țărână; femeia simțise pașii fugarilor și nu mai auzea niciun glas care s-o osândească morții; dar nu cuteza să ridice ochii, deoarece știa că unul singur rămăsese acolo, cel nevinovat, singurul care-ar fi fost îndreptățit să dea în ea cu piatra ucigătoare. Isus, pentru a doua oară se sculă de jos și nu mai văzu pe nimeni.

— Femeie, unde-ți sunt judecătorii? Niciunul nu te-a osândit?

— Niciunul, Doamne.

— Nici eu nu te voi osândi; mergi și nu mai săvârși păcat.

Pentru cea dintâi oară adultera fu în stare să se uite în ochii mântuitorului, ei. Nu-i pricepea bine cuvintele. Păcatul ei era păcat și în fața lui, de vreme ce-i poruncea să nu mai păcătuiască. Și totuși, îi împiedicase pe ceilalți s-o osândească, iar acum nici el nu voia să ridice piatra. Cine va fi fost oare acel Om, atât de neasemănător celorlalți, acel om care nu se împăca cu păcatul, dar ierta păcătosului? Ar fi voit să-l întrebe ceva, să îngâne o mulțumire, să-l răsplătească măcar cu un zâmbet. Căci sufletu-i era slab și gura-i frumoasă. Dar Isus se apucase iarăși de scris în pulbere, cu capul în pământ; nu i se vedeau decât valurile afânate ale părului, strălucind în soare; și degetele-i ce se mișcau agale pe țărâna luminată.

PĂCĂTOASA

Dar nicio altă femeie nu l-a iubit mai mult ca păcătoasa care-l unse cu ulei de levănțică și-l scălda cu plânsul ei în casa lui Simon.

Nu-i om care să nu știe întâmplarea. Imaginea plângătoarei cu fuiorul părului despletit pe picioarele drumețului a supraviețuit în toate fanteziile. Dar adevăratul tâlc al întâmplării acesteia pentru prea puțini dintre noi este lămurit, de mult ce l-au stricat răstălmăcirile poporului și ale poeților. Decadenții ultimului veac, petecarii de prețiozități lascive atrași de adulmecarea stricăciunii ca muștele de excremente și ciorile de stârvuri, au căutat în Evanghelie femeile ce miroseau a păcat și semănau mai leit cu dezmățatele din visele lor trepădate de impotenți. Astfel făcând, și-au apropiat-o, îmbrăcând-o-n haine de gală cu atlazurile adjectivelor, cu mătăsurile verbelor, cu aurăriile și nestematele metaforelor, pe necunoscuta pocăită – cu numele de Maria din Magda – pe necunoscuta adulteră din Ierusalim, pe dansatoarea Salomeea, sinistra irodiadă.

Episodul ungerii picioarelor cu mirodenii a fost pe de-a-ntregul scâlciat prin aceste măsluiri silite. E mai simplu, dar nespus mai adânc. Elogiul lui Isus adus purtătoarei de levănțică nu este proslăvirea păcatului trupesc sau a iubirii de rând, așa cum o înțeleg de obicei oamenii.

Păcătoasa care intră tăcută în casa lui Simon cu vasul de alabastru nu mai este o păcătoasă. L-a văzut, l-a cunoscut pe Isus mai înainte de-acea zi. Nu mai este o femeie pierdută. L-a auzit pe Isus vorbind. Acuma, nu mai este femeia tuturor, carne de vânzare pentru poftele trecătorilor. A auzit glasul lui Isus, i-a auzit cuvintele; glasul lui a tulburat-o, cuvintele-i au înfiorat-o. Femeia tuturor a învățat că este pe lume o iubire mai frumoasă ca pofta trupească, o sărăcie mai bogată ca arginții și talanții. Când intră în casa lui Simon nu mai este aceeași femeie, aceea pe care bărbații din partea locului și-o arătau cu degetul râzând, aceea pe care fariseul o știe și o disprețuiește. Sufletul i s-a primenit. Întreaga-i viață a fost primenită. Carnea ei, acuma, e curată; mâna-i este spălată; buzele-i nu mai cunosc gustul acru al boielii, şi ochii-i învățau a plânge. E gata, după făgăduiala împăratului să intre-n împărăție.

Fără această introducere nu se poate înțelege întâmplarea ce urmează. Păcătoasa mântuită vrea să-l răsplătească cu o recunoștință oarecare pe mântuitorul său. Și atunci ia unul din lucrurile cele mai de preț din câte i-au mai rămas, un vas pecetluit plin cu levănțică strecurată, poate darul unui îndrăgostit întâmplător; și se gândește să ungă cu acel ulei de preț părul împăratului.

Cel dintâi gând al femeii, așadar, este gând de mulțumire. E gând de recunoștință în văzul lumii. Păcătoasa vrea să-i mulțumească de față cu toți celui care i-a curățat sufletul, celui care i-a înviat inima, celui care-a scos-o din batjocură, celui care i-a dat o nădejde atât de izbăvitoare, încât cu dânsa poate înlocui oricare bucurie.

Intră cu vasu-i de alabastru, pecetluit, strâns la piept, sfioasă și iscoditoare ca o copilă ce-ar intra în școală pentru cea dintâia dată, ca o hoață în clipa-n care iese din închisoare. Intră cu vasul de mirodenii fără să scoată o vorbă și ridică ochii într-o străfulgerare, străfulgerarea ce-i ajunge să întrezărească prin pâlpâirea genelor locul unde stă întins Isus. S-apropie de patul îngust și-i tremură picioarele, mâinile, îi tremură pleoapele străvezii, genunchii – căci simte cum se uită toți la dânsa, simte că atâtea priviri de bărbat se ațintesc asupră-i, iscodindu-i trupul frumos și frânt în mers, iscodind ce va face.

Frânge gâtul șipului de alabastru și varsă jumătate din ulei pe capul lui Isus. Picăturile mari și grele îi strălucesc pe păr, ca nestemate risipite din slavă. Cu mâinile-i de curtezană îi prelinge pe șuvițe limpedea unsoare, până ce tot părul, fir de fir, e uns, înmuiat, lucios. Încăperea se umple de acea mireasmă; toate privirile au încremenit uimite.

Femeia, tăcută, ia de jos șipul gâtuit și îngenunchează la picioarele aducătorului de pace. Varsă în podul palmei unsoarea rămasă și-i unge încetișor dreptul și stângul, cu grijulia duioșie a mamei ce-și scaldă întâia oară cel dintâi copil. Pe urmă, nu mai poate; nu mai este în stare să stăvilească valul de năvalnică duioșie ce-i apasă inima, îi strânge gâtul, îi podidește ochii. Ar vrea să vorbească, să spună că mulțumirea ei este mulțumire firească, curată, din toată inima, pentru binele pe care i l-a făcut, pentru noua lumină care i-a desferecat ochii. Dar unde să găsească în clipa aceea, față cu toți acei bărbați, vorbele ce s-ar fi cuvenit să le rostească, vorbele, vrednice de acel neprețuit har, vrednice de dânsul? Și apoi, așa de tare i se zbat buzele că n-ar putea îngăima două vorbe-n șir; vorba nu i-ar fi decât gângăvire frântă de suspine. Atunci, neputând vorbi cu gura, vorbește cu ochii: lacrimile-i coboară, una câte una, repezi și calde, pe picioarele lui Isus, ca tot atâtea ofrande mute ale recunoștinței sale. Acel plâns îi descătușează inima de apăsare; lacrimile-i înviorează chipul; nu vede și nu mai aude nimic, dar o voluptate nespusă, pe care n-a cunoscut-o niciodată pe genunchii mamei, nici în brațele bărbaților, îi pătrunde tot sângele, o face să se-nfioare și să-și piardă simțirile, o chinuie cu îmbolditoare desfătare, îi topește întreaga ființă în supremul extaz, în care bucuria o face să pătimească și durerea să se bucure, în care durerea și bucuria se contopesc într-o înfiorătoare contopire.

Plânge în acele lacrimi viața-i de odinioară, nemernica-i viața de ieri. Se gândește la sărmana-i carne pângărită de bărbați. Tuturor a fost ținută să le zâmbească, tuturor a trebuit să le desfacă patul ei plătit cu noaptea, trupul ei mirositor. Cu toți a trebuit să mintă o plăcere pe care n-o simțea; a trebuit să le arăte o față fățărnicită de mulțumire celor ce-o disprețuiau, celor pe care-i ura.

Ci lacrimile plângătoarei sunt totodată lacrimi de bucurie și de ușurare. Nu-și plânge numai ocara, de-acum înainte uitată, ci plânge de prea marea desfătare a vieții care începe.

Își plânge fecioria răscumpărată, sufletu-i răscumpărat din surghiunul păcatului, curățenia regăsită printr-o minune, osânda-i pe veci iertată, în vecii veacurilor uitată. Plânsul ei este plânsul de bucurie al celei de-a doua nașteri, al voioșiei tresăritoare în fața adevărului descoperit, al veseliei în fața neașteptatei pocăiri. În fața regăsirii sufletului pe care l-a socotit pierdut, în fața uimitoarei nădejdi ce-a scos-o din putregaiul pământului ca s-o înalțe în lumina orbitoare a duhului. Picurii de levănțică și de lacrimi sunt tot atâtea ofrande pentru aceste nebănuite haruri.

Și totuși, nu se plânge doar pe sine, nu-și plânge doar durerea și bucuria ei. Lacrimile ce scaldă picioarele lui Isus sunt și pentru dânsul.

Necunoscuta și-a uns împăratul, cum se ungeau pe atunci împărații. L-a uns pe cap, așa cum se ungeau cei mai străluciți preoți și monarhii Iudeii; L-a uns pe picioare, așa cum sunt unși seniorii și oaspeții lor de sărbători. Dar, totodată, plângătoarea-L pregătește de moarte și de-ngropăciune. Isus, care-i gata să intre în Ierusalim, știe că acestea sunt cele din urmă zile ale vieții sale trupești.

„Aceasta – le spune ucenicilor – turnându-mi unsoarea pe mădulare, a voit să mă gătească de moarte". Fiind încă-n viață, milostenia unei femei l-a îmbălsămat.

Cristos, mai înainte să moară va mai fi botezat o dată, a treia oară, în scalda infamiei, în botezul celei mai nebănuite ocări: ostașii pretoriului îl vor scuipa între ochi. Dar, deocamdată, în aceeași clipă, a primit botezul gloriei și botezul morții. Este uns ca un împărat ce va trebui să triumfe în împărăția cerească, este îmbălsămat ca trupul mort ce va fi culcat în peșteră. Simbolul ungerii împreună cele două taine gemene: a Messianității și a Răstignirii.

Sărmana păcătuitoare, aleasă în chip pentru acest rit proorocitor are poate o nelămurită presimțire a înfricoșătorului tâlc al acestei îmbălsămări fără vreme. Cel de-al doilea văz al iubirii, mai pătrunzător la femeie ca la bărbat, puterea simptomatică a sensibilității exaltate și emoționate o va fi făcut să simtă că acel trup uns cu mirodenii și mângâiat de dânsa, va fi peste câteva zile un leș rece și însângerat. Alte femei, poate ca și dânsa, vor merge la groapă să-l acopere pentru cea din urmă oară cu uleiuri aromate; dar nu-l vor mai găsi. Cel ce stă azi la masă cu prietenii, în clipa aceea afla-se-va la porțile altui Iad.

Iar din pricina acestei presimțiri, plângătoarea plânge întruna lacrimile-i fierbinți pe picioarele lui Isus, împresurată de uimirea tuturor celor ce nu știu, nici nu pricep. Acum, picioarele Mântuitorului, picioarele osânditului, sunt scăldate-n lacrimi și sarea plânsului amestecatu-s-a cu aroma de levănțică. Sărmana păcătoasă nu știe cum să usuce acele picioare pe care le-au scăldat ochii ei. N-a adus nicio năframă, iar broboada i se pare prea netrebnică să atingă carnea Domnului. Atunci se gândește la părul ei, la păru-i lung ce-atâtora le plăcuse pentru moliciunea și subțirimea lui. Își despletește părul, desprinde copcile din el. Fuiorul negru-albăstriu al părului îi cade pe ochi, îi ascunde îmbujorarea și mila. Și cu buchetele cozilor răsfrânte-n mâinile pline, usucă domol picioarele ce l-au purtat până la această casă pe împăratul său.

Acum nu mai plânge. Toate lacrimile-i sunt plânse și uscate. Chemarea i s-a împlinit; ci numai Isus dintre toți cei de față înțeles-a tâlcul acelui plâns în tăcere.

A IUBIT MULT

Dintre cei ce erau de față la cina aceea, nimeni afară de Isus nu pricepu drăgăstoasa grijă a nenumitei. Ci toți, uluiți parcă de uimire, tăceau. Nu pricepeau, dar respectau în neștire solemnitatea enigmaticei ceremonii. Toți afară de doi, care voiră să judece fapta femeii ca să-l necinstească pe oaspete. Cei doi fost-au fariseul și Iuda Iscarioteanul. Cel dintâi nu vorbi; dar privirile-i vorbiră mai limpede ca buzele. Trădătorul, bizuindu-se pe marea prietenie ce-l lega de învățător, își călcă pe inimă și vorbi.

Se gândea Simon în sinea lui: „Acesta, de-ar fi prooroc, ar trebui să știe cine-i și ce fel de femeie este cea care-l atinge; ar fi trebuit să-și dea seama că-i o păcătoasă".

Bătrânul fățarnic simte-n fața femeilor de teapa aceleia scârba bărbatului ce s-a păcătoșit prea mult cu ele, ori a celui ce nu le-a cunoscut niciodată. Ţine, ca și frații săi, de nemărginitul cimitir cu morminte albe pe dinafară, dar pe dinăuntru pline de hoituri. Le ajunge să se ferească de atingerea cu ceea ce socot ei necurat, chiar dacă sufletul le este hazna de necurățenii. Morala le este sistem de ablații și spălături: îl vor lăsa pe cel rănit să moară uitat în mijlocul drumului, ca să nu se păteze de sânge; îl vor lăsa pe calic să îndure foamea, ca să nu pună mâna pe bani într-o zi de sâmbătă. Săvârșesc, la fel cu toți, pungășii, adultere și omoruri, dar se spală de-atâtea ori pe zi, că mâinile, cred ei, le sunt curate ca ale pruncilor de țâță.

Simon a citit legea și-i sună încă în urechi blestemele și anatemele străvechiului Israel împotriva femeilor pierdute. „Nu care cumva să se afle vreo femeie de lupanar printre fiicele Israelului... Cel născut dintr-o astfel de femeie să nu pătrundă în adunarea Domnului... Nu duce în casa Domnului, pentru niciun fel de juruință, câștigul femeii păcătoase, nici prețul câinelui, căci amândouă îi sunt deopotrivă de nesuferite Domnului". Simon, cumintele târgoveț, își aducea aminte cu tot atâta bucurie de sfaturile celui ce scrisese Proverbele.

„Pentru o femeie de uliță ajungi până la o bucată de pâine... Ibovnica e o groapă adâncă, tovarășul ei își risipește averile". Cel puțin, de n-ar costa nimic! Dar sunt în stare, neobrăzatele, să irosească averi întregi.

Bătrânul proprietar stă ca pe ghimpi la gândul că una dintre aceste femei primejdioase i-a intrat în casă și-i atinge oaspetele. Știe bine că târfa Rahav l-a făcut pe Iosua să iasă învingător și că a fost singura care să scape de măcelul din Iericon; dar își aduce aminte că neînvinsul Samson spaima filistenilor, a fost pierdut de-o desfrânată. Nu-l taie pe fariseu capul, cum de un ins căruia poporul îi zice prooroc, să nu fi priceput încă ce poamă e femeia care-a venit să-i aducă o ofrandă atât de înjositoare. Dar Isus a citit în inima păcătoasei; citește în inima lui Simon; și răspunde prin pilda celor doi datornici. Un creditor avea doi datornici: unul îi datora cinci sute de dinari, iar celălalt cincizeci. Și neavând ei cu ce să plătească, le iertă amândurora datoria. Care dintre ei îl va iubi mai mult? Iar Simon răspunse: Bănuiesc că acel pe care l-a iertat de mai mulți bani. Iar Isus îi spuse: Drept judecat-ai. Și, întorcându-se către femeia aceea, îi spuse lui Simon: O vezi tu pe femeia aceasta? Intrat-am în casa ta și tu nu mi-ai dat apă să-mi spăl picioarele: ci dânsa brăzdatu-mi-a picioarele cu lacrimile ei și mi le-a șters cu părul. Tu nu m-ai sărutat; ea, numai ce-a intrat, mi-a tot sărutat picioarele. Tu nu mi-ai uns capul cu untdelemn: ci ea unsu-mi-a picioarele cu mirodenii aromate. De aceea, zic ție că mult a iubit, deoarece multe păcate fostu-i-au iertate: pe câtă vreme puțin iubește cel căruia puține-i sunt iertate. Apoi îi spuse femeii: Iertate-ți sunt păcatele... Credința ta le-a mântuit, ci mergi în pace.

Pilda și tâlcuirea lui Isus dovedesc cât de mare este, până azi, nepriceperea acestei întâmplări. Toți, sau mai toți, nu pomenesc decât aceste cuvinte: „Mult i se va ierta, pentru că mult a iubit“. O citire cu luare-aminte a scripturii ne dovedește că această răstălmăcire comună și vulgară este tocmai răsturnarea adevărului, își închipuie cei mai mulți că Isus i-a iertat păcatele, pentru că i-a iubit mult pe oameni, ori pentru că și-a dat pe față, prin arome și sărutări, dragostea ce-i purta lui. Pilda celor Doi Datornici ne face să băgăm de seamă că tâlcul cuvintelor lui Isus – prost repetate și mai prost înțelese – este tocmai dimpotrivă. Femeia păcătuiește mult și prin faptul pocăirii, mult i s-a iertat; iar pentru că mult i s-a iertat, mult îl iubește pe cel ce-o aduse pe calea bună, pe cel ce-a mântuit-o, pe cel ce-a iertat-o: levănțică, lacrimile și sărutările sunt chezășia recunoscătoarei sale iubiri. Dacă păcătoasa, mai înainte să intre în casă în seara aceea n-ar fi fost mai dinainte alta, n-ar fi fost mai dinainte schimbată prin virtutea iertării, n-ar fi ajuns toate aromele Indiei și ale Egiptului, toate sărutările gurii, toate lacrimile ochilor, ca să dobândească de la Isus iertarea vieții sale trăită-n rele. Iertarea nu-i răsplata acelor daruri, ci ele-s mulțumirea pentru iertarea dobândită; și-s daruri multe, de preț, căci mare a fost iertarea, după cum iertarea fu mare, căci mare fusese păcatul.

Isus n-ar fi izgonit-o pe cea păcătoasă, chiar de-ar fi rămas tot păcătoasă; dar n-ar fi primit poate acele dovezi de iubire, de n-ar fi fost încredințat de pocăirea ei: acuma putea, chiar după preceptele rigorismului fariseu, să stea de vorbă cu dânsa. „Credința ta te-a mântuit – mergi în pace“.

Simon nu știe ce să răspundă; dar din partea ucenicilor se ridică un glas pițigăiat și mânios, pe care Isus îl cunoaște de multă vreme. E glasul lui Iuda. „La ce bun atâta risipă? Aceste mirodenii s-ar fi putut vinde pe trei sute de dinari, în folosul săracilor“. Iar ceilalți ucenici, povestesc evangheliștii, îi dădură dreptate lui Iuda și plesneau de ciudă împotriva femeii.

Iuda este cel ce ține punga: cel mai josnic dintre toți a ales lucrul cel mai josnic: banul. Dar lui Iuda îi plac banii, îi plac de dragul lor, îi plac ca mijloc de a obţine a puterea.

Vorbește de săraci Iuda, dar nu se gândește la săracii cărora Isus le-a împărțit pâinea în singurătatea câmpului, ci la tovarășii săi, prea săraci încă spre a cuceri Ierusalimul, spre a întemeia împărăția messianică în care Iuda trage nădejde să fie unul dintre stăpâni. E pizmaș și zgârcit; pizmaș ca toți zgârciții. Acea ungere tăcută ce amintește ungerea împăratului și a Messiei, acele daruri pe care i le-a adus o femeie frumoasă, îl fac să sufere; veșnica pizmă a bărbatului împotriva bărbatului în fața unei femei se amestecă în sufletul Iudei cu pofta dezamăgită.

Dar Isus răspunde cuvintelor lui Iuda, precum a răspuns tăcerii lui Simon. Nu-i jignește pe cei ce jigniseră, ci o apără pe femeia culcată la picioarele sale: „De ce-o faceți să sufere pe această femeie? S-a purtat bine cu mine; că săracii o să-i aveți mereu lângă voi și-i veți putea ajuta când veți voi; ci pe mine nu mă veți avea totdeauna. A făcut ce-a putut: a voit să-mi ungă de cu vreme trupul pentru îngropăciune. Adevăr grăiescu-vă, că pe toată fața pământului, oriunde fi-va propovăduită Evanghelia, și fapta acestei femei povesti-se-va întru pomenirea ei".

Tristețea negrăită a acestei proorociri le scăpă, poate, celor ce-i stăteau în preajmă. Încă nu le vine să creadă că Isus ca să învingă va trebui să fie învins; că pentru a triumfa în vecii veacului va trebui să moară. Dar Isus simte apropiindu-i-se ceasul: „Pe mine nu mă veți avea totdeauna. M-a îmbălsămat pentru îngropăciune". Femeia ascultă cu groază consfințirea presimțirii sale și un nou val de lacrimi îi năpădi năvalnic între gene. Atunci, cu fața ascunsă-n părul despletit, ieși din casă fără să scoată o vorbă, precum mută se strecurase acolo. Ucenicii tăceau: neîncredințați în sufletul lor, dar uluiți. Simon, spre a face să se uite jignirea îndurată, umplea paharele oaspeților cu vin de cel mai bun. Însă masa aceea tăcută, părea acuma, în galbena pâlpâire a opaițelor, un praznic de stafii, peste care trecuse parcă umbra morții.

CINE SUNT?

Și totuși, ucenicii știau. Acele vorbe de moarte nu erau, numai pentru dânșii, cele dintâi. Trebuiau să-și aducă aminte de acea zi nu prea depărtată, în care, pe-un drum răzleț, în părțile Cezareei lui Filip, Isus îi întrebase ce spuneau oamenii despre ei. Trebuiau să-și aducă aminte de răspunsul ce zvâcni, ca o pâlpâitură neașteptată de foc, ca un țipăt năvalnic de evlavie, din adâncul inimii lui Petru. Și de strălucirea care-i orbise pe trei dintre dânșii pe creasta muntelui. Și de răspicatele proorociri ale lui Cristos asupra josniciei cu care va fi răpus.

Auziseră și văzuseră; și totuși, nădăjduiau încă – în afară de unul. Adevărurile licăreau în ei câte o clipă, ca fulgerele-n beznă. Pe urmă se lăsa, mai deasă ca la început, noaptea. Omul nou care-l recunoștea pe Cristos în Isus, omul pentru a doua oară născut, Creștinul, se trăgea îndărăt ca să dea pas iudeului orb și surd, ce nu mai vedea dincolo de Ierusalimul zidit în cărămidă și piatră.

Întrebarea pe care le-o pusese Isus celor doisprezece pe drumul Cezareei, ar fi trebuit să fie începutul desăvârșitei lor convertiri la noul adevăr. Ce nevoie putea să aibă Isus de-a ști ce gândeau oamenii despre dânsul? O astfel de nevoie prinde rădăcini doar în sufletele îndoielnice, în cei ce nu se cunosc, în cei slabi care nu pot citi în ei înșiși, în orbii îndoielnici de pământul pe care-l calcă. În oricare dintre noi o astfel de întrebare este îndreptățită – dar în ei nu. Căci nimeni nu știe cu tot dinadinsul cine e, nimeni nu-și cunoaște cu temei firea, menirea, numele cu care are dreptul să fie chemat. Numele veșnic care se potrivește aidoma cu ursita noastră, numele nostru în absolut. Cel pe care ni-l dau alții când suntem încă muți, odată cu sarea și cu apa botezului, numele scris în catastifele târgului, trecut în hrisoavele nașterii și ale morții, acel nume pe care mama-l rostește cu atâta duioșie dimineața și îndrăgostita-l îngână cu atâta dorință noaptea; numele săpat pentru cea din urmă oară pe lespedea mormântului, nu-i adevăratul nostru nume. Fiecare dintre noi are un nume ascuns, care ne botează nevăzuta și adevărata ființă, dar pe care nu-l vom cunoaște până în ziua noii nașteri, până la deplina lumină a reînvierii.

Puțini au cutezanța să se întrebe: Cine sunt? Mai puțini sunt cei ce pot să dea un răspuns. Întrebarea: Cine ești? Este cea mai chinuitoare pe care un om i-o poate face altui om. Ceilalți oameni sunt, pentru oricare dintre noi, o taină închisă, până și în chinurile supreme ale patimei, când două suflete încearcă cu deznădejde să facă un singur suflet. Ci suntem toți, noi înșine, o taină. Trăim, necunoscuți între necunoscuți. Multe din nemerniciile noastre izvorăsc din această universală neștiință. Cutare, care face pe regele și se crede rege, nu-i de fapt decât un biet servitor, hărăzit de la obârșia vremurilor mediocrității slujbelor subalterne. Altul, care se îmbrăcă și oficiază ca judecător, uitați-vă bine la el: este născut să fie precupeț, locul lui este în târg. Celălalt, care scrie-n versuri, n-a priceput glasul care i-a vorbit lăuntric: ar fi trebuit să se facă aurar, căci aurul ce se poate schimba în bani îi place și-l atrage filigrana, cizelatura, mozaicul, pietrele false. Pe cel de colo, pe care l-au pus mai mare peste oștiri, ar fi trebuit să-l oprească la școală: ce mai dascăl iscusit și limbut ar fi ieșit din el! Iar cel ce țipă de zor pe ulițe, fluturându-și chica a răscoală, chemând noroadele la răzvrătire, este un zarzavagiu ratat: roșeața pătlăgelelor, șirurile de ceapă, cățeii de usturoi și bombele de varză ar fi dreapta răsplătire a adevăratei sale chemări. Celălalt, în schimb, care taie butașii de viță înjurând și risipind bălegarul pe țărâna săpată, ar fi trebuit să cerceteze în pravile meșteșugul de-a le călca; nimeni altul nu se pricepe să născocească chițibușuri și capcane ca el și câtă elocvență cheltuiește și acuma în măruntele-i duelări de afaceri, sărman avocat de frunte, surghiunit prin grajduri și printre brazde!

Asupră-ne se răsfrâng aceste greșeli, căci nu ne dăm seama. Pentru că n-avem ochi sufletești destul de puternici să citim în inima ce bate-n noi și-n inimile ce bat sub carnea celor din preajma noastră, atât de răspicat și fără întoarcere despărțiți de noi înșine. Totul se-ntâmplă anapoda din pricina acestor nume neștiute, de necitit pentru noi, pe care nu le poate cunoaște decât geniul.

Dar ce putea să-i pese lui Isus de aceea ce spuneau despre el oamenii aceia de pe malul bălții și de prin târguri? Lui Isus, care putea citi în suflete până și gândurile de care ei habar n-aveau? Lui Isus, care singur știa cu o pătimire nebănuită, liberă de dovezi împotrivitoare și cu mult mai înainte de ziua aceea, care-i era adevăratul nume și supranaturala-i fire?

Într-adevăr, nu întreabă ca să știe; ci pentru ca în sfârșit și credincioșii săi să afle; să afle, acum că suntem la sfârșit, adevăratu-i nume. Iar la cele dintâi întrebări, nici măcar nu le răspunde. „Unii spun că ești Ioan Botezătorul înviat; alții Ilie și Ieremia ori unul dintre străvechii prooroci înviat din morți". Ce să-i pese lui de aceste nătângi bărâieli ale acelor bieți oameni și ale străinilor? De la ei, cei hărăziți să dea mărturie despre el prin lume și veacuri vrea să afle răspunsul. Nu vrea, până la urmă să le insufle credința cu sila, celor ce mai aproape ca toți îl văd trăind și-l aud vorbind. Numele pe care niciunul dintre ei nu l-a rostit încă, de parcă i-ar fi înspăimântat pe toți trebuie să izvorască aidoma unei năvalnice spovedanii de iubire din unul din acele suflete, să fie îngânat de una din acele guri.

— Da' voi, cine credeți că sunt?

Și atunci, în Simon Petru se iscă acea lumină care se revarsă peste granițele firii și-l face cu adevărat să fie Cel Dintâi dintre toți, în vecii veacurilor. Vorbele, acuma, nu le mai stăvilește: îi răsar pe buze aproape fără voie, într-un strigăt de care însuși, câteva clipe mai înainte, nu s-ar fi socotit în stare: „Ești Cristos, Fiul lui Dumnezeu cel viu. Vorbele tale-s vorbe de viață veșnică, iar noi crezut-am și cunoscut-am că ești sfântul lui Dumnezeu".

În sfârșit, din piatra aspră țâșnit-a șuvița de apă care-a potolit setea, până astăzi, a șaizeci de generații. Era dreptul și răsplata lui. Petru îl urmase cel dintâi în dumnezeiasca-i rătăcire printre oameni; lui i se cuvine a fi cel dintâi care să recunoască în rătăcitorul prevestitor al împărăției pe Messia cel de toți așteptat în deșertul veacurilor și care-n sfârșit s-a arătat, este cel pe care-l vede cu ochii lui, cu tălpile în praful drumului.

Neprihănitul Rege, Soarele Dreptății, Craiul Păcii, cel pe care Dumnezeu avea să-l trimită pe lume, cel pe care proorocii îl proorociseră în amurgurile tristeții și ale osândei, îl văzuseră coborând pe pământ ca un fulger în plinătatea izbânzii și a slavei; cel pe care săracii, răniții, hămesiții, batjocoriții, il adăstau veac de veac, precum iarba uscată adastă apa, precum floarea adastă soarele, precum adastă gura sărutarea și inima alinare; Fiul lui Dumnezeu și al omului, Omul ce-l ascunde pe Dumnezeu în scoarța-i de carne, Dumnezeul care și-a învelit dumnezeirea în lutul lui Adam, el este blândul frate de toată ziua, care se oglindește potolit în ochii uimiți ai celor aleși.

S-a isprăvit cu adăstarea; ziua de mâine nu va mai aduce nimic. De ce nu fuseseră-n stare să-l cunoască mai dinainte? De ce nu spuseră nimic, nimănui? De când a încolțit, în acele suflete prea sărace, cel dintâi gând al adevăratului nume al celui care de-atâtea ori i-a luat de mână și le-a vorbit la ureche? Le-ar fi putut trece prin minte că unul dintre-ai lor – om de rând ca și ei, muncitor sărman ca și ei – ar fi putut fi mântuitorul Messia proorocit și așteptat de sfinți și de noroade? Numai prin puterea gândului n-ar fi fost în stare să-l descopere nici cu simțul tuturor, nici prin slovele scripturilor. Ci numai printr-o inspirație de sus, ce se vădi prin luminarea neașteptată a inimii. Precum s-a înlâmplat în acea zi cu sufletul lui Petru. „Ferice de tine, Simon, că toate acestea nu ți-au fost descoperite de carnea și sângele din tine, ci de Tatăl meu cel din ceruri". Ochii trupești n-ar fi fost în stare să vadă ce-au văzut, fără o revelație de sus. Dar faptul că Petru a fost ales pentru această descoperire, nu va rămâne fără urmări. Este răsplata ce trage după sine alte răsplăți: „piatră ești și pe această piatră zidi-voi Biserica mea, iar porțile Hadesului n-o vor putea înfrânge. Îți voi da cheile împărăției cerești și tot ce vei fereca pe pământ, ferecat fi-va în ceruri; și tot ce vei desfereca pe pământ, desferecat fi-va în ceruri".

Grele cuvinte, din care-a răsărit una din cele mai mărețe împărății din câte-au durat oamenii pe pământ; singura dintre străvechile împărății ce dăinuiește încă, în chiar cetatea care-a văzut născându-se și pierind cea mai mândră dintre vremelnicele împărății ale lumii. Din pricina acestor cuvinte mulți pătimiră, mulți fost-au canoniți, mulți omorâți. Pentru a nega ori a le ține, pentru a le tălmăci ori a șterge aceste cuvinte, milioane de oameni s-au lăsat să fie uciși prin răspântii și bătălii, s-au fărâmițat împărățiile, alcătuirile omenești se zguduiră și se prăfuiră, se vălmășiră noroadele, frământatu-s-au împărații și desculții. Dar tâlcul lor, pe buzele lui Cristos este limpede și ușor de priceput. Tu, Petre, va trebui să fii tare și puternic ca stânca, iar pe tăria credinței tale în mine, pe care tu cel dintâi ai mărturisit-o, se întemeiază cea dintâi înjghebare creștinească, sâmbure mărunt al măreței împărății, împotriva acestei Biserici care acum are numai doisprezece enoriași, dar care se va întinde până la marginile pământului, puterea răului va cădea înfrântă; că voi sunteți duh și duhul nu poate fi înăbușit, nici stins de tină. Vei închide pe veci – vorbindu-ți ție înțeleg să le vorbesc tuturor celor ce te vor urma, uniți în aceeași credință – porțile Iadului și le vei deschide tuturor celor chemați porțile Cerului. Vei lega și vei dezlega în numele meu; ce vei împiedica tu după moartea mea, împiedicat fi-va și mâine, în noua omenire pe care-o voi găsi când mă voi întoarce iarăși; ce vei porunci tu fi-va pe drept poruncit, căci nu vei face decât să îngâni, fie și cu alte vorbe, ceea ce ți-am spus și ce te-am învățat eu. Fi-vei, în întruchiparea ta și a urmașilor tăi legiuiți, păstorul domniei, călăuza vremelnică ce pregătește, alături de tovarășii supuși ascultării tale, împărăția lui Dumnezeu și a iubirii.

În schimbul acestei revelații și a acestei făgăduieli, cer o făgăduială greu de ținut: făgăduiala tăcerii. Deocamdată nu veți spune nimănui cine sunt. Mi se apropie ziua, dar încă nu s-a arătat; ci veți fi de față la ceea ce nu vă așteptați, tocmai dimpotrivă la ceea ce vă așteptați. Știu eu ceasul în care va trebui să vorbesc, în care va trebui să vorbiți și voi. Iar când vom desfereca tăcerea, strigătul meu și al vostru auzi-se-va în cele mai depărtate văzduhuri ale pământului și ale cerului.

SOARE ŞI ZĂPADĂ

Înalt foarte este muntele Hermon și cu trei culmi, acoperite de nămeți până și-n toiul verii. Cel mai înalt munte din Palestina, mai înalt ca Tabor-ul. De pe muntele Hermon, spune psalmistul, coboară rouă pe dealurile Sionului. Pe acest munte, cel mai înalt din munții vieții lui Cristos, care are drept popasuri înălțimile – Muntele Ispitei, Muntele Fericirilor, Muntele Schimbării la Față, Muntele Răstignirii – Isus se prefăcu lumină.

Numai trei dintre ucenici erau cu dânsul: cel poreclit Piatră și Fiii Tunetului. Stâncosul și vijelioșii; tovărășie potrivită locului și clipei. Se ruga singur, răzleț, pe culme, mai sus ca ei, mai sus ca toți, poate cu genunchii în zăpadă.

Cine n-a văzut iarna, la munte, întunecându-se orice albeață, pusă alături cu albeața zăpezii? O față palidă se arată ciudat de înnegrită, rufa parc-ar fi murdară, hârtia capătă culoarea glodului uscat. Și totuși, altfel a fost în acea zi pe culmea albă și pustie, singură cu soarele.

Isus, stingher, se ruga deoparte. Şi deodată, chipu-i străluci la fel soarelui și vesmintele-i se făcură albe ca zăpada ce scânteie-n soare, albe precum niciun zugrav ori boiangiu nu le-ar putea înfățișa, ori măcar închipui. Pe albul zăpezii, o pată de alb mai tare, o strălucire mai puternică decât toate strălucirile știute, înfrângea orice lumină pământească.

Schimbarea la Față este prăznuirea și izbânda Luminii. Rămânând încă pentru atât de puțină vreme! – carne și tină, Isus ia din tină starea cea mai diafană, cea mai ușoară, cea mai spirituală. Trupu-i care așteaptă mântuirea se face lumină de soare, lumină de cer, lumină a minții, lumină supranaturală; sufletu-i, transhumanizat în rugăciune, se vădește prin carne, străpunge cu străfulgeru-i de foc învelișul trupului și al veșmântului, ca flacără ce roade pereții în care stă ferecată și-i face străvezii.

Dar lumina nu-i este deopotrivă pe față și veşminte. Lumina feței este lumina soarelui; lumina veşmintelor seamănă cu scânteierea zăpezii. Fața, oglindă a sufletului, este de culoarea focului; haina, tină adăugată și josnică, de culoarea gheții. Căci sufletu-i soare, foc, iubire; şi veşmintele, toate veşmintele, chiar acea greoaie haină căreia-i zice trup e nestrăvezie, înghețată, moartă, nu mai poate străluci decât de lumină răsfrântă.

Dar Isus, lumină, cu chipul străfulgerând de scăpărări domoale, cu veşmintele pâlpâind în slava de raze albe – aur scânteietor în toartă de argint – nu este singur. Doi morți uriași, albi ca și el, i se apropie, îi vorbesc. Moise și Ilie. Cel dintâi dintre Mântuitori, cel dintâi dintre prooroci. Întruchipări de lumină și de foc vin să aducă mărturie noii Lumini ce strălucește pe Hermon. Toți cei ce-au vorbit cu Dumnezeu rămân învăluiți în lumină. Pielea feței lui Moise, când se dădu jos de pe Sinai, se făcuse atâta de lucitoare, că trebui să se-acopere cu o năframă ca să nu-i orbească pe cei rămași devale. Iar Ilie fu răpit în cer pe-un car de foc, tras de sirepi de foc. Ioan, noul Ilie, vesti botezul de Foc; dar chipu-i, dacă a fost înnegrit de soare, nu sclipi ca soarele. Singura strălucire de care a avut parte fost-a aceea a tipsiei de aur, pe care fu pusă țeasta-i însângerată; danie împărătească întinsă înfricoșătoarei concubine a lui Irod.

Dar pe Hermon este cel ce strălucește la față mai tare ca Moise și se va urca la cer mult mai de-a dreptul decât Ilie – cel pe care Moise îl făgăduise și care avea să vină după Ilie. S-au apropiat de el pentru a se face nevăzuți, apoi, pe vecie. Nu se mai simte nevoia de ei, după această mărturie de pe urmă. Lumea de-acum înainte se va putea lipsi de legea și nădejdile lor. Un nor luminos îi ascunde pe cei trei străfulgerători de privirile celor trei întunecați care-așteaptă; iar din nor coboară un glas ce strigă: Acesta-i Fiul care mi-e drag. Dați-i ascultare!

Norul n-ascunde lumina, ci o sporește îndoit. Precum din norul furtunii șerpuiește fulgerul ce luminează ca din senin câmpia, din acest nor, prin el însuși luminos, se năpustește flacăra ce mistuie străvechiul legământ și consfințește pe vecie noua făgăduință. Norul de fum ce-i călăuzea pe evreii fugari în pustiu către Iordan; norul negru ce umplea corabia și o ascundea în zilele de spaimă și de nimicire s-a schimbat acum într-un nor de lumină atât de orbitoare, că ascunde până și candoarea solară a chipului ce va fi pălmuit în negura gata să se lase.

Dar risipindu-se norul, Isus se vede iarăși singur. Cei doi premergători și martori s-au făcut nevăzuți. Chipu-i a recăpătat culoarea de toate zilele; veşmintele-i sunt cele obișnuite. Cristos, același frate iubitor de totdeauna, se-n-toarce la tovarășii săi înghețați: Sculați-vă și nu vă fie frică; ci nu spuneți nimănui ce-ați văzut, până ce Fiul Omului nu va învia din morți.

Schimbarea la Față e o umbrire a înălțării; dar pentru a învia în slavă, trebuie totdeauna să mori batjocorit.

PĂTIMI-VOI MULTE

Că trebuia să moară, curând, de-o moarte nelegiuită, Isus știuse totdeauna. Era răsplata la care avea dreptul, și nimeni nu i-ar fi putut-o fura. Cel ce mântuie e gata să se piardă; cel ce-i răscumpără pe ceilalți este silit să plătească cu întreaga-i ființă, cu singura avuție care-i într-adevăr a sa, care întrece și înglobează toate celelalte avuții; cel ce-i iubește pe dușmani, drept este să fie urât și de prieteni; cel ce dă sănătate tuturor noroadelor va fi omorât de-al său; cel ce-și dă viața este vrednic să primească moartea. Orice binefacere este o astfel de jignire adusă nerecunoscătoarei încăpățânări a oamenilor, că poate fi răzbunată numai prin cea mai groaznică osândă. Dăm ascultare doar glasurilor ce se înalță din morminte și firava noastră putere de venerație le-o păstrăm celor pe care i-am ucis. În ștearsa aducere aminte a neamului omenesc nu rămân decât adevărurile scrise cu sânge.

Isus știa ce i se pregătise în Ierusalim și în toate gândurile sale, precum va mărturisi mai târziu unul ce fost-a vrednic să-l înfățișeze, purta icoana morții. De trei ori încercaseră, mai înainte, să-l omoare. Întâia oară în Nazaret, când îl duseră pe culmea de munte pe care era zidită cetatea și voiau să-l arunce în prăpastie. A doua oară în Templu, iudeii jigniți de vorbele lui puseră mâna pe pietre ca să-l ucidă. Iar a treia oară, de sărbători, iarna, se năpustiră asupra bolovanilor din drum ca să-i închidă gura. Şi în toate trei acele dăți îi fu scris să scape, căci ziua lui nu venise încă. Păstra în suflet aceste făgăduieli de moarte, numai pentru sine, până aproape de sfârșit. Nu voia să-și amărască ucenicii, care s-ar fi mâniat, poate, știind c-ascultă de-un osândit după întreita consfințire a messianității sale – strigătul lui Petru, lumina de pe Hermon, ungerea din Betania – nu mai putea să tacă. Cunoștea prea bine copilăroasele dorințe ale celor doisprezece. Știa că odată trecute rarele clipe de avânt și de iluminare, nu erau mereu în stare de gânduri diferite de cele ale oamenilor de rând, omenești chiar și în cele mai înalte visuri ale lor. Știa că-l adăstau pe Messia ca pe-un învingător care va aduce din nou pe lume vârsta de aur, iar nu ca pe omul îndurărilor. Îl credeau rege pe tron, iar nu tâlhar pe furcă; triumfător între daruri și tributuri, iar nu batjocorit cu scuipături și lovituri; venind să învie morții, iar nu ca să fie ucis ca un ucigaș.

Trebuia – pentru ca noua credință să nu se năruie în ei în ziua pângăririi – să le dea de știre mai dinainte. Să afle din chiar gura Messiei și a osânditului că Messia trebuia să fie osândit, că izbăvitorul avea să piară într-o curată înfrângere, că regele tuturor regilor avea să fie înjurat de slugile Cezarului, că Fiul lui Dumnezeu avea să fie răstignit de orbiții servitori ai lui Dumnezeu.

De trei ori încercaseră să-l omoare; de trei ori le dă de știre celor doisprezece, după mărturisirea lui Petru, apropierea morții. Și de trei feluri fi-vor oamenii ce vor da porunca să fie omorât: bătrânii, preoții cei mari și scribii.

Trei vor fi nelipsiții părtași ai morții sale: Iuda care-l trădează; Caiafa care-l osândește; Pilat care se-nvoiește să fie împlinită osânda. Și vor fi de trei feluri aducătorii ei la îndeplinire: gealații, care-l prinseră; iudeii care vor striga să fie răstignit; ostașii romani care-l vor pironi pe cruce.

„Trei trepte, precum însuși le spune ucenicilor, avea-va pedeapsa. Mai întâi va fi batjocorit și ocărât; apoi scuipat și biciuit; la urmă, ucis. Dar nu trebuie să se sperie, nici să plângă. Precum viața cunoaște răsplata morții, tot așa și moartea cunoaște făgăduiala unei vieți viitoare. După trei zile se va scula din mormânt, pentru a nu mai muri niciodată. Cristos n-aduce belşuguri de aur și de grâne, ci nemurirea pentru toți cei ce-l vor asculta și iertarea tuturor păcatelor. Dar nemurirea și iertarea cată să fie plătite cu potrivnicele lor: închisoarea și agonia. Prețul este mare și greu, dar puținele zile ale pătimirii și ale îngropării prind bine pentru a cumpăra cu ele milenii de viață și de libertate.

Ucenicii, în fața acestor mărturisiri neașteptate, se tulbură și nu le vine să creadă. Dar Isus a și început să pătimească, închipuindu-și-le-n gând și rostindu-le-n cuvinte, zilele groaznice ale sfârșitului. De-acum urmașii cuvântului său știu tot și Isus poate porni către Ierusalim, să se-mplinească întru totul ce-a mărturisit.

MARAN ATHA

Măcar o zi fi-va asemenea regelui pe care noroadele-l așteaptă-n toate diminețile anului, în pragul sfintei cetăți.

Paştele se apropie. Cea din urmă săptămână, care nu va mai avea sfârșit – încă n-a răsărit soarele noii duminici – e gata să înceapă.

Ci de data aceasta Isus nu merge la Ierusalim ca-n alte rânduri, neștiut drumeț vălmășit în puhoiul pelerinajului, în metropola cea greu mirositoate, covrigită cu casele-i albe ca niște morminte sub trufia țanțoșă de turle a templului hărăzit focului. De data aceasta, cea de pe urmă, Isus este întovărășit de credincioși, de prieteni, de consăteni, de femeile ce vor vărsa lacrimi, de cei doisprezece care se vor ascunde, de galileenii ce vin să prăznuiască o minune străveche, dar cu nădejdea să poată fi de față la o minune nouă. De data aceasta nu-i singur: sulițașii împărăției sunt cu el, Și nu vine neștiut: zvonul învierilor ce săvârșise i-a luat-o înainte. În cetatea în care stăpânește fierul romanilor, aurul negutătorilor, slova fariseilor sunt ochi ce iscodesc Muntele Măslinilor și inimi ce zvâcnesc cu o bătaie neobișnuită.

De data aceasta nu vrea să intre pe jos în cetatea ce-ar trebui să fie tronul împărăției sale și-i va fi mormânt. Ajuns la Betfage, trimite doi ucenici să-i caute un măgăruș. Îl vor găsi legat lângă niște mărăcini: fu dezlegat și adus, fără a mai cere învoirea stăpânului. De va spune ceva, răspundeți-i că îi face de trebuință stăpânului.

S-a spus până-n zilele noastre că Isus a ţinut să încalece pe-un măgăruș, în semn de smerenie și bunătate, voind parcă a da de știre în chip simbolic că se apropia de poporul său ca sol al păcii. Dar s-a uitat că măgarii, în acea tinerețe a vremurilor și a puterii, nu erau blegii catâri din zilele noastre, oase trudite într-o piele canonită, pociți de-atâtea veacuri de robie, buni doar să poarte târnuri și desagi prin bolovănișul culmilor prăpăstioase. Măgarul Antichității era vită mândră și războinică; frumos și voinic precum e calul, vrednic să fie adus jertfă zeilor. Homer se va fi priceput el în asemănări; așa că n-a avut desigur de gând să-l coboare pe Ajax cel voinic, pe prea mândrul Ajax, când îl asemănă cu măgarul. Evreii însă se folosesc de măgarii neîmblânziți pentru alte comparații. „Omul este tâmp la minte și voinicos la inimă – îi spune Sofar Naomatita lui Iov – că se naște asemeni mânzului de măgar sălbatic". Iar Daniel povestește că atunci când Nabucodonosor, întru ispășirea tiraniei sale „fu izgonit dintre oameni, inima-i se făcu la fel celei de fiară și trăi de-a valma cu măgarii sălbatici".

Isus a cerut într-adins un măgar neîmblânzit, pe care nimeni nu s-a mai urcat vreodată – la fel deci celui sălbatic. Deoarece în acea zi vita aleasă de el nu înfățișează simbolic smerenia celui ce-o încalecă, ci poporul iudeu care va fi eliberat și îngenuncheat de Cristos; animalul nărăvaș și îndărătnic, tare-n grumaz, pe care niciun prooroc și niciun monarh n-a fost în stare să-l domesticească; care stă legat la gard, precum Israel este legat la funia romană sub turla antonină. Tâmp la minte și voinicos la inimă, ca în cartea lui Iov; tovarăș potrivit cu regele celei mai nemernice vieți; rob al străinilor, dar, totodată, nărăvaș și răzvrătit de când lumea, poporul evreu și-a găsit în sfârșit mâna în stare să-l strunească. O singură zi: căci și împotriva lui, legiuit îmblânzitor, se va răscula, deși pentru scurtă vreme, în chiar săptămâna aceea. Pricinala cetate va fi nimicită; templul surpat; iar neamul ucigător de Dumnezeire va fi irosit ca pleava veșnicului vânturător pe toată fața pământului.

Atâta-i de tare spinarea măgarului, că prietenii și-aruncă hainele pe ea. Bolovănoasă-i coasta ce coboară de pe Muntele Măslinilor, iar tovarășii voioși aruncă pe colțurosul bolovăniș hainele lor de sărbătoare, gând, și acesta, de consfințire. A-ți scoate haina este început de despuiere, începutul acelei goliciuni care-i dorință de spovedanie și moartea fățarnicei rușini. Goliciune a trupului, făgăduință a goliciunii sufletești. Voință de iubire întru suprema milostenie: să-ți dai haina din spate. „De-ți cere careva haina, tu dă-i și sumanul".

Și începe coborârea în lumina soarelui și a slavei, printre crengile proaspăt tăiate, în mijlocul cântărilor bunelor nădejdi.

Era pe la începutul unui aprilie darnic în umbră și primăvară. Ceasul daurit al amiezii covârșea preajma cetății, țarina de curând trezită, viile și livezile, cu câmpeneasca-i vlagă. Cerul, larg deschis către zarea zărilor era de-o albăstrime nelumească: văzduh smălțat cu crini, sclipitor și înviorător ca făgăduința ochiului lui Dumnezeu. Stelele nu se zăreau; dar se părea că străfulgeră de-o seamă cu soarele nostru domoala sclipire a celorlalți sori ai depărtărilor. Un vânt încropit, adiind a Rai, încovoia blajin nevinovatele culmi ale copacilor și primenea înverzirea feciorelnicelor frunze din muguri. Era una din acele zile în care albastrul pare mai albastru, verdele mai verde, lumina mai luminoasă, iubirea mai îndrăgostită.

Cei ce-l întovărășeau pe Cristos devale, se simțeau aievea în acea fericită vrajă a lumii și a clipei. Niciodată ca în ziua aceea nu-și simțiseră sufletul gâlgâind de nădejdi și prosternare. Strigătul lui Petru se schimba în strigătul oștirii aceleia, mici dar evlavioase, ce cobora povârnișul către cetatea cetăților. „Osanna, Fiului lui David!“ cântau glasurile tinerilor și ale femeilor. Până și ucenicii, deși bine știau că acela era cel din urmă soare pe care avea să-l mai privească, deși vedeau că acela este alaiul unui osândit, până și ucenicii, în mijlocul acelei năvalnice voioșii, prind iarăși a trage nădejde.

Alaiul se apropia de tainica, de surda, de dușmănoasa cetate, cu năpustirea clocotitoare a șuvoiului ce nu mai vrea să știe de maluri. Acești plugari, acești târgoveți coboară împresurați într-un giulgiu mișcător de pădure, de parc-ar vrea să ducă între zidurile-i mucegăite, prin ulițele-i întortocheate, o fărâmă din viața lor nestingherită în tihna țarinei. Cei mai cutezători au tăiat de-a lungul drumului crengi de palmier, crengi de mirt, ramuri de măslin, frunze de salcie, ca la sărbătoarea colibelor. Și le flutură pe sus, cântând în gura mare pătimașele cuvinte ale psalmilor, în preajma chipului dogoritor al celui ce vine în numele Domnului.

Acum cea dintâi creștină este la porțile Ierusalimului și glasurile de proslăvire nu se mai potolesc: „Binecuvântat fie Regele ce vine-n numele Domnului! Pace-n ceruri și slavă întru cei de sus!“ Aceste strigăte ajungând la urechile fariseilor, aceştia au dat fuga, simandicoși și încruntați, să vadă ce era acea larmă de răscoală. Iar srigătele au mâniat acele înțelepte urechi, au tulburat acele bănuitoare inimi. Câțiva dintre ei însă, bine strânși în anteriele doctorale, din mijlocul gloatei îi strigă lui Isus: învățătorule, ține-ți de rău ciracii! Oare nu știi că astfel de cuvinte nu se cade a fi rostite decât în fața Domnului, sau a celui ce va veni în numele său?

Iar el, fără a se opri: – De vor tăcea ei, striga-vor pietrele!

Încremenitele, mutele pietre pe care Dumnezeu, după spusele lui Ioan, le-ar fi putut schimba în fii ai lui Avram; dogoritele pietre ale deșertului, pe care Isus n-a voit să le schimbe-n pâini la îndemnul potrivnicului; dușmănoasele pietre ale drumurilor, care în două rânduri fost-au luate de jos ca să-l ucidă, surdele pietre ale Ierusalimului s-ar dovedi mai puțin surde, mai puțin reci, mai puțin nesimțitoare ca inima fariseilor.

Dar prin acel răspuns, Isus a dat cea din urmă dovadă că era Cristos. E o declarație de război. Într-adevăr, noul rege de îndată ce intră în cetatea sa dădu semnul încăierării.

PEȘTERA HOȚILOR

Urcă la Templu. Dușmanii săi, toți, stăteau adunați acolo. Cetățuia sfântă de pe muchia dealului își scălda albeața proaspătă în măreția soarelui. Străvechea corabie a fugarilor, trasă cu boii prin arșița pustiului și a războaielor, poposise încremenită acolo sus, pentru a face de strajă asupra împărăteștii cetăți. Sprintenul car al fugarilor se schimbase-ntr-o greoaie cetățuie de piatră și de marmură, într-un târg strălucitor de palate și scări late, umbrit de pridvoare cu stâlpi înalți, luminat de curți, închis între ziduri prăpăstioase, ocrotit de metereze și turle ca o fortăreață. Nu era numai locul sfântului sfinților și altarul jertfelor; nu mai era doar templul, cetățuia evlaviei, sanctuarul mistic al unui popor. Cu meterezele-i de pândă, cu casele paznicilor, hambarele-i de pomeni, sipetele-i pentru avuții, răspântiile-i pentru negoț, locurile-i de-ntâlnire și petrecere era orice afară de azil de reculegere și de-nchinare. Orice fortăreață pe vremuri de război, comoară pentru banii puși la păstrare, bâlci în timpul sărbătorilor, târg deschis tot anul, loc de tocmeli, for pentru harța demagogilor, pentru palavrele vracilor, pentru uneltirile viclene ale oricărui pierde-vară: loc de plimbare, de întâlnire, de afaceri.

Zidit de-un rege necredincios, dornic să-și câștige iubirea unui popor sofistic și repede răzvrătitor dornic să mulțumească mândria și zgârcenia tagmei preoțești, unealtă de război și târg de negoț, Ierusalimul trebuia să-i pară lui Cristos firescul loc de întâlnire al tuturor dușmanilor adevărului său.

Isus se urcă la Templu ca să-l nimicească. Le va lăsa romanilor lui Titus truda de a-i dărâma zidirile, de a-i sparge pietrăria, de-a pune foc clădirilor, de a-i prăda bronzul și aurul, de-a schimba în grămezi de pietre fumegânde măreața cetățuie a lui Irod. Dar Isus nimicește, a nimicit avuțiile pe care templul cel trufaș le tot scoate-n văzul oamenilor, cu pietrele-i așezate una peste alta, rânduite ca pe sfoară, cu cerdacurile-i așternute pe lespezi și cu porțile-i de aur. Isus care urcă la templu e transfiguratul de pe munte împotriva scribilor uscați între suluri; este Messia noii împărății împotriva uzurpatorului domniei păcătoșită în învoieli vinovate și putrezită-n josnicii; este Evanghelia împotriva Torei, Viitorul împotriva trecutului, Focul iubirii împotriva scrumului slovei. Venit-a ziua izbăvirii, ziua ciocnirii. Isus, în mijlocul cântecelor alaiului înfierbântat, urcă spre cuibarul cel strălucit al dușmanilor săi. Drumul îl știe, îl găsește. De câte ori l-a bătut, copil mic, dus de mână în pâlcul pelerinilor, în mijlocul larmei și al prafului cetelor galileene! Mai apoi, necunoscut băietan vălmășit în înghesuială, în dogoarea soarelui, uluit și ostenit, s-a uitat în sus către ziduri, cu dorința deznădăjduită de-a ajunge pe culme, de-a găsi acolo, în preasfântul lăcaș, un pic de umbră ochilor, un pic de apă gurii, o vorbă de alinare inimii.

Astăzi schimbatu-s-au toate. Nu e dus, ci se duce el. Nu se duce să se-nchine, ci să pedepsească. Știe că acolo, în spatele mândrelor ziduri ale strălucitului mormânt, nu-i decât scrum și putregai; dușmanii săi, cei ce vând scrumul și mănâncă putregaiul. Iar cel dintâi potrivnic ce-i aține calea este demonul câștigului.

Intră în Curtea Păgânilor, cea mai încăpătoare și mai umblată din toate. Încăpătorul pridvor așternut cu lespezi, bătut în plin de soare nu-i tinda unui sanctuar, ci maidanul spurcat al unui iarmaroc. O larmă nesfârșită, o vălmășire de glasuri se ridică peste o viermărie îmbâcsită de zarafi, de precupeți, de samsari și cumpărători ce dau și iau parale. Sunt acolo oborenii, cu boi și cârduri de oi; vânzătorii de porumbei și turturele, lângă cuștile puse una după alta, pe jos; păsărarii cu coliviile lor ciripitoare de păsărele; tarabele zarafilor, cu străchinile ințesate de aramă și argint. Negustorii pipăie șoldurile vitelor hărăzite jertfelor, cu copitele-n bălegarul proaspăt; ori strigă, cu îndemnuri fornăite, nevestele lehuze, străinii veniți să aducă o jertfă grasă, leproșii ce trebuie să ducă pe altare păsăruici vii pentru vindecarea avută ori dorită. Argintarii, cu banul spânzurat de ureche spre a fi recunoscuți, plămădesc cu mâinile de gheară pofticioasă grămezile lucioase și sunătoare; samsarii mișună prin viermăraia răspântiilor; sătenii, zgârciți și chibzuiți, se tocmesc de zece ori în gura mare, până să deznoade punga, să schimbe gologanii acatistelor; iar, din când în când, un boulean scos din sărite acoperă cu mugetu-i prelung behăitul tremurat al mieilor, strigătul pițigăiat al femeilor, zornăitul drahmelor și al siclilor.

Priveliștea, pentru Isus, nu este nouă. Știa că lăcașul Domnului se schimbase-n Casă a lui Mammon și că în loc de-a se închina tăcuți duhului, oamenii tinei negutătoreau acolo, cu învoirea cumpărată a preoților, spurcăciunea diavolului. De data aceasta însă nu-și stăpâni mânia și sila. Ca să nimicească Templul, începe prin a nimici târgul. Dumnezeiescul calic, întovărășit, de calicii săi, se năpustește asupra slugilor banului. Punând mâna pe niște retezături de frânghie, le leagă la un loc în chip de bici și-și deschide pas printre oamenii cu gura căscată. Tarabele zarafilor sar cât colo, la cea dintâi izbire; banii se risipesc pe jos, cu urlete de uimire mânioasă; scaunele păsărarilor se răstoarnă peste porumbeii zburătăciți. Hăitașii, văzând că nu-i a glumă, dau ghes spre oboare boilor și oilor; păsărarii apucă-n cot coliviile și se căznesc s-o șteargă de- acolo. Țipetele înfioară văzduhul, țipete de ciudă și de învoire: din celelalte curți aleargă alte pâlcuri de norod la încăierare. Isus, înconjurat de cei mai cutezători dintre-ai săi, învârte pe sus biciul și-i încolțește pe cei din urmă zarafi către porţi. Şi strigă-n gura mare: Să luați de-aici aceste necurățenii! Casa Domnului este lăcaș de-nchinăciune, iar voi faceți din ea peșteră de hoți!

Și cei din urmă pipăitori de argint golesc curtea, ca niște zdrențe măturate de crivăț.

Purtarea lui Isus nu însemna doar dreapta curățire a sanctuarului; ci fățișă spovedanie a silei ce avea de Mammon și de slugile sale. Afacerile – zeități moderne – erau pentru dânsul o formă de tâlhărie. Un târg, așadar este o peșteră de tâlhari curtenitori la vorbă, de prădători îndurați cu știință. Dar ceea ce datina laudă și legea îngăduie nu poate fi îndurat de cel ce nu se spurcă cu târguielile lumii și nu caută alt câștig afară de cel sufletesc. Dintre toate chipurile de furtișag legiuit ce i se zice negoț, nici unul nu este mai păcătos și mai batjocoritor ca cel al banului. Dacă cineva dă o oaie pe bani, nu încape vorbă că cere pe ea mai mult decât costă oaia într-adevăr. Dar, cel puțin, îți dă ceva care nu-i nesuferitul simbol mineral al bogăției, îți dă o viețuitoare de pe care scoți la primăvară lână, care-ți va naște un miel și pe care, de-ți va fi voia, o poți mânca. Şi schimbul banului pe ban, a metalului pecetluit, este ceva nefiresc, absurd, diavolesc. Tot ce miroase a zărăfie, a schimb, a camătă e o rușine ascunsă și respingătoare care-a îngrozit totdeauna sufletele sărace cu duhul, adică nepângărite și adânci. Plugarul care seamănă grâul, croitorul care coase haine, țesătorul care țese lâna ori inul, au, până la o oarecare limită, deplină dreptate să-și sporească întruna câștigul, căci adaugă ceva ce nu era în pământ, în pânză, în lână. Dar ca un munte de bani să nască alți bani fără trudă și fără nicio muncă, fără ca omul să adauge nimic care să se vadă, să se poată mânca, să dea plăcere, este o neobrăzare ce întrece și uluiește orice închipuire. În negutătorul de bani, în strângătorul de argint și de aur, se întrezărește mai de-a dreptul sclavul vrăjitoriilor Diavolului. Iar Diavolul, recunoscător, le încredințează tocmai lor, zarafilor, stăpânirea pământului: ei sunt până azi, cei ce poruncesc popoarelor, cei ce pornesc războaiele, cei ce înfometează noroadele, cei ce trag la ei, printr-un meșteșug infernal, viața săracilor schimbată-n aur, picurând de sudoare și de sânge.

Cristos, căruia îi e milă de bogați, dar nu poate suferi și urăște bogăția, cel dintâi zid care împiedică vederea Împărăției Cerurilor, a măturat peștera hoților și a curățit templul în care va propovădui cele din urmă adevăruri pe care le mai are de spus. Însă, prin acea purtare silnică și-a ridicat împotrivă-i toată burghezia neguțătorească a Ierusalimului. Izgoniții vor cere de la stăpânii lor pedepsirea celui ce ruinează negoțul pe măgura sfântă. Slujitorii sfanților găsi-vor ușor ascultare în fața oamenilor legii, mai dinainte înciudați, din alte pricini. Cu atât mai vârtos cu cât Isus, răvășind târgul templului, i-a osândit și păgubit pe preoți. Dughenele cele mai cu dever erau ale fiilor Canaanului, a unor rude apropiate ale marelui preot Caiafa. Toți porumbeii ce se vindeau lehuzelor în Curtea Nobililor veneau din clocitoarele cedrilor Canaanului; iar vânzătorul scotea patruzeci de saci pe lună numai de pe turturele. Argintarii care nu s-ar fi cuvenit să stea în Templu plăteau marilor familii saduchee din aristocrația preoțească o bună zeciuială asupra multelor mii de sicli pe care-i aducea în fiece an schimbul banilor străini în bani evreiești. Oare, însuși templul nu era o mare zărăfie, cu sipete și lăzi în încăperile beciurilor sale?

Isus i-a jignit pe cei douăzeci de mii de preoți ai Ierusalimului în prestigiu și-n pungă. Răstoarnă valoarea calpei și schiloditei slove, în al cărui nume poruncesc și se-ngrașă. Mai mult, îi izgonește pe tovarășii lor, neguțători și zarafi. De va învinge, vor fi cu toții ruinați. Dar cele două tagme amenințate își dau mâna și mai strâns, ca să-l înlăture pe primejdiosul nepoftit. Neguțători și preoți cad la învoială, poate chiar în acea seară, întru cumpărarea unui vânzător și a unei cruci. Negustorii vor da puținul argint trebuitor; clerul va născoci temeiul religios;

osândirea străină, care ține mult să se-mpace cu cerul și negustorimea, le va da ostașii.

Isus ieșind din Templu, a pornit-o printre măslini, înspre Betania.

NĂPÂRCILE DIN MORMINTE

A doua zi de dimineață, când se-ntoarse, niscai oboreni și zarafi se puseseră la pândă pe-afară, în apropierea porților; curțile lărmuiau de norod întărâtat.

Osânda rostită și adusă la-ndeplinire de Isus împotriva preacinstiților tâlhari răvășise ibovnica cetate, somnoroasă ca o vacă prea adesea dată la taur și prea din cale-afară mulsă. Acele șfichiuiri de funie păruseră ca tot atâtea zburătăciri de piatră în balta verde de broaște râioase a Ierusalimului. Plesniturile biciului osânditor îi treziseră ca din senin pe săraci cu înfiorări de voioșie, iar pe stăpâni cu sughițuri de spaimă.

Cu noaptea-n cap urcaseră toți acolo, de prin ulițele neguroase și de prin palaturile domnești, de prin dugheni și din târg, părăsindu-și treburile, cu ațâțată nerăbdare a celui ce s-așteaptă la minuni ori la răzbunări. Se adunaseră salahorii, postăvarii, boiangiii, ciubotarii, dulgherii, toți cei ce-i urau de moarte pe negustori, pe cămătari, pe speculanții sărmanei sărăcii, pe samsarii ce izbuteau să se-mbogățească până și de pe spinarea caliciei. Se adunaseră, printre cei dintâi, nemernicele lepădături ale cetății, zdrențăroșii, împroșcații cu noroi, puricoșii pușcăriași ai veșnicei cerșetorii, plini de cojiturile leprei, cu rănile nelegate, cu oasele ieșite prin pielea pârjolită, ca să facă dovada foamei. Se adunaseră pelerinii veniți de departe: cei din Galileea, care-l întovărășiră pe Isus în sărbătoreasca-i coborâre și, cu ei, evreii de prin coloniile Siriei și ale Egiptului, cu cele mai bune straie, ca rudele depărtate ce se arată când și când pe la casa părintească, de sărbătorile familiei.

Dar urcau, în cârduri de câte patru-cinci, și scribii și fariseii. Erau legați între ei, înfrățiți, vrednici să stea laolaltă.

Scribii erau doctorii legii, fariseii, puritanii legii. Mai toți scribii erau farisei, mulți dintre farisei erau scribi. Închipuiți-vă un profesor care să adauge la pedanteria-i doctorală habotnicia fățarnicilor; ori un habotnic pocit, ca de obicei, cu mutra unui pedagog cazuist și veți avea icoana modernă a unui Scrib fariseu, ori a unui fariseu scrib. Un Tartuffe laureat, un academician cu gâtul sucit, un quaker filozof, pot da, mai mult ori mai puțin, aceeași idee.

Așadar, toți urcau în dimineața aceea la Templu, cu multă trufie în umblet și cu multe gânduri rele în suflet. Urcau țanțoși, înfășați în anteriele lungi, cu ciucurii fluturați, cu pieptul umflat, cu ochii tulburi, cu încruntătura mâniată, cu gura rânjită, cu nasul zbârcit din când în când, cu pas ce proclama maiestatea și indignarea acelor privilegiați șerifi ai lui Dumnezeu.

Isus, înconjurat de mii și mii de ochi ce-i întorceau în ochi parte din lumină, îi aştepta. Nu-l împresurau acum pentru cea dintâi oară. Câte încumetări, pe ici pe colo, în trecere prin sate și târguri, între el și fariseii locului! Erau farisei cei ce voiseră să vadă semnul cerului, dovada mai presus de puterile omenești a messianității – deoarece fariseii credeau, împotriva scepticilor saduchei înecați în epicureismul legalitar, în apropiata pogorâre a Mântuitorului. Dar fariseii, pe acest Mântuitor îl vedeau ca pe-un iudeu drept păstrător al datinelor, ca și dânșii; ba chiar socoteau că spre a fi vrednici să-l primească, ar fi ajuns să se păstreze curați la trup și să se ferească de călcarea celei mai mărunte porunci din Levitic. Messia, fiul lui David, nu s-ar fi sinchisit să-l mântuiască pe cel ce nu s-ar fi ferit de orice atingere, cât de depărtată, cu veneticii și cu păgânii; pe cel ce n-ar fi păstrat cu sfințenie cea mai măruntă poruncă a curățirii legiuite; pe cel ce n-ar fi plătit la timp toate dările datorate templului; pe cel ce n-ar fi ținut cu orice preț odihna sâmbetei. Isus nu putea fi nici în ruptul capului, pentru dânșii, dumnezeiescul mult așteptat. Semne orbitoare și magice nu se arătaseră: se mulțumise să înzdrăvenească bolnavii, să vorbească de iubire, să iubească, îl văzuseră mâncând cu dijmuitorii și cu păcătoșii; ba, ceva mai mult, băgaseră de seamă cu scârbă că ucenicii săi nu se spălau totdeauna pe mâini, înainte să se așeze la masă. Dar mai rău ca orice, marea grozăvie, scandalul de neîndurat, era că nu ținea sâmbăta. Isus nu se ferea să vindece chiar și-n ziua de sabat și nu socotea că-i nelegiuire în acea zi, să facă bine fraților săi în suferință. Ba chiar se lăudase cu această faptă, fără nicio sfială, îndrăznind să spună că sâmbăta e făcută pentru om, iar nu omul pentru sâmbătă!

În sufletul fariseilor era o singură îndoială cu privire la Isus: e smintit ori șarlatan? Ca să-l încerce, căutaseră în mai multe rânduri să-l facă să pice în curse teologice ori dialectice, dar fără nicio mulțumire. Atâta vreme cât dădea târcoale prin satele și târgurile mărginașe, trăgând după el câțiva țărani prostănaci, îl lăsaseră-n pace, siguri că, mai curând ori mai târziu, chiar și cel mai netrebnic calic, dezamăgit, avea să-l părăsească. De data aceasta însă gluma se îngroșase. Isus, întovărășit, spuneau, de-o ceată de bădărani beți, cutezase să intre în Templu cu aere de stăpân și-i îndemnase pe acei bieți prostănaci să-l ridice în slavă ca pe Messia. Mai mult, încălcând dreptul preoților, voind parcă a-și da înfățișare de rege, îi gonise cu biciul pe preacinstiții negustori, dreptcredincioși care-i proslăveau pe farisei, chiar dacă nu întru tot se luau după dânșii. Până în ziua aceea fariseii și scribii se arătaseră prea îngăduitori și milostivi. Dar de-acum înainte, nemărginita bunătate a prea omenoșilor profesori ar fi fost trădare fără rost. Nemaiauzitul scandal, repetata profanare, obșteasca sfidare cerea osânda. Mincinosul Cristos trebuia să fie pe dată înlăturat. Scribi și farisei urcau la templu, să se încredințeze de-ar mai fi avut neobrăzarea să se-ntoarcă în locul acela, pângărit de obrăznicia lui.

Iar Isus, în mijlocul roitoarei îngrămădiri de pelerini, îi aştepta chiar pe ei. Voia să le spună, în fața tuturor, sub deschisa mărturie a soarelui, ce gândea despre dânșii. Ce gândea Dumnezeu despre dânșii. Adevărul pecetluit asupră-le. Cu o zi mai înainte îi osândise cu biciul pe negutătorii de vite și pe măsluitorii de bani. Acum venea rândul neguțătorilor de vorbe, al cămătarilor legii, al samsarilor adevărului. Osânda acelei zile nu i-a nimicit; cu fiecare seminție roiesc sub nume noi; dar pe fața lor e înfierată pe veci, neștearsă, oriunde s-ar naște și ar porunci.

"Vai de voi, scribi și farisei fățarnici!"

Păcatele lor se pot strânge în unul singur; dar acesta-i cel mai otrăvitor din toate, cel mai de neiertat. Păcatul împotriva Duhului. Jignirea adevărului, trădarea adevărului și a duhului; nimicirea singurelor avuții curate pe care le are lumea. Hoții fură bunurile pieritoare, ucigașii omoară trupul muritor, ibovnicele pângăresc carnea hărăzită să putrezească. Şi fățarnicii murdăresc cuvintele absolutului, fură făgăduințele veșniciei, ucid sufletele. În ei totul e prefăcătorie: haina și vorba, învățătura și fapta. Cuvântul e negat de fapte, lăuntrul nu se potrivește cu învelișul, ascunsa porcărie dezminte și mânjește orice râvnă a lor. Fățarnici, deoarece grămădesc poveri grele pe spinarea oamenilor și apoi nu vor să le urnească cu un singur deget. Fățarnici, deoarece se acoperă cu mantii horbotite și cu paftale, ca să-i ploconească lumea pe la răspântii și să-i ia drept învingători, pe câtă vreme au ascuns cheia cunoașterii și au zăvorât porțile împărăției cerești; nici ei nu vor intra într-însa, dar nici pe alții nu-i vor lăsa să intre. Fățarnici, deoarece se-nchină ceasuri întregi în văzul oamenilor, iar pe urmă-și însușesc casele văduvelor și trag foloase de pe spinarea celor slabi și obidiți. Fățarnici, deoarece șterg și spală pe dinafară blidul și cupa, iar pe dinăuntru-s plini de tâlhărie și de pofte. Fățarnici, deoarece se uită la bagatelele riturilor și ale purificărilor, dar puțin le pasă de celelalte: strecoară musculița și înghit cămila. Fățarnici, deoarece prăznuiesc cele mai mărunte porunci, dar n-ascultă de singura ce are rost: plătesc cu sfințenie zeciuiala minții, a siminocului, a leușteanuiui și a mărarului, dar n-au în ei duhul dreptății, duhul milei, duhul credinței. Fățarnici, deoarece înalță monumente proorocilor și împodobesc mormintele străvechilor slăviți, dar îi hulesc pe cei ce trăiesc în vremea lor și se pregătesc să-i omoare pe prooroci. „Şerpi, năpârci veninoase, cum veți putea scăpa oare de osândă și de foc? Iată, vă trimit prooroci, înțelepți și scribi: pe unii dintre ei îi veți omorî și-i veți răstigni; pe alții îi veți bate cu bicele prin sinagogile voastre și-i veți schingiui din cetate-n cetate, până ce vă va împroșca tot sângele nevinovat vărsat pe pământ, de la sângele dreptului Abel până la sângele lui Zaharia, pe care l-ați răpus între templu și altar".

Primit-au moștenirea lui Cain. Sunt coborâtorii, nepoții lui Cain. Gâtuitorii fraților, călăii sfinților, răstignitorii proorocilor. Ca și pe Cain, Dumnezeu i-a înfierat cu un semn în frunte – tainicul semn al nemuririi. Nu pot fi uciși, deoarece mâinile lor trebuie să ucidă. Fratricidul cel fugar a fost scăpat de-acel semn și scăpați fi-vor de-a lungul veacurilor fariseii ucigași, deoarece Dumnezeu vrea să se slujească de ei pentru înaltele fapte ale dreptății sale, ce pare în ochii celor mici sminteală și nebunie. Un veșnic ucaz, neștiut de cei mai mulți, îi amenință cu moartea, cu cea mai cruntă moarte, pe cei ce se iau după Dumnezeu. Omul de rând n-ar putea ucide un sfânt, nici chiar un păcătos, crisalidă minunată de sfințenie viitoare. Iar sfântul n-ar mai fi sfânt de-ar curma viața celuilalt sfânt, a singurului frate pe care i l-a dat părintele lor. Atunci a fost zămislit pentru toate veacurile și noroadele, neamul fără moarte al fariseilor. Din cei ce n-au fost niciodată neștiutori ca pruncii, dar nu cunosc totuși calea mântuirii; din cei ce nu sunt păcătoși în fața cărnii ci, din tălpi până-n creștet, sunt întruchiparea celui mai urâcios păcat; din cei ce ar voi să pară sfinți și-i urăsc pe sfinții adevărați. Acestora le-a dat Dumnezeu scule potrivite pentru o cumplită și trebuitoare vărsare de sânge, menirea de călăi ai celor fără prihană. Credincioși chemării lor, cu neputință de rănit ca și locuitorii Iadului, înfierați la fel lui Cain, nemuritori ca fățărnicia și cruzimea, au supraviețuit pieirii tuturor împărățiilor și nimicirilor. Cu chipuri felurile, cu alte straie, cu orânduiri și pricini schimbate, au împânzit lumea, buni de prăsilă și stăruitori, până în zilele noastre. Iar când n-au putut să omoare cu piroanele și cu focul, cu securea și cuțitul, au mânuit cu nebănuită dibăcie graiul și pana.

Isus, în vreme ce le vorbește acelora în valul de lumină al curții înțesate de martori, știe că le vorbește judecătorilor și celor ce vor fi, prin interpuși, adevărații săi osânditori la moarte. Tăcerea-i în fața lui Caiafa și a lui Pilat e îndreptățită de pe-acuma, l-au osândit și-l vor osândi; i-a judecat din capul locului și nu va mai avea nimic de spus când vor voi să-l judece.

Imagini de moarte îi flutură pe buze, vorbindu-le lor, despre ei. Năpârci și morminte. Șerpi negri trădători ce abia de le-apropii își varsă-n sângele tău tot veninul pe care-l țineau ascuns în dinți. Morminte albe, smălțate cu flori, pline pe dinăuntru de putregai înciumat.

Fariseii, cei ce stăteau în fața lui Isus și toți cei ce coboară din ei în linie dreaptă, se ascund bucuros în umbra morților, ca să-și plămădească otrava. Reci ca pielea șerpilor și ca piatra mormintelor, nici focul soarelui, nici focul iubirii, nici focul Iadului nu va fi în stare, veac de veacuri, să-i încălzească. Toate cuvintele le cunosc: afară de cuvântul vieții.

„Vai vouă, scribi și farisei fățarnici, că sunteți ca mormintele ce nu se văd și cine pune picioru' pe voi nu știe nimic". Singurul care știa era Isus – și din această pricină nu va rămâne mai mult de două zile în mormântul pe care s-au și apucat să i-l sape.

PIATRĂ PESTE PIATRĂ

Ieșeau cei treisprezece din Templu, să urce ca-n toate zilele pe Muntele Măslinilor. Unul dintre ucenici – care va fi fost? poate Ion al Salomeei, încă destul de copilăros, deci mai în stare să se minuneze; sau poate Iscarioteanul cel închinător în fața bogăției? – îi spuse lui Isus:

— Ia te uită ce mai mândrețe de palate! Și ce de lespezi frumoase!

Învățătorul se întoarse să se uite la zidurile cele înalte îmbrăcate-n marmură, pe care dărnicia bine chibzuită a lui Irod le înălțase pe culmea dealului; și răspunse:

— Vezi tu toate aceste ziduri uriașe? Nu va rămâne piatră peste piatră, care să nu fie nimicită.

Cel ce rămăsese cu gura căscată de uimire, încremeni pe dată. Niciunul n-avu tăria să răspundă; ci toți, uluiți și cruciți, își vedeau de cale rumegând în gând acele vorbe. Grele vorbe pentru acele urechi de iudei trupeși, pentru acele inimi mărunte de săteni râvnitori. Alte multe vorbe grele, grele la auzit, grele la-nțeles, grele la crezut, le rostise în ultimul timp cel care ținea la dânșii. Dar de alte vorbe, deopotrivă grele acestora, nu-și aduceau aminte. Știau că-i Cristos, că avea să pătimească și să moară, dar trăgeau nădejde că numaidecât după aceea avea să-nvie în slava izbăvitoare a unui nou David, ca să-i dea Israelului îndestulare, iar lor, credincioși în primejdioasa rătăcire a caliceniei, răsplățile cele mai mari, poate chiar cârmuirea. Dar dacă țara avea să fie ocârmuită de Iudeea, peste Iudeea se cuvenea să stea Ierusalimul, iar tronul ocârmuitorilor să stea în templul marelui rege. Dacă acum ședeau în el saducheii necredincioși, fariseii fățarnici, scribii vânzători, Cristos avea să-i izgonească spre a le face loc apostolilor săi. Dar atunci, cum se putea să fie nimicit templul, mărturie strălucită a împărăției trecute, cetățuie nădăjduită a împărăției celei noi?

Cele ce spusese despre pietre erau mai tari ca însăși pietrele pentru Simon zis Piatră și tovarășii săi. Oare nu spusese Botezătorul că Dumnezeu putea schimba pietrele Iordanului în fii ai lui Avram? Oare nu spusese Satana că Fiul lui Dumnezeu putea preface pietrele pustiului în pâine de făină? Oare nu spusese chiar Isus, pe când trecea zidurile Ierusalimului, că însăși pietrele, în locul oamenilor ar fi strigat Osanna și i-ar fi înălțat cântări de laudă? Oare nu făcuse el să cadă din mâinile dușmanilor pietrele pe care le luaseră de jos ca să-l ucidă, precum le făcuse să cadă din mâna celor ce-o osândeau pe adulteră?

Dar ucenicii nu puteau pricepe cuvintele lui Isus despre pietrele Templului. Că acele pietre mari și grele, smulse cu răbdare din munți, târâte de departe cu boii, cioplite și netezite cu maiuri și dălți, puse una peste alta precum e rânduiala zidăriei, de meșteri pricepuți, spre a înjgheba cel mai minunat templu de pe lume; că acele pietre, încropite și strălucind la soare, aveau să fie iarăși risipite și ciopârțite în prăbușire, nu le venea, nu erau în stare să priceapă. Numai ce ajunseră pe Muntele Măslinilor iar Isus stătu jos, față-n față cu Templul, nu-și mai putură stăpâni mirarea.

— De-i așa, lămurește-ne când se vor întâmpla toate acestea. Și care fi-va semnu' venirii tale.

Răspunsul a fost Cuvântarea despre Cele din urmă Lucruri – a doua Predică de pe Munte. Odinioară, la începutul propovăduirii sale, spusese în ce chip trebuiau să-și primenească sufletul ca să întemeieze împărăția; acum, la doi pași de moarte, propovăduiește care va fi osânda celor încăpățânați și cum se va-ntâmpla cea de-a doua pogorâre.

Această cuvântare, mai nătâng pricepută ca cealaltă și mai cu dinadinsul dată uitării, nu răspunde, precum cred cei mai mulți, la o singură întrebare. Întrebările ucenicilor două sunt. Când se vor întâmpla cele ce-ai spus, adică năruirea Templului? Și care vor fi semnele venirii tale? Tot două sunt și răspunsurile. Isus vestește întâmplările ce vor premerge sfârșitul Ierusalimului și, apoi, lămurește semnele noii sale arătări. Cuvântarea aceasta profetică, deși se citește la un loc în Evanghelii, are două părți. Două sunt proorocirile, bine lămurite una de alta: cea dintâi s-a împlinit mai înainte ca cei de seama lui Isus să se fi stins, cu mai puțin de patruzeci de ani de la moartea sa. Zorile celeilalte proorociri nu s-au ivit încă, dar poate că această generație nu va trece fără să se vădească cele dintâi semne.

OI ȘI ȚAPI

Isus cunoaște slăbiciunea ucenicilor săi. Slăbiciune a sufletului; poate și a cărnii. Şi-i sfătuiește să se ferească, pe dată, de cele două primejdii ce nu mai dau răgaz: înșelătoria și chinuirea.

„Băgați de seamă să nu vă ispitească vreunul; că mulți veni-vor în numele meu și vor zice: Eu sunt Cristos; și pe mulți îi vor ispiti... Atunci, de vă va zice careva: Pe Cristos uite-l aici, uite-l colo, să nu-l credeți; că ivi-se-vor cristoși mincinoși și prooroci mincinoși și vor face mari semne și minuni în stare să-i tragă-n cursă, de s-ar putea, chiar și pe cei aleși. Veni-vor în numele meu și vor zice: Eu sunt; ci vremea nu-i departe. Nu vă luați după aceia".

Dar de vor scăpa de cursele mincinoșilor Messia, nu se vor putea mântui de obida dușmanilor adevăratului Cristos. „Atunci vă vor canoni și vă vor omorî și fi-veți urâți de toate noroadele din pricina numelui meu. Vor pune mâna pe voi și vă vor schingiui, dându-vă pe mâna sinagogilor și aruncându-vă în temniță, târându-vă în fața regilor și a ocârmuitorilor, din pricina numelui meu... Veți fi vânduți până chiar și de părinți, de frații voștri, de rude și prieteni. Fratele îl va da morții pe frate, părintele pe copil, iar copiii răscula-se-vor împotriva părinților și vor pune să-i omoare. Și atunci mulți mânia-se-vor, se vor vinde și se vor urî între ei. Pentru ca nelegiuirea să sporească, mila celor mai mulți se va răci. Însă niciun fir de păr de pe capul vostru nu va pieri. Drept răsplată a statorniciei voastre veți avea viața și cel ce va fi rămas neclintit până la urmă fi-va mântuit".

Atunci vor începe a se ivi semnele apropiatei osânde. „Iar când veți auzi vorbindu-se de războaie și de larmă de război, nu vă speriați; căci se cuvine ca toate acestea să se-ntâmple mai înainte; totuși, sfârșitul nu va veni numaidecât după aceea. Se va ridica norod împotriva norodului, împărăție împotriva împărăției; vor fi mari cutremure de pământ și pe alocuri molime și foamete, iar pe cer ivi-se-vor semne nemaivăzute".

Sunt cele dintâi prevestiri. Orânduirea lumii se va tulbura. Pământul, care trăiește-n pace, vedea-va pe om ridicându-se împotriva omului, neam împotriva neamului. Pământul însuși, îmbibat în sânge, se va răscula împotriva oamenilor; va tremura sub pașii lor, le va despica bordeiele, vărsa-va cenușă, aruncînd pe gurile munților toți morții pe care i-a înghițit; iar pe ucigătorii de frați îi va lipsi de hrana ce îngălbenește vara pe lanuri.

Atunci când toate acestea se vor fi întâmplat, cădea-va osânda asupra neamului ce n-a voit să se nască a doua oară întru Cristos și n-a primit Evanghelia; asupra cetății care-i schingiuiește pe prooroci, care-și răstignește Stăpânul pe Măgura Țestei și-i canonește pe chezașii săi.

„Când veți vedea Ierusalimul împresurat de oștiri, să știți că nimicirea lui s-apropie. Când veți vedea grozăvia nimicirii despre care grăit-a proorocul Daniel sălășluindu-se-n locul sfânt, atunci cei ce se vor afla în Iuda fugă-n munți; iar cei ce afla-se-vor prin cetăți plece de-acolo; iar cei ce se vor găsi pe câmp nu treacă porțile cetății. Cel ce va fi pe acoperișul casei nu coboare să ia lucrurile din casă; iar cel ce va fi pe câmp nu se întoarcă îndărăt să-și ia sumanul. Vai de femeile însărcinate și de cele cu copil de țâță, în acele zile! Ci rugați-vă la Dumnezeu ca fuga voastră să nu aibă a fi iarna, ori într-o sâmbătă; că atunci fi va mare jelanie, cum n-a mai fost de la începutul lumii până îi ziua de azi, nici nu va mai fi vreodată. Că fi-va mare bejenie în țară și mânie asupra acestui neam. Cădea-vor trecuți prin guri de săbii și fi-vor luați în robie de toate noroadele; iar Ierusalimul va fi călcat în picioare de păgâni, până ce împlini-se-va veacul păgânilor".

Cea dintâi proorocire s-a încheiat. Ierusalimul va fi luat și nimicit, iar din templul pângărit de „nelegiuirea nimicirii" nu va rămâne piatră peste piatră.

Dar Isus n-a spus încă tot, n-a vorbit până acum despre cea de-a doua venire a sa.

„Ierusalimul va fi călcat în picioare de păgâni, până ce împlini-i-se-va veacul păgânilor". Care este „veacul păgânilor, tempora nationum?" Cuvântul din textul grecesc exprimă această noțiune cu mai multă precizie decât celelalte limbi: este veacul potrivit, apropiat, prielnic păgânilor, acela deci în care neiudeii se vor converti la Evanghelia ce le-a fost mai înainte de alte noroade dată de știre iudeilor. De aceea, adevăratul sfârșit nu va veni până ce vestea nu va fi purtată pe la toate noroadele, până ce păgânii, necredincioșii, nu vor călca-n picioare cetatea Ierusalimului. „Iar această Evanghelie a împărăției fi-va propovăduită în toată lumea, pentru ca toate noroadele să-i aibă mărturia; și atunci veni-va sfârșitul".

Cea de a doua pogorâre a lui Cristos din Cer, Parousia, va fi sfârșitul acestei lumi și începutul lumii adevărate, a împărăției veșnice. Sfârșitul Iudeei a fost vestit prin semne cu deosebire omenești și pământene; acest de-al doilea sfârșit va fi premers de semne cu deosebire dumnezeiești și cerești. „Soarele se va-ntuneca, luna nu va mai lumina, stelele se vor desprinde din cer; pe pământ fi-va mare jelanie printre oamenii uluiți de răbufnirea mării și a valurilor, muritorii își vor pierde simțurile de spaimă, în adăstarea celor ce se întâmplă; că tăriile cerului vor fi zguduite. Și atunci arăta-se-va pe cer semnul Fiului Omului; şi toate noroadele pământului se vor boci foarte și-l vor vedea pe Fiul Omului venind pe apa norilor, cu mare putere și slavă".

De sfârșitul Ierusalimului doar pământul cel mărunt se mâniase. Dar pentru acest sfârșit obștesc cerul însuși a fost răvășit, în marea beznă pogorâtă din senin nu se va auzi decât mugetul bubuitor al apelor și urletul spaimei. E ziua Domnului. Ziua mâniei Domnului, despre care-au grăit pe vremea lor, și Ezechiel, și Eremia, și Isaia, și Ioiel. „Ziua Domnului se apropie și veni-va ca furtuna mânată de Cel Atotputernic. Zi de beznă și de pâclă... Pământul, care la venirea lui era un rai de desfătări, îl lasă pustiit și mort... Oamenii se vor face una cu pământul și fețele lor vor fi ca fundul ciaunului. Toate mădularele vor fi moi cârpă și inimile oamenilor sfârși-se-vor. Ci vor fi rupți în două; fi-vor apucați de chinuri și dureri; pătimi-vor ca lehuzele; fiecare va căta uluit în ochii vecinului... Iată că va veni ziua Domnului, zi groaznică și plină de scrâșnire, de mânie și furie, ca să schimbe-n pustiu pământul și să-i fugărească pe cei păcătoși de pe dânsul. Stelele strălucitoare ale cerului nu vor mai zvâcni cu lumina lor, ci se vor înnegri; soarele întuneca-se-va răsărind și luna nu va mai străluci de lumina ei. Cerurile fi-vor răvășite ca o carte și toată oștirea din ele cădea-va cum cade frunza viei și a smochinului".

Aceasta e ziua Tatălui, zi de negură pe cer și de spaimă pe pământ. Dar repede începe ziua Fiului.

De data aceasta nu se mai arată în fundul unui grajd, ci pe culmea zării; nu ascuns și bicisnic, ci în puterea, în strălucirea slavei. „Și-și va trimite îngerii care, cu sunete de răzbătătoare trâmbițe, îi vor aduna pe aleșii săi dinspre cele patru vânturi, de la un cap la altul al cerului". Când cereștile trâmbițări îi vor fi trezit pe toți cei ce dorm prin morminte, va începe alegerea de care nimeni nu va să scape.

„Iar când Fiul Omului arăta-se-va în slavă împresurat de toți îngerii așeza-se-va pe tronu-i slăvii. Ci toate noroadele fi-vor strânse în fața-i; iar el îi va despărți pe unii de alții, cum desparte ciobanul oile de țapi: și va pune oile de-a dreapta și țapii de-a stânga. Atunci Regele le va spune celor din dreapta sa: Veniți, voi blagosloviți ai Tatălui meu; bucurați-vă de împărăția ce v-a fost hărăzită din clipa facerii lumii. Că fost-am înfometat, iar voi mi-ați dat să mănânc; fost-am însetat, iar voi mi-ați dai să beau; străin v-am fost, iar voi m-ați primit în casele voastre; gol fost-am, iar voi m-ați îmbrăcat; bolnav m-am aflat, iar voi m-ați îngrijit; fost-am în temniță, iar voi m-ați cercetat. Atunci drepții îi vor răspunde: Doamne, când oare te-am văzut înfometat și Ți-am dat de mâncare? ori însetat și ți-am dat de băut? Au, când oare văzutu-te-am străin și te-am luat cu noi? Ori gol și te-am îmbrăcat? Când oare văzutu-te-am bolnav ori în temniță și venit-am să te cercetăm? Iar Regele le va răspunde: „Adevăr grăiescu-vă că, întrucât făcut-ați voi toate acestea pentru cel din urmă dintre acești frați ai mei, mie mi le-ați făcut".

„Atunci le va spune și celor de-a stânga: Plecați de lângă mine, afurisiților, în gheena focului veșnic pregătit pentru diavol și pentru îngerii săi! Că fostu-mi-a sete și nu mi-ați potolit-o; străin am fost și nu m-ați primit; despuiat și nu m-ați îmbrăcat; bolnav, întemnițat și nu m-ați cercetat. Atunci și aceștia îi vor răspunde: Doamne, au când te-am văzut că ţi-e foame şi sete, ori străin şi gol, ori bolnav şi întemniţat şi nu ţi-am venit într-ajutor? Atunci le va răspunde acestora: „Adevăr grăiescu-vă că întrucât n-aţi făcut voi toate acestea pentru cel din urmă dintre aceştia, nu mi le-aţi făcut nici mie". Şi porni-se-vor aceia spre osânda de veci, iar drepţii spre viaţa fără moarte".

Isus, până şi-n gloria-i de judecător din ziua de apoi nu uita de cei săraci şi de cei nenorociţi, pe care atâta i-a iubit în răstimpul celei dintâi pogorâri. Vrea să se arate drept unul dintre „cei mai din urmă" ce întind mâna pe la porţi şi de care celor „mari" le e silă. A fost pe pământ, în vremea lui Tiberius, cel care-a îndurat foamea pâinii şi a dragostei, cel care-a pătimit setea apei şi a chinurilor, cel care-a fost venetic în ţara sa şi ocolit de fraţi, cel care s-a despuiat, ca să-i îmbrace pe cei ce tremurau, cel bolnav de jale, fără ca nimeni să-l mângâie, cel întemniţat în josnica temniţă a cărnii, în strâmta închisoare a pământului. Fost-a dumnezeiescul înfometat de suflete, însetatul de credinţă, străinul poposit dintr-o ţară neştiută, despuiatul sub bice şi scuipături, bolnavul sfintei nebunii a iubirii. Dar nu se gândeşte, astăzi, la el, precum nu s-a gândit nici când fost-a om printre oameni.

Pravila judecăţii nu cere decât mila. Isus trăit-a mai departe, în tot răstimpul dintre cea dintâi şi cea de-a doua pogorâre, în chip de calic şi drumeţ, de bolnav şi chinuit, de hoinar şi de sclav. Iar acum îşi plăteşte datoriile. Milostenia făcută „celor mai de rând" lui fostu-i-a făcută şi va da răsplata în numele lor. Doar cei ce nu l-au primit când s-a arătat în puzderia de trupuri canonite fi-vor osândiţi la chinul veşnic; căci izgonindu-l pe cel în nenorocire, izgonitu-l-au pe Dumnezeu; trăgând cu zgârcenie pâinea, apa şi haina din faţa calicului, îl osândiră pe Isus la frig, la sete, la foame. Tatăl n-are nevoie de ajutoarele voastre, că toate ale sale sunt şi vă iubeşte chiar şi-n clipa în care-l blestemaţi. Ci se cade a-l iubi pe părinte, fie chiar şi-n carnea fiilor săi. Iar cei ce nu potoliră setea însetatului, pătimi-vor setea pe vecie; cei ce nu-l adăpostiră de frig pe cel gol, pătimi-vor focul pe veci; cei ce nu-l mângâiară pe întemnițat, zăcea-vor în temnița Gheenei pe veci; cei ce nu-l primiră pe străin, nu vor fi primiți la ceruri pe veci; iar dinții celui ce n-a îngrijit de bolnav scrâșni-vor de fiorii bolirii fără vindecare, pe veci.

Marele calic, de ziua măririi sale, îl va răsplăti pe fiecare din nesfârșitele-i avuții, după dreptate. Cine-a dat oleacă de viață celor mici, bucura-se-va veșnic de viață; cine i-a lăsat pe cei mici în suferință, pătimi-va de-una. Atunci, cerul gol umplea-se-va de alți sori mai puternici; stelele învolbura-se-vor mai tare pe cer; arăta-se-va un nou văzduh și un nou pământ; ci înviații nu vor mai trăi de-acum, precum trăiesc astăzi pe pământul acesta după chipul și asemănarea vitelor; ci aidoma îngerilor din ceruri.

VORBE CARE RĂMÂN

Când oare întâmpla-se-vor toate acestea? Care vor fi semnele și în ce chip se vor întâmpla, s-a văzut; dar sorocul? Vom mai fi, noi cei ce ascultăm, sub lumina soarelui; ori le va fi dat să aștepte aceste întâmplări nepoților nepoților noștri, în vreme ce noi fi-vom scrumite grămezi de ciolane în pântecul pământului?

Până la sfârșit, cei doisprezece stau surzi ca doisprezece bolnavi. Au adevărul la o palmă de loc și nu-l văd; au în mijlocul lor lumina și lumina nu-i pătrunde. De-ar fi cel puțin, printre pietre, ca diamantele ce întorc, fărâmițată în răsfrângeri, raza ce s-abate în ele! Ci sunt pietre bolovănoase, abia scoase din negura muntelui, pietre surde, pietre nestrăvezii, pietre pe care soarele le poate dogori dar nu le poate arde, pietre ce se luminează pe dinafară, dar nu dau îndărăt strălucirea. N-au priceput până acuma că Isus nu-i un ghicitor de rând, cirac al caldeenilor ori al lui Taget și că n-are nici în clin nici în mânecă cu îngâmfatele făloșenii ale astrologilor. N-au priceput că o proorocire cu soroc mai dinainte mărturisit n-ar avea asupra oamenilor înrâurire pentru o primenire care cere o neîntreruptă priveghere. Poate n-au priceput bine că

Apocalipsa destăinuită pe Muntele Măslinilor e o îndoită proorocire, răsfrântă asupra a două întâmplări felurite și depărtate una de alta. Poate că acei pescari de țară, pentru care balta era ocean și Iudeea lumea, au luat sfârșitul poporului evreu drept sfârșitul neamului omenesc, osânda Ierusalimului drept a doua pogorâre a lui Cristos.

Şi cuvântările lui Isus, deși au ajuns până la noi încâlcite prin slovele sinopticilor, ne arată două proorociri deosebite, două mari soroace.

Cea dintâi proorocire vestește sfârșitul regatului iudeu, pedepsirea Ierusalimului, nimicirea Templului; cea de-a doua, sfârșitul vechii lumi, noua arătare a lui Isus, judecata milostivilor și a neînduraților, obârșia noii împărății. Cea dintâi se vădește foarte apropiată – această seminție nu va muri mai înainte să se întâmple toate – căci privește doar Iudeea și, în chip deosebit, metropola sa. Ceasul și ziua celei de-a doua nu se cunosc; deoarece unele întâmplări, încete dar fatale, vor avea să premeargă sfârșitul care, spre deosebire de celălalt, fi-va obștesc.

Cea dintâi proorocire, într-adevăr, s-a întâmplat aidoma, iotă cu iotă, fără să treacă nici patru decenii de la Răstignire, pe când erau încă-n viață mulți din cei ce-l cunoscuseră pe Isus; cea de-a doua venire triumfătoarea Parousia, zilnic pomenită și astăzi în Simbolul Apostolilor, este mereu așteptată de cei care-l cred pe cel ce-a spus atunci: „Cerul și pământul vor trece, iar vorbele mele vor rămâne".

Isus murise de puțini ani, când prinseră a se vădi semnele celei dintâi preziceri. Prooroci mincinoși, cristoși mincinoși, apostoli mincinoși mișunară prin Iudeea, cum ies șerpii din pârloage când arde soarele mai tare. Mai înainte să apuce Ponțiu Pilat calea surghinului, se ivi în Samaria un șarlatan care făgăduia să găsească potirele sfinte ale Tabernacolului, îngropate de Moise pe Muntele Gherizim. Samaritenii socoteau că această dezgropare avea să fie premergerea venirii Messiei și o ceată numeroasă se adună amenințătoare pe munte, până ce-o puseră pe fugă spadele romane.

Sub Cuspius Fadus, procuratorul care ocârmui între anii 44–66, se ivi un anume Teuda, care făgăduia minuni nemaivăzute. Patru sute de inși îl urmară, dar fu prins și-i tăiară capul; iar cei ce-l crezuseră nimiciți. După el veni un evreu din Egipt, care izbutise să strângă patru mii de deznădăjduiți cu care poposi pe Muntele Măslinilor, dând de știre că la un semn al său aveau să vadă năruindu-se zidurile Ierusalimului. Procuratorul Felix năvăli asupră-i și-l sili să fugă-n pustiu.

Într-acestea, sporea în Samaria faima blestematului Simon Magul, care vrăjea lumea cu minuni și fermecătorii; ba se dădea drept puterea lui Dumnezeu, aceea căreia-i zic marea putere și nimeni nu se mai îndoia de spusele sale. Acesta, văzând minunile lui Petru, voi să se creștinească, închipuindu-și că Evanghelia n-ar fi fost decât unul din nenumăratele mistere orientale și că era de-ajuns să se boteze spre a dobândi puteri sporite. Simon, respins de Petru, ajunse părintele ereziilor. Credea că din Dumnezeu se trage Ennoia și că aceasta stă acum ferecată în ființele omenești: după el Ennoia se întruchipase în Elena din Tyr, o păcătoasă care se ținea pretutindeni de dânsul; iar credința în el și în Elena era prilej neîndoios de mântuire. De la școala lui purcese Cerințiu, cel dintâi gnostic, împotriva căruia își scrise Ioan Evanghelia; și Menandru, care se fălea a fi mântuitor al lumii. Altul, Elkasai, lua vechiul legământ drept cel nou, băsnea de nesfârșite întruchipări în afară de cea a lui Cristos și, alături de ciracii săi, își pierdu capul cu magia și astrologia. Hegesippus povestește că un oarecare Tebutis pizmuindu-l pe Simon, al doilea episcop al Ierusalimului, înjghebă o sectă care-l recunoștea pe Isus drept Messia, dar care pentru tot restul rămânea credincioasă străvechiului iudaism. Pavel, în epistolele către Timoteiu, le spune „sfinților“ să se ferească de Himeneu, de Filetus și de Alexandru „lucrători înșelători, cu chip de apostoli ai lui Cristos“, care răstălmăceau adevărul și risipeau sămânța spurcată a ereziilor prin cele dintâi biserici. Un Dosoftei își dădea nume de Cristos, iar un Nicolae întemeia prin rătăcirile sale secta Nicolaiților, osândiți de Ioan în Apocalips. Iar zeloșii uneltеau veșnice răscoale, propovăduind că trebuiau izgoniți romanii și toți păgânii, pentru ca Dumnezeu să poată în sfârșit domni iarăși triumfător, în mijlocul norodului său.

Cel de-al doilea semn, persecuția creștinilor, nu se făcuse prea mult aşteptată. Numai ce prinseră ucenicii să propovăduiască Evanghelia în Ierusalim, Petru și Ioan fură aruncați în temniță; puși în libertate, se văzură iarăși prinși și bătuți cu bicele, poruncindu-li-se de-a nu mai vorbi lumii în numele lui Isus. Ștefan, unul dintre cei mai aprigi dintre neofiți, e scos afară din cetate de preoți și ucis cu pietre.

Sub ocârmuirea lui Agrippa reîncep schingiuirile. În anul 42, urmașul lui Irod puse să-l taie cu sabia pe Iacob cel mare, fratele lui Ioan și pentru a treia oară Petru fu aruncat în temniță. În anul 62, Iacob cel Drept, zis și fratele Domnului, fu aruncat de pe pridvorul Templului și omorât cu bolovani. În anul 50, Claudiu îi izgonise din Roma pe iudeii creștini, „impulsore Chresto tumultuantes"; în 58, din pricina creștinării Pomponici Grecin'a, începu și în capitala împărăției războiul împotriva creștinaților. În 64, incendierea Romei, voită și adusă la-ndeplinire de Nerone, îndreptățește de ochii lumii cea dintâi mare prigoană. O nesfârșilă mulțime de creștini a fost martirizată în Roma și prin provincii. Mulți sunt răstigniți; alții îmbrăcați în „tunica molesta", luminează plimbările nocturne ale Cezarului; alții, încotoșmănați în piei de fiară sunt lăsați să-i mănânce câinii; mulți, figuranți cu de-a sila în comedii diavolești, dau spectacole prin amfiteatre și pun capăt zilelor în colții leilor. Processus, Martinian, Basilissus, și Anastasius, la Roma; Ermagora, Fortunatus, Eufemia, Dorotea, Tecla, Erasma la Aquileia; Ursicinus, Vitale și Valeria, la Ravenna; Gervasius, Protasius, Nazarius și Celsus, la Milano; Alexandru, la Brescia; Paolinus, Felix și Constanța, în Etruria: uciși în acei ani. Petru moare pe cruce, pironit cu capul în jos.

Pavel isprăvește-n buza securii o viață ce fusese, după creștinare, o nesfârșilă înlănțuire de pătimiri. Cu zece ani mai înainte să-și dea sfârșitul, în anul 57, de cinci ori fusese bătut cu bicele de iudei, bătut cu vergile de romani în trei rânduri, de șapte ori ferecat în lanțuri, de trei ori lăsat să se-nece; iar în Listra bătut cu pietre și părăsit numai pentru că-l credeau mort. Cei mai mulți dintre ucenici pătimiră aceeași soartă. Toma fu martirizat în India, Andrei răstignit în Patras, Vartolomei răstignit în Armenia. Pe cruce, ca și învățătorul lor, își dădu sfârșitul Simion Zelosul și Matei.

Nu lipsiră nici războaiele și zvonul războirilor. Pe când fusese omorât Isus, dăinuia încă-n lume pacea lui Augustus. Dar curând se ridică „norod împotriva norodului, neam împotriva neamului". Sub Nerone, britanii îi înfrâng și-i măcelăresc pe romani; Armenia și Siria murmură împotriva stăpânirii străine; Galia se răscoală cu Iulius Vindex. Nerone nu mai are mult de trăit: legiunile din Spania și din Gallia îl proclamă împărat pe Galba; Nerone, fugind din Casa-i de Aur, izbutește să rămână josnic chiar când se ucide. Galba intră-n Roma, dar n-aduce pace. Ninfidius Sabinus din Roma, Capitus din Germania, Clodius Macro din Africa, îi dispută tronul. Nimeni nu-i mulțumit de dânsul: la 15 ianuarie a anului 69, pretorienii îl măcelăresc și-l aclamă pe Ottone. Însă legiunile din Germania îl proclamaseră mai dinainte pe Vitellius; și pornesc către Roma. Înfrânt la Bedriaco, Ottone se omoară. Dar nici Vitellius nu izbutește să împărăţească. Legiunile din Siria îl aleg pe Vespasian, care-l mână pe Antonius Primus în Italia. Vitellianii sunt înfrânți la Cremona și la Roma; Vitellius, porc hrăpăreț, e omorât în ziua de 20 decembrie a anului 69. Într-acestea izbucnește spre miază-noapte răscoala Batavilor cu Claudius Civile și nu-i încă stinsă, în Răsărit, răscoala iudeilor, în mai puțin de doi ani Italia e năvălită de două ori. Roma luată de două ori, doi împărați se omoară, doi sunt uciși. Se zvonește a războire pe Rin și la Dunăre, la Po și pe Tibru, pe țărmurile mării din miază-noapte, la picioarele Atlantului și ale Taborului.

Celelalte nenorociri proorocite de Isus întovărășeau în acei ani frământarea întregii împărății. Caligula cel Nebun se tânguia de zor că în timpul domniei sale nu se întâmpla nimic înfricoșător și dorea foametea, ciuma, cutremurele. Dorința acelui epileptic pederast și incestuos n-a fost împlinită; dar pe vremea lui Claudius un șir de ani răi mână foametea până la Roma. Sub Nerone la foamete se adăugă ciuma și numai în Roma, într-o singură toamnă, tezaurul Venerii Libitina încondeie treizeci de mii de morți.

În anii 61–62 cutremurul zgudui Asia, Achaia și Macedonia: îndeosebi cetățile Jerapoli, Laodicea și Colossi suferiră pagube grele. În 63 îi veni rândul Italiei: la Napoli, la Nocera și Pompei, pământul se cutremură; întreaga Campanie fu cuprinsă de spaimă. Și, ca și cum n-ar fi ajuns, trei ani mai târziu, în 66, Campania fu pustiită de trombe marine și de uragane, ce nimiciră grânele și sporiră mai cumplit potopirea foametei. Iar în vreme ce Galba intra în Roma (68), pământul, cu o bufnitură din adâncuri, îi tremură sub picioare. Toate se întâmplaseră: se împlinise sorocul pentru pătimirea Iudeei.

Cutremurul ce zgudui Ierusalimul în Vinerea Golgotei fu parcă semnul pătimirii iudaice. Vreme de patru decenii țara ucigătorilor de zei nu mai află pace – pacea înfrângerii și a robiei – până-n ziua în care nu rămase piatră peste piatră din Templu.

Pilat, Cuspius Fado și Agrippa se văzuseră nevoiți să fugărească cetele mincinoșilor Messia. Sub procuratorul Tiberiu Alexandru cea mai serioasă răscoală a tagmei îndârjiților, a zeloșilor, isprăvi cu răstignirea lui Iacob și a lui Simion, fiii lui Iuda Galileanul, care-o puseseră la cale. Procuratorul Ventidius Cumanus (48 – 52) n-avu o zi de răgaz: Zeloșii, cu care se uniră, și mai cruzi, sicarii nu se lăsară. Sub procuratorul Felix răscoalele se ținură lanț; sub Albinus flăcările bejeniei izbucniră și mai vânjoase. În sfârșit, pe vremea lui Gessius Floro (64 – 66), cel din urmă procurator al Iudeei, focul care de atâția ani pâlpâia fără să se mai stingă, aprinse toată țara. Zeloșii puseră stăpânire pe Templu: Floro se văzu nevoit să fugă; Agrippa, care merse acolo să împace lucrurile, fu bătut cu pietre. Ierusalimul căzu în mâna lui Menahem, alt fiu al lui

Iuda Galileanul. Zeloșii și sicarii dați jos de la putere îi măcelăriră pe neiudei, ba chiar pe acei iudei ce li se păreau mai puțin îndârjiți.

Și iată în cele din urmă „grozăvia pustiirii“ proorocită de Daniel și amintită de Cristos. Proorocirea lui Daniel se mai împlinise o dată, atunci când Antiocus Quartus Epifane pângărise Templul, punând acolo chipul lui Jupiter Olimpicul. În anul 30 Caligula Nebunul, care singur se sfințise zeu și drept zeu le cerea supușilor să i se-nchine în multe locuri, îi trimisese poruncă procuratorului Petronius să așeze statuia imperială în sanctuarul Templului; dar murise mai înainte ca porunca să fi fost împlinită de procurator. Cu toate acestea, Isus vorbise nu numai despre simulacre. Locul sfânt, ocupat de sicari în timpul marii bejenii, se schimbă-n cuib de ucigași; iar strălucitele curți fost-au din belșug îmbibate-n sânge, chiar și în sânge preoțesc. Cetatea Sfântă pătimi însăși urgia pustiirii, căci în septembrie 66, Cestius Gallus, în fruntea a patruzeci de mii de oameni, veni să potolească pe cei răsculați, poposi cu tabăra în preajma Ierusalimului, cu acele steaguri împărătești de care iudeilor le era groază, socotindu-le idolatrice și care, din îngăduința împăraților nu mai fuseseră aduse în cetate până atunci. Însă Cestius Gallus, găsind mai multă împotrivire decât și-ar fi închipuit, se trase îndărăt și plecarea-i se schimbă în fugă, spre marea bucurie a zeloșilor care văzură în acea izbândă semnul ajutorului dumnezeiesc. În acel răstimp, între cea dintâi și a doua împresurare, pe când îndoita potopire dărăpănase Templul și cetatea, creștinii din Ierusalim ascultând de proorocirea lui Isus, fugiră la Pella, peste apa Iordanului, însă cei din Roma nu înțelegeau să le dea pas iudeilor. Comanda expediției pedepsitoare fu încredințată lui Titus Flavius Vespasianus, care strângându-și oștirile la Ptolemaide, în anul 67 porni împotriva Galileei și o supuse. În vreme ce romanii se pregăteau de iernat, Ioan din Giscala, una dintre căpeteniile zeloșilor, strecurându-se în Ierusalim în fruntea câtorva cete de idumei, răsturnă ocârmuirea aristocratică, iar cetatea răsună de bejenie și se înecă în sânge.

Vespasian, pornind către Roma să se încunune împărat, încredința comanda fiului său Titus, care de sărbătorile Paștelui din anul 70 ajunse în fața Ierusalimului și îl împresură. Atunci începură zilele cele de cumplită urgie. Zeloșii, apucați de-o frenezie înciudată, în chiar culmea primejdiei, se fărâmițară în tot felul de secte, ce-și disputară cu armele stăpânirea asupra cetății.

Ioan din Giscala ținea Templul; Simon din Geraza, partea de jos a târgului; iar prietenii lor îi măcelăreau pe cei rămași încă necăsăpiți de romani. Într-acestea, Vespasian punea mâna pe două șiruri de ziduri și pe o parte din cetate; în ziua de 5 iulie căzu în mâinile sale Turla Antonină. La grozăviile măcelurilor fratricide și ale împresurării, se adăugară cele ale foamei. Foametea era atât de cumplită, că fură văzute mame, povestește Iosif Evreul, omorându-și copiii ca să-i mănânce. La 10 august, Templul fu luat și ars; Zeloșii izbutiră să se închidă în cetatea de sus; dar, înfrânți de foame, trebuiră să arunce armele în ziua de 7 septembrie.

Proorocirile lui Isus se împliniseră. Cetatea, din porunca lui Titus, fu dărâmată; iar din Templu, mai dinainte stricat de foc, nu rămase piatră peste piatră. Iudeii care scăpaseră de foamete și de sabia sicarilor fură măcelăriți de ostașii învingători. Iar cei ce mai rămaseră totuși fură duși ca robi în Egipt, să lucreze la scos piatră din munte; și nespus de mulți fură uciși, întru desfătarea plebei prin amfiteatrele din Cezarea și Berii. Câteva sute dintre cei mai frumoși fură duși în captivitate la Roma, să împodobească triumful lui Vespasian și al lui Titus; Simon al Iairei și alte căpetenii ale zeloșilor au fost gâtuiți la Roma, în fața idolilor pe care-i urau.

„Vă spun că cei ce sunt astăzi în viață nu vor muri mai înainte de-a se întâmpla toate cele ce vă spun". Era anul 70 după Cristos, iar cei de vârsta sa nu coborâseră toți în groapă, pe când se petreceau cele de mai sus. Măcar unul dintre cei ce-l ascultau pe Muntele Măslinilor, Ioan, fu martor al pedepsirii Ierusalimului și al prăbușirii Templului. În răstimpul sorocit, vorbele lui Isus fură pecetluite, iotă cu iotă, cu o cruntă potrivire, prin întâmplări de sânge și de foc.

PAROUSIA

Cel dintâi sfârșit, sfârșitul cel apropiat, sfârșitul neamului ucigător de Dumnezeu, s-a întâmplat. După osânda lui Cristos, pietrele Templului stau risipite printre dărâmături, iar credincioșii acestuia zac morți în chinuri, ori risipiți printre noroadele lumii.

Rămâne cealaltă proorocire, cea de-a doua. Când va veni iarăși fiul Omului pe norul cerului, premers de neguri, vestit de trâmbițările îngerilor? Nimeni, spune Isus, nu poate spune în ce zi va veni. Fiul Omului e asemuit cu un fulger ce străfulgeră ca din senin, de la răsărit la apus; cu un hoț care vine tiptil-tiptil noaptea; cu un stăpân care s-a dus departe și se-ntoarce fără veste să-și vadă slugile. Va trebui să priveghem și să fim gata. Curățiți-vă sufletul, căci nu știți când se arată și vai de cel care nu va fi vrednic să-i stea în față! „Aveți grijă de voi, nu care cumva inimile voastre să fie îngreunate de lăcomie, de beție și de înfriguratele griji ale vieții acesteia; ci acea zi să vă prindă, pe negândite, ca un arcan; că tocmai într-acest chip se va abate asupra tuturor locuitorilor întregului pământ".

Dar dacă Isus nu prevestește ziua, ne spune ce anume trebuie să se împlinească mai înainte de ziua aceea: Evanghelia împărăției le va fi propovăduită tuturor noroadelor și păgânii nu vor mai călca-n picioare Ierusalimul. Aceste două îndatoriri s-au îndeplinit în vremurile noastre; așa că, poate, marea zi se apropie. Nu mai rămâne pe lume nație civilizată ori trib barbar, în care urmașii apostolilor să nu fi propovăduit Evanghelia; din 1918, musulmanii nu mai poruncesc în Ierusalim, ba se vorbește chiar de-o reînviere a statului evreu. Când, după spusa lui Osea, fiii Israelului, atâta amar de vreme rămași fără rege și fără altar, se vor converti în fața fiului lui David și se vor întoarce tremurând la învățăturile Domnului, sfârșitul vremurilor se va apropia.

Dacă spusele celei de-a doua proorociri a lui Isus sunt adevărate, precum adevărate s-au dovedit spusele celei dintâi, Parousia nu mai poate zăbovi. Însă odată, în anii din urmă, noroadele s-au sculat împotriva noroadelor, iar pământul s-a cutremurat, stingând mii de vieți; ciuma, foametea, răscoalele au bântuit cu furie popoarele. Cuvintele lui Cristos, de un veac încoace, sunt tălmăcite și propovăduite în toate graiurile. Ostași care cred în Cristos, deși nu toți credincioși urmașilor lui Petru, străjuiesc cetatea care, după nimicire, a trecut în stăpânirea romanilor, a perșilor, a arabilor, a egiptenilor și a turcilor.

Însă oamenii nu-și aduc aminte de Isus și de făgăduiala sa. Trăiesc ca și cum lumea ar trebui să dăinuiască-n veci așa cum a fost până acum și nu se străduiesc decât pentru grijile lor pământene și trupești. „Într-adevăr – spune Isus – precum în zilele dinaintea Potopului oamenii mâncau și beau, se însurau și se măritau, până-n ziua în care Noe intră în corabie, iar lumea nu băgă de seamă nimic până ce nu veni potopul care-i înghiți pe toți; la fel înlâmpla-se-va la venirea Fiului Omului. Tot așa s-a întâmplat în zilele lui Lot: oamenii mâncau, beau, cumpărau și vindeau, semănau, zideau; însă, în ziua în care Lot ieși din Sodoma, căzu din cer o ploaie de foc și de pucioasă, care-i nimici pe toți. La fel se va întâmpla în ziua în care se va arăta Fiul Omului."

La fel se-ntâmplă în zilele noastre, în ciuda războaielor și a molimelor ce-au secerat milioane de vieți în câțiva ani. Mâncăm, bem, ne însurăm, clădim, cumpărăm, vindem, scriem, jucăm. Şi nimeni nu se gândeșle la dumnezeiescul hoț care pe neștiute veni-va noaptea; nimeni nu-l adastă pe adevăratul stăpân care se va-ntoarce pe neașteptate; nimeni nu iscodește cerul să vadă de nu se desprinde cumva fulgerul din părțile răsăritene, să străfulgere până-n tăria apusului.

Viața larvală a celor vii e asemenea somnului frământat de friguri rele. Par treji, pentru că aiurează după bunurile lor ce-s tină și otravă. Nu cată în sus, nu se tem decât de frații lor. Poate că așteaplă să fie treziți în ceasul de pe urmă de străvechii morți care vor învia la apropierea Înviatului.

NEDORITUL

În vreme ce Isus osândeșle Templul și Ierusalimul, pleșcarii Templului și stăpânii Ierusalimului îi pregătesc osânda.

Toți cei care au, învață și poruncesc, așteaptă doar clipa învrăjbitoare ca să-l răpună fără primejdie. Oricine are un nume, o slujbă, o școală, o prăvălie, o demnitate bisericească, o fărâmă de autoritate, îi e împotrivă. A venit împotriva lor, iar ei îi stau împotrivă. Trag nădejde, cu dobitocia știută a celor rostuiți, să se mântuiască omorându-l; și nu-și dau seama că tocmai de moartea lui e nevoie spre a se deschide drum pedepselor.

Ca să ne dăm bine seama de ura ce înfrățea clasele sus-puse ale Ierusalimului împotriva lui Isus – ură preoțească, ură belferească, ură negustorească – va trebui să ne aducem aminte că sfânta cetate trăia de ochii lumii pentru evlavie, dar în fapt de pe spinarea evlaviei. Numai în metropola iudaismului i se puteau aduce străvechiului Dumnezeu jertfe cu trecere și bine primite; așa că dădeau fuga acolo, în fiecare an, mai ales de sărbătorile cele mari, puhoaie de israeliți de prin tetrarhiile palestiniene și de prin toate provinciile împărăției. Templul nu era numai singurul sanctuar legitim al iudeilor, ci, pentru cei care vedeau de dânsul și pentru toți ceilalți care trăiau la picioarele sale, era marea țâță lăptosă, care adăpa capitala cu câștiguri de pe urma jertfelor aduse, a pomenilor, a dijmelor, dar mai ales cu câștigurile ce trag după ele neîntreruptele întețiri de oaspeți. Iosif Flavius povestește că se aflau în Ierusalim pentru marile prăznuiri, până la trei milioane de pelerini.

Băștinașii mâncau tot anul de pe urma templului; deverul negustorilor de vite, al vânzătorilor de-ale gurii, al schimbătorilor de bani, al langiilor, ba chiar și al meșteșugarilor, era strâns legat de deverul templului. Tagma preoțească ce, fără leviți – droaia lor nu era deloc mică – număra pe vremea lui Cristos douăzeci de mii de coborâtori de-ai lui Aron, își scotea agoniseala din tainuri, din dările către Templu, din răscumpărarea celor dintâi născuți – până și cei dintâi copii ai oamenilor plăteau cinci sicli de cap! – și se hrăneau cu carnea vitelor aduse jertfă, din care nu ardeau decât grăsimea. Lor li se cuvenea fruntea turmelor și a grânelor; până și pâinea le-o dădea poporul, căci fiecare gospodar era ținut să aducă plocon preoților a douăzeci și patra parte din pâinea pe care-o cocea la casa lui. Mulți dintre ei, după cum am văzut, storceau bani până și din îngrășarea vitelor, pe care credincioșii trebuiau să le cumpere pentru sacrificii; alții erau înțeleși pe sub mână cu zarafii și n-ar fi de mirare ca unii dintre ei să fi fost de-a dreptul zarafi, căci poporul își păstra cu dragă inimă agoniseala în lăzile de fier ale Templului.

Un mănunchi convergent de interese se răsfira deci din uriașul sanctuar irodian, ca să isprăvească pe rogojina oboreanului și în dugheana cârpaciului. Preoții trăiau de pe spinarea Templului și mulți dintre ei erau negustori și bogătași; cei avuți aveau nevoie de Templu ca să-și sporească câștigurile și să țină poporul în frâu; negustorii făceau afaceri cu bogătașii, care pot cheltui, cu preoții puși la parte și cu pelerinii din toate colțurile lumii, momiți de Templu; salahorii și calicii trăiau din fărâmiturile ce cădeau de pe la mesele preoților, ale avuților, ale negustorilor și pelerinilor.

Religia, așadar, era mai înfloritoare și poate singura îndeletnicire a Ierusalimului; cel care voia să se lege de religie, de slujitorii ei, de monumentul arătos ce era sălașul cel mai faimos și rodnic al religiei, trebuia în ruptul capului să treacă drept dușman al poporului Ierusalimului, dar cu deosebire al tagmelor mai bine înstărite și mai strâns legate de câștig.

Isus, cu Evanghelia lui, amenința răspicat rosturile și profiturile acelor tagme. Dacă toate poruncile legii ar fi trebuit să se restrângă la propovăduirea iubirii, ce să se facă scribii și doctorii legii care câștigau agoniseala vieții de pe urma celuilalt învățământ? Dacă Dumnezeu disprețuia jertfele de vite și cerea doar curățenie sufletească și rugăciune ascunsă, preoții puteau închide porțile sanctuarului, ca să se apuce de altă meserie; negustorii de boi, de viței, de oi, de miei, de iezi, de porumbei și de vrăbii, ar fi văzut, scăzându-le ba chiar poate spulberându-li-se orice fel de câștig. Dacă, spre a fi iubit de Dumnezeu, omul era ținut să-și schimbe viața și nu era de-ajuns să spele potirul, ori să plătească zeciuielile cu sfințenie, învățătura și trecerea de care se bucurau fariseii nu mai avea niciun rost. Dacă, în sfârșit, venea Messia și propovăduia netrebnicia Templului, iar sacrificiile le socotea nefolositoare, cetatea cultului s-ar fi schimbat de pe-o zi pe alta într-un târg fără viață și, cu trecerea vremii, ar fi ajuns un orășel de sărăciți, un pustiu.

Isus care se împăca mai bucuros cu pescarii, numai să fi fost cu inima curată și iubitori, decât cu sinedriștii; care se dădea cu săracii împotriva bogaților; care punea mai mult preț pe copiii cei neștiutori decât pe scribii chiorâți asupra tainelor de prin scripturi, se cuvenea să strângă asupra capului său toată ura ioviților, a negustorilor și a doctorilor. Templul, Academia și Banca erau împotrivă-i: când victima va fi gata, vor chema, fără prea multă bucurie, dar neavând încotro, spada romană: ca s-o aducă jertfă tihnei lor îndestulate.

De la un timp încoace viața lui Isus nu mai era sigură. După spusele fariseilor, încă din ultima vreme a poposirii sale în Galileea, Irod îl căuta ca să-l omoare. Poate că din această pricină va fi plecat el în Cezarea lui Filip, dincolo de granițele Galileei, unde și prooroci pătimirea-i apropiată.

De când venise în Ierusalim, căpeteniile preoților, fariseii și scribii îi dădeau târcoale ca să-i întindă curse și să însemne cuvintele pe care le rostea. Acele drojdii omenești, cu inima strânsă și zvâcnind de venin, îi puseră pe urme câteva iscoade, menite să se schimbe peste câteva zile în martori mincinoși; ba, după cum spune Ioan, se și dădu poruncă unor paznici să-l prindă; dar aceștia n-avură curajul să pună mâna pe dânsul. Biciul cu care-i plesnise pe oboreni și zarafi; ocara pe care le-o aruncase în față scribilor și fariseilor, în gura mare; proorocirile că Templul se va nărui umpluseră măsura. Nu mai era vreme de pierdut. Ierusalimul gemea de străini, iar acela era ascultat de mulți. S-ar fi putut isca vreo răscoală, vreo învălmășire, poate chiar răzvrătirea cetelor de provinciali, mai puțin legați de privilegiile și de interesele metropolei. Molima trebuie oprită din capul locului, nici că era mijloc mai sigur ca acela de a-l înlătura pe bârfitor. Vreme de pierdut n-aveau. Vulpile altarului și ale dughenei, care se și înțeleseseră cu jumătate de gură, hotărâră să strângă Sinedriul, spre a împrieteni omorul cu legea.

Sinedriul era adunarea optimaților, sfatul cel mare al aristocrației stăpânitoare în cetate. Era alcătuit din preoți geloși pe clientela Templului, care le dădea puteri și pomeni grase; din scribi însărcinați să păstreze Legea neștirbită și să treacă urmașilor datina scripturilor; din bătrâni care înfățișau interesele burgheziei avute și potolite.

Toți aceștia fost-au de părere că Isus trebuia prins prin înșelăciune și ucis drept pângăritor al sâmbetei și al lui Dumnezeu. Singur Nicodim încercă o apărare procedurală, dar îi închiseră gura fără multă vorbă. „Ce facem? spuneau. – Omul acesta săvârșește minuni și mulți se iau după dânsul. De-l vom lăsa în pace, toți i se vor închina; şi romanii veni-vor să ne nimicească cetatea și neamul.“ Tagmele se sprijină totdeauna pe rațiunile de stat, pe mântuirea patriei, ca să pună masca legalității ideale pe neobrăzarea silniciei lor lacome.

Caiafa, care în anul acela era Mare Preot, curmă șovăielile cu maxima care-a îndreptățit de când e lumea lume, în fața înțelepciunii lumii, jertfirea nevinovatului: „Nu vă dați seama, nici nu vă gândiți că-i spre binele vostru al tuturor să moară unul singur pentru întregul neam și, în chipul acesta, neamul să nu piară“. Maxima, în gura lui Caiafa, în acea împrejurare, prin ceea ce subînțelegea, era păcătoasă și, ca toate cuvintele ținute în Sinedriu, fățarnică. Dar ridicată până la un tâlc mai înalt, împinsă până la absolut – schimbând cuvântul „neam“ în „omenire“ – președintele patriciatului circumcis rostea un principiu pe care însuși Isus îl primise în inima sa și care, în altă formă, avea să ajungă taina crucială a Creștinismului. Caiafa nu-și dădea seama, el care trebuia să intre singur în pustia Sancta Sanctorum ca să-i ofere lui Iahve păcatele norodului, cât de bine se potriveau cuvintele-i atât de grosolane în expresie și de cinice în simțire, cu gândul victimei sale.

Gândul că singur cel drept poate plăti nedreptatea; că singur cel desăvârșit poate plăti datoriile celor nemernici; că singur cel neprihănit poate stinge datoriile celor mârșăviți; că singur Dumnezeu, în nețărmurita-i măreție, poate ispăși păcatele săvârșite de om împotriva Lui, acest gând ce-i pare omului culmea nebuniei tocmai pentru că-i culmea înțelepciunii dumnezeiești, nu străfulgera desigur sufletul păcătoșit al saducheului atunci când aruncă în ieslea celor șaptezeci de complici sofisma menită să amuțească orice căință ce le-ar mai fi încolțit în suflet. Caiafa, care avea să fie alături de mărăcinii cununei și de buretele cu oțet una dintre uneltele pătimirii, nu-și închipuia în clipa aceea că oferă o mărturie solemnă, deși ascunsă și nevoită, despre dumnezeiasca tragedie ce era gata să înceapă.

Cu toate acestea, principiul că nevinovatul poate plăti pentru cei vinovați; că moartea unui singur ins poate folosi mântuirii obștești, nu era cu totul străin de conștiința Antichității. Miturile eroice ale paginilor cunoșteau și celebrau jertfirea de bunăvoie a celor nevinovați. Îl aminteau pe Pilade, care se lăsa omorât în locul vinovatului Oreste; pe Macaria, din sângele lui Eracle, care scăpa cu viața-i viața fraților săi; pe Alcest, care primea moartea ca să înlăture de la Admet al său răzbunarea Artemidei; pe copilele lui Erecteu, care se jertfeau pentru ca tatăl lor să scape de loviturile lui Neptun: pe bătrânul rege Codru, care se aruncă în Ilis pentru ca atenienii lui să iasă învingători; și pe Decius Mure, cu fiul său cu tot, cei care se consacrau manilor în iureșul bătăliei, pentru ca romanii să-i înfrângă pe samniți; și pe Curtius care se arunca, cu armură cu tot, în prăpastie, întru mântuirea patriei; și pe Ifigenia care întindea gâtul sub cuțit, pentru ca flota lui Agamemnon să poată ajunge la Troia. În Atena, pe timpul serbărilor Tergelie, erau omorâți doi inși spre a îndepărta de cetate pedeapsa zeilor; Epimenide cel înțelept, ca să curețe Atena pângărită de uciderea urmașilor lui Cilone, se folosi de jertfe omenești răpuse pe morminte; la Curius din Cipru, la Terracina, la Marsilia, în fiecare an, drept plată a crimelor întregii obști, era aruncat un om în mare, socotit apoi drept mântuitor al poporului.

Dar aceste jertfe, atunci când erau de bunăvoie, se aduceau întru mântuirea unei singure ființe, ori a unui restrâns grup de oameni; când erau silnice, adăugau o nelegiuire nouă la cele pe care voiau să le ispășească: cazuri de dragoste răzleață, ori crime superstițioase.

Nu se văzuse încă om care să ia asupră-și toate păcatele muritorilor, un Dumnezeu care să se întemnițeze în carne, spre a mântui neamul omenesc, să-l facă în stare de-a urca de la bestialitate spre sfințenie, de la umilința tinei spre Împărăția Cerurilor. Desăvârșitul ce-și ia asupră-și toate bicisniciile; neîntinatul care se încarcă cu toate nelegiuirile; dreptul ce-și ia răspunderea tuturor nedreptăților tuturor, se arătase în chip de calic și de hoinar în zilele lui Caiafa. Cel care va să moară pentru toți, salahorul galilean ce-i tulbură pe bogătași și pe preoții Ierusalimului, e acolo, pe Muntele Măslinilor, la câțiva pași de Sinedriu. Cei șaptezeci care nu-și dau seama că ascultă în clipa aceea de voința hulitului, hotărăsc să pună mâna pe el mai înainte de zilele Paștelui. Dar pentru că-s lași, ca toți stăpânii, un singur gând îi mai frământă: frica de oamenii care-l iubesc pe Isus: „Iară căpeteniile preoților și scribii cătau în ce chip să-l prindă prin vicleșug, să-l răpună; că spuneau: Să nu-l prindem de sărbători, nu care cumva să se răzvrătească poporu' ". Ca să-i scoată din încurcătură, spre marele lor noroc, li se înfățișă a doua zi unul dintre cei doisprezece: cel cu punga, Iuda Iscarioteanul.

TAINA IUDEI

Singure două ființe pe lume au știut Taina Iudei: Cristos și vânzătorul.

Șaizeci de seminții de creștini s-au tot muncit să-i dezlege taina; iar omul din Iscariot, deși a lăsat pe lume nori de ciraci, rămâne cu încăpățânare nedescifrat. E singura taină omenească peste care dăm în Evanghelii. Pricepem fără greutate satanismul irozilor, ciuda veninoasă a fariseilor, mânia răzbunătoare a lui Ana și a Caiafei, lașa moliciune a lui Pilat. Dar nu pricepem cu aceeași ușurință nelegiuirea Iudei. Cei patru istorici ne spun prea puține despre dânsul și despre temeiurile care-i îndemnară să-și vândă regele.

„Satana – spun – se vârî în el." Dar aceste cuvinte nu-s decât definirea crimei sale. Răul îi puse stăpânire pe suflet: deci, pe negândite. Mai înainte de acea zi, poate mai înainte de cina din Betania, Iuda nu era încă în gheara potrivnicului. Dar de ce, ca din senin, căzu într-însa? De ce intră Satana tocmai în el și în niciunul dintre ceilalți?

Cei treizeci de dinari sunt un preț prea mărunt, mai ales pentru un om care se dădea în vânt după bogăție. În banii de astăzi n-ar face nici măcar o sută de lire; și chiar dacă valoarea efectivă, ori, cum spun economiștii, puterea de achiziție va fi fost pe atunci fie chiar și de zece ori mai mare, nu ni se pare că o mie de lire ar fi un preț bun, care să-l îndemne pe un om descris de tovarășii săi drept zgârcit să săvârșească cea mai respingătoare trădare din câte pomenește istoria. S-a zis că treizeci de dinari erau prețul unui sclav. Însă textul Exodului spune, pe de altă parte, că treizeci de sicii era despăgubirea ce trebuia s-o plătească stăpânul unui bou care-ar fi împuns un sclav ori o sclavă. Cazul era prea felurit, pentru ca doctorii Sinedriului să se fi gândit în acea clipă la respectarea migăloasă a unui precedent.

Temeiul cel mai grozav în favoarea tradiției e sarcina pe care Iuda și-o luase asupră-și în mijlocul celor doisprezece.

Printre ei se găsea un fost dijmaş, Matei, căruia aproape de drept i s-ar fi cuvenit sarcina de-a păstra bruma de gologani trebuitori cheltuielilor comunităţii. În locul lui Matei îl vedem chelar al milelor pe Iuda. Simpla mânuire a paralelor, chiar când sunt străine, ciumează. Nu-i de mirare că Ioan îl dă pe Iuda drept hoţ: „deoarece ţinea punga, şterpelea tot ce punea într-însa".

Şi totuşi, nu ne vine a crede că un lacom de arginţi ar fi rămas multă vreme într-o atât de calică tovărăşie. De-ar fi voit să trăiască din furtişaguri, şi-ar fi căutat un loc mai nimerit şi mai mănos decât acela pe care-l primise. Şi de-ar fi avut trebuinţă de acei păcătoşi treizeci de dinari, nu i-ar fi putut avea oare într-un alt chip, fie chiar fugind cu punga, fără a mai avea nevoie să le propună preoţilor vânzarea lui Isus?

Aceste gânduri pline de bun-simţ, cu privire la o crimă atât de neobişnuită, i-au îndemnat pe foarte mulţi, încă din cele dintâi timpuri ale Creştinismului, să găsească alte pricini josnicei vânzări. O sectă de eretici, cainiţii, băsni că Iuda, ştiind că Isus trebuia, din voinţa sa şi a Tatălui, să cadă răpus prin trădare – pentru ca nimic să nu-i lipsească sfâşierii marii ispăşiri – s-ar fi jertfit să primească cu durere veşnica ponegrire, pentru ca scriptura să se poată împlini. Unealtă trebuitoare şi voită a Mântuirii după părerea acestora, Iuda a fost erou şi martir demn de-a fi venerat, iar nu afurisit.

După alţii, Iscarioteanul – care-şi iubea poporul, trăgea nădejde în mântuirea poporului şi poate că înclina către purtarea zeloşilor – se întovărăşise cu Isus, nădăjduind că acesta va fi fost acel Messia, pe care şi-l închipuiau pe-atunci oamenii de rând: Regele răzbunării şi al reîntronării Israelului. Când, încet-încet, în pofida dobitociei sale, bagă de seamă din spusele lui Isus că dăduse peste un Messia cu totul altfel croit, ca să-şi verse necazul dezamăgirii îl dădu pe mâna duşmanilor. Dar astă născocire, căreia textele, atât cele canonice, cât şi cele apocrife, nu-i dau un crezământ, n-ar folosi dezvinovăţirii vânzătorului lui Cristos: n-ar fi avut decât să-şi părăsească tovarăşii, apucându-se să caute alții mai pe placul său; că pe atunci, precum am văzut, nu se ducea lipsă de așa ceva.

Cutare spus-a că adevărata pricină trebuie căutată în pierderea credinței. Iuda crezuse statornic în Isus, iar acum nu mai putea să creadă. Prezicerile asupra apropiatului sfârșit; amenințătoarea îndârjire a metropolei; zăbovirea izbândei isprăviseră prin a-l face să-și piardă orice încredere în cel pe care-l urmase până atunci. Nu vedea să se fi apropiat împărăția; ci, în schimb, vedea venind moartea. Poate că, adulmecând pe la răspântii, auzise șoptindu-se niscai vorbe despre gândurile sinedriștilor și-i era frică nu care cumva Sfatul să nu se mulțumească cu o singură victimă, ci să-i osândească pe toți cei care de-atâta amar de vreme băteau drumurile pe urmele lui Isus. Învins de frică – aceasta ar fi întruchiparea luată de Satana ca să-l cotropească – se gândi să scape de bucluc și, prin trădare, să-și cruțe zilele. Necredința și lașitatea ar fi fost deci pricinile murdare ale josniciei sale.

Un englez, celebru ca mâncător de opiu, născocește, contrazicând, o nouă apologie a trădătorului. Iuda credea: ba credea chiar prea mult. Era până-ntr-atâta de convins că Isus era cu adevărat Cristos, încât, voi să-l îmboldească, dându-l pe mâna judecătorilor, de-a da în sfârșit pe față legitima-i messianitate. Nu-i venea să creadă, atât de tare-i era nădejdea, că Isus ar fi putut să fie ucis. Ori, dacă-ntr-adevăr trebuia să moară, știa neîndoios că ar fi înviat numaidecât, să se arăte iarăși de-a dreapta Tatălui ca Rege al Israelului și al lumii. Ca să grăbească marea zi în care ucenicii aveau să primească în sfârșit răsplata credinței lor, Iuda, sigur de intangibilitatea dumnezeiescului său amic, ținu să-i silească mâna și să-i dea prilejul, punându-l față-n față cu cei pe care trebuia să-i dezmoștenească, de a-și dovedi calitatea de adevărat fiu al lui Dumnezeu. Trădarea lui Iuda n-a fost trădare; ci greșeală datorată faptului că nu pricepuse bine învățătura maestrului. Nu trădă, așadar, din pofta câștigului, din răzbunare ori de frică; ci din pricina dobitociei lui.

Alții, în schimb, discută iarăși asupra răzbunării. Nu poți trăda fără să urăști. De ce-l ura Iuda pe Isus? Se gândesc la ospățul din casa lui Simon și la mirodeniile înlăcrimate. Dojana lui Isus trebuie să-l fi înăsprit pe învățăcelul care poate că fusese încolțit și-n alte rânduri, din pricina zgârceniei ori a fățărniciei lui. La ciuda dojanei se adaugă pizma care sporește în sufletele de rând. Și numai ce i se păru că se poate răzbuna fără primejdie, urcă treptele palatului Caiafei.

Se gândea oare cu tot dinadinsul că pâra lui avea să-l ucidă pe Isus? Ori mai degrabă bănuia că aveau să se mulțumească a-l bate cu bicele și a-l opri de-a mai vorbi norodului? Urmarea poveștii lui face să ne închipuim că osânda lui Isus îl înmărmuri, fiind urmarea groaznică și neașteptală a sărutului său. Matei ne povestește astfel despre deznădejdea lui Iuda, că ne face să bănuim a fi simțit într-adevăr grozăvia celor ce se-ntâmplaseră din vina sa. Banii pe care i-a pus în sân, îl ard; iar când preoții nu vor să-i ia îndărăt, îi azvârle în Templu. Chiar după ce i-a dat înapoi, nu află pace și dă fuga să se spânzure, să moară în aceeași zi cu acela pe care-l jertfise. O căință atât de furioasă, care îndeamnă cu atâta năpustire la curmarea vieții, ne face să gândim la grozăvia revelațiilor neprevăzute și neașteptate.

Tainele, în ciuda tuturor scormonelilor nesatisfăcuților, se îmbulzesc în preajma tainei lui Iuda. Dar n-am invocat încă mărturia Celui ce mai bine ca toți cunoștea, chiar decât Iuda mai bine, adevărata taină a trădării. Singur Isus, care vedea în fundul sufletului iscarioteanului ca în sufletul tuturor și care știa mai dinainte ce avea să facă Iuda, ne-ar putea spune cel din urmă cuvânt.

Isus îl alese pe Iuda să fie unul dintre cei doisprezece și purtător, deopotrivă celorlalți, al Bunei Vestiri. L-ar fi ales, l-ar fi ținut pe lângă sine, lângă sine, la masa lui, atâta vreme, de l-ar fi socotit un răufăcător nărăvit? I-ar fi încredințat lui tot ce-avea mai scump, tot ce era pe lume mai de preț: propovăduirea împărăției lui Dumnezeu?

Până-n cele din urmă zile, până-n cea de pe urmă seară, Isus se poartă cu Iuda precum se poartă cu toți ceilalți. Îi dă și lui ca și celor unsprezece, trupul său sub înfățișarea pâinii, sângele său sub înfățișarea vinului. Picioarele Iudei, deopotrivă – acele tălpi ce-l duseseră la casa Caiafei – sunt spălate și șterse de mâinile ce-aveau să fie pironite cu învoirea Iudei a doua zi. Iar când Iuda se arată, printre scânteierea spadelor și înroșirea felinarelor, sub umbra neagră a măslinilor și sărută – „cu ardoare", zice Matei – fața încă udă de sudoarea însângerată, Isus nu-l dă la o parte, ci-i spune:

— Ce vrei să faci, prietene?

Prietene! E cea din urmă oară când Isus mai vorbește cu Iuda, și chiar în această clipă nu-i vine să rostească alt cuvânt decât cel obișnuit, decât cel pe care i l-a rostit cea dintâia oară. Pentru el Iuda nu-i omul negurii, care vine pe-ntuneric să-l dea pe mâna zbirilor; ci prietenul, același care cu câteva ceasuri mai înainte stătea lângă dânsul, în preajma blidului cu carne de miel și buruieni; același care-a băut din cana lui; același care în atâtea rânduri, în ceasul odihnei, la umbra copacilor ori a zidurilor, asculta alături de ceilalți, învățăcel, tovarăș, frate, marile cuvinte ale făgăduinței. Cristos a spus în timpul Cinei: „Vai fi-va de-acela prin care-i vândut Fiul Omului! Mai bine de el să nu se fi născut!" Dar acum că trădătorul e acolo, în fața lui; acum că trădarea-i săvârșită și la păcătoșenia trădării Iuda adaugă batjocura sărutului, pe buzele Celui ce-a poruncit iubirea de dușmani flutură iarăși duiosul, obișnuitul, dumnezeiescul cuvânt:

— Prietene, ce cauți aici?

Până și mărturia celui vândut ne sporește nedumerirea, în loc să ridice vălul înfricoșătoarei taine. Știe că Iuda e hoț și-i dă pe seamă punga; știe că Iuda e ticălos și-i încredințează o comoară de adevăr, nespus mai de preț ca toți banii de pe lume; știe că Iudă va trebui să-l vândă și-i împărtășește din dumnezeirea sa, întinzându-i fărâma de pâine și înghițitura de vin; îl vede pe Iuda călăuzindu-i pe cei ce-aveau să-l prindă și-l cheamă încă o dată, ca odinioară, ca totdeauna, în numele sfânt al prieteniei.

„Mai bine de el să nu se fi născut!". Aceste cuvinte, mai mult decât osândă, pot fi o pornire de îndurerare la gândul unei ursite ce nu se poate înlătura. Dacă Iuda îl urăște pe Isus, nicicând nu-l vedem pe Isus scârbit de Iuda. Deoarece Isus știe că josnica precupețire a Iudei e trebuitoare; precum trebuitoare fi-va slăbiciunea lui Pilat, mânia lui Caiafa, scuipăturile ostașilor, grinzile crucii. Știe că Iuda trebuie să facă tot ce face; și nu-l blesteamă, precum nu blesteamă poporul care-l ucide, ori ciocanul care-l pironește în lemn. De-un singur lucru îl roagă: „Săvârșește degrabă ce ai de gând să faci".

Taina lui Iuda e legată cu două noduri de taina Mântuirii și va rămâne, pentru noi cei mici, o taină.

Nicio analogie nu ne poate lumina. Și Iosif fost-a vândut de unul dintre frații săi, pe care-l chema tot Iuda, ca pe iscariotean; și a fost vândut negutătorilor ismailiți pe douăzeci de arginți, însă Iosif, icoană trupească a lui Crislos, n-a fost vândut dușmanilor, n-a fost vândut ca să fie omorât. Iar în schimbul acelei vânzări se pomeni atât de bogat, că-l putu înavuți pe talăl său; şi ajunsese atât de larg la suflet printr-însa, că putu să-i ierte chiar și pe frații săi.

Isus n-a fost numai trădat, ci vândut; trădat pentru bani; vândut pe-un preț de nimic; schimbat pe bani vânzători. Fost-a lucru dat în schimb, marfă plătită și dată-n primire, Iuda, insul cu punga, chelarul, nu se înfățișă doar ca pârâtor, nu se schimbă doar în gâde, ci în precupeț, în negustor de sânge. Iudeii pricepuți la sânge, zilnic sugrumători și jupuitori de suflete, măcelari ai Preaînaltului, fost-au cei dintâi și cei de pe urmă clienți ai Iudei. Vânzarea lui Isus a fost cel dintâi gheșeft al celui ce nu era negustor de meserie: la drept vorbind, un gheșeft mărunt; dar, nu mai puțin, o tranzacție în toată regula; un contract valid de cumpărare și vânzare; un contract verbal, dar negustorește respectat de amândouă părțile.

Dacă Isus n-ar fi fost vândut, i-ar fi lipsit ceva desăvârșitei înjosiri a ispășirii; de l-ar fi plătit scump, cu trei sute de sicii în loc de treizeci, cu aur iar nu cu argint, pângărirea ar fi fost știrbită, cât de cât, dar știrbită. Veșnicia Îl hărăzise să fie cumpărat, dar cumpărat cu bani puțini, numai să fi fost nevoie de bani, în orice chip. Pentru ca valoarea infinită să devină supranaturală, dar comunicabilă, era nevoie să fie schimbată pe-o valoare de nimic, pe-o valoare de metal, care nu-i nici măcar valoare. Oare nu făcea la fel el însuși, El, cel vândut, care voia să răscumpere cu sângele unuia singur tot sângele vărsat pe pământ de la Cain la Caiafa?

Iar de-ar fi fost vândut ca sclav, precum atâtea alte trupuri însuflețite erau vândute în vremurile acelea prin târguri; de-ar fi fost vândut ca o proprietate rentabilă, ca un capital uman, ca o unealtă vie de muncă, pângărirea aproape nu s-ar fi văzut, iar Mântuirea ar fi fost amânată. Ci fost-a vândut precum se vinde mielul pe care-l cumpără măcelarul ca să-l omoare, ca să-l vândă bucățele mâncătorilor de carne. Sfințitul casap cu numele de Caiafa n-a mai avut în mână niciodată, de când se știe, o victimă atât de uriașă. De aproape două milenii creștinii se hrănesc din victima aceea și încă e întreagă; şi nu-s sătui flămânziții.

Fiecare dintre noi și-a dat obolul, un obol cât de mic, ca să cumpere de la Iuda această victimă rămasă de-atunci și până astăzi întreagă. Am pus toți mână de la mână ca să strângem banii câți a costat sângele Liberatorului: Caiafa n-a fost decât mijlocitorul nostru. Țarina Olarului, plătită cu acei bani, țarina cumpărată cu prețul sângelui e în moștenirea noastră, e a noastră. Iar acea sfoară de moșie sporit-a în chip misterios, s-a lățit până ce-a cuprins jumătate din fața pământului: orașe întregi, orașe cu multă omenire, așternute cu piatră, luminate, măturate, orașe cu prăvălii și bordeluri, strălucesc pe ea de la miazănoapte către miazăzi. Și pentru ca taina să fie din ce în ce mai mare, banii Iudei, la fel, înmiiți de trădările atâtor veacuri, de toate târgurile încheiate și sporiți pe deasupra de dobândă, s-au făcut puzderie. Acum – pot jura contabilii, adevărați haruspici ai acestei vremi – toate încăperile

Templului n-ar ajunge să cuprindă banii împuiați până astăzi de cei treizeci de dinari, pe care, în aiureala căinței, i-a aruncat acolo cel ce și-a vândut Dumnezeul.

CEL CU URCIORUL

Odată rupt prețul, odată banii numărați, cumpărătorii nu vor să aștepte marfa prea mult. S-au învoit s-o aibă înaintea sărbătorilor. Sărbătorile cele mari ale Paștelui vor fi sâmbăta, iar joia a venit.

Lui Isus nu-i rămâne decât o singură zi de libertate – Cea din urmă zi.

Mai înainte să se despartă de prietenii săi – cei ce-l vor părăsi la noapte – vrea, încă o dată, la masa păcii, să întingă dumicatul în același blid cu dânșii. Mai înainte ca fața să-i fie spălată de scuipații soldățeilor sirieni și de murdăria iudaică, vrea să îngenuncheze, să le spele tălpile celor care vor trebui să bată până la moarte drumurile pământului, ca să povestească în ce chip a murit el. Mai înainte ca sângele să i se prelingă pe mâini, pe picioare, pe piept, vrea să le dea cea dintâi picătură celor care vor trebui să facă un singur suflet cu el, până la sfârșit. Mai înainte de-a pătimi setea, pironit de grinzile pironite, vrea să bea cu tovarășii săi mustul vinului, dintr-o singură cană. Ajunul morții va fi începutul ospățului din noua împărăție.

Era în dimineața zilei de joi, cea dintâi zi a azimelor. Ciracii întreabă:

— Unde vrei să mergem să-ți pregătim ospățu' de Paști?

Fiul Omului e mai sărac ca vulpile și n-are casă. Pe cea din Nazaret a părăsit-o pentru totdeauna; departe e cea a lui Simon din Capernaum, care, la început, era ca și a sa; prea afară din târg cea a Martei și Mariei, în Betania, în care era ca la el acasă.

În Ierusalim n-are decât dușmani, ori prieteni rușinoși: Iosif din Arimateea îl va primi ca oaspete numai a doua zi seara, în peștera cea oarbă, în care obișnuiau să se ospăteze viermii.

Dar osânditul, în cea de pe urmă zi, are drept la hatârul pe care-l cere. Toate casele din Ierusalim sunt ale sale. Tatăl i-o va da pe aceea care-i mai potrivită ca toate să ascundă cea din urmă desfătare a celui prigonit. Și trimite doi ucenici cu această poruncă tainică:

— Mergeți în târg și vă va ieși în cale un om cu un urcior de apă. Luați-vă după el și acolo unde va intra spuneți stăpânului casei: învățătorul nostru îți trimite astă vorbă: Vremea mea s-a apropiat. Unde-i încăperea în care-am să mănânc paștele cu ucenicii mei? Şi el vă va arăta deasupra o încăpere mare, dereticată gata: acolo să ne pregătiți ospățu'.

S-a crezut că acel gospodar era un bun prieten al lui Isus, cu care se înțelesese mai dinainte. E o greșeală: Isus i-ar fi trimis pe cei doi de-a dreptul la el, spunându-le cum îl cheamă și n-ar mai fi avut nevoie să se ia pe urmele celui cu ulciorul.

Mulți erau oamenii, în acea dimineață de sărbătoare, care aveau să urce de la izvoarele din Siloe cu urcioarele pline de apă. Ucenicii nu au a alege: cel dintâi care le va ieși în cale. Nu-l cunosc; căci altfel l-ar opri, în loc să se ia după el ca să vadă unde intră. Stăpânul său, de vreme ce are slugă, nu poate fi dintre cei mai săraci; iar în casa lui, ca în orice casă de gospodar chiabur, se va găsi neîndoios o încăpere potrivită pentru ospăț. Fie și numai din auzite, aceia trebuie să știe cine-i învățătorul: în acele zile, în tot Ierusalimul nu se vorbește decât despre dânsul. Vorba pe care i-a trimis-o nu i-o poate întoarce, „învățătorul nostru îți trimite astă vorbă: Vremea mea s-a apropiat". Vremea care-i de-acum „a sa", e vremea morții. Pe cine l-ar lăsa inima să-l gonească de la casa lui pe un sărman cu sufletul la gură, care vrea să-și potolească foamea pentru cea din urmă oară?

Merseră ciracii, dădură peste cel cu urciorul, intrară în casă, vorbiră cu stăpânul și, acolo, pregătiră toate cele trebuitoare pentru ospăț: mielul la frigare, pâinile rotunde fără dospitură, buruienile amare, zeama roșie, vinul mulțumirii, apa caldă. În odaie așezară paturile și pernele jur împrejurul mesei; iar pe masă întinseră fața nouă și albă; iar pe fața de masă puseră cele câteva străchini, sfeșnicele, oala plină cu vin și cana, o singură cană, în care aveau să-și înmoaie toți buzele. Nu uitară de nimic: cei doi ucenici erau pricepuți la astfel de treburi. De mici copii, în casa mamei lor de pe malul bălții, priviseră cu ochii mari la pregătirile pentru cea mai gospodărească dintre sărbătorile de peste an. Nu era cea dintâia oară când prăznuiau împreună Paștele, de când se strânseseră în jurul celui pe care-l îndrăgiseră. Dar în astă zi, cea de pe urmă – poate că şi cruntul adevăr le străpunsese în sfârșit mințile lor cele tâmpe pentru acest ospăț, cea din urmă cină din care aveau să se înfrupte toți treisprezece pe-un loc, vii toți și treisprezece; pentru acest paști, cel din urmă pentru Isus și cel din urmă după rostul vechiului iudaism – căci o nouă învoială începea pentru oamenii tuturor țărilor, dar pentru acest ospăț de sărbătoare, care-i o amintire de viață și o prevestire de moarte, ucenicii pregătiră totul cu o duioșie nouă, cu acea voioșie domoală și gânditoare ce înduioșează până la lacrimi.

După scăpătatul soarelui se arătară și ceilalți zece cu Isus și se așezară în jurul mesei puse. Nu scoteau nicio vorbă, apăsați parcă de presimțiri pe care le era frică să le-ntâlnească în ochii tovarășilor. Își aduceau aminte de ospățul ca de mort din casa lui Simon, de mirosul de levănțică, de femeia aceea și de necurmatu-i plâns în tăcere, de vorbele lui Isus din acea seară, de spusele lui din acele zile, de repetatele prevestiri ale nelegiuirii și ale sfârșitului, de semnele urii ce sporea în jurul lor și de semnele acum vădite ale omorului pus la cale, ce stătea gata să iasă din negură cu torțele aprinse.

Doi dintre ei – pricina nu era aceeași – erau mai copleșiți, mai zdrobiți ca toți: cei doi care nu mai aveau să vadă cu ochii înserarea de mâine. Cei ce trebuiau să moară – Cristos și Iuda – vândutul și vânzătorul, Fiul lui Dumnezeu și lepădătura Satanei.

Iuda rostuise tocmeala negustorește; cei treizeci de dinari îi avea la el, înnodați ca să nu sune: de luat, nu i-ar mai fi putut lua înapoi. Dar nu era liniștit. Dușmanul i se cuibărise în suflet, sau poate că murise de tot în el prietenul lui Cristos. Îl vedea acolo, între ai săi, senin, dar cu fața întristată a celui ce singur cunoaște o taină, știe de-o nelegiuire, a aflat de-o trădare; îl vedea încă slobod, alături de cei cărora le era drag, încă în viață, cu tot sângele în vine, sub pojghița plăpândă a pielii... Şi cumpărătorii nu mai voiau să aștepte; se învoiseră să le aducă marfa chiar în nopatea aceea – și nu-l mai adăstau decât pe el. Dar dacă Isus, care trebuia să știe, l-o fi pârât celor unsprezece? Și dacă aceia, ca să-l scape pe învățătorul lor, i-ar fi sărit în spate să-l lege, poate chiar să-l și omoare? Prindea a simți că a-l azvârli pe Cristos în ghearele morții nu era de-ajuns ca să scape el însuși de moartea cea atât de temută și totuși atât de apropiată.

Toate aceste chibzuiri întunecau mereu mai mult încruntata-i mutră și, din când în când, îl puneau ca pe foc. În vreme ce ucenicii mai săritori ispråveau de dat la masă cu sârguință, el căuta pe furiș în ochii lui Isus – ochi limpezi, abia-abia împânziți de drăgăstoasa întristare a despărțirii –, voind parcă să citească în ei nădejdea că ursita nu avea să se mai împlinească.

Isus curmă tăcerea.

— Am dorit din toată inima să mănânc cu voi Paștele acesta; că, ascultați-mă, nu-l voi mai mânca de-acuma, până nu se va săvârși în Împărăția lui Dumnezeu.

Atâta dragoste stăpânită nu se mai mărturisise până atunci în niciunul dintre cuvintele lui Cristos către prieteni, ca într-acestea! Atâta nostalgie pentru ziua contopirii desăvârșite, pentru sărbătoarea atât de îndătinată de veacuri și hărăzită totuși unei mai slăvite reîmprospătări. Că-i sunt dragi, știau prea bine; dar cât de tare, până-n seara aceasta, sărmane inimi frământate, nu au putut să știe niciodată atât de adânc. Astă Cină, știe, e popasul din urmă, de-o tihnită duioșie, înaintea morții; și totuși, a dorit-o „din toată inima", cu acea ardoare cu care se doresc lucrurile cele mai râvnite, mai îndelung dorite, cu acea înfrigurare pe care-o cunosc pătimașii, înflăcărații, îndrăgostiții, cei ce luptă pentru lumina unei izbânzi, cei care pătimesc pentru înălțimea unei răsplate. A dorit din toată inima să mănânce cu ei la acest Paști. Mai mâncase și altele; mâncaseră împreună de mii de ori, pe scândura bărcii, prin casele prietenilor, ale străinilor, ale avuților, pe șanțurile drumurilor, prin poienele munților, în umbra râpelor și a crengilor. Și totuși, de-atâta vreme dorea din toată inima să mănânce cu ei în seara aceasta, să se ospăteze pentru cea din urmă oară!

De văzduhul Galileei ferice; de vânturile molcome de astă-primăvară; de soarele ce lumina anul trecut la Paști; de crengile văzute alaltăieri, cine știe dacă-și mai aduce aminte, cine știe dacă au fost ori nu! Acum nu-i vede decât pe cei dintâi prieteni, pe cei din urmă, pe care trădarea-i va potopi, pe care spaima-i va risipi, dar pe care-i simte încă în jurul său, în aceeași încăpere, la aceeași masă, înfrățiți în aceeași durere și, totodată, în lumina unei nădejdi mai presus de dânșii.

A pătimit, până-n astă zi, dar nu pentru sine: pentru dorința aprigă de-a trăi aceste ceasuri înnoptate, în care prinde să se simtă adierea bunului-rămas fără întoarcere. Iar în acea spovedanie de iubire, chipul lui Cristos, pe care încep să se simtă palmele, se luminează de acea tristețe ce seamănă ciudat cu voioșia.

SPĂLAREA PICIOARELOR

Cu o clipă mai înainte să fie smuls dintre cei dragi, vrea să le dea o supremă dovadă de dragostea lui. Totdeauna i-au fost dragi de când trăiesc cu el, toți, chiar și Iuda; clipă de clipă i-a îndrăgit cu o dragoste ce întrece orice dragoste, cu o dragoste atât de îndestulată că, uneori, aceia nu se dovediseră în stare s-o cuprindă în inimile lor mici, atâta era dragostea de mare. Dar acum, că-i gata să-i părăsească și nu-i va mai vedea decât transhumat prin moarte, întreaga-i dragoste, nemărturisită până atunci prin vorbe, se topește într-o revărsare de întristată duioșie.

În timpul acestei cine, la care ține locul capului de familie, vrea să fie cu prietenii săi mai bun ca un părinte, mai smerit ca un sclav. Rege este și se va coborî până la treaba pe care-o fac sclavii; învățător este și se va coborî mai prejos de ucenici; Fiul lui Dumnezeu este și va primi partea celor mai nemernici dintre oameni; cel dintâi este și va îngenunchea în fața celor mai de jos de parc-ar fi cel de pe urmă. De-atâtea ori spusu-le-a celor mândri și pizmuitori că stăpânul se cade să-și slujească slugile, că Fiul Omului a venit să slujească și că cei dintâi trebuie să fie ca și cei de pe urmă. Vorbele-i nu s-au închegat încă în acele suflete, căci până-n acea zi s-au certat între ei asupra întâietății și a măririlor.

Fapta, când ai de-a face cu niscai suflete necioplite, e mai tare decât vorba. Isus se pregătește să mai rostească o dată, sub vălul simbolic al umilinței, una dintre cele mai temeinice învățături ale sale. „Se sculă de la masă – povestește Ioan –, își dezbrăcă haina și, luând un ștergar, se încinse cu el. Apoi turnă apă în lighean și se apucă să le spele picioarele ucenicilor și să le usuce cu ștergarul de la brâu."

Doar o mamă ori un sclav ar fi putut face ce-a făcut în seara aceea Isus. Mama numai copilașilor săi, nu altcuiva; sclavul stăpânilor săi, nu altcuiva. Mama, mulțumită, din dragoste; sclavul, închizând ochii, din supunere. Dar cei doisprezece nu sunt nici copiii, nici stăpânii lui Isus. Fiu al Omului și al lui Dumnezeu, contopește în el o îndoită filiaţie ce-l înalță mai presus de toate mamele de pe pământ; împărat al unei împărății viitoare, dar mai legitimă ca toate monarhiile, e stăpânul nerecunoscut încă de toți stăpânii.

Și totuși, spală și usucă bucuros acele douăzeci și patru de picioare bătătorite și nespălate de mult, numai și numai ca să sape în acele inimi încăpățânate, umflate încă de trufie, adevărul rostit de gura sa zadarnic, atâta amar de vreme: Cel care se înalță se va pleca, cel care se pleacă înălțat va fi.

„Iar după ce le spălă lor picioarele și-și puse iarăși haina pe el, se așeză din nou la masă și le spuse: Pricepeți ce v-am făcut? Voi îmi ziceți domn și învățător: atunci, dacă eu, cel care sunt domn și învățător, spălatu-v-am picioarele și voi sunteți ținuți să vă spălați picioarele unu' altuia. Că eu datu-v-am pildă, pentru ca și voi să faceți cum v-am făcut vouă. Adevăr, adevăr grăiescu-vă că sluga nu-i mai presus de stăpân, nici trimisul mai presus de cel de l-a mânat. Iar de vreme ce ați aflat toate acestea, ferice de voi de vă veți purta într-acest chip."

Căci Isus nu le-a adus doar aminte de îndatorirea prietenoasei smerenii, ci le-a dat pilda desăvârșitei iubiri. „Asta-mi e porunca: să vă iubiți între voi precum v-am iubit eu. Nicio dragoste nu-i mai mare ca dragostea celui ce-și dă viața pentru prieteni; ci voi prieteni îmi sunteți de veți face așa precum v-am poruncit."

Dar în acel fapt atât de adânc în aparenta-i slugărnicie, era și un sentiment de purificare, nu numai de iubire. „Cel care s-a-mbăiat – spune Isus – nu-i ținut să-și spele decât picioarele; trupu-i e pe de-a-ntregu' curat; ci și voi sunteți curați, da' nu toți."

Cei unsprezece, în ciuda surdei firi, aveau oarecare drepturi la binefacerea spălării. Săptămâni și luni, acele picioare bătuseră prăfuitele, mocirloasele, scârnavele drumuri ale Iudeei, ca să-l urmeze pe Cel dătător de viață.

Iar după moartea lui vor avea să umble, ani după ani, pe căi mai lungi, mai necunoscute, prin țări pe care astăzi nici măcar nu știu cum să le numească. Noroiul înstrăinării va murdări, prin nojițele încălțărilor, picioarele celor purceși, pelerini și venetici, să treacă din gură în gură chemarea Răstignitului.

LUAȚI, MÂNCAȚI

Cei treisprezece inși par strânși ca să prăznuiască străvechea datină a ospățului pascal, aducătoare aminte de scăparea neamului lor din sclavia egipteană. Văzându-i, par treisprezece țărani evlavioși care adastă în fața mesei albe mirosind a miel și vin, semnul unui praznic gospodăresc, într-o zi de sărbătoare.

Dar e părere. De fapt, cina e priveghiul de rămas-bun și despărțire. Doi dintre cei treisprezece – cel care-l simte-n el pe Dumnezeu și cel care-l simte pe Satana – vor muri până ce nu se va lăsa noaptea a doua oară, de-o moarte cumplită. Ceilalți se vor risipi, mâine, ca secerătorii la cea dintâi revărsare a grindinei.

Dar cina aceea, grijanie a unui sfârșit, e și un minunat început. Prăznuirea Paștelui iudaic e gata să se prefacă, în mijlocul celor treisprezece iudei, în ceva mai presus de orice, în ceva ce nu se poate rosti prin vorbe: în marea Taină Creștină.

Paștele pentru evrei nu-i decât prăznuirea îndătinată a fugii lor din Egipt. Acea izbăvitoare descătușare din josnicia sclaviei, însoțită de-atâtea minuni, călăuzită de vădita proteguire a lui Dumnezeu, n-a mai fost uitată de-acel neam care, totuși, trebuia să simtă pe grumazu-i jugul altor captivități și să se plece în ocara altor deportări. Drept veșnică aducere aminte a prăbușitorului Exod a fost orânduită o prăznuire din an în an, care-a luat numele Trecerii: Pesach, Paște. Era un fel de ospăț menit să amintească mâncarea pe apucate a fugarilor. Un miel ori un ied fript în jăratic, adică în chipul cel mai firesc și mai pripit; pâinea fără dospitură, deoarece nu era vreme să crească aluatul. Și vor mânca cu brâul la șold, cu ghetele-n picioare, cu toiagele în mână, pe zor, ca niscai drumeți gata de plecare. Buruienile amare sunt buruienile uscate, culese din mers de fugari ca să înșele foamea nesfârșitei rătăciri. Zeama roșcată în care se-ntinge pâinea aduce aminte de cărămizile pe care robii iudei trebuiau să le coacă pentru faraon. Vinul e ceva mai mult: bucuria scăpării, făgăduiala viilor nădăjduite, beția mulțumirii către cel veșnic.

Isus nu strică orânduiala străvechii prăznuiri. După închinare trece din mână în mână cana cu vin, invocând numele lui Dumnezeu. Apoi le împarte tuturor buruienile amare și mai umple o dată potirul care, un gât de fiecare, dă ocol mesei.

Ce gust va avea vinul acela în gura trădătorului, când Isus, în apăsătoarea tăcere, rostește cuvintele pline de nostalgie și nădejde ce nu-s pentru Iuda, ci doar pentru cei care se vor putea înălța la veșnicul ospăț al Raiului?

— Luați și beți, că spun vouă: de-acuma nu voi mai bea din acest must al viei, până-n ziua în care-l voi bea din nou cu voi, în Împărăția lui Dumnezeu.

Un jalnic rămas-bun; dar, totodată, reîntărirea unei solemne făgăduieli. Poate că o auziră doar pe aceasta din urmă și se lumină, în ochii lor de calici, nesfârșitul ospăț din ceruri. Nu credeau să mai fi fost prea multă vreme de jinduit: după acest de-al doilea cules de struguri, după ce mustul a fiert și se prelinge-n butie vinul dulce. Învățătorul se va întoarce, precum a făgăduit, să ne poftească la nunta pământului cu cerul, la ospățul cel veșnic. Suntem oameni în vârstă, mâine-poimâine moșnegi: dacă mirele va zăbovi, nu ne va mai găsi printre cei vii, iar făgăduiala lui ar fi batjocură pentru cei ce-au crezut-o.

Împăcați de nădejdea neîndoielnică a apropiatei și cu atât mai glorioasei reîntâlniri, cântă-n cor, după datină, psalmii celei dintâi mulțumiri. E un cântec de laudă pentru Tatăl celui ce-i slugărește.

„Cutremură-te, o, pământule, în fața Domnului, în fața Dumnezeului lui Iacob, care preface râpa în baltă, stânca tare în izvor... El îl înalță pe nenorocit din pulbere, scoate calicul din murdărie, ca să-l așeze printre fețele luminate, printre mărimile norodului său".

Cu câtă voioasă încredere răspică ei aceste cuvinte strămoșești, care în clipa aceea capătă un tâlc nou! Oare și ei sunt nenorociți și vor fi scoși din pulberea sărăciei, cu ajutorul pogorâtului Fiu al lui Dumnezeu; oare și ei sunt calici, iar acela-i va scoate în curând din mocirla caliceniei, ca să-i facă stăpâni pe-o bogăție fără moarte.

Atunci Isus, care vede poticnirea cunoașterii lor, ia pâinile de pe masă, le binecuvântează, le frânge și, întinzându-le la fiecare câte-o bucată, pune iarăși în văzul lor adevărul:

— Luați, mâncați: acesta mi-e trupul pe care vi-l dau vouă: mâncați-l întru pomenirea mea.

Dacă-i așa, nu se va întoarce atât de repede pe cât cred. După scurtele zile ale întoarcerii în Înviere, cea de-a doua venire a sa va mai zăbovi atât cât s-ar putea să uite de el și de moartea lui.

„Mâncați-l întru pomenirea mea". Frângerea pâinii, la masa obștească, între cei ce-l așteaptă, va fi semnul noii înfrățiri. Ori de câte ori veți frânge pâinea nu numai că voi fi de față, între voi, ci prin mijlocirea ei vă veți lega și mai strâns cu mine. Că precum astă pâine e frântă de mâinile mele, trupu-mi va fi frânt de dușmani; și precum astă pâine pe care-o mâncați în seara aceasta fi-va hrana voastră până mâine, trupu-mi, pe care-l voi dărui prin moarte tuturor oamenilor, va potoli foamea celor care cred în mine, până în ziua în care se vor deschide nesfârșitele hambare ale împărăției și fi-veți aidoma îngerilor în văzul Tatălui regăsit. Nu vă las deci numai o amintire: voi fi de față, printr-o înfățișare mistică, dar reală, în orice fărâmă de pâine pe care mi-o veți închina; iar această pâine fi-va hrană trebuitoare sufletelor; ci în chipul acesta împlinise-va făgăduiala mea de-a sta cu voi, până la scurgerea vremilor.

Astă-seară, deocamdată, mâncați aceste pâini nedospite, aceste pâini frământate de mâna omului, plămădite din apă și din grâu, aceste pâini ce-au simțit dogoarea cuptorului și pe care mâinile mele, neînțepenite încă, le-au împărțit; pe care dragostea din mine le-a preschimbat în trupul meu, spre a fi hrana voastră în vecii veacurilor.

La drept vorbind, plăcut lucru să mănânci pâine din cea bună, în rând cu prietenii: miezul alb al pâinii de făină, acoperit de coaja rumenită și ronțăitoare. În atâtea rânduri ați milogit-o cu mine pe la casele săracilor și va s-o cerșiți în numele meu toată viața. Vă vor pica bucățile mucegăite, pe care câinii le leapădă; răzăturile uscate, rămase pe fundul coveții; cojile pe care copiii și moșnegii, după ce le-au mozolit, le-au uitat pe prichiciul vetrei. Căci voi știți ce-i nevoia, serile fără mâncare, fața sfrijită a sărăciei. Sunteți sănătoși, aveți fălcile tari ale mestecătorilor de pâine uscată. Nu vă veți pierde cumpătul, de nu vă vor face loc la mesele celor mulțumiți.

Dar, la drept vorbind, e lucru nespus mai plăcut inimii celui care vă iubește să prefacă pâinea ieșită din țărâna cea tare și din munca cea anevoioasă, în trupul ce va fi dăruit în vecii veacului pentru voi, în trupul ce se va pogorî zi după zi din cer, drept vădit mijlocitor al harului.

Nu uitați rugăciunea pe care v-am învățat s-o rostiți: Dă-ne nouă astăzi pâinea noastră cea de toate zilele. Adevărata voastră pâine de astăzi și de totdeauna e această pâine, trupul meu. Oricine-mi va mânca trupul care în fiece dimineață, timp de veacuri nesfârșite, se va preface în puzderie de bucățele de pâine transubstanţiată, nu va pătimi niciodată de foame. Oricine-o va da la o parte, nu se va sătura în vecii veacului.

Numai ce isprăviră de mâncat mielul cu pâinea și cu buruienile amare, Isus umplu a treia oară cana și i-o întinse celui mai apropiat:

— Beți toți din ea, că acesta-i sângele meu, sângele legământului, care se varsă întru fericirea multora.

Sângele lui n-a picurat încă pe pământ, amestecat cu sudoare, pe sub măslini; nu s-a prelins încă din piroane, pe tăpșanul Golgotei. Ci dorința-i de-a da viață cu viața sa, de-a răscumpăra cu pătimirea sa întreaga durere a lumii, de-a le trece măcar o parte din dumnezeirea sa urmașilor celor mai apropiați; această dorință de-a se da pe de-a-ntregul celor ce-i sunt dragi e atât de aprigă, încât socotește jertfirea sfârșită chiar din astă clipă, dăruirea cu putință. Dacă pâinea e trup, sângele, într-un fel, e suflet. „Nu mâncați carnea cu sufletul din ea, care-i e sângele", îi spusese Domnul lui Noe. Cu sângele, care înfățișează în chip vădit viața, Dumnezeul lui Avram și al lui Iacov pecetluise învoiala cu neamul său. După ce Moise primi Legea, puse să se taie doi juncani și jumătate din sânge îl strânse în talere, iar cu cealaltă jumătate stropi altarul. „Atunci Moise luă sângele acela și cu el aghezmui norodul și zise: Iată sângele legământului, pe care l-a făcut Domnul cu voi, asupra tuturor acelor cuvinte."

Dar după o încercare de veacuri, Dumnezeu dăduse de știre prin glasul proorocilor, că Străvechiul Legământ era dezlegat și că era nevoie de altul nou. Sângele de vită, împroșcat peste capetele cele căpățânoase și pe chipurile afurisite, își pierduse tăria. Un altfel de sânge, de-o substanță mai aleasă și mai scumpă, era cerut pentru noul legământ – pentru cel din urmă legământ al Tatălui cu sperjura-i prăsilă. În fel și chip încercase să-i mâne pe cei mai mari către poarta îngustă a mântuirii. Ploaia de foc asupra Sodomei, spălarea în apa Potopului, sclavia din Egipt, foamea din pustiu, îi înspăimântase fără a-i schimba.

Acum s-a arătat un mântuitor mai îndumnezeit și totodată mai omenesc decât bătrânul căpitan al Exodului. Și Moise mântuie un popor, vorbește pe munte, dă de veste un pământ al făgăduinței. Dar Isus nu-și mântuie doar poporul său, ci toate popoarele; nici nu-și scrie legea în piatră, ci în inimi; iar pământul făgăduinței sale nu-i o țară cu pășunea grasă și cu viile frânte de ciorchine, ci o împărăție de sfințenie și de veșnică desfătare. Moise a omorât un om, iar Isus învie morții; Moise schimbă apa în sânge, iar Isus, după ce-a prefăcut apa în vin la ospățul nunții, schimbă vinul în sânge, în sângele său, la jalnicul ospăț de noapte al logodirii sale cu moartea; Moise moare sătul de ani și de slavă pe culmea singuratică, slăvit de neamul lui; Iar Isus va muri tânăr, împresurat de ocările celor ce-i sunt dragi.

Sângele juncanilor, sânge necurat de vite tinoase, de jertfe nevolnice și pământene, nu mai are trecere. Noul Legământ e pecetluit în seara aceasta cu vorbele celui ce-și dă, în chip de vin, sângele și sufletul din el.

— Acesta-i sângele meu, sângele legământului, care pentru voi se varsă.

Nu doar pentru cei doisprezece de-acolo: – în ochii lui, aceștia înfățișează întreaga omenire de pe vremea lor, precum și aceea ce se va mai naște. Sângele pe care-l va risipi mâine pe Măgura Țestei e sânge adevărat, sânge curat și încropit, sânge ce se va închega pe cruce în pete pe care toate lacrimile creștinești nu le vor șterge vreodată. Dar acel sânge-i chipul unui suflet ce s-a dăruit și s-a părăsit întreg, ca să facă sufletele ferecate în trupurile oamenilor la fel cu dânsul; care li s-a dat celor ce l-au cerut, ca și celor ce s-au ferit de el, care-a pătimit pentru cei care l-au cinstit ca și pentru cei care l-au blestemat. Acest botez de sânge care vine după botezul apei lui Ioan, după botezul lacrimilor femeii din Betania, după botezul de scuipat al iudeilor și romanilor, acest botez de sânge ce seamănă prin roșeața sa cu cel de foc prezis de Proorocul Focului și se va amesteca în lacrimile pe care le vor plânge femeile pe trupul mort și însângerat, e cea mai sfântă cuminecătură pe care cel trădat le-o întinde trădătorilor.

Frântu-v-am pâinea – pâinea pe care-o cereți în toată ziua de la Tatăl vostru precum frânge-mi-se-va mie trupul mâine: şi acum vă dau sângele, în acest vin pe care-l beau pentru cea din urmă oară pe pământ. De veți face mereu aceasta întru pomenirea mea, nu veți mai simți niciodată colții foamei și ai setei. Dintre merinde, nespus de gustoasă-i pâinea de grâu și dintre băuturi vinul de struguri; şi pâinea și vinul pe care vi le-am dat astă-seară, vă vor potoli foamea și setea câte zile veți avea, prin puterea jertfei mele și a acelei iubiri ce mă îndeamnă să caut moartea dăinuitoare dincolo de mormânt.

Ulisse-l sfătuia pe Ahile să le dea aheilor înainte de bătălie „pâine și vin, căci în ele stă puterea și vitejia". Pentru grec tăria trupului sta în pâine, iar vitejia ucigașă în vin. Vinul va să-i îmbete pe oameni, ca să se nimicească între ei; iar pâinea va să le voinicească mădularele, ca să poată nimici fără să ostenească. Pâinea pe care-o împarte Cristos nu întărește carnea, ci sufletul: iar vinul său strecoară acea dumnezeiască îmbătare care-i iubirea, acea iubire căreia apostolul îi va zice, spre marea uimire și cârtire a urmașilor lui Ulisse, nebunia crucii.

Și Iuda a mușcat din acea pâine, a înghițit acel vin – s-a înfruptat din trupul pe care l-a precupețit, a băut sângele care-l va ajuta să se scurgă; ci nu s-a îndurat să-și mărturisească păcătoșenia, să se arunce plângând la picioarele celui ce-avea să plângă cu el. Atunci singurul prieten care i-a mai rămas lui Iuda îi dă de știre:

— Adevăr grăiescu-vă că unul dintre voi mă va trăda.

Cei unsprezece care se vor îndura să-l lase singur între zbirii lui Caiafa, dar nici prin gând nu le-ar fi trecut vreodată să-l vândă pe bani, se cutremurară. Și fiecare dintre ei caută în ochii vecinului cu îngrijorare sporită, înspăimântați parcă să nu descopere pe chipul cutăruia vinețeala învinuirii. Toți, unul după altul, întreabă:

— Eu sunt acela? Au eu sunt?

Chiar și Iuda, ascunzându-și sub masca mirării jignite uluirea ce nu mai cunoaște margini, izbutește să îngăimeze:

— Au eu sunt, Învățătorule?

Dar Isus care mâine nu se va apăra, nu vrea nici să învinovățească; și se mulțumește să mai rostească o dată, cu vorbe și mai răspicate, jalnica prezicere:

— Cel ce pus-a cu mine mâna în blid, acela mă va trăda.

Iar de vreme ce toți se uitau mereu țintă la el, cruciți de chinuitoarea îndoială, stărui pentru a treia oară:

— Mâna celui care mă trădează, e aici, pe masă.

Mai mult nu spuse. Și umplând cana a patra oară, ca să se țină la urmă de datina strămoșească, le-o întinse să bea cu toții. Și iarăși cele treisprezece glasuri se ridică să cânte imnul, Marele Hallel, care încheia liturghia Paștelui. Isus rostea alături de-ai săi strașnicele cuvinte ale psalmiștilor, profetică prohodire înaintea morții:

„Veșnicia e de mine; frică nu-mi e; ce-mi pot face oamenii?... Mă împresuraseră ca albinele; stinsu-s-au ca focu' de scaieți... Nu voi muri, nu, ci voi trăi... Cel Veșnic pedepsitu-m-a cu asprime, da' nu m-a dat pe mâna morții. Deschideți-mi porțile dreptății, să pot intra să-l proslăvesc pe Cel Veșnic!... Piatra aruncată de ziditori schimbatu-s-a în piatră de temelie... Legați cu funii jertfa praznicului și duceți-o lângă altar..."

Victima era gata și un altar nou, de brad și de fier, aveau să-l vadă a doua zi locuitorii Ierusalimului. Dar ucenicii, uluiți și biruiți de somn, nu pricepură poate prezicerile funeste, precum nici pe cele slăvite, din străvechile cântări.

Isprăvind imnul, ieșiră degrabă din casa aceea. Iuda, numai ce se văzu afară, pieri în bezna nopții. Cei unsprezece rămași, fără să scoată un cuvânt, se luară după Isus care, ca în toate serile, o pornise către Muntele Măslinilor.

ABBA, TATĂ

Acolo, în deal, era o livadă și un Teasc, de la care-și trăgea numele: Getsemani. În acel loc poposea în toate nopțile Isus cu ai săi, fie pentru că duhorile și zgomotele marii cetăți îi scoteau din sărite pe ei cei deprinși cu vântul slobod și domol al câmpului, fie pentru că le va fi fost teamă să nu fie prinși prin trădare, în casele dușmanilor.

Numai ce ajunseră, Isus le spuse ucenicilor:

— Stați aici, că eu mă duc mai încolo să mă-nchin.

Dar era atât de îndurerat și de neliniștit, că nu-i veni să stea singur. Îi chemă pe cei trei mai dragi dintre toți: Simon Piatră, Iacob și Ioan. Iar când se răzlețiră de ceilalți, „prinse a da semne de întristare și de tulburare".

— Sufletu' mi-e trist până la moarte; stați aici și vegheați cu mine.

De i-au răspuns, ce i-or fi răspuns, nu se știe. Dar nu-l vor fi mângâiat cu vorbe izvorâte din inimă, când suferi de suferința celui drag; căci se depărtă și de dânșii, se trase la o parte, singur, să se roage.

Îndoi genunchii pe pământ, își aruncă fața în țărână și se rugă așa:

— Abba, tată, orice-ți este cu putință. Tată, de se poate, ceasu' acesta piară pentru mine.

Acum e singur, singur în noapte, singur între oameni, singur în fața lui Dumnezeu, și poate să-și arate slăbiciunea fără să roșească. La urma urmelor e și om, om din carne și sânge, om care răsuflă și umblă, om care știe că nimicirea i se apropie, că i se va strica unealta trupului, carnea-i va fi străpunsă, sângele-i se va prelinge pe pământ.

E cea de-a doua ispită. După spusa Evanghelistului, îndată ce Satana se văzu bătut în pustiu, „îl lasă-n pace un răstimp". L-a lăsat în pace până în clipa de față. Acum, în acest nou pustiu, în aste neguri în care Isus se vede singur, înspăimântător de singur, mai singur decât în Pustiu unde-i veneau într-ajutor fiarele – iar acum, în schimb, fiarele cele învățate și bogate se apropie, dar ca să-l sfâșie – în acest pustiu jalnic și îngropat în noapte, Satana vine să-și iscodească iarăși dușmanul. În celălalt rând îi făgăduise măreția împărățiilor, izbânzile, minunile: voia să-l momească cu iasca puterii. Acum o ia altfel: trage nădejde de la slăbiciunea lui. Cristosul începător, botezatul nădăjduitor, aprins de încrezătoare iubire, nu se înduplecă. Ci Cristosul care-i gata să se sfârșească, părăsit de cei mai dragi, trădat de ucenic, căutat de dușmani, va cădea răpus de frică, de vreme ce lăcomia nu l-a putut răpune.

Dar știe că avea să moară, știe că e nevoie să moară, c-a venit ca să moară, ca să dea cu moartea lui viață, ca să întărească prin moarte adevărul celei mai mari vieți din câte s-au proorocit cândva; n-a făcut nimic ca să nu moară, a primit de bunăvoie să moară pentru ai săi, pentru toți oamenii, pentru cei ce nu știu de dânsul, pentru cei ce-l urăsc, pentru cei ce nu s-au născut încă; le-a prezis prietenilor că va muri, le-a și dat cuminicătura morții sale, pâinea trupului, sângele sufletului; şi nu-i îndrituit a cere Tatălui să-i ia de la gură cupa morții, să-i zăbovească sfârșitul. Scrisu-și-a verbele-n praful răspântiei și le-a șters pe dată; le-a scris în inima câtorva, dar știe cât sunt de pieritoare slovele săpate în inima oamenilor. Dacă adevăru-i trebuie să rămână în veci pe pământ și astfel ca nimeni să-l poată uita vreodată, avea să-l scrie cu sânge; cu atât mai mult cu cât adevărurile sunt rupte din sânge și doar cu sângele venelor noastre se pot scrie adevărurile pe paginile pământului, pentru ca pașii oamenilor și ploile veacurilor să nu le spele fața. Crucea e încheierea riguroasă și necesară a cuvântării de pe munte.

Cel ce-aduce iubire e în voia urii și nu poți răpune ura decât primind osânda. Căci totul trebuie plătit: binele mai mult decât răul; și cel mai mare bine, care-i iubirea, cu cel mai mare rău pus la îndemâna oamenilor: uciderea.

Dar tot ceea ce știm prin credință și revelație despre dumnezeirea lui se răzvrătește cu semeție împotriva gândului că s-ar fi putut ca Isus să cadă pradă ispitei. Dacă mai dinainte știutul sfârșit al trupului său l-ar fi îngrozit într-adevăr, n-avea oare tot timpul să scape? De mai multe zile știa că aceia căutau să-l prindă, și nu-i lipsea împrejurarea, mai ales noaptea, să scape de câinii ce se țineau gata să-l înșface. Ar fi fost de-ajuns s-o apuce, singur sau cu cei mai de credință, pe calea ce duce către Iordan, să se stingherească pe cărări mai neumblate, de-a lungul Pereei, înspre Tetrarhia lui Filip, unde se mai ascunsese nu de mult, ca să scape de mânia lui Antipa. Straja iudaică era atât de puțină și de înapoiată, că foarte greu l-ar mai fi ajuns din urmă. Devreme ce stă locului, înseamnă că nu înlătură moartea și grozăviile ce-o vor întovărăși. Moartea sa, privită cu ochii necioplitei logici umane, e o sinucidere – dumnezeiască sinucidere, săvârșită de-o mână străină, asemenea sinuciderii eroilor antici, care se foloseau de spada unui prieten ori a unui sclav. De-acum își spusese adevărul pe care-l avea de spus și nu mai era nevoie decât să-l alăture, pentru ca oamenii să nu-l mai uite în vecii veacurilor, de grozăvia unei morți cu neputință de dat uitării. Iar acel sânge, la fel băuturii ce dă puteri, avea să-i trezească odată pentru totdeauna și pe ucenici.

Dar dacă potirul funest pe care Isus ar vrea să-l îndepărteze de la sine nu-i frica de moarte, ce poate fi altceva? Trădarea ucenicului, căruia-i potoli chiar în acea seară foamea cu trupul său și-i potoli setea cu sufletul său? Ori apropiata lepădare a celuilalt ucenic în care, după strigătul din Cezarea, își pusese cele mai mari nădejdi? Ori părăsirea tuturor celorlalți care vor rupe-o la fugă ca niște miei înfricoșați, de îndată ce văd oaia găbjită de lup? Ori durerea în fața lepădării celei mari, a lepădării întregului său neam, a neamului din mijlocul căruia a răsărit și care acuma îl batjocorește ca pe un copil al unei batjocuri, nici nu știe că sângele celui venit să-l mântuiască nu va mai fi niciodată șters de pe fruntea lui?

Ori poate c-a întrezărit, prin cea din urmă înnegurare a acelui priveghi, soarta de care aveau să aibă parte fiii săi cei mai depărtați în timp, rătăcirea celor dintâi sfinți, vrăjmășiile ce-i vor împărți, dezertările, chinurile, măcelurile și, abia sosit ceasul triumfului, slăbiciunea acelora care, ei ar fi chemați să călăuzească mulțimile, schismele pustiitoare, fărâmițarea bisericilor, deșertăciunea trufiei eretice, lățirea sectelor, învălmășirea proorocilor mincinoși, neobrăzarea reformatorilor răzvrătitori, năzdrăvăniile primejdioase ale ziditorilor de abise, simoniile și nemerniciile celor care se leapădă de el prin faptele lor și-l ridică în slavă prin gesturi și vorbe, năpăstuirea creștinilor de către creștini, părăsirea de către cei nezeloși și trufași, domnia unor noi farisei și scribi, care-i vor poci și-i vor trăda învățătura, nepriceperea spuselor sale când vor cădea pe mâna pedanților, a subtilizatorilor, a vizionarilor, a numărătorilor de silabe, drămuitori ai imponderabilului, clasificatori ai inseparabilului, care spintecă și îmbucătățesc cu gravitate doctorală tot ce-i viu, sub cuvânt că-l învie?

Potirul morții, cu un cuvânt, n-ar fi propria-i suferință, ci răul pe care-l vor face ceilalți, cei vii și apropiați, ori cei nenăscuți și depărtați. Nu ar cere deci de la Tatăl său iertarea lui de osânda morții, ci scăparea de păcatele ce-i pândesc, acum și mai târziu, pe cei care spun a crede într-însul. Jalea lui ar izvorî din iubire, iar nu din frică.

Însă nimeni nu va ști, poate niciodată, adevăratul tâlc al cuvintelor pe care Fiul le rostește în fața Tatălui, în sihăstria înnoptată a măslinilor. Un mare creștin din Franța a denumit povestea acestei nopți Taina lui Isus. Taina lui Iuda e singura taină omenească din Evanghelie; Rugăciunea din Getsemani e cea mai nepătrunsă taină dumnezeiască din toată povestea vieții lui Cristos.

SUDOARE ȘI SÂNGE

Iar după ce s-a rugat, se întoarse să-și găsească ucenicii care poate că-l așteptau. Dar cei trei adormiseră. Încovrigați pe jos, înveliți cum apucaseră în sumane. Petru, Iacob și Ioan, credincioșii, aleșii, se lăsaseră biruiți de somn. Nelămuritele bănuieli; înduioșelile și îngrijorările ce-i cuprinseră de-atâtea ori în aceste zile din urmă; istovitoarea jale a cinei însoțită de vorbe atât de grele, de presimțiri atât de negre, îi doborâse în acea sleire a puterilor, ce seamănă mai degrabă cu amorțirea decât cu somnul.

Glasul Învățătorului – cine va mai auzi înlăuntru-i mlădierea acelui glas, în neguroasa tăcere grea de moarte? – îi strigă:

— Au n-ați fost în stare să vegheați cu mine măcar un ceas? Vegheați și rugați-vă, ca să nu cădeți în ispită; că duhu-i gata, da' carnea-i slabă.

Auziră, buimaci de somn acele cuvinte? Răspunseră, rușinați, ducând mâinile la ochii tulburi, ce nu îndurau nici măcar slaba licărire a nopții? Ce-i puteau răspunde, în tresărirea deșteptării, neliniștitului care nu va mai dormi niciodată?

Isus se depărtează iarăși, mai îndurerat ca oricând. Acea ispită de care le-a spus acelor adormiți să se ferească e numai într-înșii, ori și în el? E ispita de-a fugi? De-a se lepăda, precum se vor lepăda ceilalți, de sine? De-a opune violență la violență, de-a plăti cu viața altora viața sa? Ori de-a mai cere o dată, cu și mai deznădăjduită rugare, înlăturarea primejdiei de deasupra capului său?

Acum Isus e iarăși singur, mai singur decât adineauri, cufundat într-o singurătate absolută, asemenea pustietății infinitului. Până acum putea crede că acolo, în apropiere, vegheau prietenii cei mai dragi. Dar și ei, sătui de chinuri, l-au părăsit cu suflelul mai înainte de a-l părăsi cu trupul.

L-au lăsat singur. Nu s-au dovedit în stare să-i împlinească măcar cea din urmă dorință, ei care atâtea mulțumiri au avut de la el. În schimbul sângelui și al sufletului său, al tuturor făgăduielilor, al întregii iubiri, ceruse un singur lucru: să biruiască somnul. Și n-a avut parte nici de-atâta. Și totuși, pătimește și luptă în clipa aceea și pentru cei care dorm. Cel ce datu-s-a întreg, nu va avea parte de nimic. În această noapte de neîndurări nimeni nu-i ascultă rugăciunea. Nici Tatăl, nici oamenii.

Până și Satana s-a făcut nevăzut în beznă, iar Cristos e singur, odată pentru totdeauna singur. Singur precum singuri sunt, totdeauna, toți cei care se ridică deasupra tuturor, cei care suferă în întuneric, ca să le dea tuturor lumină. Orice erou e totdeauna singurul treaz într-o lume de adormiți, la fel cârmaciul care veghează pe corabie peste singurătatea mării și a nopții, în vreme ce tovarășii săi se odihnesc.

Isus e cel mai singur dintre acești veșnici solitari. Toți dorm în preajmă-i. Doarme cetatea ce-și lățește licărirea tăiată de umbre, dincolo de Cedron; și doarme, într-acel ceas, în toate cetățile, în toate casele lumii, oarba seminție a muritorilor, în acel ceas veghează doar femeia care adastă chemarea bărbatului, hoțul tupilat în umbră, cu mâna pe prăseaua cuțitului: poate și vreun filozof care trebăluiește de zor prin hârțoage, să descopere că Dumnezeu nu există.

Nu dorm, în noaptea aceea, fruntașii iudeilor și zbirii lor. Cei care-ar trebui să-l apere pe Isus, cei care-ar putea să-l mângâie măcar, cei care spun că-l iubesc și care, în felul lor uneori îl iubesc cu adevărat, stau întinși și dorm. Nu dorm cei care-l urăsc, cei care vor să-l batjocorească și să-l ucidă. Caiafa nu doarme; iar singurul dintre ucenici care stă traz în acele clipe, e Iuda.

Până ce nu se arată Iuda, Învățătorul e singur cu jalea lui, asemenea morții. Și ca să nu se simtă atât de singur, se roagă iarăși de Tatăl său; cuvintele de rugă fierbinte ar voi să-i fluture iarăși pe buze. Cazna de-a le goni, frământarea ce-i încleștează ființa – deoarece dumnezeirea din ea primește bucuroasă ceea ce voit, pe câtă vreme tina lutoasă în care-i ferecată se-nfioară – strădania neomenească și supraomenească îl face în sfârșit să învingă. Se cutremură, dar învinge; e istovit, sfârșit, dar învinge.

Duhul a biruit încă o dată asupra cărnii; dar trupul îi e acum trunchi ce sângerează și se prăbușește. Încordarea uriașei ciocniri i-a siluit până în rădăcină tot ce-i pământ în ființa-i; și-l trec sudorile, de parcă ar fi fost supus unei cazne mai presus de puterile sale. E tot scăldat în sudoare; dar nu numai în acea sudoare ce se prelinge de pe tâmplele celui care umblă prin soare, ori muncește pe câmp, ori aiurează de friguri. Sângele pe care l-a făgăduit omenirii începe să-i picure prin iarba de pe Muntele Măslinilor. Picături mari de sânge amestecate cu sudoare cad pe jos, drept cea dintâi ofrandă a cărnii subjugate. E începutul eliberării, al ușurării de omenescul din el, care-i cea mai mare povară a ispășirii.

Atunci, de pe acele buze ude de lacrimi, ude de sudoare, ude de sânge, se putu înălța noua rugăciune:

— Părinte al meu, de nu-i cu putință ca potirul morții să-mi treacă pe dinainte fără să-l sorb, facă-se voia ta. Nu cum vreau eu, ci cum vrei tu!

Orice josnicie e dezisă: voința – care-i individul – abdică în fața supunerii care singură poate asigura libertatea în universal. Nu mai e un om, ci Omul; Omul totuna cu Dumnezeu, contopit cu Dumnezeu; vreau ce vrei tu. Izbânda sa asupra morții nu mai e îndoielnică, deoarece nu poate muri cel care se îndumnezeiește în Cel fără Moarte. „Cel ce va voi să-și mântuiască viața o va pierde, iar cel ce-o pierde o va dobândi."

Se scoală iar de jos cu sufletul liniștit și se întoarce lângă ucenici. La nimic nu folosise jalnica mustrare a lui Isus. Istoviți de durere, cei trei adormiseră iarăși. Dar de data aceasta Isus nu-i strigă – aflat-a o mângâiere – mai mare decât cea pe care i-o pot da dânșii – și se trântește iarăși în țarină, ca să-i mai rostească o dată Tatălui său marile cuvinte ale nimicirii:

— Nu cum vreau eu, ci cum ți-e vrerea.

Dumnezeu nu mai e servul Omului. Acesta încerca până acuma să-i împlinească orice dorință, în schimbul cântărilor și al jertfelor. Vreau propășire – spunea cel care se ruga – vreau sănătate, putere, rodnicia câmpului, ruina dușmanilor. Dar răsturnătorul, iată, s-a arătat și răstoarnă rugăciunea cea de rând. Să nu se facă după pofta inimii mele, ci după dorința ta. „Facă-se voia ta, precum în cer așa și pre pământ". Numai în armonia dintre voința suverană a Tatălui și voința subjugată a Omului, în convergența și identitatea celor două voințe, stă fericirea. Ce are a face dacă voința Tatălui mă dă pe mâna schingiuitorilor și mă pironește ca pe-o fiară afurisită și răufăcătoare pe două retezaturi de lemn? De cred în Tatăl meu ca Tată, știu că mă iubește mai mult decât pot să mă iubesc eu pe mine, că știe mai multe decât pot să știu eu. Așadar, nu poate să-mi voiască decât binele, chiar dacă acel bine, în ochii omului, e cel mai groaznic dintre rele; ci eu îmi vreau binele cu tot dinadinsul, dacă vreau ceea ce vrea Tatăl meu. Dacă nebunia lui e neînchipuit mai cuminte decât înțelepciunea noastră, chinul dat de el va fi neasemuit mai binefăcător decât orice plăcere părintească.

Doarmă ucenicii, doarmă toți oamenii: Cristos nu mai e singur. E bucuros că va pătimi, bucuros că va trebui să moară; și-a găsit pacea în canonul agoniei.

De-acum poate trage cu urechea, fără suferință, să asculte pașii Iudei care urcă muntele în uimirea nopții.

Un răstimp n-aude decât bătaia inimii sale, mult mai domoală decât la început, acum, că nelegiuirea se apropie. Dar după câteva clipe îl ajunge din urmă tropăitul înăbușit al unor pași ascunși ce se apropie, iar acolo, printre copacii din marginea de drum se arată câteva fâlfâiri roșcate de lumini care se șterg și iar s-arată în întuneric. Sunt slugile ucigașilor care urcă muntele pe urma iscarioteanului.

Isus se apropie iar de ucenicii care dorm duși, și-i strigă cu glas netremurat:

— Iată, mi-a sunat ceasu'. Hai, sculați: s-apropie cel ce mă vinde.

Ceilalți opt care dormeau mai departe s-au trezit de zgomote: dar n-au vreme să-i răspundă Învățătorului; că în vreme ce el vorbește, stolul i-a ajuns din urmă și s-a oprit.

CEASUL NEGURII

Sunt păcătoşii care mişună şi trăiesc cum pot în preajma Templului, simbriaşii Sinedriului: cei mai josnici trântori ai Sanctuarului, pociţi, ca vai de ei, în zale de suliţaşi; mântuitori şi portari care, în seara aceea, au pus mâna pe săbii în loc să apuce mătura şi cheile. Erau mulţi, „o ceată numeroasă", spun evangheliştii, cu toate că ştiau că mergeau împotriva a doisprezece inşi înarmaţi numai cu două săbii. Proorocii îi sperie, chiar şi cu mâna goală, pe niscai pârliţi de mercenari.

Astă turmă de adunătură a urcat muntele cu făclii şi felinare de parcă ar fi purces cu alai de praznic. Feţele galbene ale ucenicilor, faţa vânătă a Iudei, în roşeaţa nestatornică a faclelor, par a tremura. Obrazul lui Cristos, învârstat de sângele închegat, dar mai luminos ca luminile, se apleacă spre sărutul iscarioteanului.

— Prietene, ce ai de gând să faci? îl trădezi pe Fiul Omului cu o sărutare?

Tu ştii ce-a venit să facă, precum ştii că sărutul acela este cel dintâi dintre chinuri, cel mai greu de îndurat. Acel sărut e semnalul dat gealaţilor care nu cunosc trăsăturile tâlharului, – „acela pe care-l voi săruta este el; prindeţi-l şi duceţi-l, fără a-i da răgaz", le spusese neguţătorul de sânge, pe drum, nemernicilor ce-i veneau în urmă – dar acel sărut e totodată cea mai grozavă pângărire a acelei guri ce rosti în iadul pământului cele mai paradisiace cuvinte. Scuipăturile, palmele date cu dosul mâinii peste gură, peste ochi, de scursorile iudaice şi de soldăţimea romană, buretele îmbibat în oţet care va atinge acele buze, fivor mai uşor de îndurat ca acel sărut, sărutarea unei guri ce i-a spus prieten şi Învăţător, care bău din cana lui, care mâncă din acelaşi blid cu dânsul.

Văzând semnul, cei mai voinici se apropiară de duşmanul stăpânilor.

— Pe cine căutaţi?

— Pe Isus Nazariteanul.

— Eu sunt!

Și numai ce spune „Eu sunt“, poate din pricina glasului său răsunător și netremurat, ori a străfulgerării acelor ochi îndumnezeiți, câinii se traseră îndărăt. Atunci, Isus se gândește, chiar și în clipa aceea, la scăparea alor săi:

— Spusu-v-am că eu sunt; de mă căutați pe mine, lăsați-i în pace pe ceilalți.

În aceeași clipă, prinzând de veste uluirea zbirilor, Simon, trezit deodată din somn și din spaimă, pune mâna pe sabie și-i taie dintr-o lovitură urechea lui Maieu, sluga lui Caiafa. Petru, în noaptea aceea, e numai izbucniri și contraziceri: după cină jurase că numai el, orice s-ar fi întâmplat, n-avea să-l părăsească pe Isus; apoi, în livadă, adoarme și nu-i chip să-l țină treaz; acum îmbracă, prea târziu, platoșă de crunt apărător; ceva mai târziu va spune că nu l-a cunoscut pe Învățătorul său.

Cristos se leapădă pe dată de fapta necugetată și fără rost a lui Simon:

— Bagă sabia în teacă: cel ce pune mâna pe sabie, de sabie va să piară. Mă voi împotrivi oare să beau potirul morții, pe care mi-l întinde Tatăl meu?

Și întinde mâinile către cei mai apropiați dintre zbirii care se grăbesc să i le lege cu frânghiile pe care le-au adus cu ei. În vreme ce-l ferecă, prinsul îi învinuiește, fățiș, de lașitate:

— Purces-ați cu săbii și ciomege să mă prindeți, de parc-aș fi un tâlhar. Că doar în fiecare zi stăteam în Templu propovăduind și n-ați pus mâna pe mine; ci acesta vă e ceasu', ceasu-n care domnește tăria întunericului.

E lumina lumii, iar negura cată s-o stingă. Ci fi-vor în stare doar s-o acopere, scurtă vreme, precum soarele într-o după-amiază de vară e învăluit din senin în vălmășagul neguros al norilor furtunii; dar se aprinde iarăși, după trecerea ceasului, mai înalt și mai strălucitor ca la început. Paznicii, grăbiți să ducă prada pe sus ca să-și capete bacșișul, nu binevoiesc să-i răspundă. Și o pornesc devale, trăgându-i după ei ca să-l răpună, precum duce măcelarul bouleanul la tăiere.

„Atunci – mărturisește Matei – toți ucenicii îl lăsară în voia soartei și-o rupseră de fugă". Învățătorul nu-i lăsase să-l apere, nici în ruptul capului; Messia, în loc să-i trăsnească pe dușmani, întindea mâinile ca să-l lege; Mântuitorul nu era în stare să se mântuie pe el. Ce să facă? Să se facă nevăzuți, nu care cumva să-i ducă și pe dânșii în fața acelor puternici, pe care, ieri, visaseră să-i scoată din pâine, dar care acum, la licărirea faclelor și a săbiilor se arătau închipuirii lor zăpăcite groaznici la vedere. Doar doi urmară, dar de departe, nelegiuitul alai, și vom da peste dânșii la curtea lui Caiafa.

Toată acea gălăgie îl trezise din somn pe-un băietan care dormea în crama de lângă teasc. Nerăbdător să știe ce se-ntâmplase, ca toți tinerii, nu mai zăbovi să se-mbrace; ci, punându-și cerga pe cap, ieși afară să vadă ce era. Zbirii, luându-l drept unul dintre ucenicii care n-avusese vreme să fugă, îl înhățară; dar băietanui, desfăcându-se din cergă, le-o aruncă în brațe și o rupse de fugă în pielea goală.

Nu s-a aflat de-atunci cine va fi fost acest tainic trezit care se face nevăzut, deodată, în bezna nopții, precum, de-odată se arătase dintr-însa. Poate tânărul Marcu – singurul care povestește dintre toți evangheliștii întâmplarea –, iar de va fi fost el, ne-am putea da cu părerea că în noaptea aceea va fi încolțit în sufletul acelui martor întâmplător al începutului pătimirii cel dintâi îndemn să fie, precum a și fost, cel dintâi istoric al ei.

ANA

Pe scurt, răufăcătorul fu dus la palatul lui Ana, unde stătea și ginerele său, marele preot Caiafa. Cu toate că noaptea era pe sfârșite și tagma fusese înștiințată peste zi că s-ar fi putut ca la revărsatul zorilor pângăritorul să fie în mâna lor, mulți dintre judecători nu se sculaseră încă, așa că procesul nu putea să înceapă numaidecât. Zorul căpeteniilor de-a isprăvi cu el chiar în dimineața aceea, spre a nu da răgaz norodului să se înduioșeze și lui Pilat să se gândească, era nespus de mare. Dar nu se lăsară biruiți de somn doar apărătorii celui fără păcat, ci și ponegritorii săi. Fură mânați câțiva dintre paznicii care se întorseseră de pe Muntele Măslinilor să-i trezească pe fruntașii scribilor și ai bătrânilor; iar, până una alta, bătrânul Ana, care nu ațipise deloc toată noaptea, ținu să-l cerceteze, el însuși, pe proorocul cel mincinos.

Ana, fiul lui Seth, fusese vreme de șapte ani Mare Preot și, deși înlăturat din scaun în anul 14 prin urcarea pe tron a lui Tiberius, rămase mai departe adevăratul Primat al Bisericii iudaice. Saducheu, cap al uneia dintre cele mai cotropitoare și avute familii ale nobilimii bisericești, era încă stăpânul tagmei prin persoana interpusă a ginerelui său. Cinci dintre fiii săi au ajuns pe urmă mari preoți și unul dintre ei, căruia îi zicea tot Ana, va porunci ca Iacob, fratele Domnului, să fie omorât cu pietre.

Isus e dus în fața lui. Pentru cea dintâi oară lemnarul nazaritean de odinioară stă față în față cu cel mai luminat obraz bisericesc al neamului său, cu adevărat, cu marele său dușman. Până acum, la Templu, s-a întâlnit cu mărimile mai mărunte, scribi și farisei; de data aceasta stă în fața căpeteniei căpeteniilor, ca pârât, iar nu ca pârâtor. E cea dintâi cercetare din ziua aceea. Vreme de câteva ceasuri îl vor cerceta patru judecăți: două mărimi ale Templului, Ana și Caiafa, și două mărimi ale Pământului, Antipa și Pilat.

Din cea dintâi întrebare pe care i-o pune, Ana vrea să afle de la Isus cine erau ucenicii săi. Bătrânul preot nărăvit de politică și căruia puțin îi pasă, ca oricărui saducheu, de năzdrăvăniile messianice, ține morțiș să afle cine sunt cei ce-i dau crezământ noului prooroc, din ce straturi au fost prinși cu arcanul, ca să-și dea seama cât de adânc se încuibase în popor buboiul răzvrătirii. Atunci, Isus se uită la acela și nu-i răspunse. Cum de i-a trecut oare prin cap acelui precupeț de porumbei că Isus ar fi în stare să-i trădeze pe cei ce l-au trădat?

Atunci prinde a-l întreba în ce-i stă învățătura, iar Isus răspunse că nu-i de el să răspundă:

— Vorbit-am oamenilor pe față; am propovăduit totdeauna prin sinagogi și în templul în care se strâng toți iudeii, și n-am spus nimic într-ascuns. Ce mă-ntrebi pe mine? Întreabă-i pe cei ce m-au ascultat de vrei să știi ce le-am spus; că ei știu bine ce le-am spus.

Așa este: Isus nu-i ezoteric; chiar dacă uneori le-a spus ucenicilor cuvinte pe care nu le-a rostit apoi față cu toată lumea, i-a îndemnat să strige de pe acoperișuri ceea ce le-a spus lor prin case. Dar Ana se va fi strâmbat urât de tot, față de un răspuns care ascundea bănuiala unei judecăți; căci unul dintre paznicii care străjuiau lângă pârât îi șterse o palmă, zicându-i:

— Așa știi tu să vorbești cu Preotu' cel Mare?

Palma bădăranei slugi e începutul ocărilor ce-l vor duce pe Cristos cu alai până pe Cruce. Dar pălmuitul, cu obrazul roșu de urmele noduroase, se întoarce către pălmuitor:

— Dac-am vorbit strâmb, spune-mi cu ce-am greșit; iar de n-am vorbit strâmb, atunci pentru ce mă bați?

Nătângul, uluit de-atâta sânge rece, nu-i în stare să mai deschidă gura. Ana începe să priceapă că acest galilean nu-i un palavragiu de rând, și cu atât mai vârtos arde de nesaț să-i facă de petrecanie. Și văzând că n-o poate scoate la capăt cu el, i-l trimite legat lui Caiafa, pentru a da poruncă să înceapă fără zăbavă batjocura judecății orânduite de pravilele împărătești.

CÂNTECUL COCOȘULUI

Doar doi dintre cei unsprezece fugari se căiseră de josnicia faptei lor și se luaseră de departe, tremurând în negura zidurilor, pe urmele felinarelor pâlpâitoare ce-l duceau pe Cristos la Peștera ucigașilor de frați: Simon al lui Iona și Ioan al lui Zevedei.

Ioan, cu care gealații lui Caiafa mai dăduseră ochii și-n alte rânduri, intră în curtea palatului cam odată cu Isus; dar Simon – mai sfios, ori mai fricos – nu voi să intre; ci rămase, țeapăn, la poartă. Atunci, după o tăcere de câteva clipe, Ioan, văzându-se fără tovarăși și venindu-i poate la socoteală să-l simtă alături ca să-i mai vină inima la loc, ori să se poată apăra mai cu temei, ieși pe poartă; și după ce-o îmbună pe nevasta cea bănuitoare a paznicului, îl băgă în curte și pe celălalt. Dar trecând pragul, femeia îl cunoscu cine era:

— Au, nu ești unu' dintre ucenicii celui pe care l-au prins?

Ci Petru, mai-mai să se mânie:

— Habar n-am ce vrei să spui. Nici nu-l cunosc.

Petru și Ioan stătură apoi jos, pe câte-o piatră, în preajma unui mangal pe care-l aprinseseră slugile în curte, căci noaptea, deși în aprilie, era frig. Dar femeia nu se lăsă cu una cu două, ci apropiindu-se de foc și uitându-se la acela mai bine, făcu:

— Și tu ai fost de-ai lui Isus Nazariteanul.

„Iar el spuse iarăși că nu, jurându-se".

— N-auzi că nici nu-l cunosc?

Nevasta paznicului se întoarse, dând din cap, la poartă; dar oamenii, bănuitori din pricina stăruinței cu care se lepăda, se uitară mai lung la el și-i tot spuneau:

— Fără doar și poate că trebuie să fii tot de-a lui, că și după vorbă te cunoști.

Atunci Simon prinse iar să se jure mincinos că nu; însă un altul, rudă cu acel Maieu căruia-i ciuntise urechea, îi tăie apa de la moară cu mărturia lui:

— Nu te-am văzut eu în livadă cu dânsu'?

Dar Petru, înglodat în minciuni, prinse iar a striga sus și tare că-l luau drept altul și că nu era prieten cu omul acela.

Tocmai în clipa aceea Isus, legat între paznici, trecea prin curte după înfățișarea cu Ana, să se ducă în celălalt capăt, unde stătea Caiafa; și auzi spusele lui Simon și se uită la el. O singură clipă-l pironi din ochi – cu acei ochi în care cei care se leapădă de el se dovediseră totuși în stare, într-o zi, să întrezărească străfulgerarea dumnezeirii – o singură clipită se uită la ei cu acei ochi mai greu de îndurat în duioșie decât în mânie. Iar acea privire răni pe vecie sărmana inimă răvășită a pescarului, și până la moarte nu putu uita de acei ochi blânzi și îndurerați, ce se abătuseră asupră-i în acea noapte de grozăvii; de acei ochi ce rostiră într-o străfulgerare mai multe și mai sfâșietoare gânduri, decât ar fi putut rosti o mie de vorbe.

— Până chiar și tu, cel dintâi, cel care m-a făcut să nădăjduiesc mai mult, cel mai dârz, dar și cel mai înflăcărat, cel mai neînvățat, dar și cel mai credincios, până chiar și tu, tu, cel ce ai strigat lângă Cezarea adevăratu-mi nume, până chiar și tu ce-mi știi toate vorbele și care m-ai sărutat de-atâtea ori cu gura aceasta ce spune azi că nu mă cunoaște, până chiar și tu Simon Piatră, fiu al lui Iona, te lepezi de mine, de față cu cei ce se pregătesc să mă omoare! Aveam dreptate, în acea zi, să-ți spun că ești o piedică și să te țin de rău că nu gândeai după legea lui Dumnezeu, ci după a oamenilor. N-aveai decât să te faci nevăzut, la fel cu ceilalți, de nu te-ai simțit în stare să sorbi alături de mine din potirul nelegiuirii, despre care-n atâtea rânduri ți-am vorbit. Fugi, să nu te mai văd până în ziua în care fi-voi cu adevărat liber, iar tu cu adevărat pătruns de credință. De-ți temi viața, ce cauți aici; de nu ți-e frică, de ce vrei să te lepezi de mine? Iuda, cel puțin în cea din urmă clipă, a fost mai nefățarnic decât tine; a venit cu dușmanii mei, dar n-a spus că nu mă cunoaște. Simone, Simone, au doară spusu-ți-am că și tu mă vei părăsi ca toți ceilalți; ci acum mai nemilostiv ești decât dânșii. În inima mea te-am iertat; că-s gata de moarte; îi iert pe cei ce mă omoară, te iert și pe tine; mi-ești drag precum drag mi-ai fost totdeauna; dar putea-vei oare să te ierți tu, pe tine?

Simon, sub povara acelei priviri, lăsase capul în jos; iar inima i se zvârcolea în piept ca un întemnițat apucat de furii, nici n-ar mai fi fost în stare să mai îngâne un alt nu. O fierbințeală soră cu moartea îi ardea fața încruntată, de parc-ar fi stat nu la foc, ci la gura Gheenei. Se simțea topit într-o sfârșeală de patimă și de căință, într-o istovire pe care n-o mai putea îndura: acu' i se părea că îngheață, acu' simțea flăcări mistuindu-i mădularele. Cu câteva clipe mai înainte spusese că nu-l cunoscuse niciodată pe

Isus; și iată că i se părea cu tot dinadinsul că-l cunoaște acum pentru prima oară, ca și cum acei ochi l-ar fi străpuns cu fulgerul unei spade de arhanghel.

Izbuti cu mare greutate să se scoale și, împleticindu-se, o luă spre poartă. Când se trezi afară, în tăcuta singurătate a zorilor, un cocoș cântă departe. Acel cântec voios și țanțoș fu pentru Simon ca strigătul ce-l trezește deodată pe cel toropit de boală. Ca aducerea aminte, neașteptată, a unor vorbe auzite pe altă lume; ca întoarcerea la casa copilăriei, în revărsatul zorilor de zi, înflorită între baltă și țarini; ca un glas de-atâta vreme uitat, ce luminează o viață, cum luminează un fulger o noapte. Iar în pâcla revărsatului de ziuă fu văzut atunci un ins care se depărta ca un bețiv, cu capul ascuns sub haină, cu umerii săltați de sughițurile unui plâns în deznădejde.

Plângi, Simone, că Dumnezeu milostivitu-s-a de tine, să-ți sloboadă plânsul. Plânge-te pe tine, plânge-l pe El, plânge-ți fratele trădător, plânge-ți frații fugari, plângi moartea celui ce moare și pentru sărmanu-ți suflet, plângi pentru toți cei ce veni-vor în urma ta și ca tine se vor purta și se vor lepăda de mântuitorul lor, nici nu vor plăti răscumpărarea cu prețul căinței. Plângi pentru toți apostații, pentru toți cei care ca tine vor spune: „eu nu-s dintre-ai lui". E careva dintre noi care să nu fi făcut, măcar o dată, ceea ce-a făcut Simon?

Câți dintre noi, născuți în Biserica lui Cristos, după ce i-au închinat numele cu buze copilărești și au îndoit genunchii în fața chipului său mânjit de sânge, n-au spus de frica unui zâmbet: Nu l-am cunoscut niciodată?

Cel puțin tu, sărmane Simon, măcar că-ți zice Piatră, plângi toate lacrimile ochilor tăi și ascunde-ți sub haină fața îngrozită și scăldată în plâns. Și nu vor trece multe zile și Înviatul din morți te va mai săruta o dată: căci plânsul spălatu-ți-a pentru vecie gura ta cea sperjură.

ANTERIUL SFÂȘIAT

Adevăratul nume al lui Caiafa e Iosif. Caiafa e o poreclă și e totuna cu Cefa, porecla lui Simon – înseamnă, adică, Piatră. Între aceste două Pietre e prins în acel revărsat de zori dintr-o vineri Fiul Omului. Simon Piatră îi înfățișează pe prietenii fricoși ce nu-s în stare să-l scape; Iosif Piatră, pe dușmanii ce vor să-l piardă în orice chip. Între lepădarea lui Simon și ura lui Iosif, între capul Bisericii pe moarte și capul Bisericii în scutece, între aceste două pietre, Isus e grâul vieții între două pietre de moară.

Sinedriul s-a strâns și-l așteaptă. Alături de Ana și de Caiafa, căpeteniile sfatului, e acolo și Ioan, și Alexandru, și toată spuma aburoasă a claselor de sus. De regulă era alcătuit din douăzeci și trei de preoți, din douăzeci și trei de scribi, din douăzeci și trei de bătrâni și din doi președinți: peste tot șaptezeci și unu, cam tot câți erau apostolii celui judecat. Unii în acea zi însă nu veniseră: cei în care avea mai mare trecere frica de niscai bejenie, decât ciuda împotriva pângăritorului; cei câțiva care n-ar fi voit să ridice degetul ca să-l osândească, dar nici ca să-l dezvinovățească fățiș: printre aceștia va fi fost, fără îndoială, Nicodim, ucenicul de noapte și Iosif din Arimateea, groparul cel milostiv.

De față erau totuși chiar prea mulți care să întărească printr-o batjocură de judecată osânda la moarte, mai dinainte scrisă în inima tuturor. Împuterniciților Templului, şcolii și tarabei li se părea o mie de ani până să vină clipa în care să-și pună parafa, fiecare din pricini care-l priveau, pe ucazul răzbunării. În marea încăpere a Sfatului, ticsită de lume de-cu-vreme, ai fi luat-o drept o cușcă plină de strigoi, se înfățișă într-acestea, firavă, lumina noii zile; flăcările portocalii ale torțelor pâlpâiau agale în prăfuirea luminată a zorilor. În acea negură albicioasă de mormânt adăstau judecătorii: bătrâni, voinici, năsoși, încruntați, închiși în mantiile albe, cu țestele acoperite cu o cârpă, cu bărbile mângâiate și căutătoare de plecăciuni, cu ochii bătăioși, așezați roată, păreau un sfat de vrăjitori ce așteptau să le pice-n gheară o vietate. Ce mai rămânea din încăpere era ticsit de trântorii luminățiilor din jilțuri, de paznicii cu reteveiele în mână, de slugile de casă. Aerul era îmbâcsit și greu, de parcă nu l-ar fi tras în piept doar oameni vii.

Isus, cu frânghia înnodată la încheietura pumnilor, fu îmbrâncit în mijlocul acestor potăi precum se îmbrânceau de obicei osândiții ad bestias prin amfiteatrele împărătești. Ana, cam pe ghimpi din pricina celui dintâi răspuns al ereticului, strânsese în grabă, dintre slugile de față, câțiva martori mincinoși ca să închidă gura, de-ar fi fost nevoie, oricărei încercări de negare ori de apărare. Acel caraghiozlâc de judecată începu prin strigarea acestor martori măsluiți.

Doi dintre ei se înfățișară Sfatului și jurară că-l auziseră ei rostind aceste cuvinte:

— Pot să nimicesc acest templu zidit de mâna omului și în trei zile voi înălța altu', care nu va fi făcut de mâna omului.

Învinuirea, date fiind vremurile și judecătorii, era cât se poate de grea: învinuire de sacrilegiu și de blestem. Căci Templul Ierusalimului, în mintea celor ce-l storceau, era lăcașul unic și intangibil al Domnului; iar a amenința Templul, era totuna cu a-l necinsti pe adevăratu-i stăpân, pe stăpânul tuturor iudeilor. Iar Isus nu rostise niciodată acele vorbe, sau, cel puțin, nu într-acel chip și cu acel înțeles. Prezisese, da, că din Templul acela n-avea să mai rămână piatră peste piatră; dar nu prin fapta sa. Iar aluzia la templul zidit de om și rezidit în trei zile, era luată din altă cuvântare a sa, în care vorbise, simbolic, despre propria-i înviere. Atâta e de adevărat, că martorii cei mincinoși nu erau în stare să se înțeleagă asupra acelor vorbe, încâlcit și viclean mărturisite; iar spusa lor se bătea cap în cap, așa c-ar fi fost de-ajuns să deschidă Isus gura pentru a-i zăpăci și a-i pune cu spatele la zid. Ci Isus tăcea.

Marele Preot nu putea să îndure acea tăcere și, sculându-se în picioare, țipă:

— Nu răspunzi nimic? Ce mărturisesc aceștia împotrivă-ți?

Dar Isus nu răspunse.

Tăcerea lui Isus e atât de grea de supranaturală elocvență, încât are puterea să-i umple de venin pe judecătorii săi. A tăcut la cea dintâi întrebare a lui Ana; tace la ghesul pe care i-l dă Caiafa și va tăcea în fața lui Antipa și a lui Pilat. Lucrurile pe care le-ar putea spune le-a spus de mii de ori: celelalte pe care le-ar putea răspunde nu le-ar pricepe, ori ar sluji drept noi prilejuri să-l încolțească mai strâns. Adevărurile supraomenești sunt, prin însăși firea lor, cu neputință de rostit; și dacă se poate mărturisi umbra lor prin voința iubirii, n-o primesc decât cei hărăziți care-au primit mai dinainte umbrirea acelei umbre; ba chiar și la aceștia ajunge mai degrabă prin presimțirile inimii decât prin graiul supus greșelii și adeseori nătâng.

Isus nu vorbește, ci privește în preajmă-i cu ochii lui mari și senini fețele îngrijorate și încruntate ale ucigașilor, judecând pentru vecie acele arătări de judecători. Într-o clipă fiecare dintre ei e cântărit și osândit de acea privire ce pătrunde în suflet. Sunt oare vrednice acele suflete roase și viermănoase, suflete de lepădături pocite, suflete netrebnice când nu-s mâncate de boli, să fie oare vrednice a-i asculta vorbele? Va fi el în stare vreodată, printr-o minune necugetată de josnicie, să se umilească până-ntr-atât, încât să se dezvinovățească în fața lor?

Putea s-o facă fiul moașei, cârnul cirac și rival al sofiștilor, în fața judecătorilor Atenei, septuagenarul disputător, care vreme de-atâția ani plictisise meșterii și gurile-căscate ale agorei, putea să declame o nespus de frumoasă și de bine ticluită orație apologetică, ce din regiunile întortocheate ale dialecticii cobora ușor de tot până la chițibușurile de curte. Bătrânul ironist care-și pusese-n gând o reformă a artei cugetării mai degrabă decât a rațiunii de-a trăi, până-ntr-atâta că nu i-a fost silă să facă pe cămătarul și, nesătul de Xantipa, avusese doi copii cu țiitoarea Mirto, și-i plăcea să mângâie, mai mult decât i-ar fi stat bine unui tată de familie, băiețandrii bine făcuți la trup, acela, da, era bucuros să moară și știu să moară cu nobilă statornicie, deși în fundul inimii sale ar fi preferat să coboare pe malurile Hadesului pe-un drum mai firesc. Atâta e adevărat, că spre sfârșitul arătosului său memoriu de apărare, încercă să-i îmbuneze pe judecători, amintindu-le că era bătrân – degeaba mă omorâți, că tot nu mai am multe zile de trăit – și se lega să plătească treizeci de galbeni amendă ca să-l lase în pace.

Ci Cristos – cu care, spre a-l micșora, ațâți postumi Pilați au căutat să-l asemuiască pe atât de mai prejosul Socrate – n-are nimic de împărțit nici cu sofistul, nici cu avocatul și disprețuiește ca îngerul lui Dante „argumentele omenești". Răspunde tăcând; ori, când e nevoit să răspundă, vorbește cu candoare, în puține cuvinte.

Caiafa, înrăit de acea muțenie lipsită de respect, găsește în cele din urmă chipul să-l facă să vorbească.

— Te conjur pe Dumnezeul cel Viu să ne spui de ești cu adevărat Cristos, fiul Binecuvântatului!

Atâta vreme cât îl cercetau după tipicul procedurii obișnuite și viclene, punându-i în spate neadevăruri, ori întrebându-l despre niște adevăruri îndeobște cunoscute, Isus nu scoate-o vorbă. Invocării Dumnezeului cel Viu, fie chiar și în gura păcătoasă a Marelui Preot, nu i se poate împotrivi. Pe Dumnezeul ce trăiește, pe Dumnezeul ce va trăi veșnic și trăiește în noi toți și e de față chiar și în acea speluncă de păcătoși, Isus nu-l poate ocoli. Șovăie totuși o clipă, mai înainte să-i orbească pe acei chiori cu strălucirea strașnicei sale taine.

— Chiar de v-aș spune, nu m-ați crede, iar de v-aș întreba, nu mi-ați răspunde.

Acum nu-l mai întreabă doar Caiafa; ci toți, învrăjbiți, se scoală și țipă spre el, cu mâinile întinse cu pumnii încleștați:

— Ești sau nu ești Cristos, Fiul lui Dumnezeu?

Isus nu se poate lepăda, precum făcut-a Simon, de neîndoiosul adevăr, de temeiul morții, de temeiul vieții sale, îl apasă o răspundere față de poporul său, față de toate popoarele. Răspunzător e cel ce poate să răspundă, care știe să răspundă, care, în sfârșit, chemat de față, răspunde. Ci el vrea, ca-n Cezarea lui Filip, să-i strige alții adevăratu-i nume – iar când i-l rostesc nu se leapădă de el, chiar dacă moartea-i pedeapsa întăririi.

— Singuri spuneți că sunt. Ba vă dau de știre că de-acum înainte îl veți vedea pe Fiul Omului stând de-a dreapta puterii, venind pe norii văzduhului.

Și-a rostit osânda cu gura lui. Haitele rânjitoare ce-l împresoară mestecă balele bucuriei și ale ciudei. A mărturisit în fața ucigașilor ceea ce le mărturisise într-ascuns doar celor mai dragi dintre prieteni. Dacă aceia l-au trădat, el nu s-a trădat pe sine, nici pe Tatăl său. De-acum poate goli paharul până la fund: ce-avea de spus, a spus.

Caiafa nu-și mai încape în piele de bucurie. Măsluind o stropșire pe care n-o simte – căci, la fel cu toți saducheii, nu crede în apocalipse, ci puțin îi pasă de ceea ce nu-i câștig și mărire – își sfâșie anteriul strigând:

— Blestem! Blestem! Ce nevoie mai avem de alte mărturii? L-am auzit noi, cu urechile noastre! Au, ce ziceți?

Iar potăile asmuțite lătrară deodată toate:

— Să fie omorât!

Toți, fără altă cercetare, fără ca nimeni să se fi sculat cu împotrivire, îl osândiră la moarte, drept prooroc mincinos și pângăritor al celor sfinte.

Caraghioslâcul judecății s-a sfârșit, iar larvele togate se simt ușurate de-o greutate peste puterile lor. Marele Preot s-a lipsit de-un anteriu și lasă să-i atârne zdrențele, drept semne glorioase ale unei bătălii câștigate că în aceeași zi își va sfâșia o altă haină, cu mult mai de preț ca cea pe care-o poartă în spate; nu-i trece prin minte că fapta-i, înfricoșător de simbolică, e recunoașterea unei alte osândiri. Preoțimea în capul căreia se află e detronată și desființată, de-acum și pururea. Urmașii săi fi-vor umbre de strigoi, preoți falşi și nelegitimi; iar peste puțini ani până și mândra haină de marmură și de piatră a sanctuarului iudaic fi-va sfâșiată de îndârjirea romană.

FAŢA LEGATĂ

Isprăvindu-se prin făgăduiala morţii comedia tragică jucată de stăpâni, începe sabatul slugilor.

În vreme ce mărimile se încuie să se sfătuiască asupra chipului mai nimerit de-a şterpeli întărirea Procuratorului şi de-a aduce fără întârziere la îndeplinire osânda, chiar în dimineaţa aceea, Isus e azvârlit în ghearele nemâncaţilor care se găseau între zidurile palatului, cum arunci măruntaiele vânatului haitei de câini ce l-au fugărit. Şi zdrenţăroşii care linciuresc fărâmiturile de la ospăţul Templului au dreptul să petreacă; acela e bacşişul lor. Omul-bestie, când nu se teme de pedeapsă, nu cunoaşte mai mare desfătare ca aceasta: să-şi facă de cap pe spinarea celui care nu se poate apăra, cu mai mare poftă atunci când acela nu-i nici vinovat. Pornirea de fiară încovrigată, dar neîmblânzită în adâncul oricăruia dintre noi, se năpusteşte afară, neruşinată şi mugind; faţa se schimbă în bot, dinţii sunt colţi, mâinile se arată ceea ce sunt într-adevăr: gheare; iar glasul nu se mai rotunjeşte în armonii articulate, ci e un muget, un răcnet. De roşeşte o picătură de sânge, toţi vor s-o lingă; nu-i băutură mai îmbătătoare ca sângele; nespus mai dătătoare de vlagă ca mustul şi nebănuit mai frumoasă la vedere, roşie cum e, decât apa lui Pilat!

Dar cruzimea tigrească, adesea, capătă înfăţişarea jocului; tigrii se zbenguiesc; copiii, atât cât îi ajută puterile lor firave, se-ntărâtă ca tigrii. Mânuitorii ştreangului, aşteptând să-şi dea străinul învoirea pentru moartea celui mai nevinovat dintre fraţii lor, vor să-i dea osânditului o şăgalnică arvună de canon. Petrec. Li s-a dat voie să se joace cu regele lor, să se joace cu Dumnezeul lor. La urma urmelor li se cade. Treji toată noaptea – iar în noaptea aceea a fost frig –; pe urmă drumul până pe Dealul Măslinilor, cu teama unei împotriviri, teamă nu prea zadarnică, deoarece unul dintre ei a rămas fără ureche; pe urmă aşteptarea până dimineaţă: trudă neobişnuită, tocmai de sărbători, când Cetatea şi Templul gem de străini şi au mai mult ca oricând de trebăluit.

Dar nu știu de unde s-o ia. E legat, prietenii săi s-au făcut nevăzuți; însă omul acela ce-i privește cu o căutătură pe care n-au mai întâlnit-o până atunci, cu o privire încremenită ce pare a rătăci dincolo de cele văzute și care, totuși, îi scormonește în suflet ca raza unui soare supărător; acel om legat, istovit, cu fața-i pe care un nou val de sudoare învie picăturile de sânge pe obraz; acel ins netrebnic, acel țăran fără stăpâni și ocrotitori, osândit la moarte de cel mai înalt și sfânt județ al neamului evreiesc; acea zdreanță cu chip de om, hărăzită crucii robilor și tâlharilor; acea batjocură a puternicilor, pe care puternicii au dat-o pe mâna trepădușilor ca pe-o paiață de saturnale; acel om ce nu scoate o vorbă, nu geme, nu plânge, ci se uită la ei de parcă i-ar fi milă, așa cum se uită părintele la copilul bolnav, cum se uită prietenul la prietenul care aiurează de friguri; acel om care-i batjocura tuturor, strecoară în neobrăzarea sufletului lor un tainic respect.

Ci unul dintre scribi ori dintre bătrâni dădu pilda și, trecând pe lângă Isus, îl scuipă. Acela, peste fire de păstrător al curățeniei rituale, nu voia să-și mânjească mâinile spălate, gata să prăznuiască Paștele, atingându-l pe-un dușman al lui Dumnezeu, care se putea socoti de-acum necurat ca stârvul de om mort, atât de apropiat îi era sfârșitul. Dar avea scuipat în gură: ce-i scuipatul? Prisos netrebnic al trupului, dispreț topit în scursură.

Și pe fața luminată de feciorelnicul soare al dimineții și de dumnezeirea ferecată, pe fața transfigurată de lumina soarelui și de lumina iubirii, pe fața de aur a lui Cristos, scuipații iudeilor înecară cele dintâi șiroaie de sânge ale Patimilor.

Şi gloata slugilor și a gealaților nu se mulțumește să-l scuipe; lor nu le e frică să-și mânjească palmele. Pilda stăpânilor a înfrânt teama de privirea frățească și îndurerată a celui osândit. Paznicii de lângă el îi pălmuiesc; cei ce n-ajung până la obraz, trag pumni și dau brânci, iar vorbele ce se slobod dintre buzele crunților nemilostivi lovesc mai crunt ca pumnii.

Chipul odinioară alb ca floarea spinului și strălucitor ca aurul soarelui, se întunecă sub vânătaia albăstrie a celor bătuți. Frumosul trup, izbit de îmbrânciri, șovăie în mijlocul haitei îndârjite. În mijlocul celor care varsă pe el drojdia înspăimântătoare a sufletelor lor păcătoase. Isus nu scoate o vorbă. Paznicului care i-a dat o palmă în fața lui Ana, i-a răspuns, zicându-i să-l îndrepte de-a greșit cumva, acestor tâlhari slugarnici, n-are ce să le spună.

Ci unul dintre ei ia o cârpă murdară și acopere cu ea fața cea însângerată și pălmuită; înnodând-o de capete și dându-i pe toți la o parte, strigă:

— Hai să ne jucăm de-a baba oarba. Se laudă că-i prooroc; ia să vedem de-i în stare să ghicească cine dă în el.

Fața e legată. În gândul acelui nemernic se strecurase o milostivire, de care nu-și dădu bine seama, căci îl cruță măcar de vederea fraților săi schimbați în fiare? Ori poate acea privire grea de iubire îndurerată nu i-o pot înfrunta mai mult?

Căzuți în mintea copilăriei, năpăstuitorii stau roată și, când unu', când altu', îl trag de pulpana veșmântului, îi cară pumni în spate, îl ghiontesc, îi dau cu bățul în cap.

— Hai, Cristoase, arată-te prooroc: care-a dat în tine?

De ce nu răspunde? Oare, n-a prezis dărâmarea Templului, războaie și cutremure, venirea Fiului Omului pe nori și-atâtea alte năzbâtii? Cum de nu ghicește oare un nume atât de ușor, un om de lângă el? Ce fel de prooroc este? Şi-a pierdut meșteșugul proorocirii, acolo, dintr-odată; sau nici nu l-a avut de când e? Pe prostănacii aceia de galileeni i-o fi mers să-i îmbrobodească; ci aici suntem la Ierusalim, știm noi ce-i un prooroc; iar de n-are pe unde scoate cămașa, al lui e ștreangu'. „Și multe altele – povestește Luca – mai cârteau împotrivă-i cu înjurături".

Dar Caiafa și ceilalți n-au vreme de pierdut și socotesc că gloata slugarnică a petrecut destul. Mincinosul rege va să fie dus în fața lui Pilat, ca acela să întărească osânda: Sinedriul poate judeca; dar de când Iudeea a căzut în mâna romanilor, Sinedriul, din păcate, nu mai are jus gladii. Așa că mai-marii preoțimii, scribii și bătrânii, urmați de paznicii ce-l trag pe Isus cu frânghia și de hoarda gălăgioasă sporită pe drum, se îndreaptă către palatul Procuratorului.

PONȚIU PILAT

Din anul 26 era procurator, în numele lui Tiberius Cezar, Ponțiu Pilat, neștiut de istorici mai înainte de venirea sa în Iudeea. Dacă Pilat vine de la Pileatus, se poate bănui că fusese libert ori coborâtor din liberți; căci pileus era tichia sclavilor liberați.

Venise acolo de puțini ani, dar aceia îi fuseseră de ajuns ca să-și câștige ura îndârjită a ocârmuiților săi. Drept este că tot ceea ce știm despre dânsul e povestit de iudei ori de creștini, adică de dușmanii săi fățiși; dar pare-se că la urmă îl luaseră la ochi de rău chiar și stăpânii săi; căci în anul 36, guvernatorul Siriei, Lucius Vitellius, îl trimise la Roma să se dezvinovățească în fața lui Tiberius. Împăratul muri mai înainte ca Pilat să ajungă la Roma; dar, după o veche tradiție, fu exilat de Caligula în Gaili, unde-și răpuse zilele.

Ura iudeilor împotrivă-i se născuse din adâncul dispreț pe care-l arătă, din capul locului, pentru acel popor nărăvaș și ursuz, care lui, crescut în ideile Romei, trebuie să-i fi părut drept cuib de șerpi veninoși, neam murdar și de rând, meritând cel mult să fie domesticit cu bățul ostașilor de strânsură. Să ni-l închipuim pe-un vicerege englez al Indiei, abonat la „Times“, cititor al lui Stuart Mill ori al lui Shaw, care-l are în bibliotecă pe Byron și pe Swinburne, admirator al „mărețelor destine progresânde“, hărăzit să ocârmuiască un popor zdrențăros, sofist, înfometat și răzvrătitor, hărțuit în acea pădure de caste, de mitologii, de superstiții de care în sinea lui îi e silă, din înălțimea demnității sale de alb, de european, de britanic și de liberal. Pilat, după cum se dovedește din întrebările pe care i le pune lui Isus, era unul dintre acei sceptici ai romanității în decădere, roși de pirronism și credincioși lui

Epicur, un enciclopedist al elenismului care nu mai credea în zeii patriei, nici că putea să bănuiască dăinuirea vreunui Dumnezeu adevărat: mai puțin ca orice, că s-ar fi putut găsi în acea plebe păduchioasă și habotnică, în mijlocul acelui cler învrăjbitor și pizmaș, în acea religie care lui îi apărea desigur drept un mișmaș barbar de rugăciuni siriene și caldeene. Singura credință ce-i mai rămânea, ori pe care era ținut să se prefacă a o mai avea din motive de stat, era noua religie romană, civică și politică, precum era cea republicană, însă grămădită toată în cultul împăratului. Cea dintâi ciocnire a sa cu iudeii își avu obârșia tocmai în această religie. Schimbându-se garnizoana Ierusalimului, dădu poruncă soldaților să intre noaptea în cetate, fără a scoate de la steaguri icoanele de argint ale Cezarului. Dimineața, de îndată ce iudeii băgară de seamă acest lucru, mare le fu spaima și îndârjirea: pentru cea dintâi oară romanii se dovediseră lipsiți de respectul pe care-l arătaseră până atunci, de ochii lumii, religiei supușilor lor palestinieni. Icoanele Cezarului divinizat, înfipte în preajma Templului, erau pentru ei o ațâțare idolatrică, începutul groaznicei nimiciri. Tot târgul se sculase în picioare: o jalbă fu trimisă la Cezarea, pentru ca Pilat să dea porunca de-a le lua de-acolo. Pilat nu voi; timp de cinci zile nu-l slăbiră, zi și noapte, și-i bătură capul. În cele din urmă, Procuratorul, ca să scape de ei, îi strânse în amfiteatru și, prin trădare, îi înconjură de soldați cu săbiile scoase, făgăduind că niciunul n-avea să scape dacă nu-și vedeau de treabă. Dar iudeii, în loc să ceară milă, întinseră gâtul sub săbii; iar Pilat, înfrânt de acea încăpățânare eroică, dădu poruncă să se ducă steagurile înapoi la Cezarea.

Însă dacă această milostivire nu scăzu ura iudeilor față de noul Procurator, în sufletul lui Pilat spori disprețul și pofta unei răzbunări. Puțin după aceea aduse în palatul lui Irod – unde stătea când se afla în Ierusalim – niște tăblițe votive închinate împăratului. Dar preoții aflară și poporul fu iarăși „topit“ și ațâțat.

Îi cerură să ia de-acolo pe dată acele dovezi de idolatrie, amenințându-l că vor merge până la Cezar să i se plângă de împilările și cruzimile pe care le săvârșise până atunci. Pilat, nici de data aceasta nu se lăsă. Iudeii făcură plângere la Tiberius, care trimise vorbă să se întoarcă tăblițele înapoi la Cezarea.

De două ori fusese biruit Pilat; dar a treia oară nu-l mai prinseră. Venind din cetatea fermelor și a apeductelor; iubind, precum se știe, mai presus de orice îmbăierile, băgă de seamă că Ierusalimul n-avea apă și se gândi să zidească un mare havuz și un apeduct lung de câteva mile. Dar lucrarea era costisitoare și, ca s-o plătească, șterpeli o sumă frumușică din vistieria Templului. Vistieria era bogată – căci toți iudeii risipiți prin împărăție dădeau fuga acolo să aducă pomeni, ori le trimiteau de departe când nu puteau să vină ei –; dar preoții strigară că Templul le fusese pângărit și poporul, ațâțat de dânșii, se răsculă; astfel că intrând Pilat în Ierusalim de sărbătorile Paștelui, mii de oameni se grămădiră, făcând tărăboi, în preajma palatului său. Dar de data aceasta trimise în mijlocul mulțimii o droaie de soldați îmbrăcați la fel cu târgoveții și care, la un moment dat, prinseră a-i ciomăgi pe cei mai îndârjiți; astfel că repede-repede o rupseră toți la fugă, iar Pilat putu să-și umple în lege havuzul plătit cu banii evreilor și să se slujească de el pentru feluritele-i spălături.

Nu de multă vreme se întâmplase această ciocnire, când aceleași căpetenii ale preoților care în trei rânduri se răzvrătiseră împotriva ocârmuirii sale, aceiași care încercaseră să-l răstoarne, acei oameni ce-l urau de moarte, care-l urau ca roman, ca simbol al stăpânirii străine și al robiei lor, care-l urau și mai vârtos pentru că le era nesuferit, pentru că era Ponțiu Pilat, dușman al cultului și prădător al arginților lor – erau nevoiți să se roage de el ca să-și poată ușura o altă ciudă mai mare, care în acele clipe le întrecea pe toate câte cloceau în inimile lor păcătoase. Nespus de greu le venea, dar n-aveau încotro; căci osândirile la moarte nu puteau fi aduse la îndeplinire până ce nu le întărea reprezentantul Cezarului.

În acea dimineață de vineri, Ponțiu Pilat, strâns în cutele togii, somnoros și căscând întruna, îi așteaptă în Palatul lui Irod, necăjit pe acei gălăgioși nesuferiți, care cu nesfârșitele lor buclucuri l-au silit să se scoale cu noaptea în cap.

Gloata pârâtorilor și a gealaților năvălește în cele din urmă în piața din fața Pretoriului. Dar se oprește afară, căci de-ar fi să intre într-o casă în care-i dospitură și pâine plămădită cu drojdie, s-ar spurca pe toată ziua și n-ar mai putea mânca Paștele. Sângele celui nevinovat nu pătează; drojdia da.

Pilat, înștiințat, se arată în prag și întreabă răstit:

— De ce s-a făcut vinovat omul acesta?

Cei care dau să răspundă sunt dușmanii săi: iar omul acela, după cât se pare, e un dușman al lor: așa că Pilat, fără să-și dea seama bine, e de partea lui. Nu doar că i-ar fi milă – osânditul nu-i oare iudeu ca și ceilalți, iar pe deasupra și calic? – dar dacă cumva n-ar avea vină, nici prin gând nu-i trece să le facă pofta acelor iudei nesuferiți și murdari.

Caiafa răspunde pe dată, aproape jignit:

— De n-ar fi un răufăcător, nu ți l-am fi adus aici.

Atunci Pilat, care nu vrea să-și piardă vremea cu gâlcevi popești, și care nu crede să fie vorba de-o crimă pedepsită cu moartea, răspunde morocănos:

— Luați-l și judecați-l după legea voastră!

În aceste vorbe încolțește gândul lui de a-l scăpa pe acel om, fără a se vedea nevoit să-i ia fățiș apărarea. Dar hatârul Procuratorului, care în alte împrejurări l-ar fi umplut de bucurie pe Caiafa și pe toți ai săi, de data aceasta nu le miroase a bine; căci Sinedriul nu poate osândi decât la pedepse ușoare, pe câtă vreme astăzi ei umblă după cea mai grea din toate și nu se pot lipsi, din păcate, de mâna romanului.

— Știi prea bine – răspunde – că n-avem căderea să osândim la moarte.

Pilat pricepe numaidecât ce osândă s-a dat împotriva nenorocitului ce-i stă în fața și vrea să știe ce faptă a săvârșit: ceea ce li s-ar părea vrednic de cel mai mare chin acestor furioși habotnici, ar putea fi vinovăție de trecut cu vederea în ochii unui roman. Vulpile Templului au și pus la cale, dis-de-dimineață, cum să înlăture această greutate. Știu prea bine că Pilat nu le-ar face pe chef de i-ar spune că osânditul zguduie din temelii religia străbună și vestește împărăția lui Dumnezeu. Astfel că vor minți. Celui care săvârșește o faptă nelegiuită puțin îi pasă de mai săvârșește și altele, mai mărunte. Pilat nu poate fi învins decât cu însăși armele sale, recurgându-se la loialitatea lui față de Roma și de împărat, la însăși rațiunile autorității sale. S-au înțeles din vreme să-i dea pârei înfățișare politică. De-i vor spune că Isus e un Messia prefăcut, Pilat va zârnbi; dar dacă vor striga sus și tare că-i un răzvrătitor, un ațâțător de noroade care răscoală plebea împotriva Romei, nu va mai avea încotro și-l va osândi la moarte.

— Am dat peste el răsculând poporul și oprindu-i pe oameni de-a mai plăti dările către Cezar, zicând că el e Cristos, Regele iudeilor. Răzvrătește norodu', propovăduind prin toată ludea: a purces din Galileea și a ajuns până aici.

Câte vorbe, atâtea minciuni. Isus a poruncit să i se dea Cezarului ce-i al Cezarului; n-are nimic de împărțit cu Romanii; spune că-i Cristos, dar nu în înțelesul grosolan și politic de rege al iudeilor; în sfârșit, nu răscoală poporul, ci vrea să facă dintr-un norod nenorocit și îndobitocit, o împărăție fericită de sfinți. Acele învinuiri, deși foarte grave chiar și pentru Pilat de-ar fi fost adevărate, sporesc bănuielile Procuratorului. Să fie oare cu putință ca aceste vipere trădătoare care urăsc Roma de moarte, care-l urăsc de moarte pe el, care-au încercat în mai multe rânduri să-l dea jos și n-au alt gând decât să-i pună pe fugă pe stăpânitorii străini, tocmai ei să se aprindă, așa dintr-odată, de-atâta zel, încât să-l pârască romanilor pe-un răzvrătit de-al lor?

Pilat se îndoiește și vrea să se încredințeze însuși, cercetându-l pe osândit între patru ochi. Se întoarce în

Pretoriu și poruncește să i-l aducă acolo pe Isus. Trecând peste învinuirile mărunte, merge de-a dreptul la cea de căpetenie:

— Ești tu Regele iudeilor?

Dar Isus nu răspunde. Cum l-ar putea face să înțeleagă pe acest roman care nu știe de făgăduielile lui Dumnezeu, pe un ateu pirronian care limitează întreaga-i religie la cultul mincinos și demoniac al unui om în viață – și al cărui om! al lui Tiberius –, cum să-i lămurească acestui libert crescut de legiștii și de retorii Romei în cel mai greu-mirositor dintre maidanele acelor vremuri, în ce înțeles își poate zice rege al unei domnii încă neîntemeiată, al unei domnii numai și numai spirituală, care va înlătura orice domnie pământească?

Isus citește în adâncul sufletului lui Pilat și nu-i răspunde, precum nu le-a răspuns la început lui Ana și lui Caiafa. Procuratorul nici că-și poate lămuri pricina acelei tăceri, la un om de-asupra căruia spânzură moartea:

— N-auzi de câte nelegiuiri te învinovățesc aceștia?

Dar Isus tace și acum. Pilat, care cu niciun preț n-ar vrea să le facă pe plac celor care-l urăsc pe el ca și pe acest om, stăruie, cu nădejdea să-i smulgă un nu, care să-i îngăduie hotărârea de a-i da drumul.

— Ești sau nu Regele iudeilor?

Dacă Isus ar spune nu, s-ar trăda pe sine; le-a mărturisit ucenicilor și judecătorilor că-i Cristos; nu vrea să scape de moarte mințind. Ca să-l potolească pe roman răspunde, precum îi e obiceiul, cu o altă întrebare:

— Spui asta de la tine, ori așa ți-au spus ceilalți despre mine?

Pilat se simte chiar jignit.

— Da' ce-s iudeu? Ai tăi, căpeteniile preoțimii voastre mi te-au dat pe mână. Ce-ai făcut? Ești ori ba Regele iudeilor?

Răspunsul lui Pilat, trecând peste apostrofarea mânioasă de la început, e împăciuitor.

— Drept cine mă iei? Nu știi că-s roman, că nu-i cred pe dușmanii tăi? Preoții te învinovățesc, nu eu; dar n-au încotro: trebuie să te aducă la mine; scăparea-ți stă în mânile mele; spune că nu-i adevărat tot ce jură aceștia și-ți dau drumu'.

Isus nu vrea să scape de moarte; totuși, se hotărăște să încerce de a-l lumina pe acest păgân. Tatăl poate orice: n-ar putea fi Pilat cel din urmă convertit al acestui muribund?

— Regalitatea mea, îi spune, nu-mi vine de pe acest pământ. De-ar fi așa, supușii mei s-ar război să nu fiu dat pe mâna iudeilor; regalitatea mea nu-i lumească.

Sluga lui Tiberius nu pricepe. Deosebirea dintre „aici jos" și „acolo sus" nu-i e lămurită. Colo sus stau, de-o fi adevărat ce se spune, zeii binefăcători, ori pizmași ai oamenilor; în Hades stau umbrele morților, dacă cumva mai rămâne ceva din noi atunci când trupul e mistuit de foc ori de viermi; singura realitate adevărată e „aici jos", pământul cel nesfârșit, cu toate împărățiile sale. Și iarăși întreabă:

— Ești sau nu ești rege?

Nu mai vede de ce i-ar spune nu. Ce le-a mărturisit și celorlalți, îi va mărturisi și acestui orb.

— Da, adevărat e, sunt rege. Născutu-m-am să fiu rege și de asta venit-am: să mărturisesc adevărul. Oricine-i de partea adevărului, mi-ascultă glasu'.

Atunci Pilat, plictisit de ceea ce lui i se pare vorbărie cu ifos de misticism, răspunde cu celebra apostrofare:

— Da' adevăru' ce-i?

Și fără să mai aștepte răspunsul, se scoală ca să plece. Scepticul roman care-a fost poate în mai multe rânduri de față la nesfârșitele dispute ale filozofilor și s-a convins, auzind atâtea discuții pseudometafizice în contradictoriu și atâtea subtilizări sofistice, că, adevărul nu există, ori, chiar de există, că nu le e dat oamenilor să-l cunoască, nu-și închipuie o singură clipă că adevărul i l-ar putea descoperi acel sărman și neștiut evreu ce-i stă în fața ca un tâlhar. Lui Pilat îi fu hărăzită soarta, doar în acea zi a vieții sale, să contemple chipul adevărului, supremul adevăr schimbat în om; și n-a fost în stare să-l vadă. Adevărul viu. Adevărul care l-ar putea învia, care-ar putea face din el un om nou, îi stă în față, întruchipat în carne omenească, acoperit de niște straie sărace, cu fața pălmuită și mâinile legate. Și în trufia lui nici măcar nu ghicește ce nebănuit noroc a dat peste el; noroc pentru care milioane de oameni îl vor pizmui după moarte. Cine i-ar fi spus că numai pentru astă întâlnire, numai pentru grozava cinste de-a fi vorbit cu Isus și de a-l fi dat pe mâna răstignitorilor, numele său va fi știut, de-i nelegiuit și blestemat, de toate veacurile și de întregul neam omenesc, pe acela Pilat l-ar fi luat drept nebun.

Pilat e orb, de-o orbire înspăimântătoare și fără leac; iar Isus, în chiar acea zi, îl va ierta și pe dânsul; căci orbii își dau seama mai puțin ca ceilalți de ceea ce fac.

CLAUDIA PROCULA

În clipa în care Pilat se îndrepta spre ușă să le dea răspuns iudeilor care bombăneau nerăbdători cu frica în sân pe la porți, se apropie de dânsul un sclav trimis de nevasta sa.

— Să-ți cauți de treabă cu acel om drept – îi trimitea vorbă – pentru că astăzi am pătimit mult în somn din pricina lui.

Niciunul dintre cei patru istorici nu spune în ce fel primi Procuratorul neașteptata rugăminte a soției sale. Nici despre dânsa nu știm mai mult, afară de nume. Îi zicea după Evanghelia lui Nicodim, Claudia Procula; iar dacă numele e adevărat, s-ar putea să fi fost din ginta Claudia, strălucită și cu mare trecere la Roma. Putem bănui că era, prin naștere și legături de rudenie, de stare mai bună ca bărbatul său și că Pilat, simplu libert, îi datora ei, înrâuririle de care se bucura, însemnata-i magistratură din Iudeea.

De va fi fost așa, rugăciunea Claudiei Procula nu-l putea lăsa rece pe Pilat, mai ales dacă femeia îi era dragă.

Că ținea mult la dânsa, atât cât putea să iubească un bărbat cu o fire ca a sa, ne-o spune faptul că ceruse s-o ia cu el în Asia; deoarece străvechea lege Oppia, deși îndulcită de-un senatus consult de pe când erau consuli Cetegus și Varro, nu le îngăduia proconsulilor să-și ia cu ei soțiile; așa că va fi fost nevoie de-o învoire specială a lui Tiberius pentru ca şi Claudia Procula să-l poată urma pe Ponțiu Pilat în Iudea.

Pricina mijlocirii sale, dată fiind scurtimea povestirii, rămâne tainică. Cuvintele lui Matei dau de înțeles că era vorba de-un vis care-o va fi chinuit din pricina lui Isus. Se prea poate să fi auzit vorbindu-se, de la o vreme, despre noul prooroc; poate că-l văzuse în acele zile: iar acel om, atât de diferit de ceilalți iudei, care n-avea nimic din demagogul de rând ori din fariseul ghebos, trebuie să-i fi plăcut închipuirii sale de romană. Nu pricepea limba ce se vorbea în Ierusalim; dar vreun tălmaci al curiei poate că-i adusese la cunoștință vreuna dintre spusele lui Isus, vreuna din acelea menite să-i întărească credința că nu putea fi, precum se spunea, un ucigaș primejdios.

Pe vremea aceea romanii, mai cu deosebire femeile, prindeau a fi ispitiți de miturile și culturile Răsăritului, care le satisfăcea dorința de nemurire individuală mai bine ca străvechea religie latină, rece negoț legal de sacrificii pentru scopuri utilitariste ori politice. Multe patriciene, în plină Romă, se inițiaseră în misterele lui Mitra, ale lui Osiris și ale Marii Mame, iar unele arătau oarecare înclinare chiar și către iudaism. Tocmai sub Tiberius, nenumărați evrei care stăteau la Roma fuseseră izgoniți din capitală, pentru că, după spusele lui Iosif Flavius, câțiva dintre ei înșelaseră o matroană, pe Fulvia, convertind-o la iudaism. Iar Fulvia, după cât aflăm dintr-o mărturie întâmplătoare a lui Suetoniu, nu era singură.

Nu-i cu neputință ca, trăind în Iudeea, Claudia Procula să fi avut curiozitatea de-a cunoaște mai de-aproape credințele poporului ocârmuit de soțul său și să fi căutat a afla, dornică de noutate cum sunt toate femeile, care erau noile doctrine pe care le propovăduia proorocul acela galilean, despre care atât se vorbea în Ierusalim. Văzând și făcând, Claudia se întări în credința că Isus era un „Om Drept", un nevinovat. Visul ei din acea noapte – vis urât, de vreme ce-o chinuise – o întări și mai mult în această credință și nu trebuie să ne minunăm că, bizuindu-ne pe trecerea pe care o au femeile asupra bărbaților, chiar când aceștia nu le mai iubesc, i-a trimis lui Pilat acea vorbă.

Nouă ne este de-ajuns că i-a spus „Om Drept" aceluia pe care Iudeii voiau să-l omoare. Alături de Centurionul din Capernaum și de femeia din Cana, Claudia Procula e cea dintâi care-a crezut în Isus; și nu fără temei o socotește sfântă Biserica Greacă.

În sufletul lui Pilat, mai dinainte pornit spre nepăsare dacă nu chiar spre iertare, din pricina urii pe care i-o purta lui Caiafa, dar și în urma celor ce-i spusese osânditul, dorința soției sale întări cea dintâi înclinare. Claudia Procula nu spusese: „Scapă-l!" ci: „Să n-ai de-a face cu el!" Tocmai ce gândise Pilat. Ca și cum și-ar fi dat seama, fie și numai pe departe, de gravitatea celor ce aveau să se întâmple, nu voia să fie părtaș la moartea acestui misterios cerșetor care se da drept rege. Spusese numaidecât să-l judece ei; dar nu se învoiseră. Atunci îi trece prin cap un alt chip în care să scape de acea îndatorire. Se întoarce iar către Isus și-l întreabă dacă-i galilean.

Pilat a scăpat. Isus nu ține de jurisdicția lui, ci de-a lui Irod Antipa. Acela, din fericire, se află tocmai în Ierusalim, venit ca de obicei pentru sărbătorile Paștelui. Procuratorul a găsit o portiță legală ca să-și mulțumească nevasta și să iasă cu bine din acea plicticoasă încurcătură. Pe deasupra, se ia bine cu iudeii, lăsându-l pe unul de-ai lor să ia cea din urmă hotărâre; totodată, îi face în ciudă Tetrarhului pe care-l urăște din toată inima, bănuindu-l cu temei că-l pârăște 'ntr-ascuns la Tiberius. Și fără a mai pierde vremea, le poruncește soldaților să-l ducă pe Isus în fața lui Antipa.

MANTIA ALBĂ

Cel de-al treilea judecător pe la care e purtat Isus era unul dintre copiii pe care sângerosul porc zis Irod cel Mare îl făcuse cu una dintre cele cinci neveste. Era leit tată-său; căci le făcuse rău fraților, după cum acela se purtase cu copiii. Atunci când fratele său Archelau, frate bun, fu învinuit de supuși, făcu tot posibilul ca să-l trimită în surghiun; unui alt frate, lui Irod, îi luă nevasta. La șaptesprezece ani începu să domnească, Tetrarh al Galileei și al Pereei; iar ca să intre pe sub pielea lui Tiberius, îi făgădui să-i dea de știre într-ascuns purtarea fraților săi și a demnitarilor romani din Iudeea. Mergând odată la Roma, se îndrăgosti de Irodiada, care-i era și nepoată și cumnată, fiind fata fratelui său Aristodul și nevasta celuilalt frate Irod; ci fără a șovăi în fața îndoitului incest, se ținu de ea să fugă cu el, împreună cu copila adulterei, Salomeea! Prima-i nevastă, fiica lui Areta regele nabateilor, se întoarse la tatăl său, care porni cu război împotriva lui Antipa și-l bătu.

Toate acestea se întâmplau pe vremea când numele lui Ioan Botezătorul umbla tot mai stăruitor din gură în gură. Proorocul lăsa să-i scape vorbe de osândire împotriva celor doi incestuoși adulteri și fu de-ajuns atâta pentru ca Irodiada să-l hotărască pe nou-i bărbat de-a pune să-i prindă și să-i închidă în fortăreața din Macheronte. Oricine știe în ce chip spurcatul Tetrarh, păcătoșit cu desfrânările necoaptei Salomeea, poate printr-un nou incest, s-a văzut nevoit să-i dea la picioare capul lățos al Proorocului Focului, pe-o tipsie de aur. Dar umbra lui Ioan, chiar după tăierea capului, nu-i dădea pace; iar când prinseră a vorbi despre Isus și despre minunile sale, le spuse curtenilor:

— A-nviat Ioan Botezătoru'.

Se pare că nu-l mai slăbea din ochi pe noul prooroc; ba la un moment dat, pare-se că s-a gândit să-i facă de petrecanie ca și premergătorului său. Dar gândindu-se mai bine, hotărî, fie din tact politic, fie din superstiție, să nu mai aibă de-a face cu proorocii și-și dădu seama că mai nimerit ca orice era să-l silească pe Isus să plece din

Tetrarhie. Într-o zi, câțiva farisei, mai mult ca sigur puși la cale de Irod, se duseră la Isus și-i spuseră:

— Pleacă de-aici, că Irod vrea să te omoare.

— Mergeți de-i spuneți vulpoiului – răspunse – că eu trebuie să umblu azi, mâine și poimâine; că nu-i cu putință ca un prooroc să moară afară din Ierusalim.

Iar acum, în Ierusalim, aproape de groapă, i se înfățișează vulpoiului. Acest trădător spion, adulter și incestuos, asasin al lui Ioan și dușman al proorocilor, e făcut să osândească nevinovăția. Dar Isus l-a botezat bine: e mai mult vulpe decât tigru și n-are neobrăzarea să-l înlocuiască pe Pilat. Dimpotrivă, povestește Luca, „se bucură foarte, căci de multă vreme dorea să-l vadă: căci auzise vorbindu-se despre el și trăgea nădejde să-l vadă săvârșind vreo minune".

Fiul Idumeului și al Samaritencei și-a fript degetele la focul lui Ioan și-l primește pe Isus așa cum un bărbat îmblânzitor, cu mâna însemnată de colții leului, cată la o nouă fiară pe care i-o aduc s-o vadă. Şi arde de nerăbdare, ca toți barbarii răsăriteni, să vadă vreo minune; și-l închipuie pe Isus ca pe-un vrăjitor hoinar, care poate să-și repete când vrea vrăjitoriile. Îl urăște cum l-a urât pe Ioan: dar îl urăște și de frică: proorocii au o putere pe care n-o pricepe, dar care-l înspăimântă: poate că tăierea capului lui Ioan îi fusese piază rea. Dorește și el să-l știe mort pe Cristos; dar n-are chef să fie părtaș la acea moarte.

Văzând că în acele clipe nu se putea aștepta la desfătarea cu vreo minune, prinse a-i pune tot felul de întrebări; dar Isus nu-i răspunde la niciuna. Și-a silnicit tăcerea pentru Ana, pentru Caiafa, pentru Pilat; şi nu și-o va silnici pentru acest spurcat. Ana și Caiafa îi sunt dușmani de moarte; Pilat e un orb care se poticnește crezând că-l scapă; dar acesta e un vulpoi laș, pe care nu face să-ți strici înjurătura.

Căpeteniile preoților și scribii, de frică să nu care cumva să nu-l lase inima, după cum nici nu l-a lăsat, pe ucigașul lui Ioan de a-l ucide pe Isus, își însoțiseră victima până acolo și-l învinovățeau pe Isus în gura mare, furioși.

Aceste învinuiri precum și tăcerea celui învinuit ațâțară ciuda mocnită a lui Antipa care, după ce-l batjocori de-a valma cu soldații pe îndumnezeitul taciturn, îi aruncă pe umeri o mantie strălucitoare și-l trimise iarăși la Pilat.

Și lui, ca și romanului, dar din alte pricini, îi e silă să-l osândească pe cel botezat de Ioan, pe cel care poate fi Ioan în carne și oase, înviat din morți ca să se răzbune. Dar luându-și rămas-bun de la el, îi face un dar care-i o nevoită mărturie a măreției muribundului. Mantia strălucitor de albă, după cum ne spune Iosif Flavius, e veșmântul regilor iudei, iar lui Isus i se aduce tocmai învinuirea că vrea să se dea drept rege al iudeilor. Șiretul Antipa voi să batjocorească dorința lui Isus cu ironia darului; însă totodată, acoperindu-l cu acea mantie albă, semn al nevinovăției și al suveranității, spurcata vulpe îi dădu lui Pilat o veste simbolică, prin care întărea fără voia lui rugămintea Claudiei Procula, învinuirea lui Caiafa și mărturia lui Cristos.

SĂ MOARĂ!

Pilat socotea că de-acum își luase de pe umeri supărătoarea sarcină pe care voiau să i-o pună în cârcă cu de-a sila potrivnicii săi. Dar când văzu că i-l aduc iarăși pe Isus, înfășurat în acea mantie albă de rege, pricepu că trebuia cu orice chip să ia o hotărâre.

Îndârjirea celor pe care din o mie și una de pricini îi bănuia; îndurarea nevestei sale; răspunsurile pârâtului; codirea lui Antipa, totul îl înduplecaseră acum să nu le dea iudeilor viața pe care i-o cereau. Poate că în vreme ce Isus era târât în fața Tetrarhului, îl cercetase pe vreun curtean asupra rostului așa-zisului rege, iar veștile, de le-o fi avut, îl întăriră în hotărârea sa. În spusele lui Isus nu se întrezărea nimic care să-l îngrijoreze pe Pilat; dimpotrivă, multe lucruri erau menite să-i placă, ori cel puțin să-i apară drept prielnice autorității Romei.

Isus propovăduia dragostea față de dușmani, iar romanii erau socotiți în Iudeea ca atare; le zicea săracilor că-s fericiți, îi îndemna deci să plece capul, iar nu să se răscoale; sfătuia să i se dea înapoi Cezarului ce-i al Cezarului, cu alte cuvinte să se plătească dările împăratului; era potrivnic formalismului fariseic, care înăsprea legăturile romanilor cu supușii lor; nu ținea sâmbăta, mânca cu dușmanii și cu păgânii, proorocea că împărăția-i nu era pe astă-lume, ci într-o lume atât de metafizică și de îndepărtată, că nu-l putea pune în primejdie pe Tiberius, ori pe cel ce-avea să-i urmeze. Pilat, de cunoscu toate aceste lucruri, își va fi spus desigur în gând, cu ușurința tuturor scepticilor, mai ales când se cred oameni politici subțiri, că minunat i-ar fi mers treburile lui și ale Romei dacă mulți iudei s-ar fi luat după Isus, mai degrabă decât să se pregătească de răscoală, ațâțați într-ascuns de zeloși.

E hotărât, așadar, să-l scape pe Isus; dar în această milostenie ține să strecoare un spin de sarcasm, un gând jignitor pentru căpeteniile preoțești, care în trei rânduri s-au răsculat împotrivă-i, iar acum îl sâcâie să se schimbe în gâdele lor. Și până la urmă se va preface că-l socoate pe Isus Rege al Iudeilor. Iată-ți Regele, Regele pe care-l meriți, neam păcătos și viclean! Un dulgher de țară, un hoinar, un apucat care scornește basme despre împărății cerești și târăște după el o mână de pescari, de țărani și de femei pierdute. Priviți-l în ce hal a ajuns, cât e de istovit, cum l-ați pocit! De ce vreți să-l omorâți? Să aveţi parte de el: nu meritați s-aveți un rege mai bun. La rându-mi, la fel vouă, voi petrece puțin chinuindu-l; și-apoi îi voi da drumu'.

Dând poruncă să-l scoată pe Isus afară, se arătă în ușă și le spuse căpeteniilor preoțești, ca și celorlalți care se înghesuiau cu fețele întinse să audă în sfârșit sentința:

— Înfățișatu-mi-ați acest ins, spunând c-ar răscula poporul; ci iată, după ce l-am cercetat de față cu voi, nu l-am aflat vinovat de niciuna din faptele pentru care-l pârâți. Tot astfel și Irod, de vreme ce l-a trimis iarăși la noi. N-a săvârșit așadar nicio nelegiuire care să merite moartea, îi voi da o pedeapsă și pe urmă-l voi dezlega.

Nu acela era răspunsul la care s-așteptau câinii leșuiți de sânge ce se învălmășeau gălăgioși în piață. Un răcnet de fiară se învolbură, deodată, în gurile lor căscate:

— Să moară!

Prea ușoară pedeapsă ar fi bătaia, pentru acel primejdios dușman al Dumnezeului Oștirilor și Negoțului. De altceva e nevoie spre a-i mulțumi pe casapii Templului. Au venit să ceară sânge, iar nu iertare.

— Să moară! – urlau Ana și Caiafa; iar cu ei șuierau viperele farisee, răcneau negustorii vitelor sfinte, zarafii sacrilor arginți, samsarii de măgari, hamalii caravanelor.

— Să moară! – lătrau scribii scrobiți în togile lor de teologi, precupeții bâlciului de Paști, cârciumarii din partea de sus a târgului, leviții, țârcovnicii Templului, tejghetarii cămătarilor, trepădușii popilor, toată gloata aceea slugarnică ticsită în fața Pretorului.

De îndată ce se mai potoli cât de cât gălăgia, Pilat întrebă:

— De-i așa, ce să fac cu Isus, căruia-i spun și Cristos?

Atunci, toți răspunseră:

— Să fie răstignit pe cruce!

Dar Procuratorul se împotrivește:

— Dar ce rău v-a făcut?

Iar gloata răcni lot mai întețit:

— Să fie răstignit! Să fie răstignit!

Isus, galben la față și senin în candoarea mantiei de ocară, se uită blând la mulțimea care vrea să-i dea ce-a dorit de-atâta vreme în adâncul inimii sale. Moarte pentru ei, cu îndumnezeita nădejde că-i va mântui prin moartea sa și pe dânșii; iar ei sar asupră-i, urlând de parc-ar voi să fugă de soarta în fața căreia a plecat fruntea. Prietenii nu-i sunt acolo, se ascund; întregu-i neam vrea să-i bată trupul în piroane: doar un străin, un roman, un închinător de idoli, îi mai ocrotește viața. De ce nu se îndură și acela să-l dea pe mâna răstignitorilor? Nu bagă de seamă oare că prefăcuta-i milă nu izbutește decât să-i prelungească, să-i înăsprească agonia? A iubit: se cade deci să fie hulit; înviat-a morții: drept e să fie omorât; vrea să mântuiască: se cade deci ca toți să-i vrea pierzarea; n-are nicio vină: fie deci jertfit vinovaților.

Dar încăpățânatul Pilat nu se dă bătut în fața urletelor iudeilor și a tăcutei rugăminți a lui Isus. Vrea să-l scape cu orice preț. Nu-i vine în ruptul capului să împlinească voia acelor câini spurcați.

Nu i-a mers să treacă asupra lui Antipa neplăcuta răspundere a unei osândiri la moarte; nu-i merge să bage în capul acestui norod de tigri și măgari, nevinovăția nenorocitului său Rege. Li s-a năzărit să vadă puțin sânge; se dau în vânt să se răsfețe, în aceste zile de sărbătoare, cu priveliștea unei răstigniri. Îi va sătura printr-o târguială: dându-le în schimbul unui nevinovat stârvul unui ucigaș.

— Vă spun că nu-i aflu nicio vină. Datina voastră e să vă scot din închisoare un tâlhar de Paști. Pe care să-l scot: pe Barabba, ori pe Isus, căruia-i zice și Cristos?

Poporul, luat pe neașteptate, nu știa ce să răspundă. Până aici fusese vorba de unul singur, de-o singură victimă, de-o singură schingiuire: totul era limpede ca văzduhul acelei dimineți din miez de primăvară. Dar acest păgân nărăvaș, numai și numai ca sa-l scape pe acel născocitor de scandaluri, scoate la iveală un alt nume, care încurcă totul. Ar vrea să-l bată, cel mult, în loc să-l răstignească pe cruce; iar acum ar vrea să ne dea pe mână un alt tâlhar, în locul celui pe care-l vrem noi. Din fericire erau acolo bătrânii, scribii și preoții care nu înțelegeau în niciun chip să le scape Isus din mână; așa că aceștia, cât ai clipi, insuflară ce trebuiau să răspundă. Iar când Pilat îi mai întrebă o dată:

— Pe care din doi să-l scot din lanțuri?

Toți, într-un singur glas, răspunseră:

— Pe Barabba! Celălalt să moară!

Omul pe care Procuratorul îl dădea drept sânge de răscumpărare iubitorilor de răstigniri, nu era un netrebnic oarecare. În tradiția populară i s-a dus vestea c-ar fi fost un tâlhar de drumul mare, înhăitat în tagma ucigașilor de meserie. Însă porecla lui – Bar Rabban, ceea ce înseamnă Fiul Rabului, ori mai degrabă Ucenic al Învățătorului, deoarece spudeilor de rabini li se mai zicea și fii – ne spune că prin naștere ori studii făcea parte din casta Doctorilor Legii. Marcu și Luca mărturisesc lămurit că era învinuit de omor în timpul unei răscoale, că săvârșise deci un asasinat politic. Barabba, crescut la școlile scribilor în deplângerea Regatului iudeu și în ura împotriva stăpânilor păgâni, era desigur un zelos și fusese prins în vălmășagul uneia din acele răscoale înăbușite, atât de dese în acei ani. S-ar fi putut oare ca tagma saducheilor și fariseilor, însuflețită în adâncul ei de aceleași sentimente ca și zeloșii, chiar dacă din motive de stat le ascundeau sau le uitau din pricina păcătoșirii, să se mulțumească cu acel schimb absurd?

Barabba, deși ucigaș – ba tocmai pentru că era ucigaș – era un patriot, un martir, un obidit al străinilor. Pe câtă vreme Isus, deși nu ucisese pe nimeni, avea de gând să săvârșească fapte mult mai primejdioase ca un omor: voia să răstoarne legea lui Moise, să dărâme Templul. Cu un cuvânt, Barabba era un fel de erou național; celălalt, un dușman al nației. Făcea oare să-și mai piardă vremea alegând?

— Dă-i drumu' lui Barabba! Celălalt să moară!

Ponțiu Pilat n-a fost în stare să-l scape, să se mântuiască pe sine nici de data aceasta. Până acum ar fi trebuit să bage de seamă că mai-marii iudeilor n-aveau să mai dea drumul cărnii în care își înfipseseră dinții, singura cu care își puteau potoli foamea. Aveau nevoie de ea în ziua aceea ca de aer și de pâine. Nu s-ar fi urnit de-acolo, nu s-ar fi dus nici să mănânce, până ce n-aveau să-l vadă pe acel Messia bastard pus la adăpost, cu patru cuie, pe două lemne încrucișate.

Ponțiu Pilat e laș. Îi e frică să nu săvârșească o nedreptate; îi e frică să nu-și supere nevasta; îi e frică să facă pe placul dușmanilor săi; dar, totodată, îi e frică să-l ocrotească pe Isus, îi e frică să dea poruncă soldaților să împrăștie acea gloată neobrăzată și gălăgioasă, îi e frică să hotărască cu un gest răspicat de autoritar punerea în libertate a nevinovatului Isus, iar nu a ucigașului Barabba. Un roman adevărat, un roman îndătinat, neaoș, i-ar fi mulțumit repede, repede pe acei bețivi, fără a mai pierde o singură clipă, ca să apere un zvăpăiat din toată lumea; sau ar fi decretat din capul locului că acel om era nevinovat și pus sub augusta proteguire a imperiului.

Pilat, abuzând de stratageme, de amânări, de codite cercetări, de jumătăți de vorbe și măsuri, de șovăiri, de hotărâri stângace și retrase, de porniri rău îndrumate, se pomenea căzut acum încet, încet acolo unde n-ar fi voit să alunece. A nu fi curmat deodată tăgada cu da ori cu nu, sporise obrăznicia căpeteniilor și frământarea gloatei. Iar acum nu-i mai rămâneau decât două căi: să se învoiască cinstit, după atâtea dibuiri și împotriviri; sau să înfrunte primejdia de-a isca o răscoală ce s-ar fi putut schimba, în acele zile în care Ierusalimul găzduia aproape un sfert din locuitorii Galileei, într-o revoltă în toată legea.

Hărțuit de învăluirea gândurilor sale nebărbătești, asurzit de urlete, nu-i în stare decât să le mai ceară o dată părerea celor cărora ar trebui și ar dori să le poruncească:

— Așadar; ce se cade să fac cu Isus zis Cristos?

— Răstignește-l! Să fie răstignit!

— Dar n-a făcut nicio faptă nelegiuită!

— Răstignește-l! Răstignește-l!

Ce să știe acest străin afurisit dacă Isus a făcut ori nu vreo faptă rea? După religia noastră e un șarlatan, un pângăritor al celor sfinte, un dușman al poporului și trebuie să moară. Chiar de n-a făcut nimic, trebuie să moară; căci vorbele lui sunt mai primejdioase decât cea mai mare nelegiuire.

— Răstignește-l! Răstignește-l!

— Luați-l voi, strigă Pilat, și răstigniți-l; că eu nu-i pot afla nicio vină.

— Avem o lege a noastră; iar după astă Lege trebuie să moară, pentru că și-a zis Fiul lui Dumnezeu!

Tăcerea lui Isus plutește pe deasupra fioroasei vălmășiri de răcnete. Se războiesc în preajma trupului său, iar el abia pare că-i bagă în seamă. Știe de la începutul începutului că soarta-i e pecetluită, că aceea îi e ziua. Bătălia e atât de neomenească! De-o parte un păgân care nu știe nimic despre el și nu pricepe nimic, care nu-l ocrotește din dragoste ci din necaz, care nu-i ia apărarea fățiș, ci prin șiretlicuri și chițibușuri, pe care-l îngrozește mai mult o răscoală decât o nedreptate, care se încăpățânează din ambiție, iar nu din convingerea nevinovăției. De cealaltă parte un cler amenințat, o burghezie păgubită, un norod pus pe nimicire ca toate gloatele. Norocul armelor oricine-i în stare să-l prezică.

Ponțiu Pilat însă nu se dă bătut. Îl va dărui pe Barabba părtașilor săi, dar nu-l părăsește pe Isus. Se întoarce la gândul de la început: să-i dea o pedeapsă. Poate că văzând vânătăile și sângele bășicat sub vergi se vor mulțumi cu această arvună de schingiuire și-l vor lăsă în plata Domnului pe Nevinovatul care se uită cu aceeași milă la ciobanul josnic, ca și la lupii cei hrăpăreți.

Procuratorul a spus că nu-i află nicio vină și totuși îl va pedepsi să fie bătut cu vergile. Această nedreptate, această jumătate de silnicie, această tocmeală e în stilul lui Pilat; dar fi-va, ca și celelalte încercări, o poticnire și la urmă o batjocură mai mult, înainte de înfrângerea pe toată linia. Iudeii răgușesc de mult ce țipă:

— Să fie răstignit!

Pilat intră atunci în Pretoriu și-l dă pe Isus soldaților romani, spre a fi bătut până la sânge.

UN REGE ÎNCORONAT

Soldățimea de strânsură care, în provincii, alcătuia grosul legiunilor, atâta aștepta. În tot acel răstimp, militarii care făceau de gardă la Pretoriu se văzuseră nevoiți să fie de față, smirnă și tăcuți, la acea neînțeleasă încăierare colonială, din care pricepeau un singur lucru: că mai-marele lor nu prea ieșise cu fața curată. O vreme râseseră văzând strâmbăturile, înjurăturile și vălmășagul acelei mișunări iudaice; dar pe urmă băgaseră de seamă că

Procuratorul, încruntat și uluit, dădea din colț în colț, fără a izbuti să se descurce din acea încurcătură ce dăduse peste el cu noaptea-n cap. Se uitau la el cum se uită câinii la vânătorul nedibaci, care dă târcoale de colo până colo și nu se mai hotărăște odată să tragă, deși vânatul e în bătaia puștii.

Acum, în sfârșit, era rost de făcut ceva. Măcar să mai râdă puțin. Să ciomăgească spinarea unui iudeu hulit de iudei era un joc care le plăcea și lor, mai ales că n-aveau de pățit nimic și nici truda nu era prea mare. Așa, măcar să-și mai dezmorțească mâinile, să-și mai incinte mușchii zbârciți de frigul dimineții, să mai alunge lenea din spate.

Adunându-se tot stolul în curtea palatului, luară de pe umerii lui Isus mantia albă dăruită de Antipa – despuierea e abia la început – și pe urmă-L dezbrăcară de haine. Lictorii deznodară vergile, pe care se sfădiră cei mai voinici. Erau oameni pricepuți să bată cu lovituri date-n plin, după rânduiala bătăii cu vergi.

Isus, pe jumătate gol, legat de-un stâlp de piatră, pentru ca aplecându-se să nu încetinească intensitatea loviturii, se roagă în tăcere de Tatăl său pentru sufletul soldaților care nădușesc biciuindu-l. Oare, n-a spus: iubiți-i pe cei ce vă urăsc; binecuvântați-i pe cei care vă silnicesc; întindeți-i obrazul stâng celui ce vă pălmuiește obrazul drept? Nu poate, în acele clipe, să-și răsplătească bătăușii decât rugându-se la Dumnezeu pentru iertarea lor. Nu-s decât niște sclavi ascultători, nici nu știu cine-i cel pe care-l biciuiesc cu atâta nevinovată desfătare; că doar și ei de-atâtea ori au fost bătuți, pentru c-au greșit cu ceva; astfel că li se pare lucrul cel mai firesc de pe lume ca Procuratorul, o căpetenie, un roman, să-i pună să-l pedepsească într-acel chip pe-un tâlhar dintr-un neam supus și de rând. Dar nu știți, legionari, că o picătură din acel sânge care prinde să se prelingă pe sub zgârieturi, se varsă și pentru voi. E cel dintâi sânge pe care i-l iau oamenii Fiului Omului: în timpul Cinei sângele său părea vin; pe Măgura Măslinilor sângele ce picură de-a valma cu sudoarea izvora dintr-un chin lăuntric și sufletesc, însă astăzi, în sfârșit, mâini de oameni fac să țâșnească acel sânge din venele lui Cristos; mâini noduroase de soldați în slujba celor mari și bogați, mâini de bătăuși, în adăstarea mâinilor de pironitori. Acea spinare, vânătă, umflată, însângerată, e gata să se facă una cu lemnul; jupuită și zgâriată cum este, îl va ustura mai tare când i-o vor întinde pe tulpina crucii cioplite cu barda. De-acum puteți să vă opriți; curtea lașului străin e scăldată în sânge. Portarul, chiar astăzi, spăla-va acele pete; iar ele, cu toată apa, vor înflori la loc în palmele albe ale lui Ponțiu Pilat.

Loviturile poruncite au fost date din plin; dar legionarii, acum că au prins gust, nu vor să le scape din mână prada, cu una cu două. Până aici au îndeplinit o poruncă; acuma le-a venit chef să-și facă ei de cap, pe legea lor. După câte strigă cei din piață, cel bătut se dă drept rege. Să-l facem rege, smintitul, și cu chipul acesta le vom face în ciudă și celor care nu vor să-l socotească drept regele lor.

Un soldat își desprinde din spate mantaua roșie – hlamida legionarilor – și o aruncă pe umerii roșii de sânge; altul ochește o mână de scaieți uscați, cu care ațâță mangalul seara corpul de gardă; împletește câțiva în chip de cunună și-i încinge fruntea; iar altul ia de la un sclav un băț, i-l vâră cu de-a sila între degetele mâinii drepte și pe urmă, rânjind dezmățat, îi dau brânci pe un scaun. Rând pe rând, trecându-i pe dinainte, cad în genunchi cu mișcări deșănțate și-i strigă:

— Să trăiești, o, Rege al Iudeilor!

Dar nu toți se mulțumesc cu acea închinare caraghioasă. Câte unul îi șterge-o palmă pe obrazul pe care mijește încă umbra degetelor slugilor lui Caiafa; alții îl scuipă între ochi; unul, mai mucalit, îi trage bățul din mână și-i dă cu el în cap; iar ghimpii coroanei, înfingându-se mai adânc, împletesc jur-împrejurul frunții o salbă de broboane roșii, ca mantia de pe umeri.

Poate c-ar mai fi născocit și alte jucării de-acestea, dacă Procuratorul, adus pe sus de voioasa lor gălăgie, n-ar fi dat poruncă să-l scoată afară pe regele snopit în bătăi. Legionarii, prin acea hazlie înzorzonare a lor, ghiciseră gândul sarcastic al lui Pilat. Acesta zâmbi și, luându-l pe Isus de mână, îl scoase în cerdacul așternut cu lespezi al Pretoriului; de unde, arătându-l fiarelor înghesuite unele peste altele, strigă:

— Iată Omul!

Și-l întoarce pe Cristos cu spatele către mulțimea de boturi urlătoare, ca aceasta să-i vadă vânătăile vergilor și dârele sângerate. De parc-ar voi să spună:

— Priviți-vă regele, singurul pe care-l meritați, în adevărata-i maiestate, gătit precum i se cade! Coroana-i e de țepi; mantia-i purpurie e hlamida unui glotaș; sceptru-i e o trestie uscată, tăiată de pe-o muchie de șanț de-al vostru. Sunt podoabele pe care le merită acest rege licențios, de care pe nedrept se leapădă un norod păcătos precum sunteți. Îți era sete de sângele lui? Iată-i sângele; priviți cum se încheagă în jurul rănilor de bice, cum picură de pe spinii coroanei. Nu-i mult, ci ar trebui s-ajungă; deoarece acest sânge-i nevinovat și v-am făcut un mare hatâr lăsându-l să curgă întru mulțumirea voastră. Și acum plecați de-aici, că mi-ați împuiat destul urechile!

Însă iudeii nu se potoliră nici la acele vorbe, nici la acea vedere. Cu totul de altceva era nevoie, spre a-i face să plece mulțumiți; nu de câteva lovituri și de-o mascaradă. Socotea Pilat să-i înșele; dar va băga de seamă că nu-i vreme de glume. În două rânduri își bătuse capul voind să le țină piept, dar nu s-a dovedit în stare. Câteva vânătăi și o joacă soldățească, departe s-ajungă spre a-l pedepsi cum se cuvenea pe dușmanul lui Dumnezeu; au mai rămas copaci în Iudeea și cuie, în care să-l pironească. Iar glasurile răgușite strigă întruna:

— Să fie răstignit! Să fie răstignit!

Pilat bagă de seamă, prea târziu, c-a intrat într-un mărăciniș, din care nu se va mai putea descâlci. Toate hotărârile îi sunt înfruntate cu o îndârjire pe care n-ar fi bănuit-o. O ultimă străfulgerare de gând i-a insuflat marile cuvinte:

— Iată Omul!

Dar însuși el n-ar putea să dea seamă de acea proclamare ce trece dincolo de josnicia minții sale. Nu l-a dus mintea că a descoperit adevărul pe care-l căuta; o jumătate de adevăr, însă mai adânc decât toate adevărurile, pe care le va fi putut învăța de la filozofii Romei și ai Greciei. N-ar ști să spună de ce Isus este într-adevăr Omul, simbolul întregii omeniri îndurerate și umilite, trădată de mai-marii ei, înșelată de îndrumători, răstignită zi cu zi de regii ce-și sfâșie supușii, de bogații ce-i fac pe săraci să plângă, de preoții care se gândesc mai mult la pântecul lor decât la Dumnezeu. Isus e Omul Durerilor proorocit de Isaia, omul urât la înfățișare, pe care toți îl îmbrâncesc și va fi omorât pentru toți; este, în sfârșit, Fiul unic al Dumnezeului unic, care-a luat chip de om și se va pogorî iarăși într-o zi, în slava puterii și a soarelui nou, în mijlocul zvonului trâmbițelor de revenire. Dar astăzi, în ochii lui Pilat, în ochii dușmanilor lui Pilat, nu-i decât un ins păcătos, un om de nimic, carne de vergi și de cuie, om, dar nu Omul, muritor, iar nu Dumnezeu. Ce mai așteaptă Pilat, cu vorbele-i neînțelese, de nu-l lasă pe seama gâdelui?

Și totuși Pilat nu se dă încă bătut. Lângă acest ins care tace, romanul se simte năpădit de-o spaimă cotropitoare, pe care n-a mai simțit-o de când e. Cine să fie acest om, pe care un norod întreg îl vrea mort și pe care el nu-i în stare nici să-l scape, nici să-l jertfească? Se mai întoarce o dată către Isus:

— Spune-mi, de unde ești?

Iar Isus nu-i răspunde.

— Nu vorbești? Oare, uiți că-mi stă-n putere să te dezleg, ori să te răstignesc?

Atunci regele cel pângărit ridică ochii:

— N-ai avea nicio putere asupră-mi, de nu ți-ar fi fost dată de sus; de aceea vina celui ce m-a adus la tine e mai mare decât ți-e vina.

Doar Caiafa și tovarășii săi sunt adevărații vinovați: ceilalți, câini asmuțiți, unelte ascultătoare. Nici Pilat nu-i decât unealtă nărăvașă a urii preoțești și a voinței lui Dumnezeu.

Dar Procuratorul, care nu mai găsește de spaimă nici o stratagemă spre a tăia lațul ce-l sugrumă, se prinde iar de gândul dintâi:

— Iată-vă Regele!

Iudeii, înrăiți de ocara reînnoită, se năpustesc turbați:

— De-i dai drumu', nu ești prietenul Cezarului. Oricine-și zice rege i se împotrivește Cezarului.

Găsiseră în sfârșit locul nimerit și simțitor ca să-l rănească pe cel șovăielnic. Soarta oricărui magistrat roman, cât de sus-pus să fi fost, atârna pe-atunci de hatârul Cezarului. O învinuire de-acel soi, înfățișată cu dibăcie de niscaiva avocați răutăcioși – și aceia nu lipseau printre evrei, după cum își va da seama mai târziu citind memoriul lui Filone – îl putea pierde. Dar cu toată amenințarea, Pilat strigă cea din urmă și cea mai nătângă întrebare:

— Să-l răstignesc pe regele vostru?

Căpeteniile preoților, băgând de seamă că vor câștiga bătălia, răspund cu cea din urmă minciună:

— N-avem alt rege afară de Cezar!

Iar poporul însoțește minciuna căpeteniilor cu strigătul nemincinos:

— Să moară! Să moară! Răstignește-l!

Pilat se dă bătut. Spre a nu isca o răscoală, ce-ar putea aprinde toată Iudeea, se vede nevoit să plece capul. Conștiința i se pare împăcată: a încercat toate căile, spre a-l scăpa pe acest om care nu vrea să scape.

A încercat să-l scape dându-l să-l judece Sinedriștii, care n-au căderea să osândească la moarte; a încercat să-l scape trimițându-l lui Irod; a încercat să-l scape strigând sus și tare că nu i-a găsit nicio vină; a încercat să-l scape învoindu-se să-i dea lui drumul în locul lui Bar Rabban; a încercat să-l scape punând să-l bată cu bicele, în nădejdea că acea înjositoare pedeapsă avea să fie de-ajuns spre a le potoli îndârjirea; a încercat să-l scape căutând să trezească o pornire miloasă în acele inimi tărbăcite. Însă toate încercările-i au dat greș; iar el nu se poate încăpățâna și, pentru acest profet năzuros, să i se răscoale întreaga provincie. Cu atât mai puțin îi vine la socoteală ca, din vina aceluia, să-l pârască la Tiberius și să-și piardă locul.

Pilat se crede nevinovat de sângele acestui nevinovat. Iar pentru ca toți să vadă lămurit, să nu uite de nevinovăția lui, dă poruncă să i se aducă un lighean cu apă și se spală pe mâini în văzul tuturor, zicând:

— Sunt nevinovat de sângele acestui om drept; treaba voastră!

Și întreg norodul răspunse:

— Cadă sângele asupra noastră și a copiilor noștri.

Atunci porunci să fie dezlegat Bar Rabban și-l dădu pe cel Drept pe mâna soldaților, să-l răstignească.

Dar apa ce i se prelinse pe mâini n-ajunse să-l spele. Mâinile rămasu-i-au însângerate până-n ziua de azi și roșii de sânge îi vor rămâne în vecii vecilor. Avea puterea să-l scape pe acel om, dar n-a vrut. Zăbovirile sale, încâlcitele înfățișări de josnicie ale sufletului său otrăvit de ironia scepticismului, l-au îmbrâncit pe Isus spre locul Țestei. De l-ar fi socotit vinovat cu tot dinadinsul și s-ar fi învoit la omor, ar fi fost mai puțin păcătos. Dar știe bine că Isus e fără vină, că Isus, precum i-a spus Claudia Procula și precum însuși a spus de mai multe ori, e un om drept. Un om puternic care de frică să nu-și dăuneze sieși pune să-l omoare pe-un om drept, el care-a fost trimis să-i ocrotească pe cei drepți împotriva ucigașilor, nu poate avea parte de iertare. Dar eu am făcut, spune Pilat, tot ce mi-a stat în putință ca să-l smulg din mâinile nedrepților. Nu-i adevărat. A dibuit multe căi, dar n-a ales-o pe una singură care l-ar fi scos la lumină. Nu s-a oferit pe sine, nu s-a jertfit pe sine, n-a voit să-și primejduiască demnitatea și buna-i stare. Iudeii îl urăsc pe Isus; dar îl urăsc deopotrivă pe Pilat, care-n atâtea chipuri i-a jignit și i-a batjocorit. În loc de a-l da în schimbul lui Isus pe răzvrătitorul Bar Rabban, s-ar fi putut da pe sine, Ponțiu Pilat, Procurator al Iudeei; iar norodul poate c-ar fi primit tocmeala. Nicio altă victimă, afară de el, n-ar fi putut sătura mânia iudeilor. Nici c-ar fi fost nevoie să moară. Ajungea să-i sfideze că erau liberi să-l pârască Cezarului, drept neprieten al Cezarului. Tiberius l-ar fi dat afară din locul de procurator, ba poate l-ar fi surghiunit; dar ar fi dus cu el în exil și-n nenorocire fericita mângâiere a nevinovăției. Temuta osândă care-l îndeamnă acum să-l arunce pe Isus în ghearele potrivnicilor drept carne de potolit fiarele, nu-l va cruța totuși peste câțiva ani. Iudeii și samaritenii îl vor pârî; guvernatorul Siriei îl va înlătura din demnitate, iar Caligula îl va surghiuni în Gallii. Chiar și în surghiun îl va urmări umbra marelui Tăcut, ucis cu învoirea lui. Zadarnic a pus să se ridice în Ierusalim acel mândru havuz plin cu apă; zadarnic s-a spălat în fața mulțimii cu apa aceea. Apa de-acolo e apă iudaică, apă tulbure și afurisită, apă care nu curăță. Niciun fel de îmbăiere nu-i va mai putea spăla mâinile de petele pe care i le-a lăsat îndumnezeitul sânge a lui Cristos.

PARASCEVE

Urca soarele pe cerul șters de april și se apropia acum de culmea căii sale. Harța dintre moleșitul apărător și înfierbântații năvălitori făcuse să se piardă degeaba mai toată acea dimineață; așa că nu mai era vreme. Trupurile osândiților la moarte, după opreliștea unei străvechi datini mozaice, nu puteau fi lăsate pe locul de osândă după scăpătatul soarelui; iar ziua în aprilie nu-i mare ca zilele din toiul verii.

Și Caiafa, deși, sprijinit de-atâtea haite turbate, nu află pace câtă vreme picioarele hoinarului n-aveau să înțepenească pe veci, încleștate în cuie de fier pe cruce. Își aduce aminte de clipa în care Isus intrase, acum câteva zile, în mijlocul alaiului de crengi fluturate și de imnuri de slavă. De cetate e sigur; dar, ca la sărbători, cetatea-i ticsită de lume venită de pe-afară, de provinciali care n-au nici nevoia, nici patima celor care trăiesc de pe spinarea Templului. Acei galileeni, mai cu deosebire, care-l însoțiseră pe schismatic, cărora li-i drag, ar putea încerca să se răscoale ca să zăbovească, dacă nu chiar să împiedice adevărata prăznuire a acelei zile de sărbătoare.

Și Pilat e grăbit nevoie-mare să nu-l mai vadă în fața ochilor pe-acel nevinovat buclucaș; nu mai vrea să știe de el; trage nădejde să uite, odată răstignit, de-acea privire, de vorbele și mai ales de acea usturătoare neliniște ce-aduce prea multă remușcare. Cu toate că mâinile-i sunt spălate și uscate, i se năzare că acela, tăcând, l-ar osândi la o moarte mai cumplită ca moartea; i se pare că el ar fi vinovatul, în fața acelui flagelat muribund. Ca să-și verse necazul asupra acelor care-s adevărata pricină, îi strigă ciudos unui scrib care să scrie în titulus, în inscripția pe care osânditul avea s-o poarte de gât, până ce va fi țintuit în culmea crucii. Să scrie așa: „Isus Nazariteanul, Rege al Iudeilor". Iar scribii încondeiază de trei ori acele cuvinte, în trei limbi, cu slove roșii bine ticluite pe lemnul dat cu alb.

Căpeteniile iudee care-au mai zăbovit pe-acolo, întinzând gâturile, să zorească pregătirile, citesc slovele batjocoritoare și bufnesc.

— Nu scrie – îi spun lui Pilat – Rege al Iudeilor; ci să scrii cum a spus el: Eu sunt Regele Iudeilor. Şi Procuratorul, fără multă vorbă, îi repede:

— Ce-am scris e bun scris.

Sunt cele din urmă cuvinte ale sale, din câte pomenește istoria; și cele mai adânci. Mă văd silit să vă dăruiesc viața acestui om, dar nu mă lepăd de ce-am spus: Isus e Nazaritean, ceea ce înseamnă și Sfânt; și-i Regele vostru, sărmanul rege care se potrivește cu păcătoșenia voastră; ci vreau ca toți să afle – de aceea am pus să scrie acele vorbe în latinește și grecește, pe lângă ebraică – în ce chip se poartă neamul vostru cel blestemat cu sfinții și cu regii. Plecați de-aici, că destul v-am îndurat. Quod scripsi scripsi.

Într-acestea, ostașii îl îmbrăcaseră iarăși pe rege în straiele-i de calic și-i atârnaseră placa de gât. Alții scoseseră din hambarele Pretoriului trei cruci zdravene de brad, piroanele, ciocanul și cleștele. Sutașii erau gata. Pilat rosti formula legiuită:

— I, lictor, expedi crucem.

Și jalnicul alai porni.

Mergea în frunte centurionul călare; acela căruia Tacit îi zice, cu o îngrozitoare zgârcenie de vorbe, exactor mortis. Îndată după el, mai spre mijlocul legionarilor înarmați, Isus și doi hoți ce-aveau să fie răstigniți împreună cu el. Toți trei duceau în spate, după rânduiala romană, crucea. Iar în urma lor, hărmălaia și tropăiala turmei vălmășite ce sporea văzând cu ochii, îngroșată de alți gură-cască, de părtași la nelegiuire.

Era Parasceve, ziua Pregătirii de Paști, Ajunul Paștelui. Pieile de miel, cu miile, stăteau întinse la soare pe acoperișuri; nu era casă de la care să nu se răsucească fir de fum răsfirat în văzduh, plăpând cum e mugurul florii, prăfuit apoi în văzduhul ce vuia a sărbătoare. De prin ulicioare se arătau la răspântii babele cu nasuri rele, molfăind anateme; ţânci soioși la față, care se zbenguiau cu buclele subțioară; gospodari bărboși ducând în spinare un ied ori o treucă cu vin; cărăuși care duceau de căpăstru măgarii cu botul în pământ; fete cătând cu ochi neobrăzați și melancolici la străinii ce umblau sfioși, uluiți de-acel vălmășag de sărbătoare. Prin toate casele gospodinele nu-și vedeau capul de treabă, să pregătească de-ale gurii pentru a doua zi: căci, asfințind soarele, mâna omului era scutită, o zi și o noapte de osânda lui Adam. Mieii, jupuiți, spintecați, stăteau gata de pus la foc; azimele adăstau chitite, mirosind a cuptor, în căpisterie; bărbații scoteau vin în clondire; iar copiii, ca să facă și ei treabă, curățau pe masă buruienile amare.

Nu era țipenie de om care să stea degeaba; toți se bucurau în fundul inimii lor la gândul tihnitei zile de sărbătoare, în care toate casele aveau să stea în preajma tatălui, să mănânce în tihnă, să bea vinul mulțumirii; iar Dumnezeu avea să fie martor al acelei voioșii; căci îl vor invoca în toate casele prin psalmii recunoscătorilor. Până și calicii, în ziua aceea se simțeau înavuțiți; iar bogății, de câștigurile neobișnuite, parcă mai darnici; copiii, în sufletul cărora încercările vieții n-au ros încă așteptarea, mai drăgăstoși; femeile, mai îndrăgite.

Vedeai pretutindeni acel vălmășag pașnic, acea frământare gospodărească, acea gălăgie voioasă ce premerge marilor sărbători de peste an. O adiere de nădejde și de primăvară vântură murdăria îndătinată a viermăriei de circumciși. Potopul luminii se abătea din marele soare răsăritean asupra celor patru dealuri.

Pe sub acest văzduh în sărbătoare, pieptiș prin această îmbulzire de sărbători, printre acești târgoveți voioși de praznic, își face loc, domol ca înmormântarea, jalnicul alai al celor cu crucea în spate. În preajmă-le toate cuvântă a voioșie și a viață; iar ei merg la chin și moarte. Toți așteptau tresărind seara, să se strângă la un loc cu cei dragi, să stea la masa mai dinainte pusă, să bea vinul arzător și limpede al zilelor fericite, să se-ntindă în pat, să aștepte dimineața celei mai dorite sâmbete de peste an; doar ei, cei trei, sunt pe veci despărțiți de cei ce-i sărutară, se vor întinde pe stâlpul ocării, nu vor sorbi decât o gură de vin amar, fi-vor aruncați, țepeni, în pământul rece.

Lumea se dă în lături la tropăitul calului centurionului și stă locului să se uite la nenorociții care gâfâie și nădușesc sub înfricoșătoarea povară. Cei doi tâlhari se dovedesc mai zdraveni și mai voinicoși; dar cel dintâi, Omul îndurărilor, pas cu pas ai zice că nu va mai fi în stare să-și poarte piciorul. Istovit de îngrozitoarea noapte, de cele patru cercetări, de chinuitoarele purtări de colo până colo, de pălmuiri, de bătăi, de biciuiri, cu fața hâdă de sânge, de nădușeală, de scuipături, de cazna acestei de pe urmă istoviri, parcă n-ar mai fi tânărul semeț care acum câteva zile golise cu biciul spelunca Templului. Frumosu-i chip luminos se pocea acum în zbârcitura spasmului; ochii, roșii de plâns stăpânit, se ascunseseră în găurile orbitelor; pe spinarea-i sfâșiată de vergi, straiele-i se lipeau de jupuituri, sporindu-i chinul; picioarele îi erau mai ostenite ca toate mădularele și se frângeau sub greutatea trupului și a crucii. „Duhul e gata, ci carnea e slabă". Iar după priveghiul care fusese începutul agoniei, câte alte lovituri slăbiseră acea carne! Sărutul lui Iuda, fuga prietenilor, frânghia de mâini, amenințările judecătorilor, istovirile paznicilor, josnicia lui Pilat, urletele de moarte, batjocura sutașilor și acest drum cu crucea-n spate, în mijlocul rânjiturilor și ocărilor celor pe care-i iubește.

Cei care-l văd trecând nu-l bagă în seamă – îl duc să-l răstignească: așa i se cade – ori îi caută, cel mult, pe cei ce știu carte, să le citească slovele de la gât. Mulți, totuși, îl știu din vedere ori din auzite și-l arată cu degetul vecinilor, cuminți și mulțumiți. Unii se amestecă în vălmășagul din coadă, să se desfete până la urmă de priveliștea mereu nouă a morții unui om; mulți alții ar face ca dânșii, de n-ar fi zi cu treabă multă. Cei care prinseseră a nădăjdui în el, acum îl disprețuiesc; pentru că n-a fost destul de isteț și s-a lăsat prins ca un pungaș oarecare; iar pentru a se da bine pe lângă preoți și pe lângă bătrânii amestecați în alai, îl împroașcă pe mincinosul Messia, din treacăt, cu câte-o înjurătură bine ticluită. Rari sunt cei care simțeau strângându-li-se inima văzându-l în halul acela, cu tot acel norod după dânsul; fie că-i cuprindea, fără să știe cine era, mila firească a omului de rând în fața osânditului; fie că le mai licărea în suflet un strop de dragoste pentru Învățătorul care-i iubea pe cei săraci, care-i vindeca pe cei betegi, care proorocea o împărăție cu mult mai dreaptă ca acelea ce istoveau pământul. Dar erau cei mai rari, aceia, și parcă le era rușine de înduioșarea lor ascunsă, pentru un om pe care-l socotiseră mai puțin hulit și mai puternic. Cei mai mulți rânjeau, pașnici și mulțumiți, ca și cum acel alai de moarte ar fi fost semnalul pentru începutul praznicului de Paști.

Doar câteva femei cu fața îmbrobodită veneau în urma tuturor, cam la o parte, plângând; dar căutând să-și ascundă plânsul ce-ar fi putut să pară vinovat.

N-ajunseseră încă la Poarta Grădinilor, dar nici mult nu mai era până acolo, când iată că Isus, la capătul puterilor, se împiedică, se prăbuși la pământ și rămase locului, sub cruce, întins. La față se făcuse alb, pe dată, cum e zăpada; pleoapele-i înroșite acopereau ochii; s-ar fi zis că-i mort, de n-ar fi stăruit răsuflarea grea ce i se strecura printre buzele întredeschise.

Toți se opriră și o roată ticsită de oameni întindeau fețele și mâinile spre cel căzut, țipând cât îi ținea gura. Iudeii care se luaseră după el de la casa lui Caiafa, se arătau neînduplecați.

— Se preface! strigau. Sculați-l. E un fățarnic!. Să-și ducă crucea până la urmă. Așa stă scris la lege. Un picior, ca măgarilor, și la drum!

Alții glumeau:

— Ia uitați-vă la mărețul rege care avea să cucerească împărățiile! Nu-i în stare să ducă nici două grinzi de lemn și voia să poarte armură. Zicea că-i om, nu glumă; și când colo, uite na: femeiușcă ce leșină la cea dintâi greutate. Îi punea pe damblagii să umble, iar el nu poate sta-n picioare! Turnați-i printre dinți o cană cu vin, să mai prindă putere!

Dar centurionul, care era grăbit ca și Pilat să isprăvească odată cu acea supărătoare îndatorire, pricepu, drept om învățat cu oamenii ce era, că nenorocitul acela n-ar fi fost în stare să târască până la locul Țestei crucea; și căută din ochi pe careva, destul de voinic pentru acea greutate. Venea printre aceştia de la țară un om din Cirene, zis Simon, care la vederea atâtor oameni strânși grămadă, se băgase și el în înghesuială și cătă cu ochi uimiți și înduioșați la trupul acela fără vlagă, gâfâind sub cele două grinzi. Centurionul, zărindu-l și părându-i-se că nu s-ar fi codit, iar pe deasupra și bine făcut, îl chemă și-i zise:

— Ia crucea asta și haide după noi.

Cirenianul, fără să scoată o vorbă, ascultă de poruncă. Poate că de bun ce era la inimă; dar, oricum, de nevoie; că soldații romani, în țările stăpânite de ei, aveau dreptul să silească pe oricine de-a le da ajutor. „Dacă un soldat te pune la o treabă – scrie Arrian – nu cumva să te împotrivești, ori măcar să cârtești; că altfel fi-vei ciomăgit.“ Despre milostivul care întinse spinarea-i zdravănă de țăran ca s-o ușureze pe-a lui Cristos, nu știm nimic mai mult; dar știm că feciorii săi Alexandru și Rufus au fost creștini; și este mai mult decât sigur că el i-a creștinat, povestindu-le moartea lui Isus, la care-a stat de față cu de-a sila.

Doi sulițași îl sculară în picioare pe cel căzut și-l îmbrânciră să meargă. Alaiul o porni iarăși pe sub soarele amiezii. Dar, cei doi tâlhari mormăiau printre dinți că la ei nimeni nu se gândea, că nu era drept să-i ia povara celui care se prefăcuse că nu mai poate, iar pe-a lor să le-o lase. Era o părtinire prea fățișă, cu atât mai mult că acela, după spusa preoților, era nebănuit mai vinovat decât dânșii. Iar din clipa aceea până și cei doi tovarăși de osândă, pizmuindu-l, prind a-l urî pe Isus; și-l vor înjura când vor fi pironiți, alături, pe crucile duse în spate.

JIDOVUL RĂTĂCITOR

O străveche legendă întretaie aici povestirea Patimilor. E o legendă înflorită în închipuirea creștinilor o mie de ani și mai bine după moartea lui Cristos, dar ascunde în ea un simbol atât de adânc, încât omenirea n-a mai putut-o uita și mulți poeți, nu unul, și-au însușit-o ca s-o învie.

Printre iudeii care-l batjocoreau pe Isus când a căzut, era unul mai vajnic și mai gălăgios ca toți. După ce soldații, în cele din urmă îl sculară pe nemuritorul muribund, acela-i dădu un ghiont în spate, țipând:

— Așa vezi, ia-o la picor!

Cel lovit, după câte povesti iudeul pe urmă, se întoarse și, prividu-l țintă, răspunse:

— Iar tu vei umbla până ce mă voi întoarce eu.

Acela, lăsând jos un copil pe care-l ținea în brațe, se depărtă, și din clipa aceea bate drumurile pământului, fără să poposească mai mult de trei zile într-un loc, fără să ostenească, fără să poată muri. Unul din mulții care povestesc că l-au cunoscut, spune că-i „nici prea înalt, nici prea scurt, cam oacheș la față, slăbănog, cu ochii duși în fundul capului și cu bărbuța în trei fire"; cunoaște toate limbile pământului, dar nu vorbește decât cu creștinii și nu se uită la cei ce-i vorbesc. Zice că n-a mai dat prin Ierusalim decât spre a-l vedea nimicit; umblă desculț, n-are buzunar, nici nu se știe de unde-i vin banii: dar niciodată nu-i prisosesc. De-i dăruiesc mai mulți decât îi trebuie dă de pomană pe la calici. Numele-i cel mai cunoscut, căci are o mulțime, e Lepădătorul de Dumnezeu, omul care l-a îmbrâncit pe Dumnezeu.

Legenda nu-i întărită de niciunul din textele celor dintâi timpuri creștine. Dar e adevărată, de-un adevăr mai înfricoșetor ca cel istoric.

Că în ziua aceea puzderie de Iudei au batjocorit istovul și nenorocirea lui Isus, e lucru mai presus de orice îndoială; precum tot atât e de neîndoios că cineva rătăcește încă țările lumii, adăstând întoarcerea celui pe care și l-a tăiat din trup ca pe-un mădular putregăit. Acest cineva e poporul iudeu, care puțini ani după răstignirea lepădatului se văzu nevoit să se risipească la fel turmei încolțită de foc, prin toate pământurile cunoscute: până azi a rămas pribeag și fugărit, pretutindeni străin și bănuit, fără sălaș de poposire, fără țară care să spună că-i a sa, smuls din străvechea-i patrie ce i-a costat atâta sânge pe străbunii săi. Acestui cineva care-a răpus viața acelui Veșnic, Omorâtul i-a miluit o nemurire lumească, trupească, vădită, în făptura prăsilei asupra căreia trebuie să cadă din voința mărturisită a părinților sângele lui Cristos. Deoarece acest martor în viață al patimilor, care duce cu sine pe unde se oploșește sulurile profeților neascultați și ale legii trădate, e hărăzit să rămână chezaș al proorocilor ce-au premers cea dintâi pogorâre și atâta vreme cât nu se închină Fiului născut de-o fecioară din sângele său, va să aștepte cea de-a doua venire.

Jidovul Rătăcitor nu-i deci, cum socotesc mulți, simbolul întregii omeniri îmboldită să bată pe pământ veșnicul drum al veacurilor, afurisită cu blestemul nemuririi, înfierată-n frunte cu o pată roșie, neștearsă, aidoma lui Cain, pentru că și-a omorât frații. Jidovul Rătăcitor e cu adevărat jidovul deosebit și despărțit de restul oamenilor: dar nu-i un singur ins, ci un neam întreg. Neîntrerupta-i dăinuire e aceea într-adevăr miraculoasă a acestei nații, pe care toate noroadele, veacuri după veacuri, au potopit-o și au spintecat-o, căreia i-a fost luat și ars bârlogul, care s-a văzut hărțuită și chinuită ori pe unde a căutat să se ascundă; dar trăiește totuși până azi, în graiul și legea sa, despărțită de celelalte nații, supraviețuitoare a tuturor neamurilor de-o vârstă cu ea, printr-o minune unică în istorie.

Dar acest neam nu s-a pocăit încă și nu simte aceeași scârbă ca jidovii din legendă, când e vorba să se încarce de bani. Ceva mai mult, și-a găsit o nouă patrie în aur și cu mijlocirea aurului grămădit prin casele sale îi stăpânește pe cei mai mulți dintre cei ce spun a crede în dușmanul bogaților: ba i-a păcătoșit după chipul și asemănarea sa.

Astfel, jidovii săraci, jidovii desculți, jidovii nemâncați, jidovii cu chica păduchioasă ce se pornesc pe fiece an de prin ghetturile scârnave ale Slaviei, spre a cere peste mări și țări o pâine mai albă și mai sigură, fără spaima neașteptatului măcel, sunt icoana vie a adevăratului Jidov Rătăcitor, care nu și-a văzut încă Dumnezeul întorcîndu-se. Un oracol nespus de tainic prezice că Isus Cristos nu se va întoarce pe pământ până ce neamul său nu se va creștina. Iar jidovul va străbate mereu, cu rânduri multe de buzunare, căile lumii, să adune banii puiați de cei treizeci de sicli ai Iudei, până în ziua în care va asculta de străvechea chemare a lui Cristos și, sătul de-a mai râcâi aurul ce cade din orificiul excremental al Satanei, își va împărți toate avuțiile pe la calici, spre a-l urma pe acel dumnezeiesc calic, pe care acum nouăsprezece veacuri nu s-a îndurat să-l miluiască fie măcar cu pomana unei clipe de odihnă.

LEMNUL VERDE

Jalnicul alai, îngroșat tot mai mult de cei fără căpătâi, care în acel ajun de sărbătoare n-aveau altcum să petreacă, își urma drumul către Calvar. Femeile, care la început stătuseră în urma osânditului, acum, că nu mai era departe clipa în care nu l-ar fi putut nici măcar atinge, se apropiaseră și suspinau, își arătau lacrimile fără frică de preoții ce se uitau strâmb la ele.

Isus, ușurat de cruce, putea vorbi acum, și se întoarse către cele ce plângeau:

— Fiice ale Ierusalimului, nu mă plângeți pe mine, ci pe voi plângeți-vă și pe copiii voștri; căci vor veni zile în care se va spune: Fericite sterpele, fericiți sânii ce n-au născut, nici n-au hrănit pruncii. Atunci vor prinde a spune munților: Prăvăliți-vă peste noi! Și dealurilor: Acoperiți-ne! Că de vreme ce fac toate câte le fac lemnului verde, au ce-i vor face lemnului uscat?

Pătimește din tot trupu-i care peste câteva clipe va fi agățat de spânzurătoare, prins în cuie, cum anină casapul mielul spintecat de grinda prăvăliei. Dar știe că se va întoarce peste puține zile să mănânce cu ucenicii săi și că, la urmă, va pogorî iarăși să stea cu toți înviații la veșnicul ospăț al împărăției. Bocetul femeilor e dovadă de dragoste, și nu le ține de rău; dar mai degrabă decât să-l plângă pe el, ar trebui să se plângă pe ele, care suferă și tot mai mult vor suferi; să-i plângă pe copiii lor, care vor vedea semnele, măcelurile și pustiirile pe care le-a prevestit. Cu gândul la acele zile mult mai apropiate decât socot doctorii ce dau târcoale în preajmă-i, să-i preguste agonia, adaugă o neașteptată și înfricoșătoare fericire la cele de pe Munte.

— Fericite sterpele, căci nu vor pătimi pentru copiii lor!

Sângele cerut de iudei nu va zăbovi să picure asupră-le; umplea-se-vor de el ulițele acestui târg ce-l azvârle acum Isus pe-un maidan, dincolo de ziduri de parc-ar fi boț de puroi; iar pârjolul nu va lăsa piatră peste piatră din casa lui Caiafa. Atunci îngroziții, negăsind scăpare nicăieri, deoarece împresurații se vor omorî unii pe alții, iar pe afară vor sta tăbărâte, puse pe măcel, legiunile lui Titus, se vor ruga în deznădejde de munții tăcuți să-i scape de săbiile sicarilor și ale romanilor. Și dealurile, împietrite ca inimile ucigătorilor de zei, nu le vor întoarce îndărăt decât răsunetul urletelor; iar copiii mamelor vor cădea în bălțile calde de sânge ce au a răscumpăra măcar în parte sângele lui Cristos.

Pedeapsa se apropie. De-i fac ce-i fac lemnului verde, ce-i vor face oare celui uscat? Lemnul verde e cel încă viu, care stă cu rădăcinile în țărâna jilavă și simte ploaia pe frunze, păsările pe crengi; e pomul care mai înflorește în văpaia soarelui și în adierea vântului. E pomul bun care dă umbră drumețului, roade pentru foame, crengi pentru frig. E icoana Sfântului ce-și împarte la toți darurile și ascunde în scorbura uscată un suflet viu.

Dar lemnul uscat e copacul sterp pe care plugarul l-a doborât cu securea; e trunchiul mort ce putrezește în ogradă, căci măduva-i e găunoșită, iar scoarța nu-i bună decât de ars în cuptor. E omul netrebnic și zgârcit, păcătosul ce nu dă roade bune și în locul duhului viu ascunde în el o scorbură putregăită; iar Judecătorul îl va azvârli, după spusa lui Ioan, în focul ce nu se mai stinge.

Dacă bărbații și copiii femeilor iudaice îl răstignesc pe nevinovatul cel dătător de viață, vai, cum vor fi pedepsiți răufăcătorii care ucid?

Între aceştia, au ajuns la locul Țestei și soldații, apucând sapele și lopețile, prind a face gropile, în care vor ridica crucile.

Centurionul s-a oprit în preajma vechilor ziduri ale cetății în mijlocul verdelui plăpând al grădinilor mărginașe. Cetatea lui Caiafa nu vrea să vadă cruzimi înăuntrul zidurilor sale; ar pângări altarul îmbălsămat de virtuțile fariseilor și ar înduioșa plăpânda inimă a saducheilor; de aceea se leapădă de osândiții la moarte, mai înainte să moară.

Au poposit pe culmea unui tăpșan care, rotunjit în piatră de var, aduce cu o Țeastă. Acea asemănare pare a hărăzi mai dinainte locul pentru omor; dar adevărata pricină a alegerii stă în aceea că acolo, pe-aproape, se încrucișează calea Iaffei cu a Damascului, pe care trec totdeauna sumedenie de drumeți, de negustori, de țărani și de poştași; iar crucea, menită să bage spaima în oricine, se cade a fi înălțată pe-un loc din care s-o vadă cât mai mulți.

Soarele, firavul soare de primăvară, soarele înalt al amiezii scânteie în albeața tăpșanului și în sapele ce taie piatra cu mușcături zăngănite. Prin grădinile din preajmă cele dintâi flori se scaldă în încropirea udă a cerului; păsările cântătoare, tupilate prin cireși, spintecă cerul cu săgețile de argint ale ciripiturilor; porumbeii zboară împerecheați prin calda pace virgiliană. Ce bine-ar fi de trăit aici, între grădinile stropite din belșug, lângă o fântână, în tăria mirosului de pământ ce se trezește și se îmbracă iarăși în podoabe adăstând luna culesului, în tovărășia unor iubiți ce iubesc! Zile ale Galileei, zile de tihnă, zile de soare și prietenie între viile și apele bălții, zile de lumină și libertate, umblate cu cei ce știu asculta, încheiate în meritata voioșie a cinei, zile ce păreau veșnice pe cât erau de scurte!

Nu mai ai pe nimeni lângă tine, Isus, zise Cristos. Acești soldați ce-ți aștern înspăimântătorul pat, acești tâlhari care te bârfesc, acești câini ce-ți adastă sângele, nu-s decât umbre ieșite din marea umbră a lui Dumnezeu. Singur ești, precum fost-ai și peste noapte. Nici nu luminează pentru tine acest soare, ce încălzește spinările celor ce te ucid. Nu mai ai nicio zi înainte-ți; drum nu mai ai de străbătut: ispăvi-ți-s-a pribegia; de-acum te vei putea odihni și tu: astă căpățână de piatră ți-e popasul de pe urmă. Aici, peste câteva ceasuri, răsuflarea ta înlănțuită fi-va smulsă din temnița cărnii.

Chipul omenesc al Dumnezeului e ud de sudoare înghețată. Loviturile de sapă îi ciocănesc capul, de parcă l-ar izbi; soarele care atâta i-a plăcut, icoană a Tatălui drept chiar și cu cei nedrepți, îi orbește acum ochii și-i înăsprește usturimea pleoapelor. Simte prin tot trupul o lâncezeală, un tremur, o dorință de odihnă, căreia-i ține piept din tot sufletul – n-a făgăduit oare să pătimească orice va fi nevoie, până la capăt? – și, totodată, i se pare că-i iubește cu o duioșie și mai cotropitoare pe cei ce-i părăsește, chiar pe cei ce se istovesc ca să-l omoare. Iar din adâncul sufletului, părând cânt de izbăvire a trupului frânt și istovit, i se încheagă pe buze cuvintele pe care nu le vom uita niciodată:

— Tată, iartă-i, că nu știu ce fac!

Rugă mai dumnezeiască decât aceasta nicicând nu s-a înălțat la cer de când trăiesc oamenii și se închină. Nu e ruga unui om, ci a unui Dumnezeu către un Dumnezeu. Oamenii care nu iartă nici nevinovăția nevinovaților, nu și-au închipuit vreodată, mai înainte de ziua acea, că s-ar putea implora iertarea celor care ne ucid. Iertare chezășuită de prostie, dar totuși, cu mult mai presus de puterea firească a omului, atunci când nu e silnicită de harul dumnezeisc, ori schimbată prin imitarea lui Cristos.

Căci nu știu ce fac. Motivarea restrânge amploarea iertării, dar e cerută de trebuința de-a nu ierta fără chezășia căinței răul din tot sufletul voit. Prostia oamenilor e atât de nemăsurată, că cei mai puțini dintre ei își dau seama într-adevăr ce fac. Păcătoșenia din născare, învățul, năravul, patimile ce se nasc și se satură în negura sângelui, ne îmboldesc faptele. Voința se supune orbește, chiar și în simulacrul poruncii; conștiința se ivește la urmă de tot, când nu mai rămâne decât scrumul și rușinea.

Isus propovăduiește ceea ce erau ținuți să știe: dar câți știau? Până și ai săi, singurii în stare de-a ști că Isus era Cristos, fuseseră covârșiți de spaima să nu piardă cumva această din urmă zi de viață: până și ei, fugind, dovediseră a nu ști ce fac. Cu atât mai puțin știau fariseii cei cu frica în sân, să nu-și piardă întâietatea. Doctorii fricoși să nu-și piardă hatârurile, bogații fricoși să nu-și piardă banii, Pilat fricos să nu-și piardă locul – și cu atât mai puțin iudeii ațâțați de mai marii lor, soldații ascultători de cei ce le porunceau. Nimeni dintre dânșii nu știe cine-i Cristos, nici ce-a venit să facă, nici din ce pricină-i omorât.

Câțiva vor afla, dar la urmă, târziu; și vor afla prin mijlocirea târzie a celui pe care-l omoară.

A întărit, în clipa sfârșitului, cea mai dumnezeiască și grea dintre învățăturile sale – dragostea de dușmani –, așa că poate întinde mâinile sub piroane. Crucile au fost ridicate: le proptesc cu bolovani, să nu se prăbușească sub povară și astupă gropile cu pământul pe care-l bătătoresc cu picioarele. Femeile din Ierusalim se apropie de osândit cu o cană. E un amestec de vin, de smirnă și tămâie, născocit de milostenia călăilor pentru adormirea suferinței. Căci tocmai cei ce-l canonesc se prefac, drept ultima ocară, a le fi milă de cel care pătimește: și cred, golindu-l de-o picătură, a dobândi în chipul acesta drept mai mare de a-l face să înghită restul potirului morții. Dar Isus numai ce gustă băutura amară ca fierea, o dădu la o parte. Un singur cuvânt i-ar fi priit mai bine ca vinul acelei alinări: dar în ziua aceea s-a dovedit în stare să rostească acel cuvânt numai unul din tâlharii pe care-l târâseră pe Țeastă cu Isus.

Tămâia și smirna pe care i-o întindeau azi n-avea același miros cu tămâia și smirna pe care i-o aduseră, în staul, magii veniți din depărtările Răsăritului. Iar în locul aurului ce lumina negura murdară a colibei, licărește fierul sur al cutelor ce așteaptă să se împlânte în sânge. Iar acel vin, părând otrăvit de amar ce era, nu era focosul vin al nunții din Cana, nu era vinul pe care-l băuse cu o seară mai înainte, cald și roșu; ca sângele ce gâlgâie dintr-o rană.

PATRU CUIE

Pe culmea tăpșanului Țestei, cele trei Cruci, înalte, mohorâte, cu brațele desfăcute asemenea unor uriași gata să se îmbrățișeze, tronează pe zarea largă a văzduhului drăgăstos al primăverii. Nu fac umbră; ci-s tivite jur-împrejur de pâlpâirea sclipitoare a soarelui. E-atât de nespusă frumusețea lumii în acea zi, în acel ceas, că nu-ți vine să te gândești la chinurile morții; oare n-ați putea să înfloriți acele grinzi de lemn cu florile câmpului, să atârnați de la una la alta ghirlande de frunze noi, să îngropați spânzurătorile în ziduri de verdeață, să stați în umbra lor, frați împăcați și binevoitori, în ațipirea după-amiezii?

Ci preoții, scribii, fariseii, sadicii, răzbunătorii, adunați acolo să-și ațâțe pofta de mâncare cu priveliștea celor trei agonii, frământă pământul de nerăbdare și îmboldesc cu tot felul de născociri încetineala romanilor.

Centurionul dă o poruncă. Doi sulițași se apropie de Isus și-l despoaie cu mișcări repezite și bădărane de tot ce-avea pe el. Răstignitul va trebui să fie gol de tot: ca cel care intră în baie, zice un vechi cărturar.

De îndată ce-l văd așa, îi trec două ștreanguri pe după subsuori și-l aburcă pe Cruce. La jumătatea trunchiului e un piron ce ține loc de rezemătoare; iar trupul va să afle în el sprijin dureros. Alt soldat, rezemând scara pe unul din brațele curmezișe, se suie cu ciocanul, apucă mâna care-a vindecat leproșii, care-a mângâiat părul copiilor, o întinde pe lemn și bate un cui în mijlocul palmei. Cuiele sunt destul de lungi, cu măciulia bine crestată, să nu lunece muchea ciocanului. Meșterul, învățat pe loc, dă o lovitură ce străpunge pe dată carnea; pe urmă alta, încă una, să intre zdravăn vârful, să nu rămână pic de cui afară. Oleacă de sânge țâșnește din mâna găurită pe mâna ciocanului; dar harnicului meșter nu-i pasă și lovește de zor în plăpândul mai, cu sete, până ce rostuiește treaba cumsecade. Atunci se dă jos, să pironească și cealaltă mână.

Toți au amuțit, în nădejdea să audă urletele blestematului. Şi Isus tace în fața călăilor, precum a tăcut în fața judecătorilor.

E rândul picioarelor acuma. Treabă ce se poate face de jos, căci crucile romane nu-s prea înalte; așa că de lasă mai multă vreme trupurile osândiților spânzurate, pot da peste ele câinii și șacalii, să le scormonească măruntaiele și-apoi să le mănânce.

Țintuitorul frânge genunchii lui Isus, pentru ca laba picioarelor să se lipească bine-ntinsă pe lemn; și luând măsură, pipăind în ce fel să-și facă loc printre două oscioare vârful de fier, repede o lovitură în laba celui dintâi picior și întărește cuiul până ce nu se mai clatină deloc. La fel i-l pironește pe celălalt; pe urmă cată în sus, cu ciocanul în mână, să vadă de n-a uitat ceva, de și-a isprăvit treaba după uzanţa meseriei. A uitat tăblița pe care-o luaseră de la gâtul lui Isus și-o aruncaseră pe jos. O ia, apucă iar scara și cu două ținte o prinde în creștetul trunchiului crucii, deasupra capului încoronat cu spini.

În sfârșit se dă jos, azvârle ciocanul și cată să vadă de și-au isprăvit și tovarășii treaba. Tâlharii au fost rânduiți așijderea, și Crucile, toate trei, își arată ofranda lor de carne. Soldații se pot odihni, pot să-și împartă straiele; că de-acuma cei de acolo n-o să mai aibă nevoie de straie. Straiele erau procopseala călăilor și aveau dreptul la ele după lege. Patru erau sulițașii cărora li se cuveneau veșmintele lui Isus; așa că le-mpărțiră în patru. Mai rămânea sumanul care era fără cusătură, țesut dintr-o bucată. Păcat să-l taie; că pe urmă, niciunul nu și-ar mai fi făcut treaba cu el. Şi unul, vechi jucător de zaruri, găsi leacul. Scoase zarurile, le aruncă în coif ca săgetătorii porumbiței din Virgiliu și sumanul fu jucat la zaruri. De-acuma Regele Iudeilor nu mai are pe lume decât spinii cununei, pe care i-au lăsat-o pe cap, spre mai mare batjocură.

Totul e isprăvit; picăturile sângelui i se preling domoale din mâini în țărână, iar broboanele prelinse din picioare sapă brazde roșii în soclul crucii. De-acum nu va mai fugi; gura-i plină de afurisenii va fi căscată iute-uite de moarte; va rămâne goală de vorbe cât lumea și pământul. Ucigașii pot fi mulțumiți de ei și de răstignitorii străini. Cel care înciuma poporul, dușmanul Templului și al negoțului e țintuit cu patru cătușe zdravene pe stâlpul batjocurii. Mărimile Ierusalimului chiar din seara aceasta vor putea dormi somn mai liniștit.

O larmă de rânjete drăcești, de urlete voioase, de batjocuri sfâșietoare prinse a zburătăci peste înghesuiala ce se împănează de jur-împrejurul Ţestei. Uite-o colo bufnița cobitoare, ca bufnița țintuită cu aripile întinse pe ușa plugarului.

Calicul care voia doar un suman, acu stă gol; pribeagul care n-avea piatră drept căpătâi, are azi căpătâi de lemn; șarlatanul care înșală lumea cu mâinile lui, nu mai are mâinile slobode să frământe noroiul care le dă orbilor vederea; Regele are drept tron un piron tare de lemn;

cel ce-a hulit Ierusalimul e spânzurat în marginea sfintei cetăți; învățătorul atâtor ucenici are drept singuri tovarăși doi tâlhari care-l înjură și patru soldați care cască de urât.

Cheamă-i pe Tatăl tău să te scape, ori niscai îngeri să te ia de-aici, să ne fugărească cu săbii de foc. Întrucât atunci vom crede și noi c-ai fost Cristos și ne vom îngropa obrajii în pulbere, să ne închinăm ție.

Iar unii dintre preoți, dând din cap, ziceau:

— Tu, cel ce dărâmi Templul și-n trei zile îl faci la loc, scapă de poți! Dacă într-adevăr Fiul lui Dumnezeu ești, dă-te jos de pe cruce!

E un îndemn aducător aminte de îndemnul Satanei în pustiu. Și aceia, la fel Satanei, vor să vadă o minune. În atâtea rânduri i-au cerut un semn! Semn mare ar fi de-ai izbuti să smulgi cele patru cuie, să te dai jos de pe cruce; de-ar străfulgera în văzduh tăria Tatălui, care să ne săgeteze ca pe niște ucigători de zei. Că bine vezi că piroanele-s zdravene și nu se urnesc, că nimeni nu se arată din cer ori de pe pământ să-ți vină într-ajutor.

De-a valma îl batjocoreau scribii, bătrânii, până și soldații care n-aveau nimic de împărțit cu el, până și tâlharii care pătimeau totuși ca și dânsul.

— I-a mântuit pe alții, dar pe el nu se poate mântui! Ce, nu-i oare Regele Israelului? De-i Cristos, Alesul lui Dumnezeu, coboare de pe cruce, să vedem cu ochii noștri și să credem. Are încredere în Dumnezeu; dacă Dumnezeu vrea să-l aibă cu tot dinadinsul, mântuiască-l acum; de unde nu, la ce bun a mai spus: Eu sunt Fiul lui Dumnezeu?

A spus răspicat c-a venit pe lume să aducă viața; iar acum nu-i în stare să scape singur de la moarte! S-a lăudat că-i Fiul lui Dumnezeu; ci Dumnezeu nu se urnește să-și smulgă copilul cel mai mare de pe furcă. De-i așa n-a spus decât minciuni; nu-i adevărat c-ar fi mântuit pe cineva; nu-i adevărat că Dumnezeu îi e tată; iar de-a mințit întru aceasta, n-a spus decât minciuni, totdeauna; să-și merite soarta. Nu mai era nevoie de-această dovadă; dar și dovada de pe urmă a ieșit la iveală, limpede în văzul oricui; astfel că mai împăcat de-așa nu ne-ar putea fi sufletul. În clipa de față, dacă minunea s-ar fi putut întâmpla, n-ar mai sta spânzurat colo să pătimească: ci gol e cerul, iar soarele, opaițul lui Dumnezeu, ne luminează să i se poată vedea mai bine strâmbătura feței și gâfâiala pieptului.

Ce păcat că romanii nu îngăduie străvechea noastră osândă pentru nelegiuiți; că ne-am fi vărsat necazul mai abitir, unul câte unul ucigându-te cu pietre; fiecare dintre noi și-ar fi făcut gustul ochindu-te în cap cu bolovanii bine cioopliți, să te umple de vânătăi, de zdrobituri, de sânge, să te îmbrace într-un suman de pietre, să te-ascundă sub un munte de bolovani. Odinioară, în fața adulterei, i-am lăsat din mână; dar azi niciunul n-ar fi dat îndărăt; ai fi plătit și pentru tine și pentru aceea. Nici crucea nu-i rea: dar nu-i cine știe ce desfătare pentru cei care privesc. Dacă cel puțin străinii aceștia ne-ar fi lăsat să dăm și noi o dată cu ciocanul! Nu spui nimic! Ți-a pierit pofta de-a propovădui? Nu te poți da jos? De ce nu binevoiești să ne botezi și pe noi? De vrei să te-ndrăgim, dovedește-ne mai întâi că Dumnezeu ține la tine până într-atâta, că face marea minune să te smulgă din gheara morții!

Ci dumnezeiescul țintuit tace. Sfâșierea frigurilor ce prind a-l scutura nu-i atât de cumplită ca vorbele fraților care-l răstignesc a doua oară pe crucea înspăimântătoarei lor neștiințe.

DISMAS

Hoții ce fuseseră răstigniți odată cu Isus prinseseră a-i arăta colții încă de pe drum, atunci când îl ușurară de povara crucii. De ei nu-i păsa nimănui; deși trebuiau să moară la fel, de aceeași moarte, erau trecuți cu vederea: pe celălalt îl chinuiau; dar cel puțin îl băgau în seamă; toți erau cu ochii pe el, dădeau fuga pentru el, de parcă ar fi fost singur. Pentru dânsul se înghesuia tot acel norod de lume în urma lor – oameni cu greutate, cărturari și bogătași – pentru dânsul boceau femeile, ba până chiar și centurionului îi era milă. Căci era regele sărbătorii, el, acel șarlatan care colindase satele, iar acuma robise gândurile tuturor, de parc-ar fi fost rege cu tot dinadinsul. Cine mai știe de-ar fi avut ei parte de vinul cu smirnă, dacă acela nu s-ar fi codit să-l soarbă.

Dar unul dintre ei, când auzi marile vorbe rostite de tovarășul cel pizmuit – iartă-le lor că nu știu ce fac – amuți deodată. Acea rugăciune era atât de nouă pentru el, trezea în el simțiri atât de străine de sufletul, de întreaga-i viață, că-l întoarse pe negândite la vârsta cea mai uitată, la anii copilăriei, când era și el nevinovat, pe când știuse că e un Dumnezeu căruia i se putea cere pace, așa precum cer calicii pâine pe la porțile înstrăinaților. Dar în niciun colțișor de suflet, după câte-și aducea aminte, nu descoperea o rugăciune ca aceea, atât de neobișnuită, atât de nelalocul ei pe buzele unui om care-i gata să fie omorât. Și totuși, acele cuvinte de necrezut găseau în inima uscată a hoțului o îmbinare cu ceva în care-ar fi voit să creadă, mai ales în acea clipă în care se pregătea să se înfățișeze unui judecător mai grozav ca cel de prin județele omenești. Rugăciunea lui Isus află nebănuită îmbinare cu gânduri pe care acela nu le-ar fi putut mărturisi prin viu grai, dar care, când și când, i se păreau asemenea unor străfulgerări în negura ursitei sale. Își dăduse oare totdeauna seama de faptele ce săvârșise? Iar oamenii se gândiseră la el, făcuseră pentru el ce s-ar fi cuvenit să facă, spre a-l dezbăra de năravurile rele?

Se aflase oare cineva pe lume care să-l iubească cu adevărat? Care să-i fi dat de mâncare atunci când îl încolțea foamea, o haină când îi era frig, un cuvânt de prietenie când se iveau în sufletu-i înrăit și stingher ispitele? De-ar fi avut puțină pâine și o fărâmă de iubire mai mult, ar fi săvârșit oare fapta care-l îmbrâncise pe cruce? Nu era oare și el dintre cei care nu știu ce fac, întunecați de nevoie, părăsiți printre patimile pânditoare? Nu erau oare hoți de seama lui leviții, care precupețeau ofrandele, fariseii care înșelau văduvele, Bogății care prin camătă neomenească sugeau sângele celor lihniți? Aceia îl osândiră la moarte: dar la urma urmelor, ce drept aveau să-l ucidă, de vreme ce niciodată nu făcuseră nimic pentru a-l mântui și se pângăriseră în aceleași nelegiuiri ca și dânsul?

Acestea toate le gândea tâlharul în inima-i răvășită, în vreme ce adăsta să-l spânzure și pe el. Apropierea morții – ce moarte!; acea rugăciune nebănuită a unui om care nu tâlhărise, dar avea să îndure aceeași osândă ca tâlharii; ura ce schimonosea mutrele acelor oameni care-l osândiseră și pe el, frământau sărmanu-i suflet obidit și i-l înduplecau la înduioșări pe care nu le mai cunoscuse decât în copilărie, la simțăminte cărora nu știa să le spună pe nume, dar care s-ar fi putut asemui cu pocăința și înduioșarea.

După ce fost-au răstigniți toți trei, celălalt hoț, deși chinuit de piroane, se apucă iarăși să-l ocărască pe Isus. Prindea și el să-l împroaște din gura-i înfundată de păr îmbăiat, cu sfidarea iudeilor:

— Ești ori ba Cristos? Atunci mântuiește-te pe tine și pe noi! De-ar fi fost cu adevărat Fiu al Lui Dumnezeu, nu s-ar fi gândit să-i scape și pe tovarășii săi de năpastă? De ce nu se milostivea? Așadar, dreptate aveau cei de jos, era șarlatan, copil al nimănui, lepădat, afurisit. Iar ocara înciudatului tâlhar era întărită parcă de ciuda unei nădejdi înșelate. O nădejde ce-abia-i licărise în suflet, ca un vis mincinos de scăpare miraculoasă. Dar deznădăjduitul trage nădejde chiar și în ceea ce nu se poate întâmpla; iar acea dezamăgire i se părea a fi trădare.

Dar tâlharul cel bun, care de mai multă vreme-l asculta și asculta ce urlau ceilalți turbați de jos, întoarse capul spre tovarăș:

— Nu ți-e frică nici de Dumnezeu, ție care te afli chinuit aici de-același canon? Că noi drept e să ne primim osânda faptelor noastre; dar el n-a făcut niciun rău, nimănui.

Tâlharul, prin îndoiala vinovăției sale a ajuns la credința nevinovăției tainicului iertător ce-i stă alături. Noi am săvârșit fapte – nu vrea să le zică nelegiuiri – pe care oamenii le pedepsesc; pe câtă vreme acesta n-a făcut niciun rău nimănui; și totuși e pedepsit la fel: de ce-l ocărăști?

Nu ți-e frică să te pedepsească Dumnezeu că l-ai batjocorit pe-un nevinovat?

Și-i veneau iar în minte toate câte le auzise povestindu-se despre Isus; puține lucruri, și pentru el, nelămurite. Dar știa că vorbise despre o împărăție a păcii și că el însuși avea să se întoarcă spre a o cârmui. Atunci, într-o pomenire de evlavie, ca și cum ar fi invocat contopirea acelui sânge ce picura din mâinile de ucigaș cu cel picurat din mâinile celui nevinovat, izbucni în aste cuvinte:

— Isuse, adu-ți aminte de mine, când vei veni în împărăția ta!

Am pătimit laolaltă; nu-l vei mai cunoaște pe cel ce-a stat pe crucea de-alături; pe singurul care te-a apărat, în vreme ce toți te ocărau?

Iar Isus, care nimănui nu-i răspunsese, aplecă fruntea cât putu spre tâlharul cel milos și-i răspunse:

— Adevăr grăiescu-ți că fi-vei azi în Rai cu mine.

Nu-i poate făgădui nimic din cele pământeșii: ce i-ar folosi să fie desferecat de pe cruce, să se mai târască vreo câțiva ani, plin de răni și de nevoi, pe drumurile lumii? De altfel, nici n-a cerut să fie scăpat de la moarte, i-ajunge să nu-l uite după ce va muri, de se va întoarce în slavă, Isus, în schimbul vieții trupești și pieritoare, i-o făgăduiește pe cea veșnică, Raiul: și fără zăbavă: „chiar azi".

A păcătuit; în ochii lumii a păcătuit greu de tot. Le-a luat bogaților un dram din avuția lor; poate c-a furat și de pe la săraci. Dar Isus s-a arătat totdeauna față de cei păcătoși, atinși de-o boală mai cumplită ca bolile trupești, de-o părtinire cu care nu s-a lăudat niciodată, dar pe care nici n-a voit să și-o ascundă. N-a venit el oare ca să aducă îndărăt în adăpostul cald al staulului, oaia răzlețită prin mărăcinișul țarinei? Răii nu-s ei destul de pedepsiți de însăși nelegiuirea lor? Iar cei care se socot drepți și-i osândesc, nu-s oare adesea mai păcătoșiți ca aceia? Nici nu îi iartă pe toți. Ar fi o altă nedreptate, mai sfântă ca cealaltă, dar nedreaptă. Şi o singură vorbă de pocăire, un singur cuvânt de căință i-ajunge. Rugăciunea tâlharului ajungea ca să-i înduplece iertarea.

Bunul tâlhar e cel din urmă om pe care l-a convertit Isus, în vremea în care mai îmbrăca încă trupu-i de carne. Despre acela mai multe nu știm; doar numele, păstrat de un text apocrif. Biserica l-a primit printre sfinții săi, pe temeiul acelei făgăduințe a lui Cristos, sub numele de Dismas.

ÎNTUNERICUL

Răsuflarea lui Isus se făcea tot mai gâfâită. Pieptul i se umflă în opintiri canonite, ca să soarbă un strop de aer mai mult; capul îi zvâcnea de usturimea cuielor; inima-i bătea cu răbufneli întețite ce-l zguduiau, mai-mai să-l smulgă de pe cruce; frigurile însetate ale răstigniților îi ardeau toate mădularele, de parcă sângele din vene i s-ar fi schimbat în foc. Trupul încordat în acea înțepenire istovitoare, pironit în grinzi fără putinţa de-a se mai întoarce pe-o coastă, ținut de mâinile ce se sfâșiau slăbindu-le cât de cât, iar de le ţine mereu în sus osteneau din cale-afară mijlocu-i supt și biciuit; acel trup tineresc și îndumnezeit care în atâtea rânduri pătimise, căci închidea un suflet prea mare, era prefăcut acuma în rug de durere, pe care ardeau toate durerile lumii.

Răstignirea era într-adevăr, după mărturia unui retor călău ucis înainte de Cristos, cea mai cruntă și mai năprasnică dintre schingiuiri. Cea care dădea pătimiri mai sfâșietoare și mai prelungi. De se ivea tetanosul, o îndurătoare sfârșeală grăbea moartea; dar erau unii care nu-și dădeau sufletul, pătimind tot mai amarnic până a doua zi; și chiar nici atunci. Setea frigurilor, încercarea inimii, înțepenirea venelor, zgârcirea mușchilor, amețeala și zvâcniturile capului, groaza sfâșietoare și mereu sporită nu erau în stare să-i răpună. Dar cei mai mulți, după trecerea a douăsprezece ceasuri își dădeau sfârșitul.

Sângele din cele patru răni ale lui Isus se închegase jur-împrejurul măciuliilor de fier; dar cea mai plăpândă mișcare făcea să gâlgâie alte șiroaie, ce se prelingeau încet de-a lungul crucii și picurau pe jos. Capul i se aplecase de înțepenirea gâtului într-o parte; ochii, ochii muritori în care se înfățișase Dumnezeu să privească pământul, se înecau în sticlirea agoniei; iar buzele vinete, crăpate de plâns, uscate de sete, strânse de greoaia răsuflare, păstrau urmele celei din urmă sărutări, urmele sărutării ciumate, semnele sărutării lui Iuda.

Astfel moare un Dumnezeu care i-a scăpat de boli pe slăbănogi, care le-a dat apa vieții celor însetați, care i-a trezit pe morți de pe tărgi și din morminte, care i-a făcut să umble pe cel încremenit în dambla, care-a izgonit demonii din sufletele îndobitocite, care-a plâns cu plângătorii, care i-a făcut să se mai nască o dată pe cei răi în loc să-i pedepsească și care a propovăduit în grai de poezie, cu dovezi de minuni, acea iubire neprihănită, pe care freneticii libidinoși, tolăniți în somn și sânge, n-ar fi fost niciodată în stare s-o descopere. A vindecat rănile și rănitu-i-au trupul lui cel neatins; i-a iertat pe răufăcători și-i răstignit nevinovat de răufăcători, între făcătorii de rele; i-a iubit pe toți oamenii în neștire, chiar și pe cei care nu-i meritau dragostea, iar ura l-a pironit aci, unde ura e pedepsită și pedepsește; a fost mai drept ca dreptatea; iar ca să-l năpăstuiască pe el, săvârșitu-s-a cea mai vicleană nedreptate; a mânat vitele păcătoase pe calea sfințeniei și a căzut în gheara înjositorilor și a demonilor; a adus viața și-i dau pe ea moartea cea mai de rând.

De toate acestea era nevoie pentru ca oamenii să poată învăța iarăși drumul Răului Pământesc; să urce iarăși, de la îmbătata lor dobitocire, la îmbătarea Sfinților; să învie din înțepenita lor bestialitate ce pare viață și e moarte, întru măreția împărăției din Ceruri.

Închine-se mintea în fața tainei de nepătruns a acestei nevoi, şi inima oamenilor să nu uite niciodată cu ce preț fost-a plătită nespus de marea noastră îndatorare. Vreme de nouăsprezece ori câte o sută de ani oamenii renăscuți întru Cristos, vrednici să-l cunoască pe Cristos, de a-l iubi pe Cristos și de-a fi iubiți de Cristos, plâns-au măcar o dată în viața lor pomenirea acelei zile și acelei pătimiri. Dar toate lacrimile noastre strânse la un loc în marea amară, nu răscumpără o singură picătură din cele ce se prelinseră, roșii, grele, pe locul Țestei.

Un rege barbar al unor barbari, rostit-a cuvântul cel mai tare ce-a ieșit vreodată din gură creștinească, la gândul acestui sânge. Îi citeau lui Clodoveu povestea Patimilor, iar cruntul rege suspina și lăcrima, când deodată, nemaiputându-se stăpâni, apucând mânerul spadei, strigă: Ah, de ce n-am fost eu acolo cu francii mei! Cuvinte copilăroase, cuvinte de soldat și de om sângeros, care contrazic spusele lui Isus către Petru între măslini, dar frumoase, cu toată frumusețea absurdă a unei iubiri curate și bărbătoase. Căci nu-i de-ajuns a-L plânge pe cel care n-a dat numai lacrimi; ci-i nevoie să ne luptăm pentru El. Să ne războim, în noi, cu tot ceea ce ne desparte de Cristos; să-i înfruntăm în mijlocul nostru pe toți dușmanii lui Cristos.

Căci dacă mai târziu milioane de oameni plâns-au la gândul acelei zile, în vinerea aceea, în preajma Crucii, toți – afară de femei – râdeau. Iar cei care râdeau n-au murit toți, ci lăsat-au copii și nepoți și mulți dintre aceștia sunt botezați, dar râd și azi, alături de noi; iar urmașii lor vor râde până-n ziua în care unul singur va putea râde. Dacă plânsul nu poate spăla sângele, ce osândă va putea ispăși acel înspăimântător râs?

Priviți-i deci încă o dată pe cei care râd în jurul crucii pe care Cristos e mușcat de dureri!

Iată-i colo, îmbulziți pe coastele Țestei, ca o turmă de țapi încurați de ură. Priviți-i bine, cătați în ochii lor, unul câte unul; îi veți cunoaște pe toți, căci sunt dintre cei care nu mor niciodată.

Vedeți-i cum întind boturile adulmecânde, gâturile cioturoase, nasurile gheboase și coroiate, ochii hrăpăreți ce zvâcnesc pe sub sprâncenele stufoase. Băgați de seamă ce hâzi sunt în mișcările lor nestânjenite de neostoită cainitate. Numărați-i bine, că trebuie să fie toți, leiți cu cei pe care-i cunoaștem, frați cu cei care-i întâlnim zi de zi pe ulițele noastre. Nu lipsește niciunul.

În față stau bonzii cu burțile doldora, cu inimile șoricoase, cu urechile late ticsite de mărăcinii părului, cu gurile lor cât șura și buzoase, schimbate uneori în cratere de înjurături. Cot la cot cu ei stau scribii neobrăzați, puchioși și buboși, cu fața de-un galben excremental, petecari de minciuni, râgâitori de puroi și cerneală. Apoi epulonii ce-și mână din urmă obscena graviditate a mațelor teancuri-teancuri, dobitoace speculând foamea, îngrășate pe vremuri de foamete, convertind în numerar răbdarea săracilor, frumusețea copilelor, sudoarea robilor. Și spurcații zarafi pricepuți în târguieli oprite de lege și în șarlatanii, trăind ca să înșface și să seducă; și bățoșii legiști, nărăviți să siluiască legea împotriva nevinovăției, iar în spatele trufașilor stâlpi ai societății, droaia de trepăduși puși pe jaf, de borfași, de haimanale spurcate la vorbă, de orbeți plângăcioși, de nemâncați zdrențăroși: drojdia hămesită ce mănâncă pe sub mese și mârâie printre picioarele celor care nu-i întind o îmbucătură ori un brânci.

Aceștia sunt veșnicii dușmani ai lui Cristos, părând azi voioși coribanți ai unei josnice saturnale, vărsând pe fața lui Cristos scuipatul molipsitor, balele greu mirositoare, drojdiile murdare ale sufletului din ei. Careva poate că astă-noapte a chefuit, iar cu o zi mai înainte a jurat mincinos ca să stoarcă ce nu i se cuvine: poate că altul a procreat un bastard, a cântărit cu balanțe măsluite, i-a spus nu celui care plânge.

Astă spumă vâscoasă de omenire murdară și hoață, răbufnește din latrina inimii disprețul său pentru cei care-o mântuie, turbează împotriva celui care iartă, își năpustește batjocura asupra Cristosului ce pătimește pentru dânsa, asupra Cristosului ce moare pentru ea. Niciodată ca în ziua aceea nu s-a ciocnit cu mai multă îndârjire în antiteza unei prăbușitoare tragedii, binele și răul, nevinovăția și păcătoșenia, lumina și întunericul.

S-ar fi zis că firea însăși voia să ascundă grozăvia acelei priveliști. Cerul, care stătuse senin toată dimineața, se întunecă deodată. O negură groasă, de parc-ar fi ieșit din smârcurile Iadului, se ridică pe după dealuri și, încet- încet, se răsfiră prin toate ungherele zării. Un stol de nori negri se dădu pe lângă soare, pe lângă acel plăpând și luminos soare de april, care încălzise mâinile ucigașilor; îl încercui, se năpusti asupră-i și la urma urmelor îl acoperi într-un zăbranic des de neguri. „Iar până într-al noulea ceas, toată partea locului rămase în întuneric".

LAMMA SABACTANI

Mulți, speriați de ivirea acelei tainice întunecări, fugiră de pe tăpșanul Țestei și se întoarseră acasă amuțiți. Dar nu toți. Văzduhul era liniștit; nu ploua încă, iar prin negură tot se mai zăreau înălbind cele trei trupuri spânzurate. Voiau să se sature până la urmă de acea agonie: de ce să golească teatrul mai înainte ca drama să se isprăvească cu cel de pe urmă strigăt?

Cei rămași locului trăgeau cu urechea prin negură să audă: nesuferitul protagonist nu cumva întretăia cu vreo vorbă horcăitura gemetelor?

Pătimirea Răstignitului sporea clipă cu clipă. Trupu-i firav din născare, hărăzit de încordarea celor de pe urmă luni, răvășit de războirea de astă noapte, istovit de chinurile ceasurilor din urmă, nu mai putea, iar duhu-i pătimea și mai mult ca trupul sfâșiat, care-l mai înlănțuia pentru puțină vreme. I se părea că-l părăsiseră pe veci, că sufletu-i de copil dumnezeiesc îmbătrânise deodată, cu o bătrânețe fără aduceri aminte. Toți erau departe de el: tovarășii anilor buni, părtașii duioșiei Sale, săracii care se uitau drăgăstoși la El, copiii care întindeau capul la alintările sale, vindecații ce nu mai erau în stare să se despartă de dânsul, ucenicii cărora le înjghebase suflet nou. În preajma lui Isus nu mai stăruia decât o droaie de canibali îndrăciți, care-i așteptau moartea bârfind.

Doar femeile nu-l părăsiseră, într-un colț, departe de Cruce, fiindu-le frică de cei care urlau, Maria, mamă-sa, Maria Magdalena, Maria lui Cleopa, Salomeea, mama lui Iacob – poate că și Ioana lui Cuza cu Maria – îi privegheau înspăimântate sfârșitul. Mai avu tăria să-i încredințeze lui

Ioan moștenirea cea mai scumpă și sfântă din câte lăsa pe lume: Fecioara îndurărilor. Şi pe urmă, prin zăbranicul de lacrimi nu mai văzu pe nimeni și se crezu singur cu moartea, precum singur fusese în clipele cele mai înălțătoare ale vieții sale. Unde era acel Tată milos și binevoitor, căruia-i vorbea cu credința răspunsului și a ajutorării?. De ce nu-l ajuta, arătându-i un semn al coborârii sale, îndurându-se măcar să-l cheme la sine fără crunte zăboviri?

Și atunci se auziră în văzduhul neguros, în tăcerea întunecării, aceste cuvinte:

— Eli, Eli, lamma sabactani? Doamne, Doamne, de ce m-ai părăsit?

Era cel dintâi vers dintr-un psalm, pe care-l rostise în gând de neștiute ori, întrucât descoperea într-nsul atâtea prevestiri ale vieții și ale morții sale. Nu mai avea putere să-l cânte tot, ca-n pustiu; dar în gându-i tulbure se perindau una câte una rugăciunile îndurerate. Dumnezeul meu, Dumnezeul meu, de ce m-ai părăsit? De ce stai departe fără să m-ajuți, fără să-mi asculți geamătul?... În tine credeau străbunii; credeau, iar tu îi mântuiai; strigau către tine și erau scăpați... Ci eu vierme sunt, iar nu om: batjocura lumii, disprețuitul neamului. Cine mă vede mă ocărăște, strâmbă din gură, dă din cap zicând: roagă-se de Cel Veșnic! Cel Veșnic îl va scăpa, îl va mântui; că nu degeaba-l iubește! Da, tu m-ai scos din sânul mamei și m-ai făcut să mă odihnesc în pace la sânul ei. Nu te depărta de mine; că mă împresoară spaima și nu-i cine să mă ajute! Mulți tauri mă împresoară, cască botul împotriva-mi ca leul ce sfâșie, ca leul cu răcnet. Eu mi-s ca apa ce se risipește; toate mădularele se desfac în mine; inima-mi e ca ceara; se topește printre măruntaie. Puterea-mi înțepenește ca lutul; limba mi se prinde în cerul gurii, şi tu mă întinzi în praful morții. Că mă împresoară câinii; o droaie de nelegiuiți mă încolțesc, mi-au găurit mâinile și picioarele. Se uită, cată la mine cu ochii țintă; își împart între ei veșmintele mele și-mi joacă haina la zaruri. Ci tu, Veșnice, nu sta departe; tu, cel care-mi ești tăria, vino-mi degrabă în ajutor.

Rugăciunile acestui psalm profetic, care-l amintesc atât de bine pe Omul îndurărilor din Isaia, se înfiripă din inima rănită a Răstignitului drept cea din urmă revărsare a omenescului din el.

Dar unele dintre bestiile care stăteau mai aproape de cruce, crezură că-l strigă pe Ilie, proorocul mereu viu care-n închipuirea poporului era legat de ivirea lui Cristos.

— Îl strigă pe Ilie.

În acea clipă unul dintre soldați luă un burete, îl îmbibă în oțet, îl înfipse în vârful unei trestii și-l apropie de buzele lui Isus.

Însă iudeii ziceau:

— Lasă-l în pace, să vedem de-o veni Ilie să-l dea jos.

Sutașul care nu vrea să-și bată capul cu nimeni lasă trestia.

Dar după un răstimp – timpul pare nesfârșit, încremenit în acea negură, în acea așteptare, în acea înfrigurare ce-i chinuie pe toți – se auzi de sus glasul, depărtat acum, al lui Cristos:

— Mi-e sete.

Soldatul apucă iar buretele, îl mai înmuie o dată în plosca-i plină cu apă și oțel – băutura soldaților romani – și iarăși îl întinse spre gura arsă, care se rugase și pentru iertarea lui Isus, de îndată ce-și apropie buzele de burete, îngână:

— S-a sfârșit.

Veșnicul potolitor de sete, care stinse de-atâtea ori setea altora și lasă pe lume un nesecat izvor de viață – în care osteniții găsesc putere, putregăiții tinerețe, neliniștiții pace – a pătimit cât a stat pe lume de-o nepotolită sete de dragoste. Iar acum, în arsura cotropitoare a frigurilor, nu-i e sete de apă, ci de-o vorbă de îndurare, care să sfârșească istovul nemângâiatei sale singurătăți. Romanul îi dă în loc de apa limpede a izvoarelor Galileei, în loc de vinul frățesc al cinei de pe urmă, un strop din băutura lui acră; dar gândul neprecupețit și drăgostos al acelui sărman sclav, deși e gata să se prăbușească în întunecarea morții, îi dă de știre că unui suflet i-a fost milă de sufletul său.

De vreme ce un venetic pe care nu l-a mai văzut niciodată până astăzi a făcut ceva, cât de cât, de mila lui, e semn că Tatăl nu l-a părăsit. Potirul e la fund: tot amarul e isprăvit. Reîncepe odată cu sfârșitul veșnicia. Adunându-și cele din urmă puteri, strigă cu glas răsunător prin întuneric:

— Tată, în mâinile tale-mi dau sufletul!

Și Isus, după ce mai strigă o dată cu glas răsunător, punând capul în piept își dădu sfârșitul. Iar acel strigăt, atât de puternic că izbuti să-i desferece sufletul de trup, tună prin întuneric și se pierdu în nemărginirile pământului. La acel strigăt, povestește Matei, „catapeteasma Templului plesni în două, din creștet până-n temelie; iar pământul se cutremură, stâncile plesniră, mormintele se deschiseră, trupurile multor sfinți ce dormeau în somnul morții înviară și ieșind din morminte se arătară multora". Dar inimile celor de față fost-au mai împietrite ca stâncile: acești morți ce aveau în ei părerea vieții nu înviară la chemarea de pe urmă.

Aproape o mie nouă sute de ani s-au perindat din ziua în care auzitu-s-a acel strigăt; iar oamenii sporit-au larma vieții lor, ca să nu-l mai audă. Şi în pâcla și fumul cetăților noastre, prin negura tot mai adâncă în care oamenii aprind focurile mizeriei lor, acel strigăt deznădăjduit de bucurie și descătușare, acel strigăt nesfârșit ce ne cheamă în veci pe fiecare dintre noi, răsună încă în sufletul celui ce n-a putut uita.

Cristos a murit. A murit pe cruce, după cum au voit oamenii, după cum ales-a Fiul și Tatăl se învoi. Agonia i s-a isprăvit, iar Iudeii sunt mulțumiți. A ispășit până la urmă și a murit. Acum începe ispășirea noastră: aceasta încă nu s-a isprăvit.

CRUCEA NEVĂZUTĂ

Cristos a murit, iar trupu-i sfredelit spânzură din ziua aceea pe-o Cruce nevăzută, înfiptă-n mijlocul pământului. Sub acea cruce uriașă ce picură încă de sânge, merg să plângă răstigniții în suflet și toate smuciturile luzilor n-au putut-o doborî.

Şi batjocoritorii n-au murit. Prăsila lor are zile multe. Strănepoții lui Cain și ai lui Caiafa n-au isprăvit de bârfit și de batjocorit. Nebunia crucii e un scandal prea mare pentru înțelepciunea lor.

Câtă vâlvă, câtă uimire – se pițigăiesc gaițele erudiției – pentru un om mort pe cruce: Spuneți că acest ins era un Dumnezeu; dar știm noi, noi care știm totul și am citit toate cărțile, că moartea violentă a unui erou, a unui semi-zeu, a unei ființe divine, în sfârșit, nu-i lucru prea nou, care să îndrituiască o pasiune atât de prelungită. Isus e unul mai mult pe răboj: vreți să numărăm crestătură cu crestătură?

Nu-i nevoie. Le știm și noi pe-aceste paiațe de basm al epocii legendare. Știm că nu-i cazul să le scoatem din opera poeților înzorzonați și de prin litografii Antichității, ca să facem din ele materie de contestații păgâne. Vreți oare să pomeniți de sărmanul Osiris, pe care pizmărețu-i frate Set Roșcovanul, după ce-l ferecă într-o ladă, îl aruncă în mare și acolo peștii dumicară nemernicul trup al monarhului egiptean? Sau de frumosul Tammuz babiloneanul, care muri în dinții mistrețului, ca fratele și vărul său Adonis? Sau de monstrul Eabani, omorât într-o încăierare de locuitorii Nipurului, în vreme ce întovărășea pe prietenul său Izdubar? Sau de cântăreţul Orfeu, pe care-l sfârtecară Bacantele, pentru că-l cinstea doar pe Apollo și nu catadicsea să atingă strunele în cinstea lui Bachus? Ori de castul Hipolit care, neprăpădindu-se după îmbrățișările Fedrei, a fosl omorât de un taur năpustit din mare? Ori de iscusitul vânător Orion, care-a fosl săgetat de Artemis, pentru că îndrăzni s-o sfideze la întrecerea cu discul? Ori de cealaltă victimă a Artemisei, Acteon, care fu sfâșiat de câini pe când vâna, deoarece zeița prinsese pică pe el? Ori de voinicul Hercule, mântuitorul de grajduri, care după ce-și făcuse de cap cu mai multe femei, muri ars de cămașa pe care Nexus. centaurul, cunoscător de vaduri, i-o dăduse prin vicleșug geloasei Deianira? De cumsecadele Hercule pe care, puțin după aceea, fratele său Jolao îl învie, vârându-i sub nas, ca unui lacom ce era, o strachină plină de prepelițe? Ori de Titanul, care învățându-i pe oameni să facă focul și alte meșteșuguri folositoare, fu dat să-l mănânce șoimul, dar rămase veșnic viu, nemuritor și mângâiat de Oceanide? Ori de vestitul între vestiți Dionisos Zagreul, pe care frații îl tăiară bucăți-bucăți și-l puseră la fiert într-un ceaun, dar care nu mult după aceea învie, spre marea mângâiere a menadelor și a vierilor?

Toți aceștia sunt născociri ale mitologiei populare, înfrumusețate apoi de arta poeților; ființe alegorice pe care nimeni nu le-a văzut la față. Ci Cristos se arătă în chip de om, trăi în mijlocul oamenilor ce-i povestiră povestea vieții numaidecât după moarte, în vremuri apropiate și cunoscute. Ceilalți n-au fost omorâți pentru că dăduseră o lege nouă, o revelație de neuitat; ci toți, afară de Prometeu, întruchipare a celor dintâi civilizatori și împărțitori de bunuri materiale, muriră din răzbunare, din pierderea influenţei, din gelozie, din trufie, întâmplător. Pricinile pătimirii și morții acestor întruchipări năzdrăvane au fost personale, meschine. Niciuna dintre ele nu și-a jertfit viața întru mântuirea oamenilor. Şi Prometeu însuși de-ar fi prevăzut mânia lui Jupiter ar fi ascuns din fața nerecunoscătorilor muritori grozavul dar al focului.

Însă, fără a merge până la zeități – stăruiesc urmașii lui Caiafa – avem știință despre alții care, la fel cu Isus, pătimiră ca să le împărtășească oamenilor adevărul, întemeind ca și dânsul școli și religii. Care sunt, rogu-vă, vrednici să stea alături de Isus, fie și numai pe departe?

Poate cumsecadele conțopist Confucius, cel cu neveste și copii, cel ce-a făcut pe dijmuitorul de pășune, pe supraveghetorul de lucrări publice, spre a muri tihnit în patul său la șaptezeci și trei ani? Sau Verdhamana, căpetenia jainismului, care muri de moarte bună la șaptezeci și doi de ani? Sau Zarathustra care fu ucis în război, pe vremea împresurării Bakdiului? Sau Buddha Siddharta, fiul de rege care făcu o mândrețe de copil cu o nevastă ce pica de frumoasă și se stinse la optzeci de ani, pentru că mâncase carne prea grasă de porc?

Singurul care-a murit osândit de judecată a fost Socrate; dar nimeni n-a crezut vreodată că Socrate era zeu. sau că vorbea în numele lui Dumnezeu; cu atât mai puțin că ar fi revelat adevăruri supraomenești. El nu ține să-i mântuiască pe oameni, ci se străduiește să-i învețe pe atenieni arta de-a raționa cu mai multă precizie.

A adus, zice-se, filozofia cerului pe pământ; dar Isus a adus de-a dreptul cerul pe pământ. Socrate făgăduiește o reformă parțială a înțelepciunii, pe câtă vreme Isus fericirea și veșnicia. Pe de altă parte, șiretul dascăl de maieutică trăise până la șaptezeci de ani și nu fusese schingiuit de nimeni: ba-i îngăduiră și o nesfârșită apărare, spre a muri de-o moarte nedureroasă în mijlocul ciracilor săi, care nu-l trădaseră și nu-l părăsiră.

Învățătura lui Isus e nebănuit mai măreață și mai înălțătoare decât o sofistică expurgată, decât o morală civică întemeiată pe simțul dreptății. El a voit să-i facă pe oameni după chipul și asemănarea sa, neuitând vorbele prevestitorului său Ezechiel: „Ci eu vă voi da o inimă nouă, voi strecura în voi duh nou, voi smulge inima de piatră din carnea voastră, sălășlui-voi în voi duhul din mine".

Ne cheamă să luăm chipul lui Dumnezeu, spre a fi cârmuiți de-a dreptul de Dumnezeu, spre a fi dumnezeiește liberi. Fiți sfinți precum sfânt e Dumnezeu; desăvârșiți cum e Dumnezeu de desăvârșit; iertați precum și Dumnezeu iartă; iubiți-vă cum vă iubește Dumnezeu: de veți face așa nu se vor mai afla printre voi dușmani și stăpâni, nefericiți și săraci, ucigași și obidiți; ci Împărăția Cerurilor vă va răsplăti de nedreptele împărății ale lumii.

Iată fapta lui Isus. Și el, ca șarpele din livadă, dar cu alt gând, le-a spus oamenilor: Fiți asemeni zeilor. Şi oamenii n-au avut tăria să-l asculte. Dumnezeu e prea departe, iar mocirla își are desfătările ei. Prea multă caznă are de îndurat inima tăvălită în vâscul bălții, spre a se schimba în sfânt și a se apropia de acea desăvârșire ce-i singura fericire vrednică să fie căutată, singura ce nu dezamăgește.

Și s-au lepădat de ceea ce le dăruia Cristos odată cu întregu-i sânge picurat. Pentru a nu-i mai auzi glasul supărător ce-i chema la o faptă prea greu de deșăvârșit, l-au înăbușit pe cruce. S-au înspăimântat de groaza de-a nu-și pierde avuțiile lor de piatră, de metal și de hârtie, nici nu au crezut în avuțiile fără număr pe care le făgăduia în schimb. Din pricina acestei lepădări și a acestei spaime, murit-a în ziua aceea Fiul omului pe tăpșanul Țestei, strigând în întuneric.

Ori de câte ori vreunul din noi nu răspunde strigătului său, dă o nouă lovitură în piroanele ce-l țin spânzurat de-atâtea veacuri pe Crucea-i mai tare ca vremea.

APĂ ȘI SÂNGE

În sfârșit, Cristos a murit în chipul pe care l-au cerut mai-marii neamului său; dar nici strigătu-i de pe urmă nu i-a dezmeticit. Unii, zice Luca, se duceau de-acolo bătându-se în piept: au sunt oare în acele piepturi inimi care bat cu adevărat pentru marea inimă ce nu mai bate? Nu scot o vorbă; se grăbesc spre casă, la mâncare: poate că-i mână frica mai mult ca iubirea.

Dar un venetic, Centurionul Petronius, care stătuse de față la chinuri tăcut, își vine în fire; și înfloresc pe buzele gurii sale de păgân vorbele Claudiei Procula:

— Fără doar și poate că omul acesta n-avea nicio vină.

Nu știe prea bine cum i-o fi zicând celui ce-a murit; dar și-ar pune capul că nu-i un răufăcător. E cea de-a treia mărturie romană în favoarea nevinovăției celui care va deveni, prin apostoli, în vecii vecilor creştin.

Iudeii nu se gândesc la pocăință. În schimb li-i gândul la Paştele pe care l-ar spurca de n-ar duce repede-repede de-acolo stârvurile scăldate în sânge. Scara stă să pice, şi-ndată ce va asfinți soarele va începe Marele Sabat. De aceea, îi trimit vorbă lui Pilat să poruncească soldaților să spargă picioarele osândiților și apoi să-i arunce în groapă. Zdrobirea ciolanelor de la picioare era una din crudele născociri ale cruzimii, spre a scurta pătimirea răstigniților: un fel de hatâr, prielnic în cazuri de grabă. Soldații primind porunca, se apropie de tâlhari și le zdrobesc genunchii și șoldurile cu izbituri de măciucă.

Pe Isus îl văzuseră dându-și sfârșitul; așa că-și puteau cruța osteneala. Dar unul dintre ei, povestește Ioan, ca să-și împace simțul datoriei, apucând fierul suliței, i-l înfipse între coaste și, uimit, văzu că din rană gâlgâia sânge și apă.

Acelui soldat, după o străveche pomenire, îi zicea Longinus; se mai spune că vreo câteva picături din acel sânge îi căzură pe ochii lui cei betegi și, deodată, ochii i se înzdrăveniră. Martirologul povestește că Longinus, din ziua aceea, crezu în Cristos și fu călugăr timp de douăzeci și opt de ani în Cezarea, până ce-i tăiară capul din pricina credinței sale. Claudia Procula, legionarul milos care-a muiat pentru cea din urmă oară buzele muribundului, centurionul Petronius și Longinus sunt cei dintâi păgâni care i s-au închinat lui Cristos, chiar din ziua în care s-a lepădat de El Ierusalimul.

Dar nu toți iudeii și-au uitat de Cristos. Acum că-i mort, mort de-a binelea, mort fără întoarcere, acum că-i țeapăn ca toți morții, încremenit ca toate stârvurile, acum că-i stârv mut, neprimejdios, liniștit, trup fără suflet, gură tăcută, inimă ce nu mai zvâcnește, iată că zbughesc de prin casele în care se zăvorâseră cu o seară mai înainte prietenii din ceasul ai douăzeci și cincilea, urmașii fricoși, ciracii lainici, admiratorii neștiuți care noaptea pun opaițul sub obroc, iar ziua, când bate soarele, se fac nevăzuți. I-am cunoscut pe toți, amicii; suflete prevăzătoare, tremurând ca varga gândindu-se la „ce va zice lumea"; prieteni care te urmează, de departe; te primesc, atunci când nimeni nu v-ar putea vedea împreună; te stimează, nu până-ntr'atât, încât să le mărturisească această stimă și altora; te iubesc, dar nu până în a pierde un ceas de somn ori un gologan calp, spre a-ți veni în ajutor.

Dar când se ivește moartea, în parte și din pricina zgârceniei, din pricina josniciei acestor lepădături omenești, încep și ei să petreacă. Tocmai ei plâng lacrimile mai alese și mai lucitoare, puse la o parte într-adins pentru ziua aceea; ei împletesc, cu mâinile lor, florile coroanelor și florile retoricei funerare, de ți-e mai mare dragu' să-i vezi cu câtă eleganță, cu cât avânt, cu câtă ceremonie se dau în vânt să se schimbe în bocitoare, în necrologi, în epigrafologi și comentatori.

Văzându-i cu mânecile suflecate de multă treabă ce au, mai-mai să-ți vină a crede că răposatul n-a avut prieteni mai de încercare ca ei; iar sufletele miloase simt parcă-parcă o stropitură de înduioșare pentru acei nenorociți ce-au pierdut, după câte s-ar părea, o jumătate, ori pe puțin un sfert din sufletul lor.

Lui Cristos, spre mai marea-i pătimire în viață și după moarte, nu i-au lipsit niciodată prieteni de acest soi; iar doi dintre ei se înfățișară chiar în ceasul asfințitului acelei vineri. Erau doi oameni cu greutate, simandicoși nevoie-mare; două mărimi ale Ierusalimului și ale Sfatului, doi bogătași – de obicei acești fetuși de prieteni sunt, cum se și cuvine, bogați – cu o vorbă doi Sinedriști: Iosif din Arimateea și Nicodim. Nu cumva să-și păteze mâinile cu sângele lui Isus, nu dăduseră pe la sfatul Sinedriului, ci se încuiaseră în casă, oftând poate în răstimpuri și părându-li-se că-n chipul acela își cruțau și bunul renume, și sufletul. Nu le dădea în minte că prin tăcerea lor se făceau părtași la fapta ucigașilor; căci a te da la o parte când stă în mâna ta să te împotrivești, e totuna cu a-ți da învoirea. Iosif din Arimateea și Nicodim fuseseră deci părtași, fără a-și fi spus cuvântul, la uciderea lui Cristos; iar zăbovita lor părere de rău le-a putut cel mult micșora răspunderea, fără a le-o înlătura.

Şi seara, când prietenii nu se mai pot supăra și au părăsit huzurind tăpșanul Țestei, nici aceia nu s-ar mai putea face de râsul înaltei tagme de clerici și burghezi, căci mortul e mort și nu mai supără pe nimeni, cei doi ucenici noptatici, „ascunși de teama iudeilor", se gândesc să îmbuneze remușcarea, îngrijindu-se de îngroparea osânditului.

Cel mai curajos din amândoi, Iosif – „luându-și inima în dinți" precum spune Marcu, care pomenește acea faptă neobișnuită la un iepuroi bogat ca acela – i se înfățișează lui Pilat și-i cere trupul lui Isus. Pilat, crucit că murise atât de repede – adesea răstigniții trăiau până la două zile – îl chemă pe Petronius, care adusese la îndeplinire osânda; și după ce află cele petrecute, „dărui" trupul Sinedristului. Procuratorul în ziua aceea se arătă mărinimos; căci de obicei ofițerii romani luau bani de pe la rude chiar și pentru cadavre. Nu-l putea supăra pe-un iudeu atât de sus-pus, care se întâmpla să fie și bogat; iar pomana darului va fi fost poate mai mult urmarea scârbei, decât a cinstei. Îl necăjiseră toată dimineața cu acel rege picat ca din cer și nu-l mai lasă în pace nici acum că-i mort.

Căpătând învoirea, Iosif merse să caute un cearșaf curat și fâșii: iar pe urmă porni către Locul Țestei. Pe drum, ori chiar acolo, dădu peste Nicodim, cu care era prieten poate și pentru că se potriveau la fire, adus de-același gând într-acolo. Nicodim nu se arătase nici el prea zgârcit și aducea cu el, în spatele unei slugi, treizeci de ocale de sabor amestecat cu smirnă.

Ajungând la cruce, în vreme ce soldații tocmai îi desprindeau din cuie pe cei doi tâlhari ca să-i azvârle în groapa obștească a osândiților, se apucară să-l desferece și pe Isus.

Iosif, ajutat de Nicodim și de un oarecare, se căzni și-l scoase, că erau bătute zdravăn, cuiele din picioare. Scara era tot acolo. Unul dintre ei, urcându-se pe ea, trase afară și piroanele din mâini, sprijinind trupul nemaiținut de nimic pe umeri să nu se prăbușească. Apoi, ceilalți puseră mâna să-l dea jos și trupul fu lăsat în poala îndureratei care-L născuse, în urmă o porniră cu toții către o livadă din apropiere, unde era o peșteră hărăzită drept mormânt al lui Isus. Livada era a bogătașului Iosif, iar peștera pusese s-o sape pentru el și pentru ai săi; deoarece pe atunci oricare iudeu cu stare avea un mormânt al familiei, depărtat de toate celelalte; așa că răposații nu erau osândiți la vălmășagul cimitirelor noastre vremelnice, geometrice și democratice – la fel cu întreaga-ne măreață și modernă barbarie.

De îndată ce-ajunseră în grădină, cei doi ciocli simandicoși puseră să scoată apă din fântână și spălară trupul. Cele trei Marii, Fecioara, Contemplativa și Mântuita, nu se urniseră din părțile în care murise dragul lor. Așa că mai pricepute, mai plăpânde la treabă ca bărbații, dădeau și ele o mână de ajutor pentru ca înmormântarea făcută pe furiș, în grabă mare, să nu fi fost nevrednică de cel pe care-l plângeau. Lor le fu dat să ia de pe frunte batjocura de coroană a sutașilor lui Pilat, să-i smulgă mărăcinii ce se înfipseseră în pielea Lui, să descurce, să netezească pletele-i năclăite de sânge, să închidă ochii ce în atâtea rânduri cătaseră la ele cu sfioasă duioșie, să închidă acea gură pe care n-o putuseră săruta. Șiroaie de lacrimi se prelinseră din pleoapele femeilor pe chipul ce recăpătase în tihnita paloare a morții blândelea știută a trăsăturilor; iar plânsul lor Îl spălă cu apă mai curată ca apa din fântâna lui Iosif.

Tot trupul era murdar de sudoare, de sânge, de praf: rănile de la mâini, de la picioare și din piept musteau încă de sânge spuzit. Isprăvind îmbăierea, mortul fu înfășurat în mirodeniile lui Nicodim, ba chiar din belșug, că adusese multe ocale; așa că înfundară cu ele și gurile negre sfredelite de cuie. Din seara în care Păcătoasa, prevestind această zi, vărsase pe picioarele și pe capul iertătorului pocalul cu nard, trupul lui Isus nu mai simțise decât scuipături și bătăi. Şi acum palidul trup era scăldat ca-n ziua aceea, în lacrimi mai de preț ca orice mirodenii.

Pe urmă, după ce ocalele lui Nicodim îl acoperiră pe Isus într-un giulgiu îmbălsămat, cearșaful fu legat jur-împrejurul trupului cu fașe lungi de in; capul fu strâns într-un ștergar; iar pe față, după ce cu toții îl sărutară pe frunte, întinseră un zăbranic.

Peștera era deschisă și n-avea decât un loc de îngropat: căci săpată de curând, nu mai slujise de mormânt, Iosif din Arimateea, cel ce nu fusese în stare să-l scape pe Cristos viu în vreuna din casele sale, îi lăsa, acum că furia lumii slăbise, negurosul lăcaș; subpământean cioplit în stâncă pentru viitoru-i leș. Cei doi Sinedriști îngânară în gura mare, după datină, psalmul de îngropăciune și, în sfârșit, lăsând ușurel candida povară pe lespedea hrubei, închiseră gura cu un bolovan mare și se depărtară tăcuți, urmați de ceilalți.

Ci femeile nu se luară după ei. Nu le venea să se dezlipească de-acea piatră ce le despărțea pentru totdeauna de cel ce le fusese mai drag ca frumusețea lor. Cum să-l lase singur în îndoita negură a nopții și a mormântului pe cel deznădăjduit de stingher în lunga-i agonie? Ci se rugau în șoaptă; iar de una încerca s-o mângâie pe cealaltă, aceea suspina și mai tare. Uneori îl strigau pe nume, rezemate de piatră: și-i îngânau, acum că urechile-i erau închise de moarte şi de giulgiu, vorbele drăgăstoase pe care nu cutezaseră să i le spună în viață, revărsând asupra-i abia acum, în întunericul jilav al acelei livezi, dragostea lor mai mare ca dragostea pe care n-o mai puteau stăvili în pumnul inimii lor de femeie.

Pe urmă, într-un târziu, le birui frigul și spaima nopții; așa că se depărtară și ele, cu ochii arși, împiedicându-se în buruieni și în pietre, făgăduindu-și una alteia să se întoarcă acolo de îndată ce vor fi prăznuit sărbătorile Paștelui.

LIBERAREA CELOR ADORMIŢI

Trupul rănit al lui Cristos se odihnea în sfârșit pe un pat de mirodenii, în stânca din livadă. Dar duhu-i, desferecat de greoaia povară tinoasă, nu se odihnea. Le împărtășise celor vii Voioasa Bună Vestire și-l răsplătiseră cu moartea; acum trebuia să le-o împărtășească celor morți, care de veacuri și de milenii o așteptau în adâncimea Sheol-ului.

Asupra acestei coborâri în Iad n-avem revelații sigure. Dar în unul din cele mai vechi texte apocrife, în Evanghelia lui Petru, citim că martorii Învierii auziră un glas din ceruri, care spunea: „Datu-le-ai de știre celor ce dormeau ascultarea?“ Iar de pe cruce se auzi răspunzându-se: „Da“. În cea de-a doua epistolă a lui Petru găsim întărirea acestei predici ținută celor adormiți. „Fost-a ucis cu trupul: dar i-a fost dat înapoi vieții cu duhul, întru care duh s-a dus să le predice și duhurilor din temniță, care o vreme fost-au răzvrătite, atunci când în vremea lui Noe mărinimia lui Dumnezeu aștepta, pe când se făurea corabia... Tocmai de aceea le-a fost dată de știre Evanghelia și morților; pentru ca, după ce vor fi fost judecați, precum sunt judecați oamenii, întrucât privește carnea, să poată trăi după porunca lui Dumnezeu întrucât privește duhul din ei". Iar Pavel, care știa despre cele dumnezeiești mai multe decât îi fu îngăduit să mărturisească, ne spune că Isus Cristos coborâse și în părțile de jos ale pământului. Simbolul apostolilor a întărit fără putință de îndoire străvechea credință creștinească.

Închipuirea noroadelor din Antichitate băsnise în mai multe rânduri despre coborârile în Hades. În Babilonia se povestea în ce chip ar fi pătruns Iştar în grozava împărăție a lui Nergal ca să-l învie pe Tammuz al său; sau cum că s-ar fi dus acolo și eroul Izdubar să-i ceară înțeleptului Sitnaptistim taina veșnicei tinereți. În Grecia, poeții povesteau despre Hercule cel care printr-o gaură a capului Tenaros își dăduse duhul în lumea subpământeană, ca să-l scoată de-acolo drept trofeu pe înspăimântătorul Cerber; despre Tezeu și Piritous, care se aventuraseră acolo ca s-o aducă iar printre cei vii pe răpita Persefona; despre Dionisos care, printre nenumăratele-i voinicii, ținu să coboare acolo ca s-o ia pe mamă-sa Semele; despre Orfeu, care voia să i-o smulgă lui Pluto pe rătăcita Euridice; despre Ulisse care silnicește umbrele prin vraja sângelui să dea fuga la dânsul, pentru ca Tiresias să-i poată spune în ce fel se va întoarce în patrie; despre Eneas, dus la zeii de jos pentru ca Virgiliu să poată lăuda eroii încă nenăscuți. Și despre Pitagora se zvonise că s-ar fi dus odată în Hades; dar singura poveste ce ne rămâne despre călătoria sa e o parodie târzie.

În toate aceste băsneli în care-i vorba de întruchipări născocite, băgăm seama că eroii vor să dea o dovadă despre voinicia lor, sau doresc să știe ceva de care numai lor le pasă, ca Izdubar și Ulisse; ori, și e cazul cel mai obișnuit, doresc să scape de moarte o ființă care numai lor le-a fost dragă. Când nu-i vorba, ca în Eneida, de-un vădit expedient literar. Dar niciunul dintre aceștia nu se duce să-i mântuiască pe morții cei uitați, să-i scape de tăriile iadului, să le dea și lor de știre viața mai luminoasă ce-i așteaptă. Iştar, ca să-l sperie pe portarul Arallului amenință că va învia morții; dar cu ce sălbatice gânduri! „învia-voi morții – țipă copila lui Sin – ca să se ducă să-i mănânce pe cei vii, și în chipul acesta mai numeroși ca cei vii fi-vor morții".

În aste prea omenești născociri ale snoavelor populare, nu descoperi nimic care să amintească, fie și pe departe, coborârea lui Cristos în Iad. El e îndemnat de pomenirea dumnezeiască a unei dreptăți ce nu cunoaște împărățiile omenești ale timpului. Printre cei care dorm în somnul pământului nu zac doar grosolanii ce n-au cunoscut decât boii și nevasta lor; păcătoșii ce își tăvăliră sufletul prin toate poftele și mâinile prin sânge de frate; trândavii ce se dogorâră la soare, fără măcar să recunoască în acel ochi fulgerător icoana unui tată îndurător; bogații ce n-au avut alți zei în fața-le afară de lucruri și câștig; Regii ce-au fost, precum zicea Ahile în mânia lui, nu păstori, ci mâncători de popoare; închinătorii la idoli, care au crezut să se împace cu zeii, închinându-se la icoane de piatră, tăvălindu-se în beția orgiilor desfrânate, spintecând oameni și vite, orbiți de superstiții nelegiuite; satisfăcuții oploșiți de iota celor dintâi legi grosolane, pe care le socoteau desăvârșite într-o lume desăvârșită și n-aveau nădejdea, nu se gândeau la o apropiată prefacere a lumii.

Dar erau și aceia care, rari, presărați ici-colo prin nesfârșitul cimitir milenar al vremurilor de demult, fără sprijinul unei revelații desăvârșite ajunseră la o curățenie sufletească nespus de departe de desăvârșire, dar care semăna cu aceasta precum umbra înfățișează, cu dâra ei neagră, trupul însuflețit. Unii dintre ei statorniciseră cele dintâi legi și poticnitele alianțe ale pământenilor; ba le și desăvârșiseră, iar uneori izbutiseră să le întreacă. Cei mai răsăriți strânseseră noroadele mai înainte vreme împărțite în triburi sălbatice și făcuseră din ele o singură nație, în sânul căreia, de nu altceva, cruntul drept al războiului fără cruțare, era îmblânzit și înfrânat; alții își liberaseră neamul din sclavia străină, sau îi învățaseră meșteșugurile ce ușurează viața, artele ce-i fac să uite câteva clipe durerea. Din mijlocul puzderiei de îndobitociți și de viermănoși, răsărise din când în când câte-un om cu firea mai aleasă, care nu-l gonise pe calic de la focul său și-i dăduse să mănânce; care-și potolise trupul, își domesticise patimile mai josnice din el și încercase în neștire, cu mare greutate, să asculte de-un îndreptar lăuntric, ce era aproape o presimțire a sfințeniei. Pe urmă, se arătară din sânul neamului pe care Cristos și-l alesese drept al său: Patriarhii, paznici drăgăstoși de turme și familii; legiuitorii ce ascultară, pe munte, în mijlocul flăcărilor, poruncile celui Veșnic; Proorocii care vreme de atâtea veacuri, cu atâta dragoste și nădejde, vestiseră venirea unui mântuitor ce-avea să șteargă nedreptățile și durerile de pe lume, așa cum mătură vântul norii încropiți din adâncătura văilor.

Pentru acești câțiva, arvune de sfințenie înaintea sfinților, binefăcători ai oamenilor înaintea Mântuitorului, care-l prevestiseră pe Cristos și-i așternură calea; care, cu un cuvânt, au fost măcar cu dorința larve de creștini înainte de Cristos, era necesară, cu acea necesitate ce-i dreptate și totodată iubire, coborârea lui Isus în nețărmuita împărăție a morților. Cel pe care și-l închipuiseră fără să-i știe numele și-l așteptaseră fără să-l poată vedea în timpul când se bucurau de lumina soarelui, își aduce aminte de ei îndată ce se trezește la adevărata viață în peșteră și coboară să-i mântuiască, să-i ia cu el în slavă.

Un străvechi text apocrif ne povestește această coborâre în Iad: doborârea porților la pământ, izbânda asupra Satanei, bucuria neasemuită a drepților legii vechi și înălțarea firavei cete fericite la Rai. Iar în vreme ce dau acolo peste Erioc și Ilie, care nu muriseră pe pământ ca ceilalți, ci răpiți de vii la ceruri, se vede venind un om despuiat și plin de sânge, cu o cruce în spate. E Tâlharul cel

Bun, față de care e ţinută făgăduiala pe care i-a făcut-o Răstignitul în chiar acea zi, pe locul Țestei. Toate acestea sunt închipuiri mai mult frumoase decât adevărate. Ci datina creștinească, fără a jura cu tot dinadinsul că știe povestea acestei coborâri și numele celor scăpați, a lăsat printre postulatele credinței propovăduirea Evangheliei la cei morți; astfel că umbra lui Virgiliu. treisprezece veacuri mai târziu, îi putea aminti lui Dante în fumul Iadului, de venirea „puternicului încununat cu semnul izbânzii".

NU E AICI

Soarele nu se înfiripase încă asupra zilei, care pentru noi e Duminică; dar femeile o și porniseră către livadă. Şi pe dealurile răsăritului, o nădejde albă, ușoară ca răsfrângerea licărită a unui țărm smălțat cu crini și argint, urca domoală în zvâcnirea stelelor, biruind tot mai semeață scânteierea și clipocirea nopții. Era unul din acele senine revărsaturi de zori, ce te fac să gândești la nevinovății adormiți și la frumusețea făgăduielilor; iar văzduhul, limpede, domol, părea de curând spintecat de zborul unor îngeri. Feciorelnice zile ce purced la lumină cu înălbiri lucitoare, cu voioasă sfială, cu înfiorări proaspete, cu candori îndemnătoare.

Femeile umblau cufundate în jalea lor prin revărsarea adiată a zorilor; vrăjite parcă de-o lumină lăuntrică, de care nu și-ar fi putut da seama. Se duceau iarăși să plângă pe stâncă? Or să-l mai vadă o dată pe cel ce le răpise inima fără să le atingă? Ori să presare trupul jertfitului cu mirodenii mai tari ca ale lui Nicodim? Şi vorbind între ele, ziceau:

— Cine-o să ne ridice lespedea?

Erau patru, căci cu Maria din Magdala și Maria din Betania venea Ioana lui Cuza și Salomeea; dar erau femei istovite de inimă rea.

Numai ce ajunseră în fața stâncii, uimirea le țintui locului. Neguroasa gură a peșterii se deschidea în întuneric.

Nu le venea să creadă ochitor, iar cea mai inimoasă din ele dibui pragul cu mâna tremurată. La lumina faptului zilei ce sporea întruna, zăriră lespedea alături, rezemată de stânci.

Femeile, amuțite de spaimă, prinseră a da târcoale, așteptând parcă să vină careva, să afle ce se întâmplase în cele două nopți cât nu vegheaseră acolo. Maria din Magdala se gândi pe dată că iudeii puseseră într-acestea să fure trupul lui Isus, nesătui de câte-l făcuseră să pătimească în viață. Ori poate, supărați din pricina acelei îngropăciuni prea mândre pentru un eretic, puseseră să-l azvârle în groapa murdară a celor uciși cu pietre și a celor răstigniți.

Dar nu era decât presimțire. Poate că Isus se odihnea tot acolo, în fața-i îndurerată. Să intre n-aveau curaj, și totuși, nu le venea să plece fără să afle ce se-ntâmplase. Iar numai ce soarele, răsărit la urma urmelor din coama dealurilor, lumină deschizătura peșterii, își luară inima în dinți și intrară.

Din capul locului nu văzură nimic; dar o nouă spaimă le zgudui. La dreapta, stând jos, un băiețandru îmbrăcat în alb – veșmântu-i în acea beznă era alb și strălucitor ca zăpada – părea că le așteaptă.

— Nu vă speriați. Cel pe care-l căutați nu-i aici: a înviat. De ce îl căutați pe cel viu printre morți? Aţi uitat ce-a spus în Galileea, că va să fie dat pe mâna păcătoșilor, dar că a treia zi va învia?

Femeile ascultau uluite și îngrozite, fără să poată răspunde. Dar băiețandrul acela nu tăcea:

— Mergeți pe la frații săi de le spuneți că Isus a înviat și că peste puțin îl vor vedea iarăși.

Toate patru, tremurând de spaimă și de bucurie, ieșiră din peșteră să dea fuga, fără zăbavă, acolo unde le mânase. Dar abia ce făcuseră câțiva pași, când erau maimai să iasă din livadă, Maria din Magdala se opri locului; iar celelalte își văzură de drum spre cetate, fără s-o mai aștepte. Nici ea nu știa de ce rămăsese acolo. Poate vorbele necunoscutului n-o încredințaseră suficient, nici nu văzuse bine dacă hruba era cu adevărat goală; să nu fi fost oare acela vreun părtaș al preoților, care gândise să le înșele?

Deodată se întoarse și văzu alături, împotriva verdelui și al soarelui, un om. Dar nu-l cunoscu cine era, nici chiar vorbindu-i:

— Femeie, de ce plângi? Pe cine cauți?

Maria sc gândi că era grădinarul lui Iosif, venit acolo dis-de-dimineață, să se-apuce de lucru:

— Plâng, că mi l-au luat de-aici pe Stăpânul meu, nu știu unde l-or fi pus. De l-ai luat tu, spune-mi, rogu-te, unde l-ai lăsat, și mă voi duce să-l caut.

Necunoscutul, înduioșat de acea pătimașă nevinovăție, de acea neprihănită copilărie, nu răspunse decât o vorbă, un singur nume, numele ei; dar cu intonare de dor și păreri de rău; cu glasul sfâșietor și de neuitat cu care-o strigase în atâtea rânduri:

— Mario!

Atunci, ca trezită de-un fulger, deznădăjduită îl găsi pe cel pierdut:

— Rabbuni! Învățătorule!

Și-i căzu la picioare în iarba udă, strânse în brațe acele picioare goale ce arătau încă dâra de sânge a piroanelor.

Dar Isus îi spuse:

— Nu m-atinge, că nu m-am urcat încă la Tatăl meu; ci mergi la frații mei și spune-le că-s gata să mă înalț la Dumnezeul meu și-al vostru. Mai spune-le că ieși-voi întru întâmpinarea lor în Galileea.

Şi pe dată se desfăcu din îmbrățișarea îngenuncheatei și se depărtă pe sub copaci, încununat de slava soarelui.

Maria se uită la el până ce se făcu nevăzut; pe urmă se sculă din iarbă cu fața îngrozită, pierdută, oarbă de fericire; și dădu fuga pe urmele celorlalte surate.

Acestea ajunseseră chiar atunci la casa în care stăteau ascunși ucenicii și le povestiseră cu vorbe năvalnice și speriate întâmplarea cea de necrezut: mormântul deschis, băiețandrul în straie albe, cuvintele pe care le rostise, învierea învățătorului, cele ce-aveau să le spună fraților.

Dar ei, uluiți încă de nenorocire, ei care se arătaseră în acele zile de primejdie mai trândavi și mai nesăritori decât sărmanele femei, nu voiau să creadă pe cuvânt spusa lor de necrezut. Aiureli, născociri de femeie, ziceau. Cum să învie, numai după două zile? Ne-a spus că se va întoarce; dar nu așa de repede: atâtea grozăvii au a se vedea mai înainte de ziua aceea!

Credeau în învierea învățătorului, dar nu înainte de ziua în care toți morții aveau să fie înviați; credeau în venirea lui cu alaiul slavei, în începutul împărăției. Ci acuma nu: era prea devreme, nu putea fi adevărat; vise dinspre ziuă ale unor femei cu mintea bolnavă; momeli de strigoi.

Dar într-acestea se arătă cu sufletul la gură de fugă și înfiorare, Maria din Magdala. Tot ce spuseseră celelalte era adevărat, fir cu fir. Ci iată: îl văzuse ea, cu ochii ei, și-i vorbise; iar din capul locului nu-l știuse; ci-i atinsese picioarele cu mâinile ei, îi văzuse rănile de la picioare; era El, viu, ca odinioară, același; și-i poruncise, ca și băiețandrul necunoscut, să meargă la frați, să le dea de știre că înviase, așa precum le făgăduise odinioară.

Simon și Ioan, treziți în cele din urmă, se năpustiră afară și o rupseră de fugă înspre livada lui Iosif. Ioan, care era cel mai nevârstnic, i-o luă înainte tovarășului și ajunse cel dintâi la mormânt. Vârând capul prin deschizătură, văzu fașele pe jos; dar nu intră. Simon îl ajunse din urmă gâfâind și dădu buzna în peșteră. Fașele erau risipite pe jos; dar zăbranicul cu care acoperiseră capul mortului se vedea chitit într-un ungher. Pe urmă intră acolo și Ioan, văzu și crezu ochilor. Amuțiți, cei doi dădură fuga înapoi spre casă, de parcă s-ar fi așteptat să-l găsească pe cel înviat în mijlocul celorlalți ucenici, care nu se urniseră de-acolo.

Ci Isus, despărțindu-se de Maria, se depărtase de Ierusalim.

EMAUS

Începe iarăși pentru toți, după evlaviosul răstimp al prăznuirii Paștelui, trebăluirea din zilele sărace și la fel.

Doi dintre prietenii lui Isus, dintre cei ce stăteau în casă cu ucenicii, erau nevoiți să se ducă în acea dimineață pentru niște treburi ale lor până la Emaus, un cătun cale de câteva ceasuri din Ierusalim. Se porniră cât ce se întorsese Simon și Ioan de la mormânt. Toate acele vești înspăimântătoare îi cam uluiseră, fără a-i încredința totuși pe de-a-ntregul despre o faptă atât de minunată și neașteptată. Oamenilor dintr-o bucată, ce se lăsau cu greu păcăliți, nu le venea să creadă cu una cu două, că toate câte le-auziseră puteau fi adevărate: dacă trupul învățătorului nu mai era acolo, au nu s-ar fi putut să-l ia niscai mâini de oameni?

Cleopa și tovarășul său erau doi iudei cumsecade, dintre cei care făceau culcuș și idealului în mintea lor îmbâcsită de potopul grijilor pământene. Dar acel culcuș prea mare nu putea să fie; iar acel ideal era ținut a face casă bună cu grijile mărunte, de nu voia să fie dat afară, ca un oaspete nepoftit ce era. Și ei, ca mai toți Ucenicii, aşteptau ivirea unui mântuitor; dar a unuia care să vină să scape înainte de orice Israelul. Un Messia, într-un cuvânt, care să fi fost mai degrabă fiu al lui David decât a lui Dumnezeu; un războinic călare, iar nu un drumeț calic, bici al dușmanilor, iar nu alinător de betegi și de ploduri. Spusele lui Cristos crăpaseră, cu chiu cu vai, îndătinata găoace a messianismului lor tinos; dar Răstignirea îi zăpăcise. Țineau la Isus și pătimiră de pătimirea lui; dar acel sfârșit neașteptat, netrebnic, fără slavă și împotrivire, era prea diferit celui la care se așteptau, cu mult mai prejos de toate la câte râvniseră. Că fusese un mântuitor sfielnic, mai bucuros să încalece măgărușii blajini decât buiestrașii de luptă; că fusese mai cu duh și mai firav decât ar fi dânșii, era lucrul pe care-l puteau pricepe, deși cam cu greutate; și-l puteau îndura, cu toată părerea lor de rău. Ci faptul că mântuitorul nu fusese în stare să se mântuiască nici pe el, nici pe ceilalți; că mântuitorul nu făcuse nimic spre a se mântui; că Messia iudeilor își dăduse sfârșitul, din voința atâtor iudei, pe spânzurătoarea tâlharilor și a ucigașilor de părinți, era o dezamăgire prea din cale-afară, o batjocură de neiertat.

Plângeau de mila Răstignitului, îl plângeau cu inimă curată; dar, totodată, erau ispitiți de bănuiala că Isus se înșelase asupra adevăratei sale firi. Moartea-i – și ce moarte! – căpăta, în ochii acelor suflete înguste de oameni grijulii, înfățișarea unei jalnice înfrângeri.

Despre toate și altele la fel tăinuiau pe drum cei doi tovarăși, în părintească amiază dogorâtă de soare; iar în răstimpuri se întărâtau; căci nu totdeauna gândeau la fel. Când, deodată, văzură cu coada ochiului mijind o umbră pe jos, alături. Se întoarseră. Umbra era a unui om ce se luase după ei, de parc-ar fi vrut să tragă cu urechea la cele ce vorbeau. Se opriră locului, cum e obiceiul, să-i dea bună ziua; iar drumețul își cătă de drum cu dânșii. Parcă-l mai văzuseră undeva; ci în zadar îl tot măsurau din ochi, că nu erau în stare să-l ia de nicăieri. Răzlețul, în loc să răspundă la întrebările lor nerostite, îi întrebă:

— Despre ce pricină vorbeați mai adineauri?

Cleopa, care va fi fost cel mai bătrân, minunându-se, răspunse:

— Să fii tu niscai străin atâta de răzleț prin Ierusalim, că n-ai aflat nimic din toate câte s-au întâmplat zilele acestea?

— Ce anume? întrebă necunoscutul.

— Pățania lui Isus, proorocul cel vajnic la fapte și vorbe în fața norodului și a lui Dumnezeu, pe care l-au osândit să moară pe cruce căpeteniile preoților și judecătorii noștri. Că noi, de, trăgeam nădejde a fi sortit să dezrobească Israelu'; când colo, l-au răstignit de trei zile. Ne-au cam pus pe gânduri niște femei care s-au dus azi-dimineață de cu zori, la mormânt și l-au găsit gol; ba mai spun c-au avut și vedenii; că Isus trăiește. Doi de-ai noștri s-au dus acolo și-au dat peste mormântu' pustiu, după cum spuseseră femeile; da' pe el nu l-au văzut.

— Nesăbuiților, zise străinul, mult vă mai trebuie până să credeți spusa proorocilor! Au, nu era nevoie să pătimească Cristos toate câte le-a pătimit, mai înainte să se încunune în slavă? Au, uitat-ați tot ce v-au proorocit proorocii de la Moisse până în ziua de azi? Nu l-ați citit pc Ezechiel și pe Daniel? Nu știți cântările noastre către Dumnezeu și făgăduielile sale?

Cu glas mai mult mâniat, prindea a rosti străvechile cuvinte, mărturisea proorocirile, pomenea înfățișarea Omului îndurărilor înfățișat de Isaia. Cei doi îl ascultau blajini și luători aminte, fără să scoată o vorbă; că acela vorbea cu înflăcărare și străvechile dojeni căpătau pe buzele lui căldură nouă, înțelesuri atât de fățișe încât nu le venea să creadă că ei înșiși nu le descoperiseră din capul locului. Acele vorbe li se păreau a fi răsunetul altor cuvântări asemănătoare, auzite demult, azi răvășite ca glasul din dosul zidului, despre ziuă.

Într-acestea ajunseseră la cele dintâi case din Emaus și drumețul dădu să-și ia ziua bună de la ei, de parcă s-ar fi dus mai departe. Dar cei doi prieteni nu se mai simțeau în stare să se despartă de tainicul lor tovarăș, și-l rugară cât putură mai bine să rămână cu dânșii. Soarele cobora, suflând pieziș cu aur mai înroșit câmpurile; iar cele trei umbre erau acum mai prelungi prin pulberea drumului.

— Stai cu noi – spuneau – că acu' înserează și ziua-i pe sfârșite. Vei fi și tu ostenit și-i mânca cu noi ceva.

Îl luară de mână și-l băgară în casa la care se duceau.

Când se așezară la masă, oaspetele, stând la mijloc, luă pâinea, o frânse și le dădu câte-o bucată la fiecare. Văzându-l ce face, ochii lui Cleopa și ai celuilalt se deschiseră mari, ca atunci când te trezește cineva pe neștiute din somn și soarele bate în pat. Amândoi se sculară cu o tresărire de fiori, albi la faţă, uluiți; și, în sfârșit, cunoscură omorâtul pe care nu-l pricepuseră și-l vorbiseră de rău. Dar n-avură vreme măcar să-l sărute, că acela se făcu nevăzut din fața lor.

După chip nu fuseseră în stare să-l cunoască și nici după vorbele ce semănau atât de bine cu vorbele lui din viață; nu-l cunoscuseră nici după răsunetul glasului. Ci a fost de-ajuns să ia în mână pâinea aceea, ca părintele ce le-o împarte copiilor seara, după o zi de muncă ori de drum; iar acea grijă drăgăstoasă, de care în atâtea rânduri avuseseră parte în timpul ospețelor nepregătite și prietenoase, îi descoperiseră în sfârșit mâinile, mâinile-i binecuvântătoare și rănite; iar negura se risipi și se văzură față în față cu strălucirea Înviatului. Când în cea dintâi viață le-a fost prieten, nu-l pricepuseră; când pe drum le-a fost învățător, nu-l băgaseră de seamă; dar în clipa în care îndeplini drăgăstoasa-i îndatorire a omului ce-și slugărește sclavii și întinde bucata de pâine ce-i viață și nădejde de viață, atunci, pentru întâia oară, îl văzură.

Nemâncați și osteniți cum erau, o porniră pe dată înapoi și ajunseră în Ierusalim noaptea.

Pe drum, rușinați, păreau a zice:

— Nu ne ardea oare inima în piept pe când vorbea cu noi și ne tălmăcea spusa proorocilor? Au, de ce n-am fost în stare să-l cunoaștem?

Ucenicii stăteau de veghe. Cei proaspăt picați, cu sufletul la gură, le povestiră întâlnirea, ce le spusese pe drum și cum îl cunoscură abia când frânse pâinea. Drept răspuns al acelei noi dovezi, trei-patru glasuri strigat-au dintr-odată:

— Da. Domnul a-nviat cu adevărat și i s-a arătat lui Simon. Dar cele patru arătări, cele patru mărturii nu fuseseră în stare să înlăture toate îndoielile din inima tuturor. Unora dintre ei acea înviere atât de pripită, atât de neobișnuită, întâmplată noaptea în chip ascuns și bănuitor, li se părea mai degrabă aiureala durerii și a dorinței, iar nu adevăr adevărat. Cine spunea că-L văzuse? O femeie zănatică, în care intrase de mai multe ori Necuratul; un apucat care-și ieșise din minți din clipa în care se lepădase de învățătorul său; și doi prostănaci, care nu-i erau nici măcar ucenici adevărați și pe care acuma Isus, i-ar fi îndrăgit, cine știe de ce, mai mult ca pe cei mai de-aproape prieteni. Pe Maria va fi înșelat-o vreo nălucă; Simon, ca să scape de ocară, nu se voise poate să se lase mai prejos; ceilalți doi vor fi fost mincinoși, ori cel mult niscai lunatici. De-ar fi înviat Cristos cu tot dinadinsul, nu li s-ar fi arătat oare tuturor, în vreme ce stăteau strânși toți pe-un loc? De ce arătarea aceea, colo, departe de Ierusalim?

Credeau în Înviere, dar și-o închipuiau drept semn al celei de pe urmă răsturnări a lumii, atunci când totul avea să fie săvârșit. Ci acum că se vedeau în fața învierii lui, numai a lui, în acea zi în care rostul lumii nu se schimbase întru nimic, băgau seama că întoarcerea vieții în carne, într-o carne ce nu adormise tihnită în somnul de pe urmă, ci din care viața fusese smulsă cu fierul; acel gând al învierii, reculegându-se dinspre viitorul depărtat către prezentul prezent, se ciocnea de toate celelalte gânduri ce alcătuiau țesutul gândului lor și pe care le avuseseră și mai înainte, dar nu se ciocniseră între ele până ce nu se întâmplase această împreunare neașteptată a celor două orânduiri suprapuse: minunea îndepărtată în timp și fapta de față.

Dacă Isus a înviat, înseamnă că-i cu adevărat Dumnezeu; dar s-ar fi putut învoi cumva un Dumnezeu adevărat, un fiu al lui Dumnezeu, să se lase omorât în chip atât de netrebnic? Dacă puterea-i era atât de mare încât să biruie moartea, de ce nu-i trăsnise pe judecători, de ce nu-i luase mințile lui Pilat, de ce nu înțepenise mâinile celor ce-l bateau în cuie? Prin ce taină absurdă Cel a Tot Puternic se Lăsase târât până la păcătoșirea vrednică de cei neputincioși?

Astfel gândeau în sinea lor unii dintre ucenicii care ascultaseră și nu pricepuseră. Prevăzători ca toți sofiștii, n-aveau curajul să se lepede răspicat de înviere, în fața celor cu mintea mai aprinsă; ci se gândeau să-și spună cuvântu' de pe urmă mai târziu, rumegând deocamdată în limba creierului gândul putinței și al neputinței, doritori de-o mărturie vădită, în care nu se dovedeau în stare să nădăjduiască.

N-AVEȚI CEVA DE MÂNCARE?

Abia înghițiseră cei din urmă dumicați ai unei cine ca vai de ea, nespus de jalnică, și iată că se vădi în fața mesei, înalt și orbitor, Isus. Se uită la ei, unul câte unul; iar glasul lui duios le dădu bună ziua:

— Pace vouă.

Niciunul dintre ei nu răspunse. Uluirea copleșea bucuria până și în inima celor ce-l mai văzuseră înviat. Înviatul citi pe fețele lor îndoiala ce mocnea mai în toți, întrebarea pe care nu cutezau s-o lămurească în cuvinte:

— Ești tu cu adevărat și viu; ori o umbră venită din peșterile morților să ne ispitească?

— De ce vă pierdeți cumpătul? – spuse Vândutul.Ce gânduri vă bat? Uitați-vă la mâinile și picioarele mele: eu sunt; pipăiți-mă și priviți; căci un duh nu-i din carne și oase precum sunt eu.

Și, întinzând mâinile către ei, le arătă de o parte și de alta urmele încă sângerate ale cuielor; apoi își desfăcu veșmântul la piept, ca aceia să vadă spintecătura suliței între coaste. Unii, sculându-se de pe pătucurile pe care mâncau, îngenuncheară și zăriră în picioarele desculțe cele două găuri adânci, spuzite de două răni vinete.

Dar nu cutezară să-l atingă, de parcă le-ar fi fost frică să nu-l vadă topindu-se deodată, după cum li se arătase. Cei care l-ar fi îmbrățișat, ar fi simțit oare calda tărie a trupului; ori mâinile-i ar fi străpuns pieziș goliciunea unei umbre?

Era el, cu chipul, cu glasul, cu semnele neîndoioase ale răstignirii: și totuși, în înfățișarea lui era ceva schimbat, ceva de care ucenicii n-ar fi putut să-și dea seama prin cuvinte, chiar de-ar fi fost în clipele acelea cu mintea liniștită. Cei mai încăpățânați se vedeau nevoiți a crede că învățătorul stătea în fața lor, cu toate semnele unei vieți din nou începute; dar gândurile lor se vălmășeau în cele din urmă îndoieli și stăteau tăcuți, parcă speriați de-a trebui să-și creadă simțurilor, așteptând parcă să se trezească dintr-o clipă în alta, spre a îmbrățișa iarăși lumea pierdută a realităților lesnicioase, răvășită de acea neîndoielnică răsturnare. Și Simon tăcea: ce i-ar fi putut spune, fără să-l trădeze plânsul, celui ce se uitase la el cu aceiași ochi în curtea Caiafei, pe când se jura că nu-l cunoscuse niciodată?

Ca să risipească cele din urmă șovăieli, Isus întrebă:

— N-aveţi ceva de mâncare?

De-acum nu mai avea nevoie de altă hrană afară de cea pe care-o ceruse mai totdeauna zadarnic, toată viața. Dar pentru oameni trupești era nevoie și de o dovadă trupească: celui ce crede numai în tină și cu tină se hrănește, îi trebuia și această dovadă pământească. În cea din urmă seară mâncaseră laolaltă; acuma, că se-ntâlnesc iarăși, va mânca din nou cu dânșii.

— N-aveți ceva de mâncare?

Într-o strachină rămăsese o bucată de pește prăjit. Simon i-o întinse învățătorului, care se dădu lângă masă și mâncă peștele cu o bucată de pâine, în vreme ce toți stăteau cu ochii țintă pe el, de parcă atunci pentru cea dintâi oară îl vedeau mâncând.

Iar după ce isprăvi, ridică ochii asupră-le și zise:

— Acum vă mai îndoiți? Sau tot nu pricepeți? Vi se pare cu putință să mănânce o vedenie, precum am mâncat eu de față cu voi? De-atâtea ori fostu-mi-a dat să vă țin de rău pentru împietrirea inimii voastre și pentru slaba-vă credință! Ci iată, aceiași ați rămas, nici nu ați vrut să-i credeți pe cei ce mă văzuseră! Ci eu nu vă ascunsesem nimic din câte aveau să se întâmple în aceste zile. Dar voi, surzi și uituci, auziți și pe urmă uitați, citiți și nu pricepeți. Nu vă spuneam oare pe când eram cu voi, că au a se-mplini toate câte-s în Scriptură, toate câte vi le-am dat de știre? Că şi Cristos trebuia să pătimească și că a treia zi avea să învie din morţi; că în numele său trebuia să se propovăduiască îndreptarea și iertarea tuturor neamurilor, începând cu Ierusalimul? Acum sunteți martori ai acestor întâmplări și îmi voi ține făgăduielile pe care vi le-a făcut Tatăl prin mijlocirea mea. Mergeți dar prin lumea largă și le propovăduiți Evanghelia tuturor celor care au suflet. Orice putere mi-a fost dată în cer și pe pământ. După cum Tatăl mânatu-m-a pe mine, astfel vă mân eu pe voi. Mergeți dar de îndrumați noroadele, învățându-le să nu-mi iasă din cuvânt. Iar cel care va crede se va mântui, cel ce nu va crede osândit va fi. Voi mai rămâne pe pământ puțină vreme și ne vom întâlni în Galileea; dar și pe urmă cu voi fi-voi, până la sfârșit, în vecii veacurilor.

Pe măsură ce vorbea, fețele ucenicilor se luminau iarăși de-o nădejde uitată, iar ochii le scânteiau ca la bețivi. Era clipa cea mai plină de mângâiere după jalea din acele zile. Arătarea-i neîndoielnică dovedea că ceea ce nu le-ar fi venit să creadă se înfăptuise; că Dumnezeu nu-i lăsase; că n-avea să-i mai părăsească niciodată. Dușmanii, cei care se crezuseră învingători, erau răpuși: adevărul vădit intra iarăși ascultător în făgașul adânc săpat al proorocirilor. Toate cele mărturisite de Isus le știuseră și mai înainte; dar au trăit cu adevărat în sufletele lor numai când le mai auziră o dată rostite de gura lui.

Devreme se-ntorsese împăratul, înfăptuirea împărăției nu mai putea zăbovi; iar frații săi, în loc de-a mai fi batjocoriți și huliți aveau să împărățească cu el în vecii veacului. Acele vorbe-i înflăcăraseră iarăși pe cei mai puțin zeloși, reînviaseră amintirile altor cuvântări, ale altor zile mai însorite; așa că ucenicii simțeau pe neașteptate o ușurare înălțătoare, o înflăcărare pe care de la o vreme n-o mai simțiseră, o dorință mai vajnică de-a se îmbrățișa, de-a se iubi, de-a nu se mai despărți niciodată. De vreme ce învățătorul lor înviase, nu erau sortiți să moară; de putuse ieși din peștera de îngropăciune, făgăduielile sale erau făgăduielile unui Dumnezeu și avea să le țină până la urmă. Nu degeaba crezuseră, nici nu mai erau singuri: răstignirea fusese întunecarea de-o zi, pentru ca lumina să scânteieze apoi mai orbitoare asupra tuturor zilelor ce vor să vie.

TOMA GEMĂNUL

Toma zis Gemănul nu era de față la cina aceea. Dar a doua zi, prietenii săi alergară care-ncotro să-l caute, uluiți încă de spusele lui Isus.

— L-am văzut pe Mântuitor, îi spuneau, l-am văzut cu ochii noștri și a stat de vorbă cu noi, a mâncat la masa noastră de parc-ar fi fost viu.

Toma era dintre cei mai zdruncinați, până-n adâncul sufletului, de batjocura Golgotei. Odinioară spusese că-i gata să moară alături de învățător; ci fugise cu ceilalți, când felinarele gealaților urcară Măgura Măslinilor. Credința-i se întunecase în negura ce împresură locul Țestei. În ciuda tuturor zvonurilor, nu i-ar fi venit să creadă în ruptul capului că învățătorul său avea să sfârșească astfel zilele. Acea culme pângăritoare pe care se lăsase târât Isus cu neîmpotrivirea unei oi betege, când se gândea, îl făcea să sufere parcă mai mult ca pierderea celui ce-l iubise. Înșelarea tuturor nădejdilor sale îl jignise ca descoperirea unei înșelătorii, și-l cruță, credea el, de păcătoșenia părăsirii. Toma la fel cu Cleopa și alții de seama lor, era un senzualist, pe care o fâlfâire de aripă, la puternica chemare a lui Cristos, îl înălțase prea sus, într-o lume care nu era lumea lui. Credința se năpustise asupra-i prin trădare, ca molima turbării. Dar de îndată ce flacăra care-o ațâța de-una, zi de zi, fusese îngropată, ori i s-a părut îngropată sub movila netrebnică a hulei, sufletu-i se stinse, îngheță iarăși, își recapătă firea-i de la început, adevărata-i fire, firea care caută prin simțuri lucrurile pipăibile, care nădăjduia pe pământ schimbări pământești și așteaptă de la pământ numai dovezi și bucurii pământene. Ochii săi se fereau să privească lucrurile pe care mâinile nu le-ar fi putut atinge, astfel că erau osândiți să nu vadă niciodată nevăzutul: har de care au parte numai cei ce-l cred cu putință. Nădăjduia în Împărăția Cerurilor mai ales atunci când vorbele și înfățișarea lui Isus încercau inima-i pământească; dar nădăjduia într-o împărăție care să nu fi fost alcătuită numai din duhuri plutind pe cer de-a valma cu plăpândele ostroave de nori, ci în care oamenii vii, brăzdați de sânge cald, ar fi mâncat și-ar fi băut pe mese zdravene, pipăite, ocârmuind o lume mai frumoasă, dată lor în stăpânire de Dumnezeu, după alte legi.

Toma, odată isprăvită batjocura răstignirii, era mai puțin ca oricând înclinat să creadă din auzite în Înviere. Cu prea multă necruțare îi fusese înșelată încrederea dintâi, ca să mai poată avea încredere în tovarășii săi de înșelătorie. Așa că celor ce-i împărtășeau, grăbiți nevoie-mare, noua veste, le răspunse:

— Până nu-i voi vedea pe mâini rănile cuielor, până nu voi pune degetul în rana cuielor și mâna între coaste, nu cred.

S-a grăbit să spună: până nu voi vedea. Dar se căiește repede: ochii pot trăda, că doar nu puțini oameni au fost orbiți de vedenii. Gându-i fuge la încercarea trupească, la dovada pipăită și cruntă: să vâre degetul adânc în rana unde-au stat cuiele; să-și vâre mâna până-n cot în spintecătura suliței. Să facă la fel orbului, care uneori greșește mai cu greu decât cei ce văd.

Se leapădă de credință, văz al sufletului, mai presus de oricare altul; n-are încredere nici în văz, simțul cel îndumnezeit al trupului. N-are încredere decât în mâini, carne în stare să pipăie carnea. Iar acea îndoită lepădare îl lăsă în întuneric, în dibuirea orbeniei, până ce lumina întruchipată în om prin cea mai mare jertfă a iubirii nu-i va da înapoi lumina ochilor și a inimii.

Dar răspunsul lui Toma l-a făcut să ajungă unul dintre cei mai faimoși oameni de pe lume: căci veșnicul har al lui Cristos acesta-i: să-i veșnicească până și pe cei ce l-au batjocorit. Toți mormolocii minții, toți pirroniștii ieftini, toți soioșii catedrelor și ai academiilor, recii cretini vătuiți cu prejudecăți, toți cazuiștii, cinicii, păduchii științei și latrinarii savanților; cu un cuvânt, toate feștilele ce pizmuiesc soarele, toți gâscanii ce nu se pot împăca cu zborul șoimilor, l-au ales drept ocrotitor și președinte al lor pe Toma Gemănul. Despre el habar n-au: atâta știu: până nu atinge cu mâna nu crede. Răspunsul său li se pare Hymalaia judecății omenești, îl privește pe cel ce-i place să vadă în întuneric, să audă în tăcere, să vorbească în singurătate, să trăiască în moarte. Găoacea negăurită a căpățânii lor nu-i făcută pentru așa ceva. Ograda lor e așa-zisa realitate, și de-acolo nu-i urnești cu bivolii. Nu degeaba trag la aurul care nu potolește foamea, la pământul din care se vor alege cu o gaură de-o șchioapă, la gloria ce-i clipă de ciripitură în tăcerea veșniciei, la carnea ce se va preface în mocirlă viermănoasă și la acele magice, zgomotoase descoperiri care, după ce-i robesc, vor grăbi pentru ei înfricoșătoarea descoperire a morții. Acestea și altele sunt faptele „reale“ după care se dau în vânt ciracii Tomei. Ci, de le-ar trece vreodată prin minte să citească cele întâmplate după rostirea acelui răspuns, poate c-ar fi gata, să se îndoiască și de cel care n-a crezut în Înviere.

După trecerea a opt zile, ucenicii se strânseseră tot în casa aceea; iar Toma era cu ei. În răstimpul acelor zile nădăjduise că-i va fi și lui îngăduit să-l vadă pe Cel Înviat; ba uneori se cutremurase la gândul că nu se arăta poate din pricina răspunsului său. Ci iată, deodată, un glas din prag:

— Pace vouă!

Isus e-acolo și-l cată din ochi pe Toma. A venit pentru el, numai pentru el; căci dragostea ce-i păstrează e mai tare ca toate jignirile. Îi spune pe nume, se apropie de el să-l vadă bine, față în față.

— Pune degetul și vezi-mi mâinile. Bagă-ți mâna între coastele mele; ci nu mai fi necredincios.

Toma se supuse tremurând și strigă:

— Doamne, Dumnezeul meu!

Prin aceste cuvinte ce par o invocație obișnuită, Toma își mărturisi înfrângerea-i mai frumoasă ca orice biruință, și din clipa aceea fu pe de-a-ntregul al lui Cristos. Până atunci i se închinase ca unui om mai desăvârșit ca ceilalți; acum îl recunoaște

Dumnezeu; mai mult drept „Dumnezeul său“.

Iar Isus, ca-n vecii veacului să-i împungă aducerea aminte a acelei îndoieli, îi răspunse:

— Când m-ai văzut ai crezut; ferice de cei ce n-au văzut și au crezut!

Iată cea din urmă dintre Fericiri, cea mai mare: Fericiți cei care cred fără să fi văzut! Căci numai adevărurile ce au valoare absolută în realitate, în ciuda scormonitorilor de cadavre, sunt cele pe care văzul trupesc nu le vede, pe care mâinile de carne nu le vor putea pipăi niciodată. Acele adevăruri coboară de sus: omul cu sufletul ferecat jur-împrejur nu le primește și le va vedea doar în ziua când trupu-i, cu cei cinci portari neîncrezători ai săi, se va schimba în strai mototolit și ros, aruncat pe marginea unui pat, așteptând să fie ascuns în pământ ca o placentă putrezită.

Toma e Sfânt, dar nu s-a putut împărtăși din acea Fericire. O legendă străveche povestește că mâna-i rămase roșie de sânge până la moarte. Legendă adevărată, cu tot adevărul groaznicului său simbol, dacă ne învoim că și îndoiala poate fi un fel de-a răpune viața cuiva. Lumea e plină de asemenea ucigași, care au început prin a-și ucide sufletul din ei.

LEPĂDAREA DE CEL ÎNVIAT

Cei dintâi oameni care-l întovărășiseră pe Isus în viața-i dintâi nu se mai îndoiau, în sfârșit, că începuse a doua și veșnica-i dăinuire. Omorâtul care dormise, ca orice Om mort, îngropat în mirodeniile lui Nicodim și în cearșaful lui Iosif, după două zile se sculase Dumnezeu. Dar după câtă încăpățânare îndoielnică s-au învoit să plece fruntea în fața neîndoioasei întoarceri!

Cu toate acestea, dușmanii lui Cristos, ca să dea la o parte lespedea prea mare ce le poticnește lor alte negări, i-au învinuit tocmai pe uluiții ucenici de-a fi născocit, cu voie sau fără voie, mitul Învierii. După spusa lui Caiafa și a ciracilor săi, ucenicii lui Isus i-ar fi furat noaptea trupul, ca să răspândească apoi zvonul că peștera era goală, în nădejdea că niscai prostănaci de habotnici vor crede mai lesne că Isus înviase cu adevărat; și, cu chipul acesta, să dea curaj șarlatanilor de-a stărui în ciumatele lor înșelătorii, jurând în numele șarlatanului mort. Iar Matei povestește că iudeii – sacu-și găsește petic! – cumpărară cu preț bun câțiva martori cinstiți care să jure, de-ar fi fost nevoie, că-l văzuseră pe Simon și pe tovarășii săi spărgând mormântul și ducând în spate o boccea albă.

Dar dușmanii din zilele noastre, printr-o întârziată smerenie față de cei ce-au întemeiat cu sângele lor Biserica pe care nimic n-o mai poate doborî, sau mai degrabă din credința lor adâncă în nătângia celor dintâi martiri, s-au lăsat de bănuiala acelei scamatorii funebre. Nici Simon, nici ceilalți ucenici nu erau croiți din stofa din care se fac comedianții și scamatorii: prea multă dibăcie șireată ar fi trebuit s-adune în grosolanele lor creiere acei sărmani prostănaci. De fapt, par mai mult înșelați decât înșelători. Iar de n-au fost de rea-credință, s-au lăsat fără-ndoială îmbrobodiți, de netoți ce erau, de năzărirea lor, ori de vraja altcuiva.

Ucenicii, spun sus și tare serioșii abstinenți ai transcendenței, nădăjduiau cu neclintită statornicie în învierea lui Isus, după cum le făgăduise; iar de această înviere era atât de grabnică nevoie spre a uita prin ea batjocura răstignirii, că se văzură siliți aproape cu de-a sila s-o socotească și s-o mărturisească ca atare. Atunci, în acele clipe de superstițioasă așteptare, ajuns-a vedenia unei isterice, visul unui halucinat, orbirea unui amăgit, pentru a se răspândi printre puținii închinători nemângâiați zvonul acelor vedenii. Unii dintre ei, nevenindu-le să creadă că învățătorul îi înșelase, se lăsau înșelați de cei ce strigau morțiș că-i văzuseră după moarte și, vorbind mereu despre năzdrăvăniile acelor născociri pătimașe, isprăviră prin a crede cu tot dinadinsul; ba le insuflară și celor mai slabi de înger credința aceea. Numai prin acest legământ, prin întărirea târzie a mărturisitei dumnezeiri a celui ucis, era cu putință a-i ține laolaltă pe cei ce-l urmaseră și a întemeia cea dintâi tovărășie statornică a Bisericii universale.

Dar aceștia, spre a risipi prin învinuiri de imbecilitate ori de rea credință crezul celei dintâi seminții creștine, uită prea multe și prea temeinice fapte.

Mai înainte de orice, mărturia lui Pavel. Saul Fariseul umblase la școala lui Gamaliel și avusese putință să vadă cu ochii lui, de departe și ca dușman, sfârșitul lui Cristos; așa că va fi cunoscut fără-ndoială bănuielile celor dintâi maeștri ai săi asupra născocitei învieri. Ci Pavel, care primi cea dintâi Evanghelie din gura lui Iacob zis Fratele Domnului și a lui Simon; Pavel cel faimos prin toate bisericile iudeilor și ale păgânilor, iată ce scria în cea dintâi epistolă către Corinteni: „Cristos a murit pentru păcatele noastre, a fost îngropat și a-n- viat a treia zi; i se arătă lui Petru și pe urmă celor doisprezece. Apoi se arătă deodată la mai bine de cinci sute de frați, dintre care cei mai mulți trăiesc încă, iară unii au murit". Epistola către Corinteni e ținută de toți drept nemincinoasă: chiar și de cei mai mofturoși adulmecători de neadevăruri; nici n-a putut fi scrisă mai târziu ca în primăvara anului 58, abia după treizeci de ani de la răstignire; astfel că-i mai veche decât cea mai veche dintre Evanghelii. Mulți dintre cei ce-l cunoscuseră pe Cristos în viață – și nu era unul, nici doi – trăiau încă în acel an; ușor le-ar fi venit deci să-l dea de gol pe apostol. Corintul era la porțile Asiei, locuit de mulți asiatici, în legături de toată ziua cu Iudeea; iar epistolele lui Pavel erau răvașe obștești, ce se citeau în gura mare prin adunări; ba erau copiate spre a fi trimise și pe la celelalte biserici. Solemna, răspicata mărturie a lui Pavel, putea ajunge fără-ndoială c-a și ajuns – la Ierusalim, acolo unde dușmanii lui Isus, parte încă în viață, ar fi găsit mijlocul s-o doboare prin alte mărturii. Pavel, de-ar fi văzut cu putință o dezmințire temeinică, n-ar fi cutezat pentru nimic în lume să scrie acele cuvinte. Faptul, așadar, că s-a putut mărturisi în fața lumii, într-un răstimp atât de scurt, o minune atât de potrivnică credinței obștești și gândului neadormiților dușmani, dovedește că Învierea nu era doar o născocire a câtorva năstrușnici; ci un adevăr care cu greu mai putea fi mințit, pe cât de ușor putea fi însă întărit. Afară de epistola lui Pavel n-avem alte mărturii despre arătarea lui Cristos în fața celor cinci sute de frați; dar nici prin gând nu ne poate trece că Pavel, unul din cele mai mărețe și curate suflete ale celui dintâi Creștinism, ar fi putut-o născoci, el care atâta vreme îi năpăstuise pe cei ce credeau în săvârșirea Învierii. Aproape nu-i îndoială că arătarea lui Isus în fața celor cinci sute s-a întâmplat în Galileea, pe muntele despre care pomenește Matei; precum nu e îndoială că apostolul va fi cunoscut pe careva din cei care fuseseră de față la acea neuitată adunare.

Dar mai este ceva. Evangheliștii, care însemnează cu oarecare zăpăceală, dar cu nespusă bună credință aducerile aminte ale celor dintâi tovarăși ai lui Isus, mărturisesc poate fără voia lor că apostolii, Doamne ferește să fi mai așteptat Învierea; ci, dimpotrivă, cu mare greutate le venea să creadă că se întâmplase. Citindu-i cu luare aminte pe cei patru istorici, băgăm de seamă că aceia o bucată de vreme încă se mai îndoiesc, chiar față-n față cu cel înviat. Atunci când femeile, în dimineața Duminicii, dau fuga să le spună ucenicilor că mormântul e pustiu și că Isus trăiește, aceia socot că vorbesc aiurea. Când, mai târziu, Isus li se arătă celor mulți în Galileea, „acolo-l văzură și i se închinară – zice Matei – dar unii se-ndoiră". Iar când se arată seara în odaia în care se ospătează, sunt unii cărora nu le vine să creadă ochilor și se codesc până ce nu-l văd mâncând cu ei. Toma se îndoiește și după aceea, până-n clipa în care nu va da piept cu Mântuitorul.

Așa de puțin se așteptau să-l vadă înviind, că cea dintâi urmare a înfățișării Înviatului e spaima. „Bănuiau să nu fi fost niscai duh". Nu-s deci atâta de creduli și ușor de înșelat precât și-i închipuiau bârfitorii lor. Și sunt atât de străini gândului de a-l vedea întorcându-se viu printre cei vii, că numai ce-l văd îl iau drept un altul. Maria din Magdala socoate să nu fie grădinarul lui Iosif din Arimateea: Cleopa și tovarășul său nu sunt în stare să cunoască cu cine au făcut tot drumul; Simon și ceilalți, când vine pe malul Bălții, „nu știau că era Isus". De l-ar fi așteptat într-adevăr pe Isus, cu mintea trează și dogorâtă de dor, s-ar mai fi speriat în chipul acela? Nu l-ar fi cunoscut oare din capul locului? Citind Evangheliile îți vine să crezi că prietenii lui Cristos, departe de a-i fi născocit întoarcerea, s-au învoit cu acest gând numai printr-o constrângere, căreia nu i se puteau împotrivi, după multe șovăieli. Tocmai dimpotrivă, cu un cuvânt, de ceea ce ar voi să dovedească cei care-i învinuiesc pe apostoli că s-au înșelat și că au înșelat la rândul lor.

Dar de ce acele șovăieli? Pentru că vorbele lui Isus nu putuseră nimici în acele suflete târzielnice și greu domesticite îndătinata silă ebraică față de gândul nemuririi. Credința în învierea morților rămăsese veacuri după veacuri înstrăinată de mintea cu totul pământească a evreilor. Abia dacă în unii prooroci, ca Daniel și Osca, găsim urme întâmplătoare despre așa ceva; ci nu se vădește cu adevărat lămurită decât în povestea Maccabeilor, într-un loc anumit.

Pe vremea lui Cristos poporul nu prea știa ce va fi fost nemurirea: o socotea mai mult ca o minune îndepărtată, lăsată pe seama Apocalipselor; dar n-o bănuia cu putință mai înainte de năruirea marii zile; Saducheii nici nu voiau s-audă de așa ceva; Fariseii o credeau cu putință, însă nu drept har pogorât asupra unui singur om, ci drept răsplată îndepărtată și obștească a tuturor drepților. Când superstițiosul Antipa spunea despre Isus c-ar fi Ioan înviat din morți, înțelegea a spune că noul prooroc era al doilea Ioan.

Încăpățânarea în a se învoi cu o înfrângere atât de uluitoare a legilor morții era așa de adânc înfiptă în inima poporului iudeu, că ucenicii învietorului care-și vestise mai dinainte învierea, ei înșiși nu se dovedeau prea grăbiți s-o creadă, fără întărirea noilor dovezi. Și totuși, la o vorbă a lui Cristos îl văzuseră înviind pe copilul văduvei din Nain, pe fata lui Iair, pe fratele Martei și Mariei; cei trei adormiți pe care îi trezise Isus de mila unui plâns de mamă, a plânsului de părinte, a plânsului de surori. Ci năravul și soarta celor doisprezece era să priceapă greu și să uite. Erau prea înrădăcinați în gândul cărnii, spre a se deprinde să creadă fără șovăire într-o răzbunare atât de timpurie asupra morții. Dar când n-au mai avut încotro, credința le-a fost atât de statornică și tare, că din sămânța celor dintâi martori silniciți încolți nesfârșita holdă de înviați întru credința înviatului, pe care veacurile n-au isprăvit-o încă de cosit.

Bârfelile iudeilor, învinuirile martorilor mincinoși, îndoiala ucenicilor, zavistia dușmanilor nedomoliți și temători, sofisticăria bastarzilor lui Toma, băsnelile ereticilor, strâmbăturile spiritelor galante și de-a dreptul părtașe la moartea fără întoarcere a Nelegiuitului, șiretlicul și îngăimările încăpățânaților, mâinile și asalturile criticii mărunte ori sus-puse, nu s-au dovedit în stare să smulgă din inima milioanelor de oameni credința că trupul desprins din cuiele crucii de pe Țeastă s-a arătat iarăși, a treia zi, ca să nu mai moară cât va fi lumea și pământul. Norodul ales de Cristos îl dădu pe mâna morții, nădăjduind să isprăvească cu El; ci moartea nu-l primi, după cum nu-l primiseră iudeii; iar omenirea nu și-a încheiat încă socotelile cu Ucisul furișat din peșteră, ca să-și arate acele coaste sub care sulița romană a dat în vileg, în vecii veacului, inima ce-i iubește pe cei ce-l urăsc.

Josnicii care nu vor să creadă în viața-i dintâi, în viața-i de-a doua, în viața-i veșnică, taie singuri firul adevăratei lor vieți; al vieții care-i învoire mărinimoasă, părăsire iubitoare, nădejde în cele nevăzute, credință în cele nepipăite. Nenorociții răposați cu chip de oameni vii, tocmai ei sunt cei care, asemenea morții, se leapădă de Isus. Cei care-și târăsc povara stârvului din ei, cald încă de răsuflare, de-a lungul răbdătorului pământ, râd de Înviere. Acești morți care fug de viață nu se vor bucura de-a doua naștere în viață a duhului; ci avea-vor parte în ziua de pe urmă de-o neîndurată, de-o înspăimântătoare Înviere.

ÎNTOARCEREA PE MARE

Odată drama încheiată prin cea mai cumplită sfâșiere, prin cea mai neasemuită bucurie, se întorc cu toții pe unde-i mână ursita. Fiul la părinte, regele la domnie, marele preot la ligheanele-i cu sânge, corul la tăcerea grea de nădejdi, pescarii la năvoade.

Năvoadele mucegăite în apă, destrămate pe maluri, rupte de poverile neobișnuite, în atâtea rânduri drese, peticite, țesute la loc; năvoadele pe care cei dintâi pescari de oameni le părăsiseră, fără a mai întoarce capul, pe țărmul Capernaum-ului, careva le isprăvise de dres și le pusese bine, cu grija cuminte a celui ce nu pleacă niciodată de acasă; că visele țin puțin, iar foamea câte zile are. Nevasta lui Simon, tatăl lui Ioan și al lui Iacob, fratele lui Toma, păstraseră acele cârstnice și năvoade drept unelte de care omul poate avea nevoie, drept moaște a celor plecați în lume, de parc-ar fi auzit în sufletul lor un glas ce le spunea: Se vor întoarce. Mândră-i Împărăția Cerurilor, dar prea sus; pe câtă vreme balta tot frumoasă a rămas, și geme de pește. Sfântă-i sfințenia, ci omul nu trăiește numai cu duhul. Iar un pește pe masă e mai de preț în ochii flămândului ca un tron la anu'.

Cumințenia celor rămași, celor înrădăcinați de casa părintească la fel mușchiului în piatră, o clipă a avut dreptate. Pescarii se întoarseră. Pescarii de oameni se arătară iarăși în Galileea și puseră iarăși mâna pe vechile lor năvoade. Așa le poruncise cel care-i luase de-acolo spre a fi muritori ai batjocoririi și ai gloriei sale. Nu și-au uitat de el, nici nu îl vor putea uita vreodată; numai despre el vorbeau între ei, cu toți cei ce voiau să-i asculte. Dar Înviatul le spusese: Ne vom întâlni în Galileea. Iar dânșii plecaseră din nemernica Iudee, din ciudoasa cetate păcătoșită de ucigași și iarăși porniseră către țara lor dragă, cuminte, de unde cu sila îi luase îndrăgostitul hoț de suflete. Ce frumoase erau căsuțele bătrânești, coșcovite de umezeală, cu rufele întinse la soare, cu iarba proaspătă ce-nverzea tălpile zidurilor, cu mesele lustruite de mâinile slăbănoage ale bătrânilor și cuptorul învolburând o dată pe săptămână scântei pe gura afumată. Ce frumos era pașnicul târgușor de pe malul bălții: cu droaia de ploduri în pielea goală smolită de arșiță, cu soarele bătând din creștet în răspântia pielii, cu sacii și coșurile în umbra șurilor, cu mirosul de pește vânturat de adierea bălții în fiece revărsat de ziuă. Ci, mai presus de orice, balta nespus era de frumoasă; peruzea topită cu învârstări de smarald verde-albăstriu în diminețile fără vânt; fată vânătă de ardezie în după-amiezile noroase; havuz albicios de opal cu dâre și smolituri de iacint în tihna primitoare a asfințitului; negură clipocită, brăzdată de licăriri albe în nopțile înstelate; negură cu pâlpâiri de argint în nopțile cu lună. Pe-ntinderea acelei bălți ce părea zeitatea ocrotitoare a unor meleaguri fericite și uitate de lume, pentru cea dintâia oară descoperiseră în ochii lor frumusețea luminii și a apei, mai alese ca pământul cel greoi și mohorât, mai drăgăstoase ca focul. Luntrea, cu încovoiata-i cumpănă a pânzelor, cu scândurile-i roase, cu cârma ei semeață și roșcată, fusese pentru ei, de când se știau, mai dragă ca cealaltă casă ce-i aștepta: cub văruit și încremenit locului pe mal. Nesfârșitele ceasuri de trândăvire și nădejde, iscodind zvâcnirea apelor, smuci tura năvoadelor și întunecarea văzduhului, alcătuiseră bună parte din viața lor calică și îndestulată cu puțin.

Până-n ziua în care un stăpân mai sărac și mai puternic îi chemase la el, salahori ai unei munci nefirești și primejdioase, iar acele biete suflete smulse din lumea în care se născuseră, se siliseră din răsputeri să ardă în acea flacără; ci noua viață le călcase în picioare ca ciorchinele în cadă, ca măslinele în teasc, spre a face să țâșnească din inimile lor necioplite lacrimi de iubire și îndurare. Trebuit-a să se înalțe pe tăpșanul Țestei crucea, pentru ca aceia să plângă lacrimi adevărate; să se-ntoarcă Răstignitul spre a le mânca din pâine, pentru ca aceia să prindă iar nădejde.

Se întoarseră pe la casele lor, scăpând de înec puținele aduceri aminte ce-aveau să fie totuși de-ajuns pentru prefacerea lumii întregi. Iar mai înainte s-o pornească din nou întru înfăptuirea celor ce li se poruncise, adăstau să-l mai vadă o dată pe cel drag prin meleagurile ce-i fuseseră atâta de dragi. Se întoarseră cu toții schimbați de cum plecaseră: mai neliniștiți, mai duși pe gânduri, oarecum înstrăinați, de parc-ar fi venit din Țara Lotofagilor și-ar fi văzut în ochii lor, mai curați acuma, o țară nouă, înfrățită aievea cu cerul. Ci năvoadele stăteau aninate în perete, iar bărcile legate se legănau în tălăzuirea malului. Pescarii de oameni prinseră iar a fi, poate de dor, poate de nevoie, pescari pe apa bălții.

Șapte dintre ucenicii lui Cristos se-ntâlniseră într-o seară pe malul apei. Simon zis Piatră, Toma Genuinul, Natanael din Cana, Iacob, Ion și alți doi. Dă să spună Simon:

— Mă duc la prins pește.

— Hai și noi cu tine, răspund prietenii. Se urcară în luntre și porniră; dar în noaptea aceea nu prinseră nimic. Despre ziuă, cam ciudoși de noaptea pierdută în deșert, se apropiară de mal. Iar când mai aveau ca două vâsle, în mijitul zorilor văzură o arătare de om pe malul bălții, părând că-i așteaptă: „dar ucenicii nu cunoscură că era Isus“:

— Băieți, n-aveți ceva de-ale gurii? – strigă străinul.

Iar ei răspunseră: nu.

— Dați cu năvodu' în dreapta luntrii și veți prinde.

Ascultară și-n scurtă vreme năvodul până-ntr-atâta se umplu de pește, mai-mai să nu-l poată scoate. Toți tremurau, pentru că ghiciseră cine era cel ce-i aștepta.

— E Stăpânu', făcu Ioan către Simon.

Petru, fără să scoată o vorbă, își trase repede cămașa pe el că era despuiat, și se aruncă în apă să le-o ia înainte. Luntrea era la câțiva pași de mal; așa că pe nerăsuflate cei șapte își împresurară Stăpânul. Niciunul nu-l întrebă: Cine ești? căci văzuseră cine era.

Pe mal ardeau niște tăciuni, pe care se pârpolea o mână de pești; alături era un ștergar cu pâine. Iar Isus spuse:

— Hai să mâncăm.

Pentru cea din urmă oară frânse pâinea; le-o împărți și la fiecare le întinse câte un pește. După ce isprăviră de ospătat, Isus se întoarse către Simon; iar sub acea privire, nenorocitul care până atunci tăcuse, îngălbeni:

— Simone, mă iubești tu mai mult ca aceștia?

Cel ce se lepădase de Isus, la acea întrebare atât de duioasă, dar pentru sine atât de crudă, se simți dus în alt loc, lângă alt jeratic, unde alți oameni îl întrebaseră: își aduse aminte de răspunsul lui de-atunci, de privirea celui ce-avea să moară, de plânsu-i sfâșietor în negura nopții. Nici nu cuteză să răspundă cum ar fi vrut. Un da pe buzele lui ar fi lăudăroșenie și neobrăzare; un nu, minciună și batjocură.

— Doamne, știi bine că-mi ești drag.

Nu spune că-l „iubește“: despre iubirea de-atâtea ori mărturisită și apoi trădată nu-i vine să vorbească. „Mi-ești drag“ e mai slab, mai fără prea multă răspundere. Nici nu mărturisește de-a dreptul: „știi tu“, tu care toate le știi și vezi în inimile cele mai închise. Mi-ești drag; şi n-are curajul s-adauge de față cu ceilalți: niciunul nu ține atâta la tine.

Cristos îi spune:

— Du-mi mieii la păscut.

Și-l mai întrebă o dată:

— Simone al lui Iona, mă iubești tu cu adevărat?

Iar Petru, nefiind în stare să găsească, de tulburat ce era, alt răspuns, mai îngână o dată:

— Doamne, știi bine că-mi ești drag.

De ce vrei să mă chinuiești? Oare nu știi, fără să-ți mai spun eu, că-mi ești drag, că te iubesc mai mult ca odinioară, precum niciodată nu te-am iubit și că-mi voi jertfi viața ca să nu mă lepăd de dragostea ce-ți port?

Îi spune atunci Isus:

— Mână-mi oile.

Și pentru a treia oară-l iscodește:

— Simone al lui Iona, îți sunt drag cu tot dinadinsul? Nu mai vorbește de iubire; ci a treia oară, în fața tuturor, vrea ca întreita lepădare din Ierusalim să fie ștearsă cu trei făgăduieli noi. Petru nu mai poate ține piept întețitului chin.

— Doamne. Doamne, strigă și-l podidește plânsul, tu toate le știi și bine știi că te iubesc!

Înfricoșătoarea dovadă a dat-o; așa că Isus îi mai spune o dată:

— Du-mi oile la păscut. Adevăr, adevăr grăiescu-ți; când erai mai tânăr îți încingeai singur brâul și te duceai unde-ți era pe plac; dar când vei fi bătrân, vei întinde mâinile și altcineva te va încinge și te va duce unde n-ai să vrei. La moarte, pe crucea asemenea crucii pe care m-au pironit pe mine. Află deci ce înseamnă să mă iubești. Iubirea de mine e soră geamănă cu moartea. Pentru că v-am iubit pe voi ucisu-m-au; pentru iubirea ce-mi păstrați vă vor omorî. Gândește-te, Simone, ce legământ faci cu mine și de ce soartă avea-vei parte. De-acuma n-am să mai fiu pe lângă tine, să abat asupră-ți tihna iertării după căderea în josnicie. De-acuma, după ce-am murit, lepădarea și îndepărtarea de mine fi-vor nebănuit mai pline de primejdii. Vei fi ținut a răspunde de toți mieii pe care ți-i las pe seamă; iar drept răsplată, la urma strădaniei tale, vei avea parte de două grinzi și de patru piroane, la fel ca mine; dar odată cu ele, de viața veșnică. Alege: e cel din urmă prilej pe care-l mai ai să alegi, și alegerea pe care-o faci nu se mai întoarce; alegere de care-mi vei da seama, după cum i-a cerut seama stăpânul slugii pe care-a lăsat-o în locu-i. Iar acum că ai aflat și ai hotărât, haide cu mine.

— Ia-te după mine!

Petru ascultă; dar, întorcându-se, îl vede pe Ioan că se luase după el și întreabă:

— Doamne, ce-o să se facă Ioan?

— Ce-ți pasă ție de vreau să rămână aici până ce mă voi întoarce? Ci tu, vino cu mine.

Lui Simon întâietatea și canonul; lui Ioan nemurirea și așteptarea. Cel ce poartă același nume cu Premărgătorul celei dintâi veniri, fi-va vestitorul celei de-a doua. Pomenitorul morții va fi hulit, întemnițat, răzlețit; dar va trăi mai mult ca toți și va putea vedea cu ochii lui năruirea pietrelor de pe pietre, pe dealul cel afurisit al Ierusalimului. În deșertu-i albastru și răsunător se va bucura și va pătimi în vedenie, împresurat de orbitoarea lumină și de nesfârșită noapte a mării, izbânda și întâmplările celei de pe urmă veniri. Petru s-a luat după Cristos, fost-a răstignit pentru

Cristos și lăsat-a în urmă-i o dinastie neîntreruptă de vicari ai lui Crislos; lui Ioan nu i-a fost dat să-și găsească odihna prin moarte. Așteaptă cu noi; contemporan al tuturor semințiilor; tăcut ca iubirea; veșnic ca nădejdea.

NORUL

Se mai întorc o dată în Ierusalim, părăsindu-și pentru totdeauna năvoadele; drumeți ai unei mergeri întreruptă de popasuri însângerate.

Prin același loc în care coborâse întru slava pământească umbrit de crengile înflorite, va trebui să urce acum, după popasul pângăririi și al noii nașteri, în slava cerului. Vreme de patruzeci de zile după Înviere, câte zile rămăsese în Pustiu după întruchiparea morții în apă, rămase printre oameni. Viața-i, deși trupul îi părea a fi rămas asemenea trupului de odinioară, atât era de ascunsă și de supraomenească acuma, încât s-ar fi zis extrema sublimare în lumea pământească și aievea, spre a urca, schimbată în duh, la înălțimea din care coborâse cu vreo treizeci de ani înainte, spre a miji pe pământul întunecat o întrezărire asupra măreției cerurilor.

Nu ducea ca pe vremuri aceeași viață cu apostolii, căci acum era stingherit de viața celor vii; în mai multe rânduri se arătă totuși în mijlocul lor, spre a mai consfinți o dată marile făgăduieli, poate spre a le da pe seamă celor mai apropiați ai săi acele taine rămase nescrise în niciun hrisov, dar trecute din gură în gură de-a lungul vârstei apostolice și mai încolo, sub pecetea tainei, spre a fi cunoscute mai târziu, neîntregi, sub numele de Tainica Disciplină.

Cea de pe urmă oară îl văzură pc Dealul Măslinilor, acolo de unde mai înainte să moară prevestise damnarea Templului și a cetății, odată cu semnele întoarcerii; acolo unde, în negura nopții și a înfiorării Satana, mai înainte să fugă învins, îl părăsise ud de sânge și de sudoare. Era una din cele de pe urmă seri de mai; norii, auriți în ceasul daurit, asemenea unor insule cerești în aurul soarelui într-amurg, păreau că urcă din pământul încropit către slava zării, ca fumul unor uriașe și îmbălsămate ofrande. Prin lanurile ațipite în cazna datului în spic, păsările prindeau a chema puii pe la cuiburi; iar vântul înserării legăna cu unduiri ușoare crengile și ciorchinele de poame necoapte. Dinspre cetatea îndepărtată, încă în picioare, se ridică un nor de praf afumat, spintecat de acoperișurile, de turlele și de zidurile albe ale Templului.

Iar ucenicii mai rostesc odată întrebarea pe care i-o puseseră lui Isus tot acolo, în seara celor două proorociri. Acum că s-a întors după cum făgăduise, ce mai avem de așteptat?

— Doamne, venit-a oare vremea în care ai de gând să rezidești din temelii împărăția Israelului?

Ar fi voit poate să vorbească despre împărăția lui Dumnezeu, aceea care-n mintea lor, ca și-n mintea proorocilor, era tot una cu împărăția Israelului; căci din Iudeea avea să înceapă dumnezeiasca rezidire a țării.

— Nu-i treaba voastră – răspunse Cristos – să știi vremea și clipa; Tatăl le-a lăsat în puterea sa; dar vă veți simți întăriți atunci când duhul pogorî-va asupră-vă și-mi veți fi martori în Ierusalim, în toată Iudeea, în Samaria, până la marginile lumii.

Spunând acestea, ridică amândouă mâinile să-i binecuvânteze. Iar în vreme ce aceia se uitau la el, se înălță de la pământ și, deodată, un nor strălucitor, ca-n dimineața Schimbării la Față, îl învălui și-l ascunse. Cei rămași jos nu-și mai puteau lua ochii de pe cer; îi aținteau pe sus, încremeniți de uimire; când iată că-i treziră doi oameni îmbrăcați în alb:

— Galileenilor, ce vă tot uitați pe sus? Acest Isus care s-a înălțat la ceruri se va întoarce în mijlocul vostru, așa precum l-ați văzul înălțându-se la ceruri.

Atunci, după ce se-nchinară tăcuți, se-ntoarseră în Ierusalim, luminoși de jalnica bucurie, cu gândul la noua zi: cea dintâi a unei strădanii care după aproape două milenii nu s-a isprăvit încă. De-acuma și ei sunt singuri, singuri împotriva unui dușman cu milioane de capete, căruia-i zice Lume. Dar de data aceasta cerul nu mai e despărțit de pământ, precum fusese mai înainte de venirea lui Cristos; scara mistică a lui Iacov nu mai e visul unui singuratic, ci stă înfiptă adânc în pământ, în țarina pe care-o calcă; iar sus, în vârf, stă un Mijlocitor ce nu-și uită de muritorii hărăziți veșniciei, care i-au fost scurtă vreme frați. „Fi-voi lângă voi până la capătul vieții de față": fusese una din cele de pe urmă făgăduieli, cea mai mare. S-a înălțat la ceruri; dar cerul nu mai e acuma doar pustia boltă pe care se arată și se șterg, iuți și vălmășiți ca domniile, norii vijeliilor; pe care sclipesc în tăcere, ca sufletele sfinților, stelele. Fiul Omului care s-a urcat pe culmi spre a fi mai aproape de cer, care-a fost lumină-n lumina cerului, care-a murit înălțat de pe pământ în negura cerului și s-a întors ca să se-nalțe în gingășia serii la ceruri și se va mai întoarce o dată, într-o zi, pe norii cerului, e încă printre noi, de față în mijlocul lumii pe care voia s-o mântuiască, ascultându-ne vorbele să audă de purced cu adevărat din adâncul sufletului, privindu-ne lacrimile să vadă de-au fost într-adevăr lacrimi de sânge în inimă, mai înainte de-a fi picături sărate între genele noastre; oaspete nevăzut și binevoitor, care nu ne va mai părăsi niciodată; căci pământul, prin voința sa, e o arvună a Împărăției Cerurilor: e contopit de pe-acuma cu cerul.

Pământul îndestulător al tuturor viețuitoarelor cu de toate, bulgărele ce nu-i decât un punct în nemărginire și închide totuși în el nădejdea nemărginirii, Cristos l-a luat pe seama sa, drept proprietate de veci; iar astăzi, Mântuitorul e mai legat de noi ca pe vremea când mânca pâinea țarinelor noastre. Niciuna din făgăduielile dumnezeiești nu poate fi dată uitării: toate picăturile prelinse din norul primăvăratic cel ascuns, nu s-a uscat încă pe pământ; iar noi, zi de zi, ridicăm ochii osteniți și muritori sub același cer din care se va coborî iarăși, cu înspăimântătorul fulger al slavei sale.

RUGĂCIUNE CĂTRE CRISTOS

Ești încă, zi de zi, printre noi. Și cu noi fi-vei cât lumea. Trăiești în mijlocul nostru, alături de noi, pe pământul ce-i al tău e și-al nostru, pe-acest pământ ce te-a îmbrățișat copil printre copii și osândit printre tâlhari; trăiești cu viii, pe pământul viețuitoarelor care ți-a plăcut și pe care-l îndrăgești; trăiești o viață neomenească pe pământul muritorilor, poate nevăzut nici chiar de cei ce te caută, poate sub înfățișarea unui calic ce-și cumpără singur pâinea, căci nimeni nu cată la dânsul.

A venit vremea să ni te-arăți iarăși tuturor, spre a-i da un semn hotărâtor și neîndoios generației noastre. Vezi bine, Isuse, nevoia ce ne roade; vezi bine cât de mare ni-i marea nevoință; nu poți să nu știi cât ni-i de încolțitoare nevoia, cât de haină și adevărată strâmtoarea, sărăcia, deznădejdea; știi bine câtă trebuință avem de mijlocirea ta, cât suntem de nevoiți să te-ntorci iarăși pe lume.

Fie și numai pentru un scurt răstimp, o întoarcere neașteptată, pe dată urmată de-o neașteptată plecare; o singură arătare, o venire și o întoarcere, o singură vorbă la venire, o vorbă singură la plecare, un singur semn, o singură dojană, o străfulgerare pe cer, o licărire în noapte, o despicare a văzduhului, o strălucire în noapte – un singur ceas din veșnicia ta, un singur cuvânt pentru marea-ți tăcere.

Avem nevoie de tine, numai de tine, de nimeni altul. Singur tu, cel ce ne iubești, poți simți pentru noi toți cei ce pătimim, poți simți mila pe care fiecare dintre noi o simte față de sine însuși. Singur tu poți simți ce mare-i, nemăsurat de mare, nevoință ce-avem de tine, în această lume, în acest ceas al lumii. Nimeni altul, niciunul dintre nenumărații ce sunt în viață, niciunul dintre cei ce dorm în glodul gloriei nu ne poate da nouă, nevoiților, covârșiți de cumplita sărăcie în cea mai cumplită mizerie – a sufletului, binele care mântuie. Toți au nevoie de tine, chiar cei ce nu știu: cei ce nu știu mai amarnic ca cei ce știu. Flămândul își închipuie că umblă după pâine: ci îi e foame de tine; însetatul crede că vrea să bea apă: ci îi e sete de tine; bolnavul se mângâie că râvnește sănătatea: ci boala lui nu-i decât lipsa ta. Cine caută frumusețea pe lume te caută fără să-și dea seama pe tine, cel ce ești frumusețea întreagă și desăvârșită; cine urmărește cu gândul adevărul te dorește fără voia lui pe tine, cel ce ești singurul adevăr vrednic să fie cunoscut; iar cine se străduiește să statornicească pacea te caută pe tine, singura pace în care pot odihni inimile mai neostoite. Toți te cheamă fără a ști că te strigă; iar strigătul lor e nespus mai sfâșietor ca al nostru.

Nu te strigăm din trufia de-a te putea vedea, precum te-au văzut galileenii și iudeii; nici pentru bucuria de a-ți căta și noi o dată în ochi; nici din pofta smintită de-a te birui cu rugăciunea noastră. Nu cerem noi măreața pogorâre în mijlocul slavei cerești, nici străfulgerarea Schimbării la Față, nici trâmbițarea îngerilor și întreaga sublimă liturghie a celei de pe urmă veniri.

E atâta umilință, știi bine, în repezita noastră obrăznicie! Te vrem doar pe tine, întruchiparea ta, sărmanu-ți trup zdrobit și plin de răni, cu săraca lui cămașă de salahor sărac; vrem să vedem acei ochi ce străpung zidul pieptului și carnea inimii; ochi-ți ce vindecă rănind cu mânia din ei, ochi-ți ce sângerează cătând cu înduioșare. Vrem să-ți auzim glasul ce-i înspăimântă pe diavoli, atât e de dulce; glasul ce-i vrăjește pe copii, de puternic ce răsună.

Știi ce mare-i nevoia pe-aceste vremuri de privirea și cuvântul tău. Prea bine știi că o privire de-a ta ne poate răvăși, ne poate schimba sufletul; că glasu-ți ne poate ridica din murdăria nesfârșitei noastre păcătoșenii; mai bine ca noi știi, mult mai adânc decât noi, că venirea ta nu dă pas și răgaz, în aceste timpuri ce nu te mai cunosc.

Venit-ai cea dintâia oară ca să mântui; născutu-te-ai ca să mântui; grăit-ai ca să mântui; lăsatu-te-ai răstignit ca să mântui: îndeletnicirea-ți, fapta-ți, menirea-ți, viața-ți e să mântui. Iar noi, astăzi, în aste zile cenușii și afurisite, în acești ani ce par a fi strâns în chenarul lor sporul tuturor grozăviilor și pătimirilor, avem nevoie fără tăgadă de-a ne vedea mântuiți!

De-ai fi un Dumnezeu pizmuitor și înfricoșător, un Dumnezeu pus pe răzbunare, un Dumnezeu drept dar numai drept, nu ne-ai asculta rugăciunea. Căci tot răul pe care ți-l puteau face oamenii chiar și după moarte, mai mare după moarte decât în viață, oamenii ți l-au făcut; toți, până și cel ce-ți vorbește alături de ceilalți, ți l-am făcut. Milioane de Iuzi sărutatu-te-au după ce te-au vândut, nu doar pe treizeci de dinari, nu o singură dată; legiuni de farisei, roiuri de caiafe osândindu-te-au răufăcător, vrednic de răstignire; și de milioane de ori, cu gândul și voința lor, răstignitu-te-au; veșnica haită de păcătoși asmuțiți acoperitu-ți-au fața cu scuipat și palme; iar grăjdarii, țârcovnicii, portarii, simbriașii nedrepților deținători ai banilor și ai puterii biciuitu-ți-au spatele, sângeratu-ți-au fruntea; mii de pilați îmbrăcați în roșu și negru, abia ieșiți din scăldătoare, mirosind a unsori, proaspăt dereticați, datu-te-au de mii de ori pe mâna călăilor după ce te-au recunoscut nevinovat; puzderie de guri mirosind a vin cerut-au în nenumărate rânduri dezlegarea hoților răzvrătitori, a ucigașilor spovediți, a ucigașilor știuți de toată lumea, pentru ca tu să fii târât de mii de ori pe tăpșanul Țestei, spre a fi ținut pe cruce cu piroane de fier înroșite de foalele fricii, ciocănite pe nicovala urii.

Şi tu, pentru una, toate le-ai iertat. Știi prea bine, tu care fost-ai printre noi, ce zace în adâncul firii noastre nenorocite. Au nu suntem zdrențe netrebnice, frunze nestatornice și vremelnice, călăi ai noștri înșine, copii lepădați de pântec înainte de vreme, tăvăliți în rele ca pruncul înfășat în scutece neprimenite, ca bețivanul căzut în vărsătură, ca înjunghiatul întins în sânge, ca bubosul ce zace în așternutul plin de puroi. Fugit-am de tine, căci erai prea curat pentru noi; osânditu-te-am la moarte, pentru că erai osânda vieții noastre. Singur tu spus-ai în zilele-ți de pe urmă: „Stăruit-am în mijlocul lumii și în carne arătatu-m-am ei; ci găsitu-i-am pe toți oamenii beți, pe niciunul nu l-am dovedit însetat; iar sufletu-mi pătimește pentru copiii oamenilor, că oarbă li-i inima". Toate semințiile seamănă aidoma celei ce te-a răstignit și sub orice întruchipare te-ai arăta fug de tine. „Asemenea – spus-ai – acelor copii ce stau pe maidan și strigă la tovarășii lor de joacă: V-am cântat din fluier, iar voi n-ați jucat; ne-am bocit, iar voi n-ați plâns". Astfel făcut-am și noi, vreme de-aproape șaizeci de seminții.

Iar acum venit-a vremea în care oamenii sunt mai îmbătați ca atunci, dar mai însetați. Niciodată ca acum n-am simțit setea cotropitoare a unei mântuiri miraculoase. Niciodată, de când se pomenește omul, păcătoșenia n-a fost mai păcătoasă și arsura mai arzătoare. Pământul e Iad luminat de îngăduința soarelui. Şi oamenii mocnesc cufundați într-o căldare de murdărie astâmpărată cu lacrimi, din care se scoală în răstimpuri, apucați și hâzi la chip, pentru a se arunca în ciocoiul roșu de sânge, cu nădejdea să se spele. Nu de mult au ieșit dintr-o asemenea scaldă și s-au cufundat iarăși, după uriașa nimicire, în obșteasca mocirlă excrementală. Molimele au urmat războaielor; cutremurele molimelor; nesfârșite cirezi de stârvuri putregăite, câte-ar fi ajuns pe vremuri să umple de lume o împărăție, stau întinse sub coviltirul firav al țărinei viermănoase, acoperind, de le-ai pune cot la cot, întinderea unei țări. Și totuși, ca și cum acei morți n-ar fi decât cea dintâi arvună a obșteștii nimiciri, se omoară de zor între ei și-s puși pe omor. Națiile îndestulate le osândesc la înfometare pe cele sărace; răzvrătiții își omoară stăpânii de ieri; stăpânii pun să-i ucidă pe răzvrătiții simbriașilor lor; noi dictatori, folosindu-se de destrămarea tuturor sistemelor și regimurilor, mână țări întregi spre foamete, spre măcelărire și prăbușire.

Dragostea bestială de sine însuși a fiecărui om în parte, a fiecărei caste de sine însăși, a fiecărui popor numai de sine, e și mai oarbă, mai uriașă după anii în care ura acoperi de foc, de fum, de gropi și oseminte pământul. Dragostea de sine, după obștescul prăpăd, a însutit ura: ura celor mici împotriva celor mari, ura celor nemulțumiți împotriva celor neliniștiți, ura slugilor-stăpâni împotriva stăpânilor-slugi, ura tagmelor ambițioase împotriva celor betege, ura noroadelor subjugate împotriva noroadelor subjugătoare. Lăcomia de prea mult a dus lipsă de cele trebuitoare; mâncărimea plăcerilor, rosătura chinurilor, dorința aprigă de libertate, îngreunarea cătușelor.

În anii din urmă spețа umană, care și mai înainte se zvârcolea în aiureala a o sută de fierbințeli, a înnebunit, întreaga lume răsună de trosnitura ruinelor ce se dărâmă; stâlpii sunt îngropați în noroaie; până și munții prăvălesc de pe culmi șuvoaie de pietriș, pentru ca întregul pământ să se schimbe într-un șes năpădit de smârcuri. Până și pe oamenii ce se crutaseră nepângăriți în tihna neștiinței lor i-au smuls cu de-a sila din glia lor strămoșească, spre a-i înghesui în vălmășagul asmuțat al marilor cetăți, să se întine, să pătimească.

Peste tot locul – haos clocotitor, vălmășire fără nădejde, viermuire ce otrăvește văzduhul înăbușitor, neliniște nemulțumită de tot și de toate, de propria-i nemulțumire. Oamenii, în beția sinistră a tuturor otrăvurilor, se irosesc din dorința aprigă de a-i răpune pe frații lor de osândă; iar ca să scape de această pătimire fără glorie, caută în toate chipurile moartea. Băuturile extatice și afrodisiace, voluptățile ce istovesc fără a sătura, alcoolul, jocul, armele, îi răpun zi de zi cu miile pe supraviețuitorii nimicirilor nevoite.

Omenirea, vreme de patru ani încheiați, s-a împroșcat cu sânge, spre a se hotărî cine avea să aibă parte de răzorul cel mai mare și de punga cea mai plină. Slugile lui Mammon l-au izgonit pe Caliban în nesfârșite șanțuri potrivnice, ca să se îmbogățească mai mult și să-i sărăcească pe dușmani. Dar această cumplită încercare n-a folosit nimănui. Mai calici ca la început, mai flămânzi de cum erau, toți s-au întors la picioarele de lut ale Zeului Negoțului să-i jertfească pacea lor și viața aproapelui. Dumnezeiasca Afacere și prea-cuviosul Ban covârșesc mai vajnic ca-n trecut mințile oamenilor săriți din minte. Cel ce are puțin vrea mult; cel ce are mult vrea mai mult; cel ce-a căpătat mai mult vrea tot. Nărăviți în risipa anilor de măceluri, cumpătații s-au deprins a fi lacomi, resemnații râvnitori, cinstiții s-au apucat de furtișaguri, cei curați la suflet de învoieli furișe. Oamenii se înavuțesc prin camătă și silnicie, sub cuvânt că fac negoț; în numele marii industrii practică pirateria câtorva în pofida multora. Delapidatorii și escrocii țin în păstrare banul obștesc; iar mita face parte din îndreptarul tuturor oligarhiilor. Hoții, singurii păstrători ai dreptății ce-au mai rămas pe lume, nu-i cruță în obșteasca prădăciune nici pe hoți. Îngâmfarea bogătașilor le-a vârât tuturor în cap că pe pământul în sfârșit scăpat de obsesia cerului n-are preț decât aurul, ceea ce se poate cumpăra și irosi cu aur.

În acest smârc de murdărie amorțesc și se destramă toate credințele. Uneia singure i se închină omenirea: aceleia ce recunoaște măreața treime a lui Wotan, Mammon și Priap; Puterea, având drept simbol sabia și drept templu cazarma; Bogăția având drept simbol aurul și drept templu Bursa; Carnea, având drept simbol falusul și drept templu bordelul! Aceasta-i religia care domnește pe întinderea pământului, practicată cu ardoare prin faptele, dacă nu totdeauna și prin vorbele tuturor oamenilor din vremea de azi. Străvechea familie se fărâmițează: căsătoria e nimicită de adulter și de bigamie; prăsila pentru mulți pare o pacoste și se feresc de ea prin tot felul de leacuri și lepădări voite; desfrâul întrece dragostea legitimă; sodomia își are panegiriștii și lupanarele sale; ibovnicele, știute ori neștiute, ocârmuiesc un nesfârșit norod de sifilitici și damblagii.

Nu mai sunt monarhii, nici chiar republici. Toate orânduirile nu-s decât podoabe și păreri. Plutocrația și demagogia, surori în duh și țintă, se ceartă de la stăpânirea asupra hoardelor gata de răscoală, rău slugărite de mediocritatea lefegie. Iar, până una alta, peste amândouă tagmele ce se războiesc, Coprocrația, realitate efectivă și necontestată, a îndoit grumajii înălțimii sub genunchiul Josniciei, a subjugat calitatea cantității, spiritul tinei.

Bine știi de toate acestea, Isuse Cristoase! Vezi bine că iarăși se revarsă vremurile peste mal! Că astă lume înfrigurată și îndobitocită nu se dovedește vrednică decât a fi pedepsită de-un potop de foc, ori mântuită prin mijlocirea ta.

Ai spus odată: „De-i careva singur, eu sunt cu el. Urnește piatra și-acolo mă vei găsi; zgârie lemnul și-acolo fi-voi". Dar pentru a te descoperi în piatră și-n lemn e nevoie de voința de-a te căuta, de putința de-a te vedea. Iar azi cei mai mulți dintre oameni nu vor, nu-s în stare să te găsească. De nu faci Tu să-ți simtă mâna deasupra capului și glasu-ți în inima lor, se vor căuta mai departe doar pe ei înșiși, fără a se găsi; căci nimeni nu-i al său însuși fără tine. Ne rugăm deci, Isuse, noi, renegații, vinovății, cei născuți în afara vremii, noi cei ce ne mai aducem aminte de tine și ne silim din răsputeri să trăim cu tine, dar stăm mereu prea departe de tine, noi, cei din urmă, deznădăjduiții, întorșii de pe mare și de pe muchea prăpastiei, te rugăm să te mai întorci o dată printre oamenii care te-au ucis, printre oamenii care te ucid întruna, spre a ne da la toți, ucigași în întuneric, lumina vieții adevărate.

În mai multe rânduri arătatu-te-ai după Înviere muritorilor. Celor ce credeau că te urăsc, celor ce te-ar fi iubit chiar de n-ai fi fost Fiul lui Dumnezeu le-ai arătat chipul tău și le-ai vorbit. Schimnicii ascunși prin ponoare și râpe, călugării în lungile nopți ale schitului, sfinții pe munți te-au văzut și te-au auzit; iar din ziua aceea altceva nu cerură decât mila morții, ca să se apropie iarăși de tine. Fost-ai grai și lumină pe poteca lui Pavel, foc și sânge în peștera lui Francisc, iubire deznădăjduită și fără prihană în chilia Terezei și a Caterinei. De te-ai întors pentru unul, de ce nu te întorci, o singură dată, pentru toți? Dacă aceia fost-au vrednici să te vadă pe temeiul pătimașei lor nădejdi și noi putem invoca temeiul pustiei noastre deznădejdi. Acele suflete te chemară cu puterea nevinovăției lor; ale noastre te strigă din adâncul neputinței și al josniciei. De-ai mulțumit extazul sfinților, de ce nu dai fuga la plânsul osândiților? Oare n-ai spus Tu însuți c-ai venit pe pământ pentru cei betegi, iar nu pentru cei zdraveni; pentru cei rătăciți, iar nu pentru cei nerăzlețiți? Şi iată, vezi bine că toți oamenii sunt ciumați și aiuriți de friguri; că oricare dintre noi, căutându-se pe sine, s-a rătăcit și te-a pierdut. Niciodată ca-n ziua de azi n-a fost mai mare nevoie de cuvântul Tău, mai uitat și călcat în picioare ca totdeauna. Împărăția Satanei ajuns-a azi la deplina-i înflorire, iar mântuirea pe care toți o caută dibuitori nu poate fi găsită decât în împărăția ta.

Marea încercare s-apropie de sfârșit. Omenirea, depărtându-se de Evanghelie, s-a ales cu pustiul și moartea. Multe făgăduieli și amenințări s-au împlinit. De-acuma, nouă deznădăjduiților nu ne mai rămâne decât nădejdea întoarcerii tale. De nu vii să-i trezești pe adormiții cuibăriți în mocirla stătută a iadului nostru, e semn că osânda-ți pare prea scurtă și ușoară, față de trădarea noastră; că nu vrei să schimbi orânduirea legilor tale. Ci facă-se voia ta, precum în cer așa și pre pământ, de-acum și pururea și-n vecii vecilor. Amin.

Dar noi, cei din urmă, te așteptăm. Te vom aștepta zi de zi, în ciuda netrebniciei și-a neputinței noastre. Toată iubirea pe care vom fi în stare s-o stoarcem din inimile noastre pustiite închina-ți-o-vom Ţie. Ție, cel Răstignit. Ție care fost-ai chinuit pentru iubirea ce ne-ai purtat. Ție care acum ne chinui cu toată strășnicia cotropitoarei tale iubiri.

Sfârşit

CUPRINS

IMPORTANT
Pentru comenzile prin poștă completați talonul cu titlurile dorite.
ATENȚIE, ESTE NEVOIE SĂ TIMBRAȚI!

Vă rugăm să decupați pe linia întreruptă.

CLUBUL CĂRȚII ORIZONTURI
B-dul Libertății nr. 4, bl. 117, et. 7, ap. 20, sector 4, cod 040128, București Tel: 317.76.79; 0744531333; *fax: 317.76.78;*
e-mail: orizonturi@editura-orizonturi.ro

Expeditor ______________________
Strada __________________ **Nr.** ____
Bl. ____ **Sc.** ____ **Et.** ____ **Ap.** ____
Județ. ______________ **Sector** ____
Cod ______ **Localitate** __________
Tel. ______________

CARTE
POȘTALĂ
Post răspuns

Timbrați
CR

Destinatar:
B-dul Libertății nr. 4, bl. 117, et.7, ap. 20, sector 4, cod 040128, București

TITLURI COMANDATE:

Titlul	Nr. ex.	Titlul	Nr. ex.
1. ______	____	6. ______	____
2. ______	____	7. ______	____
3. ______	____	8. ______	____
4. ______	____	9. ______	____
5. ______	____	10. ______	____